# 杭州市 西湖年鉴 2023

HANGZHOUSHI XIHU NIANJIAN

杭州市西湖区志编纂委员会办公室
杭州市西湖区档案馆
编

中国美术学院出版社

责任编辑：何晓晗
装帧设计：赵国栋
版式制作：正大设计室
责任校对：杨轩飞
责任印制：张荣胜

**图书在版编目（CIP）数据**

杭州市西湖年鉴．2023 / 杭州市西湖区志编纂委员会办公室，杭州市西湖区档案馆编．-- 杭州：中国美术学院出版社，2024.6
ISBN 978-7-5503-3190-7

Ⅰ．①杭… Ⅱ．①杭… ②杭… Ⅲ．①区（城市）—杭州—2023—年鉴 Ⅳ．①Z525.54

中国国家版本馆CIP数据核字（2023）第248880号

**杭州市西湖年鉴（2023）**

**杭州市西湖区志编纂委员会办公室**
**杭州市西湖区档案馆** **编**

出品人：祝平凡
出版发行：中国美术学院出版社
地　　址：中国·杭州市南山路218号　邮政编码：310002
网　　址：http：//www.caapress.com
经　　销：全国新华书店
印　　刷：杭州富阳正大彩印有限公司
版　　次：2024年6月第1版
印　　次：2024年6月第1次印刷
印　　张：23.5
开　　本：889mm×1194mm　1/16
字　　数：587千
书　　号：ISBN 978-7-5503-3190-7
定　　价：280.00元

# 《杭州市西湖年鉴（2023）》编辑部

# 编辑说明

一、《杭州市西湖年鉴》是由中共杭州市西湖区委、杭州市西湖区人民政府主办，杭州市西湖区志编纂委员会编纂的地方综合年鉴，创刊于 2018 年，逐年记述西湖区自然、政治、经济、文化、社会等方面基本情况，为读者了解和研究西湖区提供基本地情资料。《杭州市西湖年鉴（2023）》为第六卷。

二、《杭州市西湖年鉴（2023）》以马克思列宁主义、毛泽东思想、邓小平理论、“三个代表”重要思想、科学发展观、习近平新时代中国特色社会主义思想为指导，坚持辩证唯物主义和历史唯物主义的立场、观点和方法，全面、客观、系统地记述西湖区打造“全面小康、全域美丽、全民幸福的首善之区”，统筹推进经济社会发展取得的新成效。

三、《杭州市西湖年鉴（2023）》采用分类编辑，基本结构为类目、分目、条目 3 个层次。全书框架基本保持稳定，根据年度特点和西湖区实际，部分类（分）目有所调整。全书设区情综览、中共杭州市西湖区委员会、杭州市西湖区人民代表大会、杭州市西湖区人民政府、中国人民政治协商会议杭州市西湖区委员会、中共杭州市西湖区纪律检查委员会 杭州市西湖区监察委员会、民主党派、人民团体、外事·侨务·港澳台事务、法治、军事、经济管理、财政·税务·金融、经贸合作交流、农业·农村·水利、工业和信息化、产业平台、国资公司、第三产业、城乡建设管理、生态环境、教育、科技创新、卫生健康、文化·体育、人力资源与劳动保障、社会事务、街道·镇、人物、附录，共计 30 个类目，分目 168 个，条目 714 个、图照 133 幅（含卷首彩页）、表格 11 张（含附录）。（“特载”“大事记”“索引”不是百科类目，故不放入类目）

四、本卷年鉴的篇目设计和编排顺序根据年鉴基本体例和行业分类特点设置。组织机构及主要负责人以 2022 年度在职者为准。

五、《杭州市西湖年鉴（2023）》内容、数据和图片、表格均由西湖区各有关单位提供，经编辑部整理，并经各单位领导审核。主要数据以《2022 年西湖区国民经济和社会发展统计公报》和《西湖区统计年鉴（2022）》为准。统计资料均使用法定计量单位。

六、《杭州市西湖年鉴（2023）》设“主题索引”“图照索引”“表格索引”3 种检索系统，收录主题索引 618 条、图照索引 73 条、表格索引 7 条。文中信息可由目录、索引、书眉获得。

七、《杭州市西湖年鉴（2023）》收录内容和图片以 2022 年度为主，个别部分时间有上溯和下延，所有图片由区属相关单位和区传媒中心提供，拍摄者以供稿单位署名为准。

# 西湖区行政区划图

2022 年 7 月 19 日，西湖区政协举行“同心筑梦跟党走 两个先行担使命”主题联谊活动

（区传媒中心　供稿）

2022 年 8 月 5 日，“喜迎二十大 共富西湖行”五级融媒联动宣传活动启动仪式在西湖区举行

（区委宣传部　供稿）

2022年9月21日，“喜迎二十大 匠心共筑梦”主题活动暨第四届“西湖工匠”发布会在西湖区举行（图为发布会展示区）

（区总工会 供稿）

2022年9月28日，西湖区举办“西湖开讲·喜迎二十大 同心跟党走”民营经济与“亲清政商”关系专题讲座

（区委统战部 供稿）

2022 年 10 月 16 日，西湖区委组织干部收看中国共产党第二十次全国代表大会开幕式

（区传媒中心　供稿）

2022 年 10 月 16 日，西湖区组织离休干部收看党的二十大开幕式

（区委老干部局　供稿）

2022 年 11 月 10 日，西湖区举行学习贯彻党的二十大精神座谈会

（区传媒中心　供稿）

2022 年 11 月 14 日，西湖区委统战部与古荡街道共同举办“深情献礼二十大 同心奋进新征程——为你歌唱主题演唱会”

（区委统战部　供稿）

2022 年 11 月 16 日，西湖区委在“西投·云漫里”举办“党的二十大精神专题宣讲会”
（区传媒中心　供稿）

2022 年 11 月 18 日，第六届西湖区政协常委“学习贯彻党的二十大精神”专题读书会举行
（区传媒中心　供稿）

2022 年 11 月 30 日，西湖区举行区委理论学习中心组（扩大）专题学习会暨党的二十大精神宣讲

（区传媒中心　供稿）

2022 年 12 月 6 日，西湖区人大常委会机关“二十大精神青年说”专题学习会举行

（区传媒中心　供稿）

2022年8月5日，中共杭州市西湖区委十届二次全体（扩大）会议召开

（区传媒中心　供稿）

2022年2月14日，杭州市西湖区第十六届人民代表大会第一次会议举行

（区传媒中心　供稿）

2022 年 8 月 17 日，西湖区政府全体（扩大）会议召开

（区传媒中心　供稿）

2022 年 2 月 13 日，中国人民政治协商会议第六届杭州市西湖区委员会第一次会议举行

（区传媒中心　供稿）

2022 年 1 月 10 日，全区经济工作会议举行

（区传媒中心　供稿）

2022 年 1 月 19 日，2022 年亚运会和亚残运会西湖区运行保障指挥部第一次会议召开

（区传媒中心　供稿）

2022 年 5 月 30 日，西湖区高质量发展建设共同富裕示范区首善之区领导小组第二次会议暨全区社会建设工作推进会议召开

（区传媒中心　供稿）

2022 年 9 月 26 日，中共杭州市西湖区委举行“杭州这十年 · 西湖”主题新闻发布会

（区传媒中心　供稿）

2022 年 4 月 29 日，2022 杭州数智新消费暨文三数字生活嘉年华在西湖区举行
（区商务局　供稿）

2022 年 6 月 6 日，浙江铖昌科技股份有限公司在深圳证券交易所上市
（区传媒中心　供稿）

2022 年 7 月 1 日，西湖区“跑出加速度 冲刺三季度”重点招商项目集中签约暨重大项目推进活动举行

（区传媒中心　供稿）

2022 年 7 月 5 日，杭州涂鸦智能科技有限公司在香港交易所上市

（古荡街道　供稿）

2022 年 11 月 3 日，云栖大会在西湖区举行

（云栖小镇　供稿）

2022 年 11 月 9 日，区委统战部和区工商联召开西湖区独角兽（准独角兽）企业联盟成立大会

（区委统战部　供稿）

2022 年 11 月 14 日，“2022 栖西聚才——西湖国际人才活动周开幕式”举行

（区委组织部　供稿）

2022 年 11 月 16 日，紫金港科技城管委会举办“才聚紫金 智赢未来”紫金港科技人才创享日暨生物医药行业主题沙龙

（紫金港科技城管委会　供稿）

2022 年 12 月，杭州美登科技股份有限公司在北京证券交易所上市

（三墩镇　供稿）

浙大紫金科创小镇外景（摄于 2022 年）

（紫金港科技城管委会　供稿）

紫金港科技城——浙大森林园区（摄于 2022 年）

（紫金港科技城管委会　供稿）

西湖区文三数字生活街区裸眼 3D 母子屏夜景（摄于 2022 年）

（翠苑街道　供稿）

2022 年 3 月 24 日，西湖区高尔夫赛事配套服务中心投入使用

（之江城投集团　供稿）

2022 年 8 月 2 日，西湖区留泗路（之江路—龙新路）道路修缮工程完成

（之江城投集团　供稿）

2022年8月2日，西湖区彩虹快速路西延（彩虹快速路桥接云河街地面两侧辅道）修缮工程完成

（之江城投集团　供稿）

2022年8月，西湖区良吉鸿府（吉鸿二期）安置房竣工交付

（西湖城投集团　供稿）

2022 年 9 月，西湖区浙大路绿地被评为杭州市“优胜道路绿地”

（区综合行政执法局　供稿）

2022 年 9 月，西湖区丰潭路绿地被评为杭州市“示范道路绿地”

（区综合行政执法局　供稿）

2022 年 9 月，西湖区冯家河绿地被评为杭州市“示范滨水绿地”

（区综合行政执法局　供稿）

2022 年 10 月，西湖区和安居塘河人家安置房竣工交付

（西湖城投集团　供稿）

西湖区黄龙体育馆亚运示范区鸟瞰图（摄于 2022 年）

（区综合行政执法局　供稿）

西湖区绿化小品（摄于 2022 年）

（区综合行政执法局　供稿）

西湖区西溪谷鸟瞰图（摄于 2022 年）

（西溪谷管委会　供稿）

西湖区紫金港科技城西港发展中心（摄于 2022 年）

（紫金港科技城管委会　供稿）

2022 年 5 月 30 日，浙江省青少年校园足球文化节活动开幕式在西湖区举行

（区教育局　供稿）

2022 年 8 月 28 日，西湖区举办高尔夫露营奇妙夜

（区委宣传部　供稿）

2022 年 9 月 2 日，西湖区红十字会为育才外国语学校举办暑期安全应急救护知识培训

（区红十字会　供稿）

2022 年 9 月 23 日，“Hello 西湖 · 你好亚运”杭州亚运会倒计时 1 周年启动仪式在西湖区举行

（区委宣传部　供稿）

2022年10月15日，西湖区工商联与中宙控股集团、淳安县瑶山乡政府联合举办“走进淳安·助力26县高质量发展”活动

（区委统战部　供稿）

2022年11月26日，“邻里守望 同心向党——浙江社会组织公益服务在您身边主题宣传暨西湖区‘幸福荟’邻里节”在转塘街道长埭村举行

（区民政局　供稿）

西湖区三墩镇数字驾驶舱实景图（摄于 2022 年）

（三墩镇　供稿）

西湖区弥陀寺文化公园群众健身活动（摄于 2022 年）

（北山街道　供稿）

西湖区春日茶园（摄于 2022 年）

（区文广旅体局　供稿）

西湖区翠苑一区未来社区空中俯瞰图（摄于 2022 年）

（翠苑街道　供稿）

西湖区蒋村港油菜花公园（摄于 2022 年）

（蒋村街道　供稿）

西湖区蒋村港亚运公园（摄于 2022 年）

（蒋村街道　供稿）

西湖区龙尾巴水库（摄于 2022 年）

（转塘街道　供稿）

西湖区上城埭村西山游步道（摄于 2022 年）

（转塘街道　供稿）

西湖区铜鉴湖水上绿道（摄于 2022 年）

（双浦镇　供稿）

西湖区外桐坞村元帅亭（摄于 2022 年）

（转塘街道　供稿）

# 目　录

## 中共杭州市西湖区委员会

## 杭州市西湖区人民代表大会



## 杭州市西湖区人民政府

## 中国人民政治协商会议<br>杭州市西湖区委员会



## 中共杭州市西湖区纪律检查委员会<br>杭州市西湖区监察委员会

## 民主党派



## 人民团体

## 外事·侨务·港澳台事务



## 法 治

## 军　事



## 经济管理

## 财政·税务·金融



## 经贸合作交流



## 农业·农村·水利

## 工业和信息化



## 产业平台

## 国资公司



## 第三产业

## 城乡建设管理

## 生态环境



## 教　育

## 科技创新



## 卫生健康

## 文化·体育



## 人力资源与劳动保障



## 社会事务

## 街道·镇

## 人　物

## 附　录



## 索　引

# 特　载

## 全面学习贯彻党的二十大精神<br>扛起新征程使命担当　争做现代化实践范例<br>奋力谱写西湖高水平打造共同富裕示范区<br>首善之区新篇章

——在区委十届三次全体（扩大）会议暨区委经济工作会议上的报告

（2023 年 1 月 9 日）

董毓民

同志们：

这次会议的主要任务是：高举习近平新时代中国特色社会主义思想伟大旗帜，深入学习贯彻党的二十大精神，认真贯彻落实省委市委全会部署，全面总结区委十届一次全会以来的工作，全面部署当前及今后一个时期的工作，扛起新征程使命担当、争做现代化实践范例，奋力谱写西湖高水平打造共同富裕示范区首善之区新篇章，努力为浙江以“两个先行”打造“重要窗口”、杭州加快打造世界一流的社会主义现代化国际大都市贡献西湖力量、展现西湖担当。

下面，我代表区委常委会向全会作报告。

**一、关于区委十届一次全会以来的工作**

区委十届一次全会召开以来，区委常委会坚持以习近平新时代中国特色社会主义思想为指导，团结带领全区上下以坚定捍卫“两个确立”、坚决做到“两个维护”的高度政治自觉，把迎接党的二十大胜利召开、深入学习宣传贯彻党的二十大精神作为首要政治任务，认真贯彻落实省市区党代会决策部署，高效统筹疫情防控和经济社会发展，各项工作取得了新成绩。

1. 坚定理论武装自觉，迅速掀起“学、思、践、悟”的行动热潮　深入贯彻《中共中央关于认真学习宣传贯彻党的二十大精神的决定》和省委市委通知要求，全方位学习研讨、全覆盖组织宣讲、全媒体广泛宣传、全领域研究阐释、全体系开展调查研究。扎实推进领导干部专题学、党员干部示范学、线上线下全员学、青年群体创新学、“追随足迹”现场学，区领导带头到企业、学校、村社和基层联系点开展宣讲，开展各类宣讲 2000 余场次，推出党的二十大专栏专题 4 个，刊发各类报道300余篇，把党的二十大精神传达到每个支部、每名党员。抓好省市区党代会精神学习贯彻，召开区委十届二次全会，举办“杭州这十年·西湖”新闻发布会，奋力推进“两个先行”的西湖实践。

2. 坚定稳进提质信心，奋力跑出经济发展的上扬曲线　制定实施经济稳进提质52条、元宇宙产业发展12条、新制造业高质量发展13条等一揽子助企纾困政策，深入开展“双千”为企服务，超常规推动经济企稳回升，全年兑现扶持资金29亿元，减税降费超70亿元，减免企业租金超1亿元，获央视《新闻联播》报道。全区在册市场主体突破14万户、增长11%。新增上市企业6家、总量达35家，上市新增数全市第一、总数全省第三，北交所浙江基地成为全省首个区域性股权市场创新试点落地实体。做大做强“云创”“科创”“文创”特色主导产业，阿里云总部顺利投用，“文三数字生活街区”全面开街，入选全省数字生活新服务高质量发展项目，成为引领全国的示范数字街区。顺利推进之江文化中心、航天五院杭州中心等重大项目，新增国家专精特新“小巨人”企业8家、省数字工厂标杆企业4家。聚焦招商引资“五条赛道”“六张清单”，招引亿元以上产业项目116个，实际利用外资7亿美元。深入做地出地攻坚，完成经营性土地出让30宗（1322.5亩）。深入开展“科技八点半”“企业服务周”“西商大会”等惠企服务，累计走访服务企业7.1万次，解决问题6016个，问题解决率达95.2%，被评为2022年企业家幸福感最强区。2022年1—9月，实现地区生产总值1452.9亿元；1—11月，规上工业增加值增长3.5%，战略性新兴产业增加值、高新技术产业增加值分别增长5.4%和6.4%；社会消费品零售总额增长5.8%；全年完成财政总收入463.4亿元、一般公共预算收入233.5亿元，分别增长34%、32.9%。

3. 坚定创新驱动导向，充分激发科创引领的澎湃动力　全面推进城西科创大走廊西湖片区高质量发展，迭代升级紫金港科技城、西湖大学城、云栖小镇、西溪谷等重点平台，成功命名浙大紫金科创小镇，加快建设西湖大学云谷三期。推进“116N”实验室体系建设，国家实验室实现“零”的突破，智元研究院、华大研究院、量子研究院等前沿领域科研平台相继落地。高校经济可圈可点，全力打造环浙大人工智能产业带，正式启动环浙工大创业创新集聚区，建成石虎山机器人创新基地、浙财大金融科创园等6个新型产学研基地，促成优质产学研项目139个，实现技术交易总额超190亿元。认定首批“飞天计划”企业17家，培育独角兽、准独角兽企业52家，“国高企”总数突破1200家、“省科小”3400家。全社会研发投入强度达4.25%，18项科技成果获省科学技术进步奖，成功夺得“科技创新鼎”，区域科技创新指数连续三年位居全省前3。大力实施“栖西聚才”专项行动，新入选省“鲲鹏行动”计划9人、居全省第一，入选国家、省市级海外高层次人才、特殊人才支持计划52人。

4. 坚定为民惠民情怀，广泛传递美好生活的民生暖意　高质量完成十方面民生实事。打造幸福民生综合体22个，累计建成启用41个，成为全国基层治理创新典型案例，获央视《焦点访谈》报道。新增婴幼儿托位1134个、普惠型托位997个，建成婴幼儿成长驿站13家，全省基本养老服务体系建设现场会在我区召开，“一键养老”标准化模板全省推广。开工学校6所、竣工4所，荣获省政府学前教育激励，获全国教育“双减”工作典型案例，成立全省首家区域公共卫生研究院。政务服务网上办比例达88.8%、同比增长39%，竣工安置房6364套，回迁安置房3003套，筹集保障性租赁住房超1万套（间），无物业小区全域清零。建成农村家宴放心厨房5家，新增食品生产企业“阳光工厂”48家。培育“首善之区·西湖有礼”文明实践品牌，文明实践所站实现全域覆盖，3部作品荣获全国“五个一工程”奖，西湖龙井入选“人类非遗”，提升改造图书室18家，新建全民健身场地20家，成功创建全省首批体育现代化区。

5. 坚定绿色发展理念，持续提升城乡环境的颜值、气质　全域推进“迎亚运”环境品质提升和城市基础设施攻坚行动，黄龙体育中心、西湖国际高尔夫球场等4大亚运场馆全面投用，28条迎亚运道路、8个入城口、57个场馆周边“最后一公里体验区”完成改造提升。成功创建省级新时代美丽乡村优胜县（区），吉鸿、府苑、求智3个社区成功创建省级未来社区，长埭、桐坞、桑园地、绕城4个村成功创建省级未来乡村，云栖小镇风貌区成功被评为省级特色产业风貌样板区，双浦镇成为美丽城镇建设省级样板，实现省级美丽乡村示范乡镇、省A级景区村庄、数字乡村全覆盖，成功打造长埭—上城埭—桐坞共富带和龙坞茶镇共富联合体，连续三年荣获全国县域农业农村信息化发展先进县（区）。西溪国家湿地公园体制机制调整进一步优化。开工老旧小区提升改造项目15个、竣工24个，加装既有住宅电梯87台，改造完工“二次供水”设施13个，累计打造省级无障碍社区5个，自建房安全专项整治工作获住建部充分肯定，成功创建省“无违建区”。建成和提升改造道路8条，新增公共停车泊位600个，完成造林697亩、绿道建设22.6公里、扩绿60.6万平方米，累计拆违2.04万平方米，集中式饮用水水源地水质达标率100%，空气环境质量排名主城区第一。

6. 坚定攻坚破难决心，切实形成实战实效的改革成果　推动数字化改革“1612”体系落地，滚动实施42项牵一发动全身重大改革项目。全面承接“七张问题清单”“防汛防台”等省级重大应用，高效推进“大综合一体化”等重大改革，扎实推进“公权力大数据监督”“数智同心荟”等省市改革试点。“你好，青春期”“西湖善粮公社”分别入选杭州市共同富裕试点和最佳实践，“财政资产云管家”入选全省党政机关过紧日子十大优秀案例。“云舍”实有人口治理模式获国务院办公厅电子政务办简报刊发，“十安卫士”“数智教育”“救在身边”“劳资E智理”等改革成效得到省委省政府、国家部委领导肯定。“企诊卫士”入选全省“一地创新、全省共享”“一本账”，相关做法获中央依法治国办简报刊发。“民呼我为·西湖码”“一指减负”入选全省数字化改革最佳应用。“民呼我为·西湖码”改革经验获国务院职转办简报刊发，“一指减负”典型经验获国务院办公厅通报表扬。

7. 坚定平安护航意识，全力打好除险保安的攻坚战役　因时因势做好疫情防控，全省首创抗原试剂检测服务平台，全市首推重点场所管理白名单制度。全面落实国家优化疫情防控新措施，突出“保健康、防重症”，做好发热门诊扩容、医疗服务队伍培训、疫苗接种等工作。围绕“平安护航党的二十大”，扎实开展除险保安百日攻坚，全力做好安保维稳、安全生产、防灾减灾、应急救援和消防等各项工作，防范化解房地产等重点领域风险，常态化开展社会治安、扫黑除恶专项行动，破获一批“国督”“省督”大、要、专案，“电网诈”综合治理成效明显。纵深推进社会治理中心和基层治理四平台建设，完善“小脑+手脚”基层工作体系，迭代升级城市安全风险综合监测预警平台，全域新增“智慧三件套”5万余件。深化“大综合一体化”行政执法改革，推进试点街道“一支队伍管执法”，三墩镇成功入选全省法治化综合试点最佳实践案例。首创数字化“无讼圈”诉源治理品牌，累计打造部门法律援助工作站13个，推出“红盟1号”法律服务品牌，有效提升法治西湖建设水平。

8. 坚定党建统领恒心，全面营造风清气正的政治生态　压紧压实管党治党政治责任，完善大党建考核机制，以“七张问题清单”牵引党建统领整体智治，深入推进新时代党的建设。全面落实意识形态责任制，筑牢意识形态领域安全防线。纵深推进“争星晋位、全域建强”行动，实施争星创优工程，争创首善现代社区，高标准完成党建统领翠苑一区未来社区建设，“一村一策”推进11个软弱后进村社党组织和14个城郊接合部重点村社党组织整转提升，承办省直机关党建联建现场会，深化街道“大工委”、社区“大党委”建设，“小哥学院”做法全市推广。选优配强高素质干部队伍，实施西湖菁锐领跑计划，选派700余名干部到一线磨炼，完善常态化轮岗交流机制，承接浙里干部之家建设试点。启动新一届区委巡察，完成14家单位常规巡察和50个村社延伸巡察。查处违反中央八项规定精神问题11人、群众身边腐败和作风问题6起、“三不”问题30起。加强区委常委会自身建设，有效发挥领导核心作用，人大、政府、政协以及监委、检察院、法院履职成效显著，代表联络站、智联在线、民生议事堂、协商驿站等工作亮点纷呈，各领域统战工作创新发展，党管武装、老干部等工作持续加强，工青妇、工商联等群团组织桥梁、纽带作用充分发挥，政治生态风清气正、持续向好。

回顾过去一年的实践，我们深切体会到，做好西湖的工作，要始终坚定“两个维护”

的政治自觉，深入贯彻落实习近平总书记重要指示、批示精神和党中央大政方针，推动上级决策部署不折不扣落地落实，切实做到“总书记有号令、党中央有部署、浙江见行动、杭州真落实、西湖作表率”；要始终牢记“民呼我为”的殷殷嘱托，践行为民服务宗旨，尽心尽力办实事、精准施策惠民生，做到发展为了人民、发展依靠人民、发展成果由人民共享；要始终秉持“自我革新”的勇气胸怀，主动从“适应变革”向“引领变革”转变，积极应对复杂形势，敢于冲破思想观念的障碍、跳出条条框框的限制，不断把改革创新推向深入；要始终弘扬“求真务实”的工作作风，坚持讲实话、出实招、办实事，一步一个脚印、一锤一个钉子，推动各项事业付诸实践、见诸行动、取得实效；要始终凝聚“同心同向”的奋进合力，坚持全区“一盘棋”，区委、人大、政府、政协四套班子齐心协力、以上率下，广大党员干部一级带着一级干，广泛凝聚共识、全面增进团结，做到目标同向、上下同心、干群同力，形成高水平打造共同富裕示范区首善之区的强大合力。

总之，区委十届一次全会以来的工作成绩来之不易。这些成绩的取得，根本在于以习近平同志为核心的党中央坚强领导，根本在于习近平新时代中国特色社会主义思想的科学指引，是省委、市委正确领导的结果，是全区各级党组织和广大党员干部群众践行嘱托、勇担使命、拼搏实干的结果。在此，我代表区委常委会向同志们表示衷心感谢！

**二、提高政治站位、扛起使命担当，坚决把思想和行动统一到中央和省委、市委的决策部署上来**

党的二十大描绘了全面建设社会主义现代化国家的宏伟蓝图，吹响了向第二个百年奋斗目标进军的冲锋号角，为我们当前和今后一个时期的发展指明了前进方向、提供了行动指南。前不久召开的中央经济工作会议和省委、市委全会都对深入贯彻党的二十大精神作出全面部署。中央经济工作会议科学地研判形势挑战，系统地谋划部署2023年经济工作，强调要推动经济运行整体好转，实现质的有效提升和量的合理增长。省委十五届二次全会提出要始终坚持以习近平新时代中国特色社会主义思想为根本指引，忠实践行“八八战略”，以“两个先行”打造“重要窗口”，奋力谱写中国式现代化浙江篇章，努力为全面建设社会主义现代化国家、全面推进中华民族伟大复兴贡献浙江力量、展现浙江担当。市委十三届三次全会提出要全面学习把握落实党的二十大精神，全面深化“奋进新时代、建设新天堂”系列变革性实践，加快打造世界一流的社会主义现代化国际大都市，在以“两个先行”打造“重要窗口”中展现头雁风采，努力成为中国式现代化的城市范例。

对西湖区来说，学习贯彻党的二十大精神和省委、市委决策部署，最重要的就是要提高政治站位、扛起使命担当，紧扣目标方向、找准路径抓手，切实增强加压奋进的紧迫感、责任感，以实干实绩推动各项任务在西湖区落地生根、见行见效。

1. *在统一思想中解放思想* 要以更强政治自觉、理论自觉、使命自觉，深刻领悟党的二十大精神的思想精髓和实践要求，最大程度凝聚共识，奋进新征程、建功新时代。要学深、悟透。坚持以习近平新时代中国特色社会主义思想为指引，持续深化对“两个确立”历史必然性和实践真理性的思想认识，学懂、弄通中国式现代化的内涵要求，时刻保持自我革命的清醒坚定，以深厚的感恩之情、绝对的忠诚之心、不渝的捍卫之志践行“两个维护”，不断提高政治判断力、政治领悟力、政治执行力。要系统思考。在学习中主动思考、系统思维，立足浙江杭州西湖地域特质，深刻把握忠实践行“八八战略”与努力打造“重要窗口”之间的方向一致性、内涵一体性、辩证统一性，将党的二十大精神内化于心、固化于本、走深走实。要开创新局。思想上破冰，行动上才能突围。以更高站位、更宽视野、更大格局考量区域发展，坚持整体推进与重点突破并重、扩大总量与提升质量并重、科技创新与机制创新并重，在融入中国式现代化的宏大场景中，推动西湖奋发进取冲在前、敢为人先干在前、善作善成走在前，以团结奋斗的姿态推动西湖发展再谱新篇章、再创新辉煌。

2. *在融会贯通中实事求是* 牢记习近平总书记的殷殷嘱托，学、思、用贯通，知、信、行统一，观大势、看趋势、判形势，使我们的工作更加符合发展规律、符合西湖区实际、符合人民期待。要应势而谋。正确把握“后疫情、杭州亚运、共同富裕、数字化改革”4个大背景，客观审视机遇挑战，准确把握发展趋势。适度跳出西湖谋划西湖区、立足全局发展西湖区，既不好高骛远，也不妄自菲薄，科学谋划一批打基础、利长远、促转型、增动能、惠民生的大事要事，在新的起点上把西湖区各项事业推向前进。要趁势而上。锚定“首善之区”目标不动摇，充分发挥区位、科技、生态、民生等方面优势，在国家实验室等重大战略中借梯登高、人无我有，在杭州城西科创大走廊中脱颖而出、成为“东首”，在之江文化产业带实现集约集群、特色发展，不断放大自身优势、持续巩固发展胜势，推动实力硬核提升。要顺势而为。准确把握大时代大变革蕴含的大机遇大风口，紧扣“四个杭州”定位和“四个世界一流”要求，顺应现代化先行、共同富裕示范等重大改革潮流，在发展中准确识变、主动求变、科学应变。坚持云创、科创、文创“三创融合”，未来社区、未来乡村、未来街区园区“三个未来”引领发展，在高质量发展中走出西湖路径。

3. *在实干笃行中与时俱进* 以中国式现代化全面推进中华民族伟大复兴，是新时代新征程艰巨伟大的使命任务。我们要充分融入大局，在奋勇实践中不断深化认识规律，不断推进实践创新，推动干部敢为、地方敢闯、企业敢干、群众敢首创。要城区首位，突出贡献度。经济要强，要率先在全省全市实现经济发展上的全面高质量；城市要美，要努力实现高品位可持续的全域大美丽；民生要优，要努力在民生事业上实现全民共富裕。坚持“跳起来摘桃子”，既“瞻前顾后”纵向比，又“左顾右盼”横向比，加快提升西湖区发展的全球影响力、全国竞争力、区域引领力，在发展大局中挑重担、当标兵、作贡献，全力为一域争光、为全局添彩。要工作首创，增强辨识度。发挥首创精神，深入研究现代化实践的机制、方法和举措，找到最优化、最高效、最集约的路径，以改革破难题、以创新增动能，着力形成引领未来的新模式新机制，持续深化拓展西湖特色的变革性实践、突破性进展、标志性成果，全力探索更多可复制可推广的“西湖经验”，充分彰显“首善之区”的魅力。要群众首肯，提升满意度。既要取悦于民，更要取信于民。坚持问需于民、问计于民、问效于民，加大公共服务供给，统筹做好就业、医疗、教育、养老、托育等民生实事，以实际行动践行为民初心、以扎实举措解决民生难题、以实际成效赢得群众信赖，把发展的“大图景”和群众的“小确幸”紧紧相连。

**三、全面聚势赋能、奋勇实干争先，在新征程上扎实推进中国式现代化在西湖区的生动实践**

区委常委会对标党的二十大和中央经济工作会议精神，对标省委市委全会暨经济工作会议部署，深入思考谋划，积极推动中国式现代化在西湖区的生动实践。做好当前和今后一个时期的工作，我们必须要全面学习贯彻党的二十大精神，坚持以习近平新时代中国特色社会主义思想为指引，以“八八战略”实施20周年、“重要窗口”打造5周年、杭州亚运举办、习近平总书记考察翠苑一区20周年为重要契机，扛起新征程使命担当、争做现代化实践范例，坚持城区首位、工作首创、群众首肯，解放思想、实事求是、与时俱进，全面聚势赋能、奋勇实干争先，深化变革性实践、打造标志性成果，奋力谱写西湖高水平打造共同富裕示范区首善之区新篇章。重点要发挥六大优势，奋力打造六大实践范例。

*1. 发挥战略战术牵引优势，奋力打造高质量发展实践范例* 对标构建优势互补、高质量发展的区域经济布局和国土空间体系的新要求，以杭州城西科创大走廊创新策源“东首”为总牵引，抢抓长三角一体化、之江文化产业带等国家和省市重大战略叠加机遇，在更高层面、更宽领域实现资源优化配置，持续提升对各类高端要素的承载力和吸附力，实现区域发展能级大跃升。

空间谋局：把握最新一轮“三区三线”规划调整契机，高效推进双浦、双桥、小和山等单元控规修编，科学谋划使用新增的土地空间，科学完善生产、生活、生态“三生融合”空间，统筹城乡融合协调发展，实现区域版图和人民群众需要相互协调、紧密适配，塑造“北强新老互动、南启融合发展、中兴东西协同”整体格局。

产业布局：聚焦杭州市五大产业生态圈建设，坚持云创、科创、文创“三创融合”，加快打造更具活力、创新力、竞争力的现代产业体系；实施数字经济“一号工程”升级版，持续壮大云计算、大数据、区块链、人工智能等数字产业，加快布局元宇宙等未来产业新赛道，推动平台经济平稳健康发展，加速数字经济二次攀登；创新“产业大脑＋未来工厂”融合发展模式，突出抓好空天地海、生命健康、智能制造、集成电路、军民融合、绿色低碳等战略性新兴产业，加快培育形成制造业百亿级产业集群；大力支持总部经济、楼宇经济发展，培育一批“品质楼宇、特色楼宇、绩效楼宇”；做强会计、法律、研发、设计、人力资源等生产型服务业，以文三数字生活街区为牵引带动生活性服务业迭代升级，高水平建设现代服务业强区；持续发展“一绿一红”等现代农业，推进农文旅深度融合高质量发展。

平台格局：大力实施“北强”成效年、“南启”融合年、“中兴”决胜年行动，实现各类平台园区优势叠加、百花齐放。“北强”全速深化紫金港科技城、西湖大学城双城联动，加快西科园提升改造，高质量推进未来生命科学园。“南启”定位之江科学城，全力推动铜鉴湖、云栖小镇、艺创小镇、龙坞茶镇“一湖三镇”融合发展。“中兴”全面加快建设小和山科学城，实现老和山、小和山协调发展。

项目落局：主动对接国家省市重大工程和重大生产力布局，抓紧谋划一批战略性、支撑性、引领性的重大项目。深入实施“招大引强”，聚焦“五条赛道”，深化“六张清单”，发挥蚂蚁集团、阿里云、永创智能、铖昌科技等链主企业带动作用，探索设立产业跨境合作国别中心，加快形成覆盖全国、通达全球的项目招商网络，力争招引落地亿元以上产业项目120个、10亿元以上项目10个。全速推动国科大杭高院双浦校区、万泰生物、中船重工、之江未来社区等项目建设，加快“老楼宇、老商圈”提质增效，推动形成大抓项目、抓大项目的浓厚氛围。

服务成局：深入开展做地出地攻坚，盘活用好留用地资源，释放土地“黄金效益”。提升科创直投基金等百亿级政府基金使用效能，发挥引导撬动作用，为企业提供充足的金融活水。用足用好数字经济、元宇宙、新制造业等新型产业政策，不断提升政策体系的科学性、集成性和竞争力。紧抓杭州打造国家营商环境创新试点契机，在产权保护、市场准入、公平竞争、社会信用等领域先行先试，努力打造营商环境最优区。高效统筹为企服务资源，迭代“双千”“科技八点半”“企业服务联盟”等载体，深入实施西商精准服务计划，全面提升为企服务能力和水平。

2. *发挥高校高新科创优势，奋力打造高能级创新实践范例*　对标教育科技人才基础性战略性支撑部署新要求，全面实施科教和人才强区首位战略，高校高新高人高能级平台“四高协同”，提升创新驱动发展整体效能。

高校：大力实施高校经济，深化“一链一院一基地”模式，纵深推进环浙大玉泉、浙工大、紫金港和西湖大学创业创新圈建设，支持启真创新等概念验证中心建设发展，加快形成一批“标杆项目、标杆园区、标杆活动”，实现技术交易总额200亿以上，率先形成科技成果转移转化首选示范区。

高新：大力构建创新主体金字塔矩阵。要精塔尖，依托北交所浙江基地和浙江“专精特新板”，大力实施新一轮“凤凰行动”，推动更多企业上市。要强塔身，深入开展“雄鹰”“鲲鹏”“单项冠军”“隐形冠军”“专精特新‘小巨人’”梯次培育，实施科技企业“双倍增”和科技小巨人培养计划，新增“国高企”250家以上、“省科小”800家以上、“飞天企业”20家以上。要夯塔基，加快国资国企改革步伐，做强做大做优主责主业、提升核心竞争力。推动新时代民营经济高质量发展，让各类创新主体在西湖大地“万类霜天竞自由”。

高人：大力实施“西湖英才计划”，深入推进科技领军人才、青年科技人才、卓越工程师、高技能人才、省市创新创业团队等项目，发挥重点企业、高校院所和领军人才吸附聚才作用，推动形成产业聚才、平台招才、以企引才、以才荐才的“多元化”人才引育格局。高水平建好浙江（云谷）人才客厅，做优做强“一站式”人才服务综合体，探索推进科技人才评价改革，实施“两院”院士等顶尖人才定制化服务机制，完善人才全生命周期服务体系，营造尊才爱才、重才用才的浓厚氛围。

高能级平台：构建完善“116N”实验室体系，全力保障国家实验室落地发展，推动西湖实验室、国科大杭州高等研究院等省级新型研发机构加快发展，支持脑机智能研究中心、西湖基因编辑中心等新型科研平台提档升级，引导鼓励省级创新联合体、企业技术创新中心建设，全面提升自主研发能力。

3. 发挥盛会盛事人文优势，奋力打造高水平开放实践范例　对标“简约、安全、精彩”办赛理念和“五精（经）”“五高”目标要求，举全区之力抓好亚运筹办保障，持续放大亚运综合效应，高水平实现“办好一个会、成就一座城”。

做好大会赛事保障：严格对标赛时要求，进行全流程实战演练，开展全要素压力测试，全方位检验大赛运行能力，周密细致做好赛事组织、饮食住宿、交通运输、医疗救治、维稳安保等赛会服务保障工作，加快推动营商环境、政务环境、语言环境、人文环境与世界接轨，确保杭州亚运只留经典、不留遗憾。

做优风采魅力展示：深入挖掘、大力弘扬宋韵文化、铜鉴湖文化、湿地文化等优秀传统文化，盘活西湖龙井茶制作技艺等非遗资源，持续提升西湖文化的影响力、感召力和吸引力；加强新时代文明实践体系建设，高标准做好全国文明典范城市创建工作，树立良好文明风尚、涵养城市精神品格，让世界更好地领略西湖的人文气质、底蕴风采。

做浓全民亚运氛围：深入推进亚运场馆综合利用和惠民开放，加快西湖体育馆复建，强化亚运公园、嵌入式体育场地等全民健身基础设施建设，争创体育强区、赛事之城，多角度、立体式、全媒体宣传亚运盛事，全力营造全民“参与亚运、服务亚运、奉献亚运”的浓厚氛围。

做强特色亚运经济：放大赛事综合效应，发挥美院、音乐学院专业人才优势，带动文创、文旅、文化产业兴盛；用好亚运资源，发挥文三数字生活街区、艺创小镇等窗口作用，积极培育创意设计、影视文化等特色业态，支持高端优质作品在西湖首发、首演、首映、首展；构建“艺创未来”系列节展活动、西山国际登山节、中国视听创新创业大会等品牌活动矩阵，形成一批标志性文旅融合产品；鼓励文艺创作，打造一批体现时代特征、彰显西湖特色的精品力作。

4.发挥西湖西溪生态优势，奋力打造高颜值城乡实践范例　对标推动绿色发展新要求，始终践行“绿水青山就是金山银山”的理念，推动人与自然和谐共生，高水平绘就西湖繁星、钱塘碧水、西溪凝绿、西山叠翠的全域秀美大画卷。

精心呵护绿色生态：高标准实施海塘安澜、城西南排等省市重大水利项目，推进农村生活污水“零直排村”建设，打造河清湖晏的水环境。加快绿色低碳转型，狠抓 $PM_{2.5}$ 和臭氧“双控双减”，提升生态系统多样性、稳定性、持续性，加强土地污染防控与新污染物治理，探索跨区县林地指标交易置换机制。深入推进湿地保护高质量发展，做优西溪湿地保护、管理、经营、研究四篇文章，打造湿地治理体系和治理能力现代化的“西溪样板”，做好铜鉴湖、钱塘江等沿湖沿江湿地综合保护利用，打造湿地公园群落，在杭州争创国际湿地城市中当好主力军。

精密优化城乡功能：发挥规划刚性作用，严格控制天际线、山脊线、湖岸线，让城市生活更美好、乡村更向往。加快贯通城乡基础设施建设，织密云谷、之江等重点区块路网体系，改善交通微循环，建成和提升改造道路 18 条，全面增强区域综合承载力。滚动推进城市有机更新，抓好老旧小区提升改造和长效管理，重筑人居品质、重塑城市风范。

精致雕琢基本单元：联动推进未来社区、未来乡村建设和城乡风貌整治提升，高标准打造之江未来社区、城西科创大走廊全域未来社区西湖片区、龙坞茶镇特色产业风貌样板区。加快未来乡村提质扩面，坚持“富民”“强村”并重，围绕面子光、里子实、数智新、根子强，积极发展都市型乡村经济，推动龙坞茶镇“八仙过海”、铜鉴湖沿山“五朵金花”、兰里“双龙戏珠”组团式发展，努力实现“村村不一样，村村有一样”。

精细管理城乡环境：以绣花功夫抓好城市管理，高标准、系统化建设全域海绵城市、无废城市，创建“无废细胞”30 个以上，深化“垃圾革命”，持续提升洁化、绿化、序化、亮化、美化水平。强化治违控违常态管控，争创省“无违建”创先争优示范区。

5.发挥首善首享省会优势，奋力打造高品质生活实践范例　对标提升人民生活品质新要求，真情实意解决群众急难愁盼问题，将改革发展成果持续转化为群众的获得感、幸福感和认同感。

完善人人共享的优质公共服务：新建幸福民生综合体16个，织密建强服务网络，探索公共空间复合运行机制；加大教育资源供给力度，纵深推进教育集团、“双减”和综合评价等集成改革，规范民办和校外教育，提高学前教育、义务教育公平优质水平，鼓励高中教育特色发展，促进各类各段教育全面全程协同发展，加强优秀教师校长队伍培育力度，深化全面育人；优化大健康体制机制，推进健康浙江行动示范试点，深化城市医联体和社区卫生服务中心建设，规范完善家庭医生签约服务，持续推动优质医疗资源全域覆盖。

探索人人满意的幸福养老托育：优化“一老一小”照护服务，加快打造权责清晰、保障适度、可持续的基本养老服务体系，试点推进长期护理保险制度，推动康养联合体镇街全覆盖，充分挖潜拓展婴幼儿成长驿站、社区托育中心等载体空间，探索推广托幼一体化、嵌入式办托新模式，加快构建有温度、有关怀的全员全龄友好社会。

健全人人受益的社会保障体系：深入推进“扩中提低”改革，加强社保参保挖潜扩面，切实做好重点人群就业帮扶，推动零就业家庭动态清零；扎实推进多层次社会保障体系高质量发展，深化助联体建设，打响“善粮公社”品牌，推动慈善救助更精准更公平；做好无物业管理小区清零“后半篇文章”，加大公租房、共有产权住房、保障性租赁住房等建设力度，加快二次供水改造进度，切实兜牢基本民生底线。

巩固人人和谐的社会安宁局面：贯彻落实总体国家安全观，健全风险闭环管控大平安机制，突出抓好建设施工、道路交通、消防等重点领域隐患排查整治，持续抓好防汛防台、防灾减灾等应急能力提升工作，加强金融、房地产等经济风险防范化解，做好杭州亚运会等重大活动、会议、节点安全保障，常态化开展扫黑除恶，持续推进“电网诈”综合治理，深入开展社会治安打击整治大会战，更加科学精准优化疫情防控，全力守护政治安全、社会安定和人民安宁。

构建人人公平的法治建设环境：推动“大综合一体化”改革落地见效，强化行政执法监督机制和能力建设，创新开展行政执法“公述民评”，打造更多法治实践样板；深化“无讼圈”诉源治理模式，“共享法庭”“枫桥式人民法庭”建设运用，推进司法责任体系改革，推动解决“执行难”综合治理，让群众切实感受到公平正义就在身边；完善现代公共法律服务体系，健全全社会大普法格局，增强全民法治素养，营造全社会尊法学法、守法用法浓厚氛围。

*6.发挥数智数治赋能优势，奋力打造高效能改革实践范例* 对标坚持深化改革开放新要求，推动数字化改革向各方面延伸，统筹加强各领域改革攻坚，让改革赋能更加有

效、惠民更加有感。

数字治理“感知度”实现新突破：持续做好省市重大改革任务承接贯通，高标准打造区级社会治理中心，推进“141”体系迭代升级，提升一体化、智能化公共数据平台支撑能力，构建城市运行数字体征体系，打造全域多维的智能感知网，全面夯实数字治理底座。

基层智治“效用度”实现新突破：迭代升级一体化智治平台，持续深耕“小脑+手脚”基层工作体系，纵深推进村社应急体系建设，加快打造社会治理共同体，积极构建政府领治、群众协治、多元共治的基层治理模式；大力推动矛盾纠纷多元预防调处化解，健全完善重大信访问题清单责任落实机制，深化领导干部接访下访、包案化解制度，不断提升基层治理能力水平。

服务发展“精准度”实现新突破：扎实推进国家知识产权强县建设试点、全域土地综合整治试点等重大改革；围绕“高质量发展”“高水平共富”“高效能治理”等重点领域，谋划实施一批切口小、落点准、收效快的创新举措，大力探索解决群众和市场主体急难愁盼问题的“微改革”，更好实现改革精准服务经济社会发展。

首善西湖“显示度”实现新突破：积极争取更多国家和省部级改革试点项目落地，发挥“民呼我为·西湖码”“一指减负”等标志性应用引领作用，扎实推进“基层治理清单化”“僵尸车监管一件事”“养老一件事”等改革实践，为全市提供基层治理改革样板。加大改革课题研究，推动基层改革实践从“盆景”变“风景”，持续打造具有省市显示度、西湖辨识度的标志性改革成果。

**四、坚持党要管党、全面从严治党，以高质量党建为高水平打造共同富裕示范区首善之区提供坚强保障**

干好工作千条万条，抓好党建、强化队伍是首要一条。我们必须严格落实新时代党的建设总要求，加强党的全面领导、全面加强党的建设，健全全面从严治党体系，把党的领导贯穿高水平打造共同富裕示范区首善之区全过程。

1. 传承红色基因，锻铸绝对忠诚的政治品格　加强党的政治建设，分层分级抓好党的二十大精神学习轮训，扎实开展主题教育活动，坚定捍卫“两个确立”、坚决做到“两个维护”。深化完善《学习贯彻习近平总书记对西湖工作重要指示批示精神的工作闭环管理机制》，迭代升级党建统领问题管控机制，以最真挚的感情感悟总书记殷殷嘱托，以最坚决的行动落实总书记重要指示批示。把对党忠诚作为首要大德，始终真心爱党、时刻忧党、坚定护党、全力兴党。

2. 建强基本单元，筑牢坚强有力的战斗堡垒　以习近平总书记考察翠苑一区20周年为新起点，深入实施“党建领航”“党建领治”“党建领富”行动，深化首善现代化社区建设，常态化开展村社党组织“争星晋位”晒单亮绩活动，全域打响“呼应为”党建品牌。完善党建统领网格智治，深化党建联建机制，构建多跨协同、一体联动、扁平高效的基层治理架构，锤炼最强“作战单元”。健全“两新”党建实质作用发挥机制，深化“共富工坊”建设，加强机关、国企、学校、律师、会计师等各领域各行业党建，打造更多具有西湖辨识度的党建特色品牌。

3. 健全争先机制，造就堪当重任的干部队伍　坚持新时期好干部标准，强化“昼无为、夜难寐”的责任感，“朝受命、夕饮冰”的紧迫感，以上率下带头干、团结各方一起干，加快推进领导班子和干部队伍建设系统重塑，锻造忠诚、干净、担当的西湖铁军。完善全面立体透视察人识人机制，全面开展晾晒比拼。加强年轻干部选育管用，健全梯次分类储备机制，常态化开展西湖菁锐领跑计划，打造复合型专业化队伍。坚持严管和厚爱结合，加强对干部监督管理，落实“三个区分开来”，完善容错纠错等机制，真正做到干部为事业担当、组织为干部担当。

4. 持续正风肃纪，巩固山清水秀的政治生态　坚持以严的基调强化正风肃纪，持续推动形成清清爽爽的同志关系、规规矩矩的上下级关系、亲清统一的新型政商关系。强化对“一把手”和领导班子的监督，用好“五张责任清单”。锲而不舍落实中央八项规定精神，持续纠治“四风”，深化顽瘴痼疾专项整治，以“零容忍”态度反腐惩恶，健全办案和治理相互贯通机制，实现查处一案、警示一片、治理一域。分层分类抓好派驻机构改革，推动公权力大数据监督，深化推广基层小微权力网上运行、“监督一点通”平台，着力打造清廉单元建设示范标杆。

5. 凝聚磅礴力量，开创砥砺奋进的生动局面　大力支持和保障人大依法履行职能，探索创新监督机制，不断丰富全过程人民民主政治实践。全力支持政府履职尽责，抓执行、抓推进、抓落实，推动各项工作取得新成效。充分发挥政协专门协商机构作用，完善民主监督和委员联系界别群众制度，将协商成果转化为工作实效。支持监委、法院、检察院依法行使职权、开展工作、发挥作用。广泛凝聚统战力量，全力推进基层统战“一镇街一品牌”“一平台一亮点”工作，在服务大局上展现新作为。持续加强党管武装、老干部等工作，发挥群团组织联系和服务群众优势，推进青年发展型城区建设，充分调动社会组织和各界人士参与西湖发展的积极性、创造性，形成全区上下同心同向、团结干事的强大合力。

同志们，起步就是冲刺、开局就是决战。让我们更加紧密地团结在以习近平同志为核心的党中央周围，全面学习贯彻党的二十大精神，牢记嘱托、感恩奋进，主动作为、敢闯敢为、创新突围，奋力谱写西湖高水平打造共同富裕示范区首善之区新篇章，为全面推进中国式现代化作出新的更大贡献！

# 政府工作报告

——在杭州市西湖区第十六届人民代表大会第二次会议上

（2023年2月1日）

西湖区人民政府区长　周　扬

各位代表：

现在，我代表区人民政府，向大会报告工作，请予审议，并请区政协委员和其他列席人员提出意见。

## 一、2022年工作回顾

2022年是新一届区政府开局之年。我们坚持以习近平新时代中国特色社会主义思想为指导，聚焦迎接和贯彻党的二十大这条主线，认真落实习近平总书记“疫情要防住、经济要稳住、发展要安全”重要指示，在市委市政府和区委的坚强领导下，奋力推进“两个先行”，全力以赴开新局、应变局、稳大局，较好完成了区十六届人大一次会议确定的目标任务。

这一年，我们顶压前行、精准发力，经济大盘稳进提质。

发展态势企稳向好。全区实现地区生产总值1970.1亿元，服务业增加值1813亿元，三次产业占比调整为0.2%、7.8%、92%。财政总收入463.4亿元、增长34.1%，一般公共预算收入233.5亿元、增长32.9%，收入规模跃升至全市第3。实际利用外资7.01亿美元。固定资产投资484亿元。规上工业增加值111.3亿元。社会消费品零售总额845.7亿元、增长5.8%。打造税收亿元楼44幢、税收千万元楼138幢。城镇居民人均可支配收入8.27万元、增长3%，农民人均纯收入5.42万元、增长8%。

减负降本有力有效。第一时间承接落实国家和省市稳进提质一揽子政策，研究出台西湖区52条政策。累计减税降费超70亿元，兑现扶持资金29亿元，减免企业租金1.08亿元。争取上级储备专项债99.3亿元。完成政策性开发金融工具18.1亿元。深化“双千”服务，上门送政策、解难题，服务企业7.1万家次，解决问题6016个、解决率达95.2%。

项目带动步伐加快。坚持一把手招商，实施招商月考机制，“五条赛道”“六张清单”渐入佳境，华大研究院国际总部成功落户，招引10亿元以上重大项目8个。2个省市县长“152”工程、95个区级以上重点项目有序推进。加大要素保障力度，累计做地 63 宗 2683 亩，出地 30 宗 1323 亩。

市场主体稳步壮大。北交所浙江基地落地运行。新增上市企业 6 家，总数达 35 家。新培育国家专精特新“小巨人”8 家，新增“国高企”272 家、“省科小”858 家。52 家企业入围年度独角兽、准独角兽榜单。新设市场主体 2.2 万家。乔木参天、灌木茁壮、苗木葱郁的市场主体生态基本形成。

这一年，我们创新驱动、产业优先，发展动能加快转换。

国之重器实现突破。全省唯一的国家实验室成功落户，凤凰谷科研中心一期顺利建成。全社会研究与试验发展（R&D）经费支出占比达 4.25%。勇夺省“科技创新鼎”。西湖英才计划持续推进，新入选省级顶尖人才 9 名、国家和省市级海外高层次人才、特殊人才支持计划 52 名。新增国家级博士后工作站 1 家、省级博士后试点站 8 家。

三创融合独树一帜。云创稳步提升。深入实施数字经济“一号工程”，新增省数字工厂标杆企业 4 家。成功举办云栖大会。数字经济核心产业增加值占 GDP 比重超 30%。科创成效显著。环浙江大学、环西湖大学、环浙江工业大学等 3 个高校经济圈各有突破，促成优质产学研项目 151 个。尚坤·杭州互联网创新创业园被评为国家级科技企业孵化器。规上高新技术产业增加值占比达 87.8%。文创成色十足。之江文化产业带核心区加快建设，省之江文化中心主体基本完工，浙江电影科技城顺利竣工，之江编剧村佳作迭出。《我们这十年》入选迎接党的二十大优秀电视剧展播活动重点剧目。落地追光动画、阿里影业等优质文化产业项目 10 个。

各大平台齐头并进。紫金港科技城管理局正式挂牌。西科园区块新开工提升改造项目 4 个，新投用产业空间 21 万平方米。浙大紫金科创小镇成功命名省级特色小镇。西湖大学城未来生命科学园一期全面开工，二期完成做地。西湖大学云谷校区三期初露真容。阿里云云谷园区盛大启用。云栖小镇航天五院产业基地加快建设，国科大杭高院科创园稳步推进，空天地海产业链加速形成，获评省级特色产业风貌样板区。艺创小镇杨奇瑞雕塑艺术长廊建成开放，国家文化和科技融合示范基地创建通过初审。龙坞茶镇国际茶博会永久会址正式开工，国家茶产业技术创新中心成功落地。西溪谷区块链产业园新招引优质项目 70 个，西溪路地块征迁完美收官。文三数字生活街区全面开街，精彩亮相，集聚优质数字生活项目超 100 个。

各个镇街比学赶超。北山街道落户省自然资源集团，白沙泉金融并购街区基金管理规模超 2000 亿元。西溪街道招引省产业大数据、沃土教育等优质项目。灵隐街道现代国际玉泉人工智能产业园精彩开园，黄龙商圈焕然一新。翠苑街道培育税收亿元楼 6 幢、税收千万元楼 29 幢，楼宇坪效居全区第 1。古荡街道财政总收入超 150 亿元，总量居全区第 1。文新街道培育引进绿城蓝城系优质企业58家。留下街道落地小和山TOD等亿元以上优质项目10个。转塘街道新招引华丰管道等亿元以上优质项目18个。蒋村街道新集聚沃德事全国研发中心等优质项目15个。三墩镇新落地中竞实业等优质项目17个。双浦镇招引悠然谷农旅等优质项目2个，未来乡村风生水起。

这一年，我们改革牵引、数字赋能，活力动力明显增强。

数字化改革纵深推进。聚焦省市“1612”体系，省级重大应用贯通率100%。“民呼我为·西湖码”获国务院职转办简报单篇刊发。“一指减负”获评全省最佳应用。“一键办”“智能预审”模块以组件形式服务全省“政务服务2.0”系统。“企诊卫士”获中央依法治国办简报刊发。“财政资产云管家”入选全省党政机关过紧日子十大优秀案例。“西湖龙井茶全生命周期数字化应用”上线运行。“西湖龙井”品牌价值评估连续4年蝉联国内茶叶区域公用品牌榜首。

重点改革可圈可点。“大综合一体化”行政执法改革全域实施，11个镇街全部实现一支队伍管执法。共同富裕示范区重大改革扎实推进，区委社建委正式成立，“西湖善粮公社”入选市最佳实践。“幸福西湖民生综合体”入选全国基层治理创新典型案例，获央视《焦点访谈》报道。国资、国企、婚俗等各项改革稳步推进。“七张问题清单”管控力指数年度排名全省第1。

营商环境持续优化。主动承接杭州国家营商环境创新试点，大力实施创新创业生态营造行动，常态化开展“科技八点半”活动。政务服务“一网通办”“六办联动”“股权转让一件事”等走在省市前列。深化“证照分离”改革，全面落实“告知承诺制”“许可改备案”等事项，破解准营瓶颈。成功创建国家知识产权强县建设试点区。获评2022年企业家幸福感最强区。

这一年，我们规划引领、大气精致，城市品质持续提升。

亚运筹办基本就绪。深入开展“城市环境大整治、城市面貌大提升”行动，精心打造“标志点、示范路、样板区”。全面完成4个亚运场馆提升改造保障任务。8个入城口、28条迎亚运道路、57个场馆周边“最后一公里体验区”圆满完成提升改造。西湖体育馆主体完工，之江文体中心基本完工，三墩文体中心全面建成。建设嵌入式体育场地7.8万平方米。高尔夫球场通过验收并投入运营，高尔夫露营奇妙夜活动受到新华社、人民网等中央主流媒体高度关注。顺利完成CBA联赛保障任务。

城乡格局更加科学。“三区三线”划定方案经自然资源部审查通过。启动单元控规修编6个、村庄规划编制8个，完成村庄规划编制5个。整治优化粮食功能区9625亩。吉鸿、府苑、求智创建省级未来社区。长埭、桐坞、桑园地、绕城入选省级未来乡村。美丽乡村精品村覆盖率达100%。乡村旅游、农旅、文旅融合发展。村级留用地“三统一”

开发模式全市推广，西投云漫里项目成为标杆。荣获省深化“千万工程”建设新时代美丽乡村工作优胜县，成功创建省新时代美丽乡村示范县。

生产生活更加协调。彩虹快速路、留石快速路建成通车。地铁3号线、10号线、19号线西湖段开通运营。科海路、枫桦西路、留和路等27条地铁道路恢复通行。文二路、文三路恢复双向通行。新增停车泊位8068个、公共停车泊位629个、新能源汽车公用充电桩414个。拆违2万平方米，再获省“无违建区”。完成老旧小区提升改造项目24个，加装既有住宅电梯81台，改造“二次供水”设施13个。承办全国自建房安全专项整治工作推进现场会。无物业管理小区全域清零。

人与自然更加和谐。新造人工林697亩，新增绿道22.6公里，新扩绿60.6万平方米，获评省先进护林单位。空气环境质量居主城区首位。西溪国家湿地公园管理体制机制更加优化。湿地博物馆成功创建全国科普教育基地。海塘安澜工程一期顺利开工。之江净水厂基本建成。集中式饮用水水源地水质达标率100%，3个市控断面水质监测均为III类以上。铜鉴湖成功入选省级美丽河湖。绿色低碳迈出坚定步伐，创建“无废细胞”40个，黄龙饭店列入全省“无废亚运细胞”示范点。

这一年，我们人民至上、担当作为，共同富裕蹄疾步稳。

疫情防控精准高效。坚持人民至上、生命至上，迭代完善疫情防控“7181”机制，强化“平战一体”指挥体系，常态化防控阶段实现零聚集性疫情。因时因势调整政策措施，第一时间落实国务院优化疫情防控“二十条”“新十条”等举措。加强医疗服务、药品保障、疫苗接种工作，为60岁以上老年人免费发放防疫包，推动疫情防控从“防感染”向“保健康、防重症”平稳转换。

民生事业提质增效。十件民生实事圆满完成。新增中小学、幼儿园学位7200个。全面落实“双减”政策，稳妥推进“公参民”学校转为公办，“双控”获省先进集体。学前教育获省政府激励。改建、异地新建社区卫生服务中心3个。创办全省首家区域公共卫生研究院，“城市医联体”和分级诊疗制度持续优化。“健康浙江”“健康杭州”考核双双优秀。新增婴幼儿成长驿站等托育机构26家，示范型婴幼儿成长驿站实现镇街全覆盖。承办全省基本养老服务体系建设现场会，“一键养老”标准化模板全省推广。新创建全国文明村2个、乡村治理示范村3个、民主法治示范村1个。西湖龙井制作技艺入选人类非遗代表作名录。15分钟文明实践圈、15分钟品质文化生活圈基本实现城区全覆盖，开展文化惠民活动1700余场次。

社会保障更加健全。坚持稳就业惠民生，成立大学生就业创业联盟，新增大学生创业企业815家，城镇新增就业3.7万人。全民参保率达99.65%，户籍居民基本医疗保险参保率达99.61%。积极构建和谐劳动关系，“劳资E智理”入选全省数字社会案例集。评选“西湖劳模”“西湖工匠”38人。“大救助系统”更加完善。特殊人群法律援助机制持续优化。新建省级无障碍社区1个、示范型“残疾人康复之家”1家、康复站点10个。新增蓝领公寓3838套、保障性住房1.2万套（间）。新增回迁安置房6508套。

平安西湖持续向好。高质量完成平安护航党的二十大各项任务。扎实推进扫黑除恶常态化，成功破获1起20年命案积案，命案起数持续保持低位。社会治理中心和基层治理四平台建设持续加强。电信网络诈骗、养老诈骗立案数分别下降35.9%、29.2%。重大信访问题清单销号率、三级重复信访和积案综合化解率均达100%。做好金融支持保交楼，促进建筑业、房地产市场平稳健康发展。认真做好防汛防台抗旱工作，切实加强道路交通、食品药品、特种设备、消防等重点领域整治，安全生产事故起数、死亡人数均下降50%，未发生特重大事故，获评省食品安全示范区。

支持国防和军队现代化建设，双拥共建扎实推进。民族宗教、审计、统计、外事侨务、人防、史志档案、援藏援疆和东西部协作等工作取得新成效。工会、妇女儿童、青少年、老龄、慈善、残疾人等社会事业取得新进步。

这一年，我们勤政为民、廉洁务实，自身建设得到加强。

始终牢记初心使命，切实加强政府系统政治建设。深入学习党的二十大精神，忠诚拥护“两个确立”，不断增强“四个意识”，坚定“四个自信”，做到“两个维护”。自觉接受区人大及其常委会法律监督，主动接受区政协民主监督。坚持向人大报告、向政协通报工作制度，认真办理人大代表议案建议和政协委员提案。政府隐性债务化解任务圆满完成，综合债务等级下降至绿色区域。持续压减“三公”经费。一体推动“三不腐”，廉政建设进一步强化。

各位代表！回顾过去一年，成绩来之不易，我们更加深刻感受到：拥护核心才能万众一心，始终将“两个确立”作为忠诚信仰，在党的百年奋斗历程中汲取力量，沿着习近平总书记指引的方向坚定前行，干在实处、走在前列，在西湖大地上凝聚起开创未来的强大信心和决心。胸怀大局才能开创新局，牢牢把握新发展阶段、新发展理念、新发展格局要求，在国家和省市大战略中锚定发力、乘势登高，高站位对标、前瞻性谋划、关键处落子，为浙江以“两个先行”打造“重要窗口”、杭州加快打造世界一流的社会主义现代化国际大都市，书写绚丽西湖篇章。人民至上才能拾级而上，始终牢记习近平总书记“民有所呼、我有所应，民有所求、我有所为”谆谆教导，将西湖发展“大图景”与群众生活“小确幸”紧紧相连，用政府的紧日子换群众的好日子，在共富首善的康庄大道上，继往开来、奋勇争先。

各位代表，以上成绩的取得，根本在于习近平新时代中国特色社会主义思想的科学指引，是党中央、国务院、省市党委政府和区委坚强领导的结果，是区人大、区政协监督支持的结果，是全区上下拼搏奋斗的结果。在此，我谨代表区人民政府，向全区人民，向人大代表、政协委员、各民主党派、各人民团体和各界人士，向驻区各单位和驻区部队官兵，向关心支持西湖发展的港澳同胞、台湾同胞、广大侨胞和海内外朋友们，致以崇高的敬意和衷心的感谢！

与此同时，我们也清醒地看到，对照“城区首位、工作首创、群众首肯”的标准，政府工作还存在不小差距：经济增长速度有所回落，个别指标低于预期；土地资源、楼宇园区高效集约利用不够充分，亩均楼均绩效还有较大提升空间；公共服务供给还不够优质均衡，教育、医疗、养老、育儿等公共资源还不能完全满足人民群众需求；政府系统干部队伍干事创业的主动性、积极性、开创性有待提高，奋进新征程的锐气、朝气、志气需进一步激发。对此，我们要以更务实的态度、更有力的措施，认真予以整改。

**二、2023年政府工作安排**

2023年是全面贯彻党的二十大精神开局之年，是“八八战略”实施20周年，是杭州亚运举办之年，是习近平总书记考察翠苑一区20周年，也是西湖“发挥六大优势、奋力打造六大实践范例”的关键一年。根据区委十届三次全会精神，今年政府工作总体要求是：坚持以习近平新时代中国特色社会主义思想为指引，全面贯彻落实党的二十大精神，坚定不移沿着“八八战略”指引的路子前进，扛起新征程使命担当、争做现代化实践范例，坚持城区首位、工作首创、群众首肯，解放思想、实事求是、与时俱进，全面聚势赋能、奋勇实干争先，深化变革性实践、打造标志性成果，奋力谱写西湖高水平打造共同富裕示范区首善之区新篇章。

结合“十四五”规划的总体部署，综合各方面因素，建议2023年经济社会发展的主要预期目标为：地区生产总值增长5%以上；服务业增加值增长5%以上；一般公共预算收入与经济增长基本同步；固定资产投资500亿元以上；社会消费品零售总额增长5%以上；城镇居民人均可支配收入与GDP增幅保持同步，城乡居民收入倍差进一步缩小。

为圆满完成上述目标任务，要重点抓好以下八方面工作：

（一）坚持发展第一要务，全力壮大产业经济

发挥战略战术牵引优势，把拼经济、稳增长放在更加突出位置，以更强有力的政策举措，锚定增长点，释放爆发力，打好经济翻身仗，奋力打造高质量发展实践范例。

放大惠企政策乘数效应。承接好国家和省市稳经济政策，立足于早、着眼于快、落脚于实，出台实施“抢先机、拼经济”28条政策。抢抓消费复苏机遇，实施消费激活提振行动。以超常规举措稳预期、提信心、保就业、增效益，确保一季度实现“开门红”。用好省市资源要素，全力争取地方政府专项债和政策性开发性金融工具。灵活运用贷款贴息、产业基金、融资担保等市场化方式，

助推政策直达快享。支持建筑业、房地产市场平稳健康发展，实现建筑业总产值超1000亿元。

推动数字经济提质增效。全面落实数字经济“1248”计划。加快云计算、大数据、人工智能、高端软件等优势产业集聚发展。加速布局元宇宙、区块链、金融科技、脑机智能等新兴赛道。推动平台经济规范健康创新发展，支持平台企业在引领发展、创造就业、国际竞争中大显身手。实施产业数字化转型“三个全覆盖”行动，探索“产业大脑＋未来工厂”融合新范式。实现数字经济核心产业增加值增长10%以上。

强化新制造业集聚集群。紧扣杭州五大产业生态圈，充分发挥链主企业引领示范带动作用，抓好工业运行“十本账”，进一步锁定战略细分赛道。加快培育商业航天、深海探测等空天地海特色产业。做大做强生物医药、合成生物、基因诊断、医疗器械等生命健康优势产业。重点扶持新能源、集成电路、高端装备、第三代半导体等智能制造新兴领域。规上高新技术产业增加值占比保持在85%以上。

加快现代服务业做优做强。抢抓杭州市服务业扩大开放综合试点契机，用好中介服务业政策，推动科技服务、会计法律、建筑设计、工业设计、现代物流等高端生产性服务业集聚发展。深耕之江文化产业带战略，用好之江编剧村等平台，探索成立区级文艺精品扶持基金，办好中国电视艺术创新峰会、青年艺术周、杭州音乐节等活动，聚力发展传媒影视、文化艺术、数字娱乐等文创产业，力争文化产业增加值增长5%。创新发展首发经济、夜间经济、线上经济等消费新模式，倾力打造文三数字生活街区，打响黄龙、莲花、蒋村、之江、紫金五大商圈品牌。对标品质楼宇、特色楼宇、绩效楼宇，大力发展总部经济，千方百计降低楼宇空置率，实现税收亿元楼45幢、税收千万元楼180幢。

聚焦乡村振兴关键变量。推进长安沙水田垦造，高标准打造粮食功能区4800亩，坚决守住耕地保护红线。充分发挥未来乡村牵引作用，探索乡村共富共美路径。深挖西湖山水资源，用好“一绿一红”茶品牌，发挥“三乡人”力量，深化“农业＋旅游＋文创”，积极发展都市型乡村经济，努力实现“村村不一样，村村有一样”。实施强村富民提升行动，持续提高“三资”管理水平，完善村级留用地“三统一”开发模式，力争32个行政村村集体可分配收入总额达1亿元以上。

（二）坚持创新第一动力，全力打造科创高地

发挥高校高新科创优势，突出“四高协同”，奋力打造高能级创新实践范例，努力以创新的“领先一步”为发展“一路领先”蓄力赋能，奏响新时代“高山流水觅知音”。

构建科创矩阵。主动承接国家战略科技力量布局，积极构建以国家实验室为龙头的“116N”实验室体系。深度融入杭州争创综合性国家科学中心，打造科技成果转移转化

首选示范区。创建省级新型研发机构5家，新增省市双创平台10个以上。巩固高校经济首创优势，放大环浙江大学、环西湖大学、环浙江工业大学创新创业圈辐射效应，打造一批标杆项目、标杆园区、标杆活动，实现技术交易总额200亿元以上。实施“凤凰”“鲲鹏”“单项冠军”“双倍增”“隐形冠军”“专精特新‘小巨人’”系列行动，精塔尖、强塔身、夯塔基，构建西湖特色创新主体金字塔矩阵。新增上市及挂牌企业10家以上，新培育“国高企”250家以上、“省科小”800家以上，新评选“飞天企业”20家以上，新设市场主体2万家以上。

打造人才高地。深入实施西湖英才计划，靶向精准引进具有国际顶尖水平的战略科学家、科技领军人才，引进海内外高层次人才3000人、创新创业团队60个。大力开展栖西聚才行动，实施“两院”院士等顶尖人才定制化服务机制，助推“高精尖缺”人才加速集聚、产学研用深度融合。高品质建好浙江（云谷）人才客厅，提升西湖国际人才周等品牌活动影响力。让各路英才“此心安处是吾乡”。

狠抓项目牵引。坚持以项目看发展论英雄，聚焦“五条赛道”，深化“六张清单”，强化一把手招商，探索设立产业跨境合作国别中心，招引10亿元以上项目10个、亿元以上项目120个。承接省市“千项万亿”工程计划，谋划实施一批战略性、支撑性、引领性项目。完善项目协调机制，加快推进100个区级以上重点项目。大力实施做地出地攻坚年、要素保障攻坚年，全年做地3000亩、具备出让条件1500亩。

（三）坚持改革第一活力，全力优化营商环境

发挥数智数治赋能优势，调动“敢”和“干”的劲头，激发“闯”和“创”的精神，把准方向、保持定力、加大力度，奋力打造高效能改革实践范例，以改革大格局助推发展高质量。

强化改革赋能。把改革当作关键一招，敢当弄潮儿，开着大船过海，紧扣高质量发展、高水平共富、高效能治理，加快推动重要领域和关键环节改革攻坚突破、落地见效。发挥数字化改革撬动作用，持续擦亮“民呼我为·西湖码”“一指减负”等金名片，优化“西湖龙井茶全生命周期数字化应用”“一键办”等应用场景。统筹推进司法体制综合配套改革、全域土地综合整治试点等重大改革，打造一批具有西湖辨识度的改革成果。

提升服务效能。深入开展“大走访大调研大服务大解题”活动，完善领导干部联系企业制度，优化“双千”“科技八点半”等为企服务机制。坚持“两个毫不动摇”，促进“两个健康”，大力弘扬新时代企业家精神，全力提振民营经济发展信心。优化财政金融服务，加大小微企业扶持力度，政府采购项目预留给中小企业比例不低于40%。充分发挥区科创股权投资基金作用，助推企业加快发展。

优化环境蓄能。大力实施营商环境“一号改革工程”，全力营造市场化法治化国际

化一流营商环境。深入承接杭州国家营商环境创新试点，健全更加开放透明、规范高效的市场主体准入和退出机制。深化政务服务“一网通办”。推行“综合查一次”联合执法机制，依法保障企业权益。深入实施质量强区战略。扎实开展国家知识产权强区建设试点。积极推进社会信用体系建设，打造“最讲信用城区”。

（四）坚持平台第一支撑，全力提升城市能级

对标区委“五个局”，系统塑造“北强新老互动、南启融合发展、中兴东西协调”整体格局，努力形成百舸争流、竞相发展的生动局面。

“北强”成效年。抢抓杭州城西科创大走廊战略红利，用好专项资金政策，形成一批标志性成果，争创省级高新技术产业园区，唱响紫金港科技城、西湖大学城“双城记”。完工西湖大学云谷校区三期主体工程，建成云洪路、苏嘉路、西园八路等市政道路，投运110kV西大变等4座变电站。加快菜鸟、拟上市企业产业园建设步伐，加力推进未来生命科学园二期、云辰置业项目。西科园提升改造要坚持工业属性，打破层高承重制约瓶颈，提高形态品质，开工项目13个。成立生命健康、数字经济、智能制造中介联盟，招引链主型头部企业。浙大紫金科创小镇要巩固省级特色小镇创建成果。三墩镇要抢抓单元控规修编契机，优化功能布局、拓展发展空间，成为“北强”重要增长极。

“南启”融合年。紧扣之江科学城战略定位，破除行政壁垒，深化“一湖三镇”融合发展，提升之江整体协同力。铜鉴湖要生态立湖、文旅赋能，助力未来乡村建设。云栖小镇要抢抓军民融合机遇，全力保障国家实验室建设，紧紧扭住中国空间技术研究院杭州中心，倾力打造空天地海产业高地。艺创小镇要依托视听新媒体产业国家级平台，重点发展网络视听、动漫游戏、影视制作等数字文化产业，争当之江文化产业带发展主引擎。龙坞茶镇要聚焦“三茶统筹”，开工茶主题文化公园，加快建设国际茶博会永久会址，用好国家茶产业技术创新中心国字招牌，打造中国第一茶镇。转塘街道要主动扛起之江科学城建设重任，争当“南启”领头羊。双浦镇要抢抓单元控规修编契机，提前谋划、科学布局先进制造业、现代服务业，争当“南启”生力军。

“中兴”决胜年。以决战决胜的态度让西湖的产业立起来，氛围浓起来，东西协同挑起“中兴”发展“金扁担”。西溪谷要深化与浙大控股合作，打造创新概念验证中心，做优区块链产业园、数智产业园，壮大数字科技产业集群。北山街道要做好省会服务、用好省会红利，运营好白沙泉金融并购街区。西溪街道要积极提升浙江师范大学、杭州电子科技大学、浙江工商大学等平台质效，做强楼宇经济、高校经济。灵隐街道要做优环浙江大学人工智能产业带，放大黄龙体育中心亚运效应。翠苑街道要争当文三数字生活

街区主阵地，推动数字经济与实体经济融合发展。文新街道要腾笼换鸟拓空间，抓实“飞地”经济，稳存量扩增量寻他量。古荡街道要坚持数字经济、金融科技双轮驱动，构建“一厅两圈三园”产业空间布局。留下街道要加快小和山科学城建设，全力打造创新城和产业城。蒋村街道要充分发挥北交所浙江基地优势，加速优质项目集聚，持续提升楼宇坪效。

（五）坚持品质第一追求，全力建设美丽西湖

发挥西湖西溪生态优势，推动“三生融合”，奋力打造高颜值城乡实践范例，让生态成为最厚实的本底，让绿色成为最动人的色彩。

以全域视野编制城市规划。大力开展规划编制攻坚年。完成转塘单元详规编制和龙坞乡村单元详规新编。配合做好玉泉、留下、三墩、双桥、双浦、小和山、蒋村文新、之江度假区等8个城镇单元详规编制。推进西湖大学、双浦2个TOD前期工作，加快小和山TOD建设步伐。做好全区留用地布点规划修编。更加重视城市美学，合理管控城市色彩，高水平开展重点片区城市设计，勾勒出最美天际线、山际线、江岸线。

以匠人精神实施城市建设。开工地铁4号线三期、12号线一期西湖段工程。加快推进之江路西延、文二西路连接隧道项目前期。启动梧桐路、军师路过江通道、紫金港北路高速改快速路方案研究。织密之江、云谷等重点区块路网体系。构建内畅外联的交通新格局。高标准做好省之江文化中心等省市重大项目建设保障，高品质推进未来社区等基本单元建设。开展之江、云谷区块污水系统专项研究，强化区域电力保障。

以绣花功夫推进城市管理。对标亚运“只留经典，不留遗憾”追求，持续开展“城市环境大整治、城市面貌大提升”行动，让西湖城市草坪翠绿、花团锦簇，到处皆诗境，随时有物华。加强“五化”长效管理，创建省级高品质示范街区1个。巩固文二路、文三路双向通行成果，优化提升绿波带，提高道路通行效率。做优“一体化”协同管养，建立基本管养单元，推行路长负责制，实现养护、监管、执法等多条业务线联动。强化治违控违常态管控，创建省“无违建”创先争优示范区。

以“绿水青山就是金山银山”理念守护碧水蓝天。持续打好气、水、土污染防治攻坚战。$PM_{2.5}$平均浓度保持在29微克以内，空气优良率达到86%以上。深化“五水共治”河长制，全面投运之江净水厂，市控以上断面水质保持在III类以上。建设用地土地安全利用率100%。全面推行林长制，强化森林资源保护。加强山塘水库、海塘等安全管理，高质量建设海塘安澜工程一期，加快二期报批。全域建设“无废城市”，打造绿色亚运系列成果。完成国家级生态文明建设示范区复核。

以典范追求做好湿地文章。牢记习近平总书记殷殷嘱托，倾力做好西溪湿地保护、管理、经营、研究四篇文章。持续推进水环

境综合治理和生物多样性保护，加大历史文化的传承和活化力度，完成湿地大数据中心建设，改造提升中国湿地博物馆。积极打造环西溪湿地文旅产业带，规范和优化经营业态，建立生态保护专项基金，打造一批具有西溪辨识度的标志性成果。

（六）坚持文化第一底蕴，全力彰显西湖风采

发挥盛会盛事人文优势，坚持开放提升，打开格局、赢得主动，唤醒城市记忆，增强文化认同，打响文化品牌，奋力打造高水平开放实践范例。

办好精彩亚运。紧扣“办一届成功的亚运会”目标，全面贯彻“简约、安全、精彩”的办赛理念，全力做好安保、交通、住餐、志愿者等赛事服务保障。加强亚运场馆综合利用和惠民开放，全方位宣传亚运盛事，全面营造全民参与、服务亚运、奉献亚运的氛围。借好亚运东风，讲好西湖故事、展示西湖形象，构建高水平开放新格局。放大亚运综合效应，结合“西溪且留下”特色品牌，实施“八个十”行动，精心打造一批标志性文旅融合产品。

涵养文明精神。放大“德耀西湖”“首善之区·西湖有礼”系列品牌影响力，织密文明实践圈、文化生活圈，提升新时代文明实践阵地服务品质。持续开展“美丽”系列创建，健全完善志愿服务工作体系，高标准做好全国文明典范城市创建工作。加强家庭家教家风建设，不断提升全民文明素养，推动精神共富。

传承历史文脉。持续开展文物安全大排查大整治大提升行动，实现省级以上文物智慧安防设施全覆盖。积极妥善推进留下古镇、杭大新村、三墩五里塘等区域保护建设。发挥好湿地博物馆、铜鉴湖文化研究会作用，盘活西湖龙井制作技艺等非遗资源，办好“指尖上的非遗”、文化和自然遗产日活动，让历史文脉在新时代焕彩重生。

繁荣文体事业。建成开放西湖体育馆、之江文体中心，积极引进专业运维团队，提高场馆资源使用绩效。用好西湖书房、文化驿站、云书房，构建全域阅读服务网络，打造全民终身学习之区。开展文化惠民活动450场次以上。做大做强西山国际登山节、龙坞山地自行车赛等传统品牌，打造“村BA”、大学生篮球联赛等新兴品牌。创建省体育赛事集聚区。

（七）坚持为民第一宗旨，全力推进共富首善

发挥首善首享省会优势，持续发展各项社会民生事业，奋力打造高品质生活实践范例，不断实现人民群众对美好生活的向往。

科学精准防疫。认真落实新阶段疫情防控各项举措，提升医疗救治、药品供应、重点人群和重点场所保障水平，加快推进老年人等重点人群疫苗接种，筑牢全社会免疫屏障。加大科普宣传力度，引导群众加强个人健康管理，最大程度保障人民群众生命安全和身体健康。

深化美好教育。迭代升级集团化办学，

完善“杏坛”系列教师培养体系，探索学前教育幼儿园自聘合同制，加快初中强校提质，鼓励高中教育特色发展，规范民办、校外教育，提高义务教育公平优质水平。巩固“双减”成果，深化新时代教育评价改革，完善青少年近视防控、脊柱健康、心理健康工作，构建儿童友好型学校生态。高水平推进教育治理体系和治理能力现代化，创建全国义务教育优质均衡区。

建设健康西湖。完成转塘街道社区卫生服务中心重建工程。健全15分钟健康服务圈。持续加强“城市医联体”建设，优化分级诊疗、智慧医疗、家庭医生签约服务。规范化建设慢性病一体化门诊，完成国家慢性病综合防控示范区复审。鼓励民营医疗机构规范发展。推进妇幼健康全生命周期服务。促进中医药振兴发展。争创“健康浙江”行动示范样板。

强化社会保障。拓展城乡居民创业就业渠道，新增就业3.2万人，确保零就业家庭动态清零。深化无欠薪行动。全民参保率和户籍居民基本医疗保险参保率稳定在99%以上。筑强“幸福荟”金字招牌，持续完善“医康养”服务体系，新增认知障碍照护专区床位140张，新建康养联合体2个。优化三孩支持措施，提质扩面普惠托育服务。创建省妇女儿童发展“十四五”规划示范区。着力构建新型慈善体系，开工区残疾人托管中心，不断提高无障碍环境质量。优化退役军人服务双拥工作体制，争创首届省级双拥模范区。强化东西部协作、对口支援、对口合作、山海协作，推动山海互济、携手共富。

实现平安善治。以新安全格局保障新发展格局。深化除险保安，常态化开展扫黑除恶斗争，防范电信网络诈骗。推进安全生产责任闭环处置，切实加强道路交通、食品药品、特种设备、消防等重点领域监管。扎实开展地质灾害隐患点排查整治。纵深推进“大综合一体化”行政执法改革，建设“枫桥式”基层综合执法队，推动执法监管数字应用转入实战阶段。高标准打造区级社会治理中心。全面加强“共享法庭”建设，完善矛盾纠纷多元预防调处化解综合机制。深化“五社联动”，加快培育社区共同体意识，打造省市示范“三型社区”，持续加强社区工作者、社会工作者和社会组织领军人才队伍建设。

（八）坚持满意第一标准，全力办好民生实事

各位代表，前期我们着眼解决群众“急难愁盼”，坚持能快则快、能早则早、能多则多，认真做好民生实事征集，遴选形成12件候选项目。经过本次大会票决，以下10件确定为区政府2023年度民生实事项目。下一步，区政府将细化任务目标、压实工作责任，确保做实做好。

①打造家门口幸福服务圈。新建成“幸福西湖民生综合体”16个，开展“幸福荟惠民生”服务活动300场次、“金夕学堂”长者智能手机培训500场次，新增养老机构智能阳光厨房10家。

②办好人民满意教育。新建成小学、幼

儿园4所，投入使用中小学、幼儿园6所，新增学位5460个，新增学校优质教育集团化办学覆盖率达100%，为全区78所中小学的95间舞蹈教室安装地暖。

③提升婴幼儿托育水平。新增托位500个，其中普惠托位300个，组织婴幼儿家长养育技能提升专业课堂100场。

④畅通地铁出行“最后一公里”。新增地铁出入口非机动车停放点19处、非机动车停车位1500个，新增机动车停车场库（含临时停车场库）8个、公共停车泊位1070个。

⑤推进交通基础设施建设。完善一南一北交通路网，建成和提升改造道路18条，优化完善双浦、云谷地区公交网络，优化公交线路4条，新增公交线路3条。

⑥提升住房保障水平。竣工安置房5000套，回迁安置房6000套，完成初始权证办理5000套，转移登记办理6000套，新建筹集保障性租赁住房2000套（间）。

⑦提升居住环境品质。实施老旧小区综合改造提升工程，开工25个、竣工11个，完成老旧小区住宅加装电梯80台，对750台15年以上的老旧电梯进行安全评估和隐患排查整治，完成老旧高层住宅小区二次供水设施改造30个，开工未来社区5个，完工3个，新建和提升改造区域性微型消防救援站45个。

⑧推进乡村共富共美。打造省级未来乡村3个，培育美丽乡村国际旅游体验点2个，完成收储具备出让条件留用地5宗216亩，开工留用地项目2个，总建筑面积7.5万平方米，竣工留用地项目3个，总建筑面积34万平方米，投入使用留用地项目5个，总建筑面积55万平方米。

⑨构建高质量就创体系。设立博士后工作站5家，开展双创活动30次，举办招聘会100场，新增技能人才5000人，提供就业岗位60000个。

⑩全民参与喜迎亚运。新建嵌入式体育场地100片3.3万平方米，组织开展全民健身赛事活动100场，推进“天网工程”感知体系建设，新增智慧感知设备3000路，实现亚运场馆“救在身边·志愿同行”应用场景全覆盖，在全区人群密集的公共场所全面配置自动体外除颤器800台，新增生命安全教育体验馆1个，新增应急救护持证人员8000人，招募急救志愿者2000人。

**三、切实加强政府自身建设**

站在新征程奋跑起点，必须拿出从头越的气概，激发攀新高的毅力，不忘初心、牢记使命、奋发有为，为征途远行加满油，为事业进步鼓足劲。

涵养忠诚本分。坚定捍卫“两个确立”，坚决做到“两个维护”，不断提高政治判断力、政治领悟力、政治执行力。不折不扣落实习近平总书记重要指示精神和党中央大政方针，确保学思用贯通、知信行统一。

坚持法治本真。深入学习贯彻习近平法治思想，坚持区政府常务会议学法。依法接受人大监督，自觉接受政协民主监督，主动接受审计、统计、监察、法律监督。深化政务公开，认真做好行政应诉和复议工作。全面开展“八五”普法。把严格规范公正文明执法落到实处。

不忘为民本心。站稳人民立场，厚植为民情怀，坚持人民至上。以习近平总书记考察翠苑一区20周年为契机，深入践行“民呼我为”理念，用心用情顺民意、解民忧、惠民生，推动改革发展成果更多更公平惠及全区人民。

增强实干本领。坚持“刀在石上磨，人在事上练”，在实践中不断增强才干、实干、敢干的本领。对标首位首创首肯，谋划一批原创性改革，形成一批特色性抓手，打造一批标志性成果。大力开展晾晒比拼活动，全面营造敢于冲在斗争最前线、站在改革最前沿、干在发展最实处的浓厚氛围。

永葆清廉本色。严格履行全面从严治党主体责任，锲而不舍落实中央八项规定精神，持之以恒纠“四风”。树立“大财政、大预算、大统筹”理念，系统塑造政府生财用财理财水平。积极推进清廉西湖建设，让廉洁用权、干净干事在政府系统蔚然成风，促进干部清正、政府清廉、政治清明、社会清朗。

各位代表，同志们！蓝图在手、重任在肩、路在脚下！让我们更加紧密地团结在以习近平同志为核心的党中央周围，在市委市政府和区委的坚强领导下，发挥六大优势、打造六大实践范例，以撸起袖子加油干的奋发精神，风雨无阻向前进的奋斗意志，启航新征程，扬帆再出发，奋力谱写西湖高水平打造共同富裕示范区首善之区新篇章！

# 大事记

## 一月

**7 日** 蒋村街道女子合唱团被评为“全国优秀职工合唱团队”。

**10 日** 西湖区召开全区经济工作会议。

Δ 求智社区、府苑社区“未来社区”成为教育场景试点单位。

**12 日** 西湖区政协五届常委会举行第二十一次会议。

**13 日** 市政协党组成员毛溪浩赴西湖区开展“助企开门红”活动和调研有关工作。区委书记高国飞，区政协主席叶泽陪同。

**19 日** 2022 年亚运会和亚残运会西湖区运行保障指挥部第一次会议召开。

**21 日** 艺创小镇被评为“浙江省国际人文交流基地”。

**25 日** 区总工会联合双浦镇政府共同开展“喜迎二十大·护航亚运会”安康杯活动启动仪式暨双浦镇全域消防技能比赛活动。

**26 日** 西湖区兰里劳动实践基地被评为“浙江省中小学劳动实践基地（第三批）暨学农基地”。

## 二月

**5 日** 区委副书记、区长董毓民赴留下街道、古荡街道、灵隐街道，实地调研留下入城口提升改造工程，天目山路古翠路口、地铁 3 号线玉古路站工地，督查“迎亚运”道路建设及环境大整治工作。

**7 日** 西湖区十五届人大常委会召开第四十七次会议。

Δ 中共杭州市西湖区委社会建设委员会揭牌。

**9 日** 区委书记高国飞先后赴区纪委、区监委、区委宣传部、区委组织部调研，听取相关工作情况的汇报，并对下一步工作提出要求（10 日结束）。

**10 日** 区委副书记、区长董毓民赴文三数字生活街区调研推进工作，实地考察颐高旗舰店 AB 座、颐高学院店、文三数字生活街区数字展厅。

**13 日** 中国人民政治协商会议第六届杭州市西湖区委员会第一次会议举行。

**14 日** 西湖区举行杭州市西湖区第十六届

人民代表大会第一次会议。

15日 文新街道德加社区侨海家园、翠苑街道翠苑一区侨海家园、灵隐街道浙大求是社区侨海家园、留下街道侨海家园、文新街道阳光社区侨海家园、古荡街道嘉荷社区侨海家园、蒋村街道府苑社区侨海家园被评为省“星级侨胞之家”。

17日 西湖区政府召开全体（扩大）会议暨议案建议提案交办会，贯彻落实区“两会”精神。

21日 西湖区委常委会召开会议，传达学习习近平总书记在省部级主要领导干部学习贯彻党的十九届六中全会精神专题研讨班开班式上重要讲话精神。

22日 灵隐街道智慧健康养老应用被评为“全国智慧健康养老应用试点示范街道”。

24日 《中国社区报》刊登《汇聚资源 打造幸福民生综合体》报道，介绍蒋村街道星月式民生综合体建设情况。

## 三月

1日 西湖区农民人均收入首次突破5万元大关。

Δ灵隐街道入选浙江省“五水共治”工作考核优秀名单。

Δ省残疾人艺术团和省残疾人文体中心、区残联、三墩镇“一米之家”公益中心联合制作的冰雪运动公益歌曲《冰雪至爱》上线。

2日 杭州市首个“老漂”妇联在西湖区文新街道成立。

9日 省委常委、市委书记刘捷赴西湖区检查城区环境、道路整治和有关亚运场馆建设运营情况。

11日 市政协副主席王立华赴西湖区调研“美丽杭州迎亚运”城市环境品质提升工作。

14日 西湖区文三数字生活街区项目被省商务厅列入“浙江省2022年度数字生活新服务高质量发展项目”。

21日 西湖区十六届人大常委会召开第一次会议。

22日 艺创小镇“DMD · 西湖艺创”入选市级备案众创空间名单。

Δ《人民日报》刊登《矛盾发现早 化解效率高（探访新型城市基础设施建设（下）》点赞“西湖码”。

24日 西湖区高尔夫赛事配套服务中心投入使用。

Δ西湖区企业正大青春宝药业有限公司旗下产品冠心宁片，以及艾康生物技术（杭州）有限公司旗下产品艾科血糖检测系统被评为“浙江制造精品”。

## 四月

1日 西湖区参加杭州市亚运筹办“决胜攻坚”誓师大会。

13日 西湖区召开亚运城市行动“最后一公里”建设工作专题会议。

14日 区政协主席叶泽带队开展环浙大人工智能产业带视察活动。

Δ西湖区迎接全国学前教育普及普惠区国

家督导评估工作汇报会举行。

Δ 区工商联、区税务局、区企业发展服务中心联合举办“亲清直通车·政企恳谈会”暨“落实减税降费优化营商环境”宣讲会。

Δ 西湖区兰里基地被评为“浙江省科普教育基地（第八批）”。

**17 日** 《中国教育报》头版头条刊出“课程，与儿童共生长”主题报道，介绍西湖区学前教育课程改革经验。

**18 日** 留下街道金鱼井回迁安置房交房。

**20 日** 浙江省高级人民法院知识产权庭在西湖景区旅游法庭设立地理标志保护联系点并举行授牌仪式，首个以西湖龙井茶保护为特色的共享法庭——西湖龙井茶保护服务站“共享法庭”在西湖街道揭牌。

**24 日** 西湖区首个 24 小时智慧药房落户文三数字街区。

**25 日** 省人大常委会党组书记、副主任梁黎明考察浙大科技园。

**26 日** 西湖区双浦镇桑园地村、转塘街道慈母桥村、转塘街道桐坞村被评为“省善治示范村”。

**29 日** “2022 杭州数智新消费暨文三数字生活嘉年华”在西湖区举行。

**30 日** 杭电数字经济创新科技园开园仪式暨浙江省数字经济产教融合联盟成立。

## 五月

**7 日** 区行政审批办妇委会与区卫健局在西湖区行政服务中心联合开展消除艾滋病、梅毒和乙肝母婴传播项目暨女性“两癌”防治宣传活动。

Δ 转塘街道上城埭村和长埭村入选首批“杭州共富名单”。

**13 日** “云起西湖”招商大会暨首批重点招商项目集中签约活动在西湖区举行。

**18 日** 市委常委、组织部部长马小秋赴艾康生物技术（杭州）有限公司、涂鸦信息技术有限公司开展“企业大走访”活动。

**23 日** 区委书记高国飞赴区人民法院、区人民检察院调研，听取 2022 年工作思路及下一步工作计划等相关情况的汇报，并对下一步工作提出要求。

Δ 区委副书记、区长董毓民与华大生命科学研究院考察团就研究院基本情况、合作需求及全区投资环境、未来生命科学园相关情况进行座谈交流。

**26 日** 省委常委、市委书记刘捷赴西湖区调研并召开信访积案清零工作专题会议。

**27 日** 三墩镇吉鸿未来社区、转塘街道长埭村入选“浙江省首批共同富裕现代化基本单元名单”。

**28 日** 西湖区 10 所幼儿园与浙江特殊教育职业学院举行共建教师发展学校签约仪式。

**30 日** 2022 年浙江省青少年校园足球文化节开幕式在云栖小镇举行。

## 六月

**1 日** 省委书记袁家军赴西湖区考察浙江大学附属小学、闻裕顺幼儿园。

Δ 西溪宾馆被评为“国家五叶级文化主题饭店”，为杭州首个文化主题饭店。

Δ 西湖区 3 部视听作品——《水让我重生》《青瓷》《数智之道》入选“‘十四五’纪录片重点选题规划（第二批）名单”。

Δ “第四届之江国际青年艺术周”在艺创小镇举行（12 日结束）。

**2 日** 西湖区灵山景区被评为“杭州市无废景区”。

**6 日** 浙江铖昌科技股份有限公司在深圳证券交易所上市。

Δ 区工商联发布《致全区民营企业的倡议书》。

**7 日** 西湖区柔力球作品“相约杭州”参加杭州市老年人“全民健身·展示风采”柔力球交流活动，获市级银奖 1 个、铜奖 1 个。8 日结束。

**8 日** 区政协主席叶泽一行赴西湖区中小学创新实践中心，开展“‘双减’政策背景下构建家校社合力育人格局”专题调研活动。

Δ 西湖区兰里景区被评为“西湖区无废景区”。

**10 日** 西湖区“文化和自然遗产日”活动在天目里举行（12 日结束）。

**22 日** 区政协主席叶泽一行赴双浦镇开展“双浦地区文旅融合发展，推动乡村振兴”专题视察调研活动，实地调研清风山房、研巧巧克力研究所、山下美术馆运营情况，并对下一步工作提出要求。

**24 日** 西湖区兰里研学大本营省自然资源普法阵地揭牌。

**25 日** 区委组织部、区总工会联合浙江开放大学、西溪街道党工委在浙江开放大学开展“‘心向党·学有成’”庆祝中国共产党成立 101 周年活动。

**27 日** 艺创小镇企业杭州万像文化科技有限公司、杭州游科互动科技有限公司入围“杭州准独角兽企业榜单”。

Δ 西湖区人民政府与浙大城市学院签订《战略合作框架协议》。区委书记高国飞指出，此次签约标志着西湖区与浙大城市学院开启了全面战略合作的新篇章。双方发展理念、工作导向高度契合，深化合作不仅能为浙大城市学院分布式开放办学拼接上西湖板块，也将为西湖区加快构筑世界一流、国内领先的科研高地提供有力支撑，激发西湖高质量发展新活力。

**30 日** 西湖清廉馆建成启用。西湖清廉馆以“清风廉韵·首善之区”为主题，以西湖区纪检监察工作和清廉西湖建设的“小窗口”展现党的十八大以来纪检监察工作和清廉浙江建设的大成就，为党员干部和广大群众提供了又一个廉洁文化教育平台。

## 七月

**5 日** 杭州涂鸦智能科技有限公司在香港交易所上市。

**6 日** 区政协主席叶泽带队调研村级留用地开发建设工作，实地踏看春树云筑项目，参观西投启真脑机智能科创中心，随后召开座谈会，听取相关情况的汇报，并对下一步工作提出要求。

**7日** 区委常委会召开会议，传达学习习近平总书记在中央政治局第四十次集体学习会上的重要讲话精神，研究部署全区有关工作。

△西湖区首届保育师职业技能竞赛颁奖仪式在杭州第十三中教育集团嘉绿苑中学举行。

**8日** 市委常委、组织部长马小秋赴西湖区调研并宣讲省第十五次党代会精神。

**11日** 西湖区干部群众收听收看全国安全生产电视电话会议。

**18日** 区政协主席叶泽赴双浦镇，实地调研“民生议事堂”、重点“协商驿站”建设工作情况，并对下一步工作提出要求。

△区总工会、区人力社保局联合举办的“杭州市‘9·26工匠日杯’中式烹调师职业技能竞赛西湖区选拔赛”在杭州第一技师学院落幕。

**27日** 西湖区十六届人大常委会召开第四次会议。

## 八月

**2日** 艺创小镇企业浙江喜马拉雅网络科技有限公司公共数字书房被评为“杭州市级青年文明号”。

**4日** 安徽省宿州市砀山县委书记唐明率领考察团来西湖区考察，并召开结对合作帮扶联席会议，对接合作帮扶工作。

**5日** 中共杭州市西湖区委十届二次全体（扩大）会议召开。

**6日** 第六届西湖律师论坛暨首届西湖青年律师论坛活动举行。论坛以“服务‘两个先行’ 谱写青春华章”为主题，采取线上与线下同步的方式进行。

**15日** 西湖“一键办”在“浙里办”App、浙江省政务服务网上线，实现自助机端、手机端、Pad端、PC端和大厅端五端协同。

△区教育局“共享法庭”授牌仪式在区教育局举行。

**16日** 区工商业联合会被评为“浙江省工商联系统先进集体”。

**17日** 西湖区政府召开全体（扩大）会议。

**18日** 市委常委、市纪委书记、市监委主任陈一行带队来到西湖区文新街道，走进人大代表联络中心站，以人大代表身份开展联系基层代表和人民群众活动，听取大家对杭州经济社会发展中一些具体议题的意见建议。

**22日** 省委常委、常务副省长徐文光赴西湖区考察调研国家茶产业技术创新中心建设、“三茶”统筹发展等工作。

△西湖区人民政府与西湖大学签订《西湖区人民政府与西湖大学关于进一步深化区校战略合作框架协议》，共同打造区校合作“升级版”，加快产学研成果落地转化。

**25日** 西湖区人大常委会召开“一府两院”工作报告会。

**30日** 中国红十字会党组书记、常务副会长王可一行来西湖区指导调研红十字工作，重点就西湖区新时代文明实践“救在身边”工作和“救在身边·志愿同行”应用场景建设进行实地考察和现场指导。

Δ 区综合行政执法法制保障中心和区行政执法协调指挥中心建成。

**31 日** 杭州城西科创大走廊管理委员会紫金港科技城管理局成立。

## 九月

**1 日** 西湖区罗来农村产业融合发展示范园、西湖区龙坞茶镇农村产业融合发展示范园入选“第四批省级农村产业融合发展示范园创建名单”。

**2 日** 市工商联、区工商联携手蚂蚁集团和浙江网商银行共同开展“走进蚂蚁集团·数字供应链金融助力企业发展”活动。

**5 日** 四川省甘孜州九龙县委书记祝邦文率领考察团来西湖区考察，并召开西湖区与九龙县对口支援工作联席会议，共商协作事宜。

**8 日** 西湖区原创舞蹈作品《莲》参加第十一届杭州市“风雅颂”民间舞蹈展演，获市级金奖和优秀组织奖。

**14 日** 区之江城投集团获“杭州市优秀园林绿化工程”奖。

**19 日** 省亚运综合办相关负责人率队来西湖区督查城市环境品质提升工作。

Δ 西湖区满天星“棒伢儿”足球精英队获杭州市“市长杯”超级组冠军。

**21 日** 省委副书记、政法委书记黄建发赴西湖区浙江天册律师事务所，专题调研司法行政工作。

Δ 新华社《瞭望东方周刊》、瞭望智库共同主办的 2022 中国幸福城市论坛暨颁奖典礼在杭举行，西湖区入选“企业家幸福感最强市（区）”榜单。

Δ “喜迎二十大·匠心共筑梦”主题活动暨第四届“西湖工匠”发布会在西溪宾馆举行。

**22 日** 艺创小镇被评为“杭州市级文化产业园区”。

**23 日** “Hello 西湖·你好亚运”杭州亚运会倒计时 1 周年启动仪式在西湖区举行。

**24 日** 第八届“中华茶奥会”在西湖区龙坞茶镇拉开帷幕。

**25 日** 西溪湿地管理机构转隶挂牌仪式举行。

Δ 西湖区被评为“省社会治理十佳县（市、区）”。

**26 日** 中共杭州市西湖区委举行“杭州这十年·西湖”主题新闻发布会。

Δ 区委书记高国飞做客中央广播电视总台央广网《共同富裕会客厅》。

**28 日** 省委书记袁家军调研西湖大学，考察合成生物学及生物工程实验室，了解学校科研等情况。

## 十月

**13 日** 首场“迎亚运西湖区地名文化巡回宣讲”活动在留下街道举行。

**14 日** 省委组织部副部长曹锦喜调研西湖区翠苑一区。

Δ 西湖区首个数字经济“共享法庭”在云栖小镇成立。

**15 日** 西湖区工商联与中宙控股集团、淳安县瑶山乡政府联合举办“走进淳安·助力26县高质量发展”活动。

**16 日** 西湖区干部群众收看党的二十大开幕式直播。

**17 日** 戏剧小品《茶香四溢》参加浙江省第三十三届群众戏剧小品决赛，获创作表演金奖。

**20 日** 转塘街道外桐坞村被评为“浙江省美丽庭院特色村”。

**27 日** 西湖区“救急难”应用场景上线。

## 十一月

**1 日** 艺创小镇企业杭州时光坐标影视传媒股份有限公司参与制作的电视剧《功勋》获第三十三届电视剧飞天奖优秀电视剧奖。

**3 日** “云栖大会”在云栖小镇举行。本届大会以“计算·进化·未来”为主题，涵盖60多场科技峰会和论坛、1000多款新品发布，并设立了超40000平方米科技展。

**7 日** 区工商业联合会与安徽省砀山县工商业联合会签订友好合作工商联（总商会）关系协议书。

Δ 戏剧小品《茶香四溢》参加第十六届“华东六省一市戏剧小品大赛”，获国家级银奖。

**8 日** 市政协主席马卫光赴西湖区宣讲党的二十大精神，调研龙坞茶镇长埭未来乡村建设和茶产业发展情况。

Δ 淳安县委书记杨建根率领淳安县党政代表团来西湖区对接区县协作、山海协作工作，并考察农夫山泉杭州总部、龙坞茶镇·九街，考察农夫山泉生产经营情况及茶文化、茶产业发展情况。

Δ 西溪街道被评为“第二批浙江省数字生活新服务先行市、样板县、特色镇”。

**9 日** 西湖区独角兽（准独角兽）企业联盟成立。

Δ 兰里研学大本营被评为“杭州市儿童友好实践基地”。

**10 日** 转塘街道长埭村入选“浙江省首批美育示范村”。

**12 日** 柔力球作品《相约杭州》参加长三角柔力球（昆山）邀请赛线上比赛，获长三角铜奖。

**14 日** “栖西聚才”西湖国际人才活动周启幕。

Δ 艺创小镇被评为“杭州市大学生创业园”。

**17 日** “第二届西湖脑机智能产业论坛暨省神经科学学会脑机智能分会成立大会”在西投云漫里脑机智能产业园举行。

Δ 文三数字生活街区被授予“杭州市夜间经济集聚示范区”。

**20日** 第九届新华网思客年会在西湖区举行。

Δ 艺创小镇被评为“杭州市首批儿童友好商圈”。

21 日 《“数据供应链白皮书（2022）”暨数字经济实践成果发布》刊登于《杭州日报》和中国网。

23 日 舞蹈作品《中国风》参加“喜迎亚运会 奋进新征程”杭州市舞蹈（广场舞）展演，获市级银奖和优秀组织奖。

24 日 “一带一路”国际科学组织联盟（ANSO）主席、中科院院士白春礼及联合国科学院院士、国际欧亚科学院院士、国家安全生产专家冯长根一行赴云栖小镇调研，实地考察云栖小镇展厅，了解云栖小镇发展历史、主导产业、亮点成效，并在“2050 创作营”进行座谈交流。

25 日 西溪街道求智社区通过杭州市第一批未来社区建设验收。

29 日 西湖龙井、径山茶宴入选“人类非物质文化遗产”。

Δ艺创小镇融通“一湖三镇”重点项目——杨奇瑞雕塑园建成。

## 十二月

7 日 区总工会“光年间”交友小程序获杭州市总工会改革项目“创新十佳成果”。

9 日 蒋村街道残疾人之家被评为“浙江省五星级残疾人之家”。

15 日 “学习贯彻党的二十大精神 描绘西湖区共同富裕蓝图”西湖区文艺精品展演暨第十一届群众文化艺术节闭幕式在西湖区文体中心举行。

Δ铜鉴湖被评为浙江省“美丽河湖”，此前，铜鉴湖被评为杭州市“美丽河湖”。

16 日 杭州市西湖区残联、四川省青川县残联、杭州厚品科技有限公司三方在网上签订《青川县残疾人居家就业全面合作协议》。

Δ“杭州市西湖区打造‘幸福邻里·诗意栖居’15 分钟品质文化生活圈”入选第三批浙江省文化和旅游促进共同富裕最佳实践案例。

17 日 “第六届西湖·龙坞自行车嘉年华”在西湖区龙坞茶镇拉开帷幕。

18 日 省委书记易炼红考察翠苑一区翠印迹展示馆、民生综合体等，观摩“民呼我为 红承未来”数智系统，了解“呼应为”运行体系和党建统领基层智治等情况。

21 日 转塘街道桐坞村、长埭村入选“浙江省第二批未来乡村”。

25 日 西溪湿地管理机构转隶挂牌仪式举行。

27 日 求智未来社区入选浙江省第二批共同富裕现代化基本单元“一老一小”服务场景名单。

Δ蒋村街道府苑未来社区被评为“浙江省第二批未来社区”。

29 日 求智未来社区被评为“浙里未来社区在线”应用贯通第一批优秀案例。

30 日 浙大紫金科创小镇被评为“浙江省特色小镇”。

# 区情综览

## 自然环境

【位置境域】西湖区位于杭州市西部，坐标东经 120° 4′—120° 10′，北纬 30° 10′—30° 16′。东以莫干山路、环城西路、西湖、万松岭、将台山、玉皇山、大慈山、白塔山与拱墅区、上城区为界；东南濒钱塘江与滨江区、萧山区隔江相望；西北与余杭区毗邻；西南以如意尖、午潮山等山脉与富阳区相接。辖区东西最大距离 17.54 千米，南北最大距离 30.88 千米。面积 312.43 平方千米。

【地形地貌】西湖区处浙西丘陵山区向杭嘉湖平原沉降过渡地带，西南部为天目山余脉，受区域地质构造影响，总体地势自西南向东北倾斜。全区最低海拔为东北部的蒋村街道余杭塘河边（海拔 1.3 米），相对海拔 536 米。最高海拔为西南部双浦镇与富阳区交界的如意尖（海拔 537.3 米），主要地貌为丘陵、平原。中部以丘陵为主，属天目山余脉；东部为西湖，原为钱塘江海湾，后经海积、冲积、淤积作用而成；南部为滨江平原，属冲积平原；北部为水网平原，系湖沼、河流及海积而成，地势平坦，海拔 5—10 米。散布于灵山、飞来峰等地的碳酸盐岩，经长期淋溶形成喀斯特地貌。

【山脉水系】西湖区山脉属南岭山系，主要山脉与全省山脉走向相同，均为西南向东北延伸。辖区山脉基本自天目山经富阳而来。境内河流众多，分属钱塘江及运河两大水系。北部三墩镇、蒋村街道、留下街道及西溪湿地公园水域和西湖水域属运河水系，多数河流经沿山河和余杭塘河汇入京杭大运河。南部转塘街道、双浦镇等地属钱塘江水系，多为山溪性河流及沿江冲积平原区河道，自西向东汇入钱塘江。全区有区级管理河道 35 条，五常港河、西溪河、余杭塘河、古新河等河道构成内河航运网络。

【气候特征】西湖区位于亚热带季风气候区，温暖湿润，四季分明，光照充足，雨量充沛。年平均日照 1875.5 小时，年平均气温 16.2℃。年均无霜期 245 天，初霜期在 11

月中旬，终霜期在次年3月中旬。年均降水量1375毫米，以春雨、梅雨、台风雨为主。降水月份主要分布在3月至9月。年均相对湿度79%，月均相对湿度变化在75%—83%。年蒸发量1351.8毫米，大致与降水量持平。总的气候特征是夏季高温多雨、冬季寒冷干燥，冬夏长，春秋短，季节变化明显，温和、湿润，雨量丰足，适合多种植物生长。

（区志办）

## 建置沿革

**【区名由来】**西湖区因“西湖”而得名。西湖位于杭州市区西面，为首批国家重点风景名胜区和中国十大风景名胜之一。唐代以前，“西湖”有武林水、明圣湖、金牛湖、龙川、钱源、钱塘湖、上湖等名称。唐代时，“西湖”之名始见诸文献记载，白居易《西湖晚归回望孤山寺赠诸客》和《杭州回舫》两首诗谓之“西湖”。北宋苏轼上呈朝廷《乞开杭州西湖状》，官方文件首次使用“西湖”一名。此后，名家诗文多以西湖为名，后流传至今。2002年9月，“西湖”所在西湖街道整体建制，灵隐街道、北山街道部分区域包括孤山、苏堤、白堤等区域，交由西湖风景名胜区管委会托管。2011年6月，中国“西湖文化景观”被列入《世界遗产名录》，为中国第41处世界遗产。

**【历史建置】**西湖区自秦到清，属钱塘县。民国元年（1912年）归属杭县。民国十六年（1927年）划为杭州市第四区，1949年5月杭州市解放后改为西湖区。1949年6月22日，中共杭州市西湖区委员会获批成立。1952年11月10日，古荡区成立。1955年5月古荡区建制撤销，并入西湖区。1958年4月，杭州市委决定，杭州市园林管理局与西湖区人民委员会合署办公。1961年3月，杭州市委决定市园林管理局从西湖区（公社）划出，由杭州市直接领导，并将钱塘联社的上泗公社划入西湖区。同年5月，余杭留下公社9个生产大队和留下镇划入西湖区管辖。1968年5月，西湖区革命委员会成立，实行党政“一元化”领导。1969年3月，西湖区建制撤销，建立杭州市郊区。1972年12月，以杭州市园林管理局为基础，建立西湖区革命委员会和中共西湖区委，与杭州市园林管理局“两块牌子、一套班子”，与郊区并存。1977年10月，西湖区与杭州市园林管理局分开，郊区与西湖区合并，建立中共西湖区委，定名为西湖区，沿用至今。

**【区划调整】**中华人民共和国成立后，西湖区所辖乡镇几经调整。1966年4月，原杭州市江干区和拱墅区所属8个公社划归西湖区管辖。1982年10月，河西大队、朝阳大队和黎明大队划归下城区管辖。1984年12月，撤销留下乡，并入留下镇。1985年11月，撤销转塘乡，设立转塘镇。1986年6月，撤销古荡乡，设立古荡镇。1995年6月，撤销袁浦乡，设立袁浦镇。1996年5月，萧山市浦沿镇、长河镇、西兴镇（不含东湘村、杜湖村和湖头陈村）和余杭市三墩镇划归西湖区管辖，东湘村、杜湖村和湖头陈村划归萧山市城厢镇管辖。同年12月，杭州市设立滨江区，管辖原属西湖区的浦沿镇、长河镇和西兴镇；西湖区析三墩镇1个居民区和13个村设立蒋村乡。1997年12月，撤销龙坞乡，设立龙坞镇。2002年4月，撤销南山街道，设立古荡街道、西湖街道，并调整西溪街道、翠苑街道、北山街道、文新街道和灵隐街道的管辖范围。2007年9月，撤销袁浦镇和周浦乡，合并设立双浦镇，转塘镇何家埠村和回龙村划归双浦镇管辖。撤销转塘镇、龙坞镇、留下镇和蒋村乡。10月，设立转塘街道，管辖原转塘镇和龙坞镇区域，西湖街道珊瑚沙社区和五云社区划归转塘街道管辖；设立蒋村街道，管辖原蒋村乡区域（不含划归文新街道管辖的登云圩社区）；设立留下街道，管辖原留下镇区域。2007年9月行政区划调整后，西湖区辖10个街道和2个镇：北山街道、西溪街道、灵隐街道、翠苑街道、文新街道、古荡街道、转塘街道、留下街道、蒋村街道、西湖街道（由西湖风景名胜区托管）；三墩镇、双浦镇。区政府驻灵隐街道浙大路1号。

（区志办）

## 区划·人口

【行政区划】西湖区总面积312.43平方千米（含西湖街道43.18平方千米）。2022年，西湖区无社区和行政村变化。年末，全区辖北山、西溪、灵隐、翠苑、文新、古荡、转塘、留下、蒋村、西湖（由西湖风景名胜区托管）10个街道和三墩、双浦2个镇，有村（社区）222个，其中社区181个、村41个（含西湖街道所辖6个社区、9个村）。

（区志办）

【人口数据】2022年末，西湖区户籍人口80.6万人，比上年末增加9615人，户籍22.6万户，增加2735户；常住人口116.7万人，增加4.9万人。总人口中，男性39.93万人，占49.57%；女性40.63万人，占50.43%；性别比98.29 ：100，下降0.33个百分点。全区出生人口6424人，出生率0.8%，下降0.05%。出生人口中，男性3353人，女性3071人。死亡人口2738人，比上一年死亡人口减少307人，死亡率0.34%，下降0.04%。自然增长率0.46%，下降0.01%。迁移人口7.63万人（迁入+迁出），人口机械增长5956人，减少12459人。流动人口登记在册总数63.46万人，增加0.64万人，增长1.0%。其中：男性35.71万人，占56.3%；女性27.75万人，占43.7%。

（区公安分局）

## 旅游名胜

【历史名胜】西湖区为旅游名胜地，辖区有国家级重点文物保护单位3处，为岳飞墓、六和塔、飞来峰石窟造像。省级重点文物保护单位10处，为灵隐寺、文澜阁、烟霞洞造像、司马光书《家人卦》刻石、西泠印社、于谦墓、卫匡国墓、张苍水墓、秋瑾墓、杭州辛亥革命烈士墓群。市级文物保护单位1处，为保俶塔。现存岳飞墓为清代时重建，占地1.56公顷，建筑面积2793平方米，分忠烈祠区、墓园区、启忠祠区三大部分。六和塔始建于北宋开宝三年（970年），宣和三年（1121年）毁于兵火，现存砖筑塔身为南宋绍兴二十六年（1156年）重建，至乾道元年（1165年）竣工，历时10年。飞来峰位于灵隐寺前，高209米，系石灰岩山峰。北麓山崖及自然洞壑中有五代至元代造像380多尊，为浙江省最大一处造像群。其中五代造像10余尊，分布在山顶和青林洞口。

【风景名胜】西湖区有西湖景区、西溪国家湿地公园、西山国家森林公园等优质旅游资源及灵山风情小镇、兰里景区等特色景点，绿化覆盖率40.6%、森林覆盖率42.6%。西湖文化景观由分布于3322.88公顷范围内的西湖自然山水、“三面云山一面城”的城湖空间特征、“两堤三岛”景观格局、“西湖十景”题名景观、西湖文化史迹和西湖特色植物六大要素组成。始于9世纪，成于13世纪，盛于18世纪，后传承发展至今。西溪湿地总面积11.7平方千米，有“秋芦飞雪、高庄宸迹、渔庄烟水、河渚听曲、深潭会舟、曲水寻梅、柿林秋色”七景，为国内集城市湿地、农耕湿地和文化湿地于一体的罕见湿地，同时是全国首个国家湿地公园，蕴含“梵、隐、俗、闲、野”五大主题文化要素，分区特征为“南隐、北俗、东闹、西静”。宋城景区是首批国家文化产业示范基地，设怪街、佛山、市井街、宋城河、千年古樟、九龙广场、城楼广场、文化广场、聊斋惊魂、南宋风情街等景点。城内斗拱飞檐、车水马龙，还原宋代都市风貌。

（区志办）

## 经济建设

【全区经济稳进提质】2022年，全区实现地区生产总值1970亿元，服务业增加值1813亿元。财政总收入463.4亿元，比上年增长34.1%；一般公共预算收入233.5亿元，增长32.9%；实际利用外资7.01亿美元；固定资产投资484亿元；规上工业增加值111.3亿元；社会消费品零售总额845.7亿元，增长5.8%。税收超1亿元楼宇44幢，税收1000万元楼宇138幢。城镇居民人均可支配收入8.27万元，增长3%；农民人均纯收入5.42万元，增长8%。

【经济综合实力增强】2022年，西湖区生产总值（GDP）按可比价格计算，比上年增长0.1%。其中第一产业增加值3.2亿元，增长4.3%；第二产业增加值153.9亿元，下降0.2%；第三产业增加值1813.0亿元，增长0.1%。三次产业占比调整为0.16%、7.81%、92.03%。实现数字经济核心产业增加值664.0亿元，占GDP比重33.7%。按常住人口计算，人均地区生产总值为17.24万元。

【一产、二产平稳发展】2022年，西湖区完成农业总产值4.83亿元，其中农业种植业产值3.19亿元，渔业产值1.44亿元。经济作物播种面积786.67公顷，龙井茶、无公害蔬菜、水产养殖及花卉苗木等优势产业产值4.29亿元，占全部农业总产值的88.8%。淡水产品产量5915吨。完成规上工业总产值387.3亿元，规上工业销售产值375.3亿元，分别比上年增长6.8%和6.9%；规上工业增加值111.3亿元，增长0.1%。规上新产品产值135.5亿元，增长3.9%；新产品产值率35.0%。规上工业高新技术产业增加值97.7亿元，增长2.2%，占规上工业增加值的87.8%。建筑业高质量发展，辖区资质内施工总承包和专业承包建筑业企业141家，完成建筑业产值1007.1亿元，其中省内产值794.7亿元、外省产值212.4亿元；建筑工程产值925.9亿元，安装工程产值46.6亿元，其他建筑业产值34.5亿元。竣工产值697.7亿元。房屋建筑施工面积8066.5万平方米，新开工面积1359.5万平方米。

【第三产业增加值1813亿元】2022年，西湖区实现第三产业增加值1813亿元，比上年增长0.1%。第三产业完成一般公共预算收入200.8亿元，对地方财政贡献率86.0%。文化产业增加值204.7亿元，下降3.1%，占GDP比重为10.4%。新增税收超1亿元楼宇12幢，累计44幢。新增税收1000万元楼宇6幢，累计138幢。社会消费品零售总额845.7亿元，增长5.8%。限额以上单位中，粮油食品零售额50.1亿元，增长15.3%；服装鞋帽类零售额28.3亿元，下降0.5%；石油及制品类零售额191.9亿元，增长11.6%；汽车类零售额100.8亿元，增长10.8%。限额以上批发和零售业单位通过公共网络实现零售额152.4亿元，增长30.8%。对外贸易增长较快，全年完成进出口总额316.41亿元，增长5.1%；其中自营外贸出口260.86亿元，增长5.4%。服务贸易出口额21.42亿美元，增长3.7%。

（区志办）

## 政治建设

【党的二十大精神学习】2022年，区委深入贯彻《中共中央关于认真学习宣传贯彻党的二十大精神的决定》和省、市委通知要求，开展学习研讨并组织宣讲宣传、研究阐释、调查研究。推进领导干部专题学、党员干部示范学、线上线下全员学、青年群体创新学、“追随足迹”现场学，区领导带头到企业、学校、村社和基层联系点开展宣讲2000多场次。推出党的二十大专栏专题4个，刊发报道300多篇。学习贯彻省、市、区党代会精神，召开区委十届二次全会，举办“杭州这十年·西湖”新闻发布会，推进“两个先行”的西湖实践。

【全面深化改革】2022年，区委围绕“1612”体系构架，实施“改革兴区”战略，一体推进全面深化改革、共同富裕示范区重大改革、数字化改革，改革赋能治理、促进发展成效增强。区委主要领导谋划部署，区四套班子聚力推进。区领导领衔挂帅、改革办统筹协调、“6+1+1”系统分领域负责、全区上下协同推进。创新动态管理、督考晾晒、绩效评估、课题评审等工作机制，建立“三张清单”月度督察机制，健全“一地创新、全省共享”基础项目库。承接“七张问题清单”“防汛防台”“社区矫正”“e 行在线”等省级重大应用，“大综合一体化”“义务教育双减”“构建养老友好型社会”等省、市重大改革落地落实。

**【政府自身建设】**2022 年，区政府牢记初心使命，加强政府系统自身建设。深入学习党的二十大精神，拥护“两个确立”，增强“四个意识”，坚定“四个自信”，做到“两个维护”。接受区人大及其常委会法律监督，接受区政协民主监督。坚持向人大报告、向政协通报工作制度，办理人大代表议案建议和政协委员提案。完成政府隐性债务化解任务，综合债务等级下降至绿色区域。压减“三公”经费。一体推动“三不腐”，廉政建设进一步强化。

**【民主法治建设】**2022 年，区人大常委会加强依法监督，推进民主法治。听取区监委关于开展整治群众身边腐败和不正之风工作情况报告，提高运用法治思维和法治方式解决问题、推进工作的能力。开展《浙江省综合行政执法条例》执法检查，助推“大综合一体化”行政执法改革。加强基层立法联系点建设，做好《浙江省道路运输条例》等 17 部地方性法规草案意见征求工作，推动新时代民主立法新实践。区人大常委会主任会议听取全区打击治理电信网络诈骗工作情况报告，助力营造安全稳定的电信网络环境。履行人大普法宣传职能，开展代表诵读宪法等系列活动。主办第六届西湖律师论坛暨首届西湖青年律师论坛，推动法治成为全民的思维方式和行为习惯。

（区志办）

## 文化建设

**【公共文化服务】**2022 年，西湖区推进重大文体项目建设，提升公共文化服务质效，推动文旅融合发展，满足人民群众日益增长的文化需求。全年布局“区、镇（街）、村（社）”三级文化基础设施，完成 18 个图书室提升改造、2 个城市书房建设，建成“15 分钟品质文化服务圈”50 个，形成以“图书馆 + 图书分馆 + 图书室 + 数字图书馆”为基点的书香网络和以“文化馆 + 文化站 + 文化礼堂”为基点的文艺网络。丰富服务供给，出台建设公共文化服务现代化先行区的实施意见。加快数字文化馆建设，建成“西湖群文一扫通”“西湖云学艺课”平台。推进图书服务提升，全域实现图书通借通还；提升智能化阅读水平，完善自助借阅机、导读机器人、24 小时自助还书机、电子阅读机等硬件。制定全民艺术普及工作实施方案，推出“文化下基层”、西湖非遗大学堂、西湖人文大讲堂、西湖文艺大课堂“文化三堂”等服务，年内开展文化惠民活动3000多场次。

【传统文化弘扬】2022年，西湖区加强传统文化保护与传承，开展区级非遗项目、非遗传承人申报，完成国家级传承人黄小建、嵇锡贵评估；推荐杭州玉石微刻、西子女红技艺2个申报省级非遗项目；上泗土烧、桂花龙井等5个非遗项目被列入第七批市级非遗项目。做好文化基因解码成果转化利用和总结展示，完成文化基因解码报告修改，《龙井问茶诗》《铜鉴湖基因解码》分别获浙江省文化基因解码工程短视频大赛一等奖和优秀奖。“宋韵迹忆”路线被评为杭州市精品研学线路。丰富传统文化表达载体，举办“文化和自然遗产日”茶主题市集、“品宋韵迎亚运”、“非遗点单”等特色活动。

【文化品质提升】2022年，西湖区围绕高质量公共文化服务现代化先行区建设，建成“15分钟品质文化服务圈”50个。《茶香四溢》《稻子花开》等45部文艺作品获全国和省、市级奖项。“智馆家”数字应用入选省数字文化改革第二批试点应用名单。发放首张文化艺术类（体育类）培训机构准入证书，监管账户合格率、支付机构开通率、平台授课完成率均为100%。开展“喜迎二十大”、“喜迎亚运会文化下基层”、全民健身等群众性文体活动1700多场次。建设体育现代化区，西湖区获批成为“浙江省体育现代化区”，启动嵌入式体育场地设施建设三年行动，全年建成嵌入式体育设施140处，面积7.8万平方米。

（区志办）

## 社会建设

【教育发展】2022年，全区有中小学及幼儿园（含民办）146所，在校学生总计14.64万人；有普通高中、职业高中、初中、特殊学校30所，在校学生3.4万人。各类学校中，民办高中、初中、小学、幼儿园及部门办幼儿园55所，在校学生1.4万人。有教职工1.43万人（含民办），其中在职在编教师7513人。西湖区被授予全国普法工作先进单位、浙江省规范民办义务教育发展专项工作成绩突出集体等称号。推进全国首创集团化办学、全国首批青少年近视防控试点、全国首批青少年校园足球试点、浙江省数字化改革创新试点、浙江省深化新时代教育评价改革试点、浙江省小学生综合评价改革试点等试点工作。

【科技进步】2022年，西湖区全社会与试验发展（R&D）经费支出81亿元，占全区生产总值的4.3%。科技成果获省科学技术奖18个，其中获浙江科技大奖1个、省科学技术进步奖一等奖4个。30个项目入选省“尖兵”“领雁”研发攻关计划，18项科技成果获省科学技术进步奖，16个项目获市人工智能领域重大科研攻关项目认定。全年全区新认定国家高新技术企业272家，新培育市“雏鹰计划”企业96家，新增省科技型中小企业858家、“独角兽”和“准独角兽”企业52家。5个团队申报省领军型创新创业团队，18人申报省领军人才项目。举办科技小巨人等项目申报培训19场次，参与企业1000家次；出台《西湖区深化高校经济若干政策措施》，兑现首批“飞天”“准飞天”企业扶持资金6287万元；落实各类奖励资金5.8亿元，惠及企业1300多家。引进高质量高校经济项目146个，促成产学研项目签约151个，实现技术交易额192亿元。举办机器人专场、脑机智能专场、浙工大项目专场等6场不同主题“科技八点半”活动，72家企业参加现场路演。

【医疗与民生保障】2022年，西湖区有医疗机构572个、床位1.17万张。社区卫生服务中心13个，社区卫生服务站（含卫生站）80个。卫生技术人员1.78万人，其中执业医师（助理）6624人，注册护士8116人。全年门诊1486万人次。全区城镇居民人均可支配收入8.27万元，比上年增长3.0%。加强社会保障，全年新增城镇就业3.7万人。全民参保登记率100%、参保率99.6%，户籍居民基本医疗保险参保率99.6%。构建和谐劳动关系，“劳资E智理”入选全省数字社会案例集。新建省级无障碍社区、示范型“残疾人康复之家”各1个，新增康复站点10个。

【社会组织登记】2022年，全区新增民办非企业单位22个、社会团体11个，累计注册登记社会组织720个，其中民办非企业单位566个、社会团体149个、基金会5个。开展社会组织年检644个，检查社会组织71个，完成医疗、养老类社会服务机构非营利属性检查50个，推进行业协会商会收费治理。全年办结社会组织登记管理类审批服务836件。民政综合窗口被区行政审批服务管理办公室评为“红旗窗口”6次。

（区志办）

## 生态文明建设

【环境质量改善】2022年，西湖区以习近平生态文明思想为指引，深入践行“绿水青山就是金山银山”理念，统筹推进污染防治攻坚战，全区环境质量明显改善。集中式饮用水水源地水质达标率100%，西溪湿地内4个市控断面及外围3个市控断面水质监测均达到或优于Ⅲ类。空气环境优良率86.6%，空气环境质量居杭州市前列。之江净水厂工程竣工，年处理污水量2920万立方米，出水水质达到准Ⅲ类排放标准，为省内高排放标准的全地埋式污水处理厂。

【生态环保整改】2022年，西湖区完成第二轮省委生态环境保护专项督察迎检，交办信访件降至4件。受理日常生态环境信访286件，比上年下降45.1%。严格督察问题销号，对中央环保督察信访交办件开展调度巡查10

次，下发督办单3次，16次召开专题协调会，并进行现场督办。结合华东督察局中期检查、长江经济带问题警示片拍摄暗访、省市问题抽查及区县交叉检查、排查，出动执法人员1200人次，举一反三检查重点点位36处，主动发现问题539个，大部分问题完成整改。

**【生态示范区创建】**2022年，西湖区深化生态文明建设示范区创建。《西湖区生态文明建设规划（2021—2030年）》通过专家评审并经区政府批复同意实施。对标对表做好国家和省生态文明建设示范市县复核相关指标自查上报。牵头开展“在生态文明建设先行示范中跑出加速度”共同富裕工作，建立完善工作机制，协同推进重点任务落实，年内上报绿色共富案例2个，并被《杭州生态环境》刊物录用。

**【全域生物多样性调查】**2022年，西湖区推进“美丽西湖”建设，完成生物多样性调查和评估，记录物种2190种，其中国家一级和二级保护动植物30种、省级重点保护动植物28种。生物多样性调查中发现新物种1种，拟命名为“西湖跳蝂”。联合“原乡生态”等公益组织，开展铜鉴湖及五丰岛生物多样性观察、国际生物多样性日等公众参与宣传活动10次，参与活动约10万人次。

（区志办）

# 中共杭州市西湖区委员会

## 综　述

【概况】2022年，区委坚持以习近平新时代中国特色社会主义思想为指导，把迎接党的二十大胜利召开、深入学习宣传贯彻党的二十大精神作为首要政治任务，贯彻落实省市区党代会决策部署，统筹疫情防控和经济社会发展，各项工作取得新成绩。加强思想政治引领，贯彻《中共中央关于认真学习宣传贯彻党的二十大精神的决定》和省委、市委通知要求，推进领导干部专题学、党员干部示范学、线上线下全员学、青年群体创新学、“追随足迹”现场学，区领导带头到企业、学校、村社和基层联系点开展宣讲，把党的二十大精神传达到每个支部、每名党员。抓好省、市、区党代会精神学习贯彻，召开区委十届二次全会，举办“杭州这十年·西湖”新闻发布会，奋力推进“两个先行”的西湖实践。推动经济社会发展，制定实施经济稳进提质52条、元宇宙产业发展12条、新制造业高质量发展13条等助企纾困政策，深入开展“双千”为企服务，超常规推动经济企稳回升，全年兑现扶持资金29亿元，减税降费超70亿元，减免企业租金超1亿元。全区在册市场主体突破14万户、增长11%。新增上市企业6家、累计35家，北京证券交易所浙江基地成为全省首个区域性股权市场创新试点落地实体。做大做强云创、科创、文创特色主导产业，阿里云总部投入使用，文三数字生活街区完成开街，入选全省数字生活新服务高质量发展项目，推进之江文化中心、航天五院杭州中心等重大项目，新增国家专精特新“小巨人”企业8家、省数字工厂标杆企业4家。招引1亿元以上产业项目116个，实际利用外资7亿美元。加快做地出地，完成经营性土地出让30宗（面积88.17公顷）。开展“科技八点半”“企业服务周”“西商大会”等惠企服务，助力企业加快发展。

【科创引领创新】2022年，西湖区全面推进城西科创大走廊西湖片区高质量发展，升级紫金港科技城、西湖大学城、云栖小镇、西溪谷等重点平台，完成浙大紫金科创小镇命名，西湖大学云谷三期建设加快。推进“116N”

实验室体系建设，国家实验室实现“零”的突破，智元研究院、华大研究院、量子研究院等科研平台落地西湖区。发展高校经济，打造环浙大人工智能产业带，启动环浙工大创业创新集聚区，建成新型产学研基地6个，促成优质产学研项目139个，实现技术交易总额超190亿元。认定首批“飞天计划”企业17家，培育“独角兽”和“准独角兽”企业52家，国家高新技术企业总数突破1200家，省科技型中小企业3400家。18项科技成果获省科学技术进步奖，获浙江省“科技创新鼎”，区域科技创新指数连续3年居全省前三。实施“栖西聚才”专项行动，新入选省“鲲鹏行动”计划9人，居全省第一，入选国家、省市级海外高层次人才、特殊人才支持计划52人。

【社会民生保障】2022年，西湖区高质量完成十方面民生实事，累计建成启用民生综合体41个，成为全国基层治理创新典型案例，获中央电视台《焦点访谈》栏目报道。建成婴幼儿成长驿站13家，全省基本养老服务体系建设现场会在西湖区召开，“一键养老”标准化模板获全省推广。开工学校6所、竣工4所，获省政府学前教育激励，获全国教育“双减”工作典型案例，成立全省首家区域公共卫生研究院。政务服务网上办比例88.8%，竣工安置房6364套，回迁安置房3003套，筹集保障性租赁住房超1万套（间），无物业小区全域清零。新增食品生产企业“阳光工厂”48家。3部作品获全国“五个一工程”奖，西湖龙井茶入选人类非物质文化遗产，西湖区创建成为全省首批体育现代化区。围绕平安护航党的二十大，开展除险保安百日攻坚，做好安保维稳、安全生产、防灾减灾、应急救援和消防等工作。

【城乡环境提升】2022年，西湖区全域推进“迎亚运”环境品质提升和城市基础设施攻坚行动，4个亚运场馆投入使用，28条迎亚运道路、8个入城口、57个场馆周边“最后一公里体验区”完成改造提升。创建成为省级新时代美丽乡村优胜县（区），3个省级未来社区和4个省级未来乡村创建通过，云栖小镇风貌区被评为省级特色产业风貌样板区，双浦镇成为美丽城镇建设省级样板，实现省级美丽乡村示范乡镇、省A级景区村庄、数字乡村全覆盖，打造“长埭—上城埭—桐坞共富带”和龙坞茶镇共富联合体，连续3年获全国县域农业农村信息化发展先进县。西溪国家湿地公园体制机制调整优化。开工老旧小区提升改造项目15个、竣工项目24个，加装既有住宅电梯87台，改造完工“二次供水”设施13个，累计建成省级无障碍社区5个，自建房安全专项整治工作获住建部肯定，成功创建省“无违建区”。建成和提升改造道路8条，新增公共停车泊位600个，完成造林面积46.47公顷、绿道建设22.6千米、扩绿面积60.6万平方米，集中式饮用水水源地水质达标率100%，空气环境质量排名杭州主城区第一位。

【数改成果应用】2022年，西湖区推动数字化改革“1612”体系落地，滚动实施42项牵一发动全身重大改革项目。承接“七张问题清单”“防汛防台”等省级重大应用，推进“大综合一体化”等重大改革和“公权力大数据监督”“数智同心荟”等省市改革试点。“你好，青春期”“西湖善粮公社”分别入选杭州市共同富裕试点和最佳实践，“财政资产云管家”入选全省党政机关过紧日子十大优秀案例。“云舍”实有人口治理模式获国务院办公厅电子政务办公室简报刊发，“十安卫士”“数智教育”“救在身边”“劳资E智理”等改革成效得到省委省政府、国家部委领导肯定。“企诊卫士”入选全省“一地创新、全省共享”“一本账”，相关做法获中央依法治国办公室简报刊发。“民呼我为·西湖码”“一指减负”入选全省数字化改革最佳应用。“民呼我为·西湖码”改革经验获国务院推进政府职能转变和“放管服”改革协调小组办公室简报刊发，“一指减负”典型经验获国务院办公厅通报表扬。

【新时代党的建设】2022年，西湖区压实管党治党政治责任，完善大党建考核机制，以“七张问题清单”牵引党建统领整体智治，推进新时代党的建设。落实意识形态责任制，筑牢意识形态领域安全防线。推进“争星晋位、全域建强”行动，实施争星创优工程、争创首善现代社区，完成党建统领翠苑一区未来社区建设，“一村一策”推进11个软弱后进村社党组织和14个城郊接合部重点村社党组织整转提升，承办省直机关党建联建现场会，“小哥学院”做法获全市推广。选优配强高素质干部队伍，实施“西湖菁锐领跑计划”，选派700多名干部到一线磨炼，承接“浙里干部之家”建设试点。启动新一届区委巡察，完成14家单位常规巡察和50个村社延伸巡察。加强区委常委会自身建设，发挥领导核心作用，人大、政府、政协及监委、检察院、法院履职成效显著，代表联络站、智联在线、民生议事堂、协商驿站等工作亮点明显，各领域统战工作创新发展，党管武装、老干部等工作加强，工青妇、工商联等群团组织桥梁纽带作用有效发挥，全区政治生态向好。

（区委办）

## 重要会议

【区第十次党代表大会】2021年12月29日，区第十次党代表大会召开。会议全面贯彻党的十九大和十九届历次全会及省市委全会精神，深入学习贯彻习近平新时代中国特色社会主义思想，回顾总结区第九次党代会以来的工作，审议确定今后五年的主要任务，选举产生中国共产党杭州市西湖区第十届委员会、西湖区第十届纪律检查委员会和西湖区出席中国共产党杭州市第十三次代表大会代表。

【区委十届二次全体（扩大）会议】2022年8月5日，区委十届二次全体（扩大）会议召开。出席全会的区委委员29名、候补委员

7名。会议听取和讨论区委书记高国飞受区委常委会委托做的工作报告，审议通过《中国共产党杭州市西湖区委员会工作规则》。会议高举习近平新时代中国特色社会主义思想伟大旗帜，深入学习贯彻省第十五次党代会、市第十三次党代会和市委十三届二次全会精神，围绕忠实践行“八八战略”、坚决做到“两个维护”，践行嘱托，勇担使命，奋力推进“两个先行”，高水平打造共同富裕示范区的首善之区，继续谱写西湖经济社会高质量发展新篇章，以优异的成绩迎接党的二十大胜利召开。

【区委常委会会议】2022年，西湖区委常委会会议召开24次。3月16日，区委常委会会议召开，传达学习习近平总书记在中央党校（国家行政学院）中青年干部培训开班式上的重要讲话精神；传达学习全国和省市组织部长会议精神。听取区司法局关于2021年法治政府建设暨依法行政工作汇报。4月6日，区委常委会会议召开，传达学习习近平总书记在中央政治局常务委员会会议上的重要讲话精神；听取区投促局关于西湖区2022年“六张清单”招大引强工作情况的汇报，会议原则同意该方案。4月22日，区委常委会会议召开，传达学习全省、全市宗教工作会议精神；听取区发改经信局关于全区经济工作会议方案汇报，会议原则同意该方案。听取区委组织部关于规范公务员工资、津贴、补贴工作汇报，原则同意该方案。听取区委组织部关于排查整顿农村发展党员违规违纪问题汇报。5月26日，区委常委会会议召开，传达学习习近平总书记在中央财经委员会第十一次会议上的重要讲话精神和省委常委、市委书记刘捷下访接待时的讲话精神及信访积案清零工作专题会议上的讲话精神；传达学习全国巡视工作会议暨十九届中央第九轮巡视动员部署会议精神。听取区考评办关于2021年度全区综合考评考核情况和2022年度区综合考评实施方案汇报，原则同意该实施方案。6月17日，区委常委会会议召开，传达学习习近平总书记在十九届中央政治局第三十九次集体学习时的重要讲话精神。听取区发改经信局关于《西湖区经济稳进提质九大攻坚行动工作实施方案（送审稿）》起草情况汇报，会议原则同意攻坚行动实施方案。听取区综合行政执法局关于“大综合一体化”行政执法改革有关工作汇报。听取区教育局关于规范民办义务教育发展有关工作汇报，原则同意汇报时提出的实施方案。7月7日，区委常委会会议召开，传达学习习近平总书记在中央政治局第四十次集体学习会上的重要讲话精神；传达学习《浙江省人民代表大会常务委员会关于进一步加强新时代检察机关法律监督工作的决定》《最高人民检察院关于加强支持和服务保障浙江高质量发展建设共同富裕示范区的意见》。听取区委组织部提交的《西湖区关于实施争星创优工程争创首善现代社区的若干意见》《西湖区2022年度大党建考核实施方案》的汇报。8月26日，区委常委会会议召开，传达学习中央统战工作会议精神和《领导干部接到请托事项记录报备制度（试行）》文件精神。听取区委办学习贯彻习近平总书记重要指示批示精神的工作闭环管理机制的汇报。10月21日，区委常委会会议召开，传达学习党的十九届七中全会精神；学习传达习近平总书记在参加党的二十大广西代表团讨论时的重要讲话精神。听取区委宣传部（文明办）关于杭州市争创全国文明典范城市西湖区有关工作汇报。听取区农业农村局关于组建中共杭州市西湖区委农村工作领导小组有关事项的汇报。听取区企业发展服务中心关于《西湖区2022年安商助企工作实施方案》《西湖区2022年楼宇提质增效工作方案》的汇报，会议原则同意所提方案。听取区委组织部（人才办）关于“栖西聚才”西湖国际人才活动周筹备工作情况汇报。

（区委办）

## 综合事务

【办文办会】2022年，区委办注重协同，推动“四办”主任周例会、常委部门月例会、专题工作协调会等程序化、规范化运作，编制全区重点会议活动安排，确保全区各部门与区委同步运转。提高办会质量，每月编制全区重点会议活动安排，创新编制《西湖区办会要素》，分场景分类型列出会议活动准备，建立完善交叉审核、总结复盘等制度，全年筹办会议活动600多次。落实文件前置审核、会议审批备案等机制，科学安排会议时间，全区重点精简类文件和一类、二类会议数量均低于上级规定的年度上限指标。

【文稿撰写】2022年，区委办起草完成区委十届二次全会报告、省委“八八战略”评估报告、区委班子总结及各类省市调研、动员大会、专题会议汇报和表态发言等重要文稿210篇，在县（市、区）委书记工作交流会、城西科创大走廊高质量融合发展推进会、基层党建工作会议等重要会议活动上展示西湖经验做法和特色成效。围绕区委重点工作开展调查研究，完成《打造共同富裕现代化基本单元的骆家庄探索》《打造“幸福西湖民生综合体”让居民就近优享民生服务》《以数字化改革为切入点推动基层治理走深走实》等调研报告4篇，为区委决策提供参考。

【改革创新深化】2022年，区委改革办履行牵头抓总职责，一体推进全面深化改革、共同富裕示范区重大改革和数字化改革，改革工作在省、市年度考核中被评为优秀。创新推进机制，建立“三张清单”月度督察机制，优化区级重点改革项目的生成、培育、推进机制，建立基础项目库，加强全区重点改革项目管理。与改革智库合作，推进“基层治理清单化”“一支队伍管执法”“专利开放许可”等重点改革课题研究。打造特色亮点，承接“七张问题清单”“防汛防台”等省级重大应用，“大综合一体化”“构建养老友好型社会”等省市重大改革任务落地落实。“小脑＋手脚”警网协同、知识产权保护集成改革等特色项目有序推进，“资产云管家”“七彩托育”“电梯安信通”等应用建设取得新进展，“博悦游”“三审融合”“西湖龙井茶全生命周期保护”等特色应用迭代推进。“基层社会治理一件事”“僵尸车监管一件事”等改革探索实践获省市好评。“民呼我为·西湖码”改革经验获国务院职转办简报专篇刊发，工作模式全省推广。“一指减负”被评为全省数字化改革“最佳应用”，得到国务院办公厅通报表扬。“十安卫士”“数智教育”“救在身边”等改革成效得到省委省政府、国家部委领导肯定。“民生综合体”改革成效获中央广播电视总台《焦点访谈》栏目报道，被评为全国基层治理创新典型案例。“文三数字生活街区”成为全国知名的示范数字街区。“一键养老”标准化模板全省推广。“企诊卫士”“云舍”等数字化改革应用获中央国家部委刊发点赞，“数字近视防控”“政务服务六办联动”等改革经验在省级以上改革简报刊发，改革信息录用全市第一。

【督查督办】2022年，区委办围绕区委各项决策部署和区委主要领导批示指示精神、会议工作要求，高效开展督查督办工作。全年办理区委主要领导批示件1528件，上报批示反馈59期，反馈省市批示交办件13件，下发督办单79件，上报督办反馈64件。针对亚运环境提升、信访积案化解、疫情防控、做地出地等重点工作开展专项督查37次并形成专报，刊发《西湖督查》27期。牵头推进“七张问题清单”相关工作，承接“市委在线督查”“杭州市贯彻落实习近平总书记重要指示批示精神的工作闭环管理系统”等市委办数字化改革应用运行，牵头制定发布《西湖区学习贯彻习近平总书记重要指示批示精神的工作闭环管理机制》。

【信息宣传】2022年，区委办公上报稿件1165篇，被上级录用325篇，获领导批示64次。《西湖区倾力打造“十安卫士”智治平台推动除险保安走深走实》《天正公司房产收购工作圆满完成》专报获时任省委书记袁家军等省领导批示肯定。全市党委信息年度考核中，西湖区列第三位，是13个区（县、市）中唯一一个连续两年排前三的单位。

【机要保密】2022年，区委办压实保密责任，召开全区机要保密专通工作会议暨区委保密委全体（扩大）会议，制定《西湖区委保密委员会工作规则》，贯彻落实《关于推进西湖区机关、单位保密工作主体责任落实的实施意见》，开展微信、钉钉（浙政钉）泄密专项整顿行动及全区机关单位自查自评。做好重要会议、重要活动、重要时段的密码通信和视频会议服务保障。开展保密专题理论中心组学习活动和全区各单位办公室主任、涉密人员保密业务培训。开展保密宣传月活动，参加中央保密办（国家保密局）举办的“保密故事大家讲”

主题讲述竞赛获全省优秀组织奖。

【法规执行】2022 年，区委办编制《配套文件编制印发指南》，建立联动审查一键直达、办理流转全程纪实的工作机制，推进党的规范性文件备案审查工作，全年向市委办报备党的规范性文件 7 件，受理并审查辖区内各单位报备的规范性文件 11 件次。开展涉计划生育党的规范性文件专项清理工作，对 8 个涉计划生育区委规范性文件，会同区政府办联合审核把关，分析提出处理意见。强化党务公开制度执行，健全完善党务公开保密审查等配套流程机制。

【档案管理】2022 年，区委办加快推进新馆建设，完成重大活动和突发事件档案归集，加大数字化改革力度，开展到期档案进馆、数字档案馆室系统升级、应急演练、安全自查等工作，建立健全档案工作规章制度。全年指导区防控办等 23 个部门和 11 个镇街，归集整理疫情防控档案 3270 件，报送红色档案 20 件，归集亚运档案 34 件，区档案馆新馆项目建设工作按计划推进，年内主体工程结顶。

【对台工作】2022 年，区台办以对台协作交流为工作主线，组织干部参加省、市业务培训班，开展学习宣讲活动，提高全区干部对台工作认识和能力水平。依托“台资企业数据库”，开展“台企大走访”暨助力台企稳进提质行动，帮助解决台企发展运营难题，健全协调联运机制，指导镇街、部门协调解决台商台企矛盾纠纷，依法保护台商、台企合法权益。举办“迎亚运、话共富”暨“心连心　两岸情”书画展、“丛生——第四届两岸艺术院校优秀作品联展”，为在杭州隔离的台胞提供物资支援，向在杭州欢度传统节日的台胞台属发放节日慰问 100 多份，支持保障《大陆寻奇》电视片拍摄、第五届海峡两岸青年发展论坛现场观摩等活动。

（区委办）

## 组织工作

【概况】2022 年，区委组织部坚持“实干、实绩、实效论英雄”的选人用人导向，选拔任用区管正职 10 人、区管副职 59 人，进一步任用 5 人。至年末，全区基层党组织 3099 个，其中党委 257 个、党总支 160 个、党支部 2682 个；党员 6.21 万人，其中女性 2.87 万人、少数民族 449 人，45 岁及以下 3.59 万人、大专学历及以上 4.71 万人。全年新发展党员 255 人，其中高级知识分子群体 16 人、非公企业 105 人、农民渔民 10 人、产业工人 41 人、社会组织 25 人。实施“西湖英才”引智工程，引育“高精尖缺”人才，开展人才“双创”活动，深化人才全生命周期服务，建设人才集聚高地。加强党员教育管理，按照“控制总量、优化结构、提高质量、发挥作用”要求，落实 5 个环节 25 个步骤，开展交叉互查互学。创新开发“西湖薪火”应用场景，优化党员发展全流程管理。向 355 名老党员颁发“光荣在党50年”纪念章。实施组织系统学习宣传贯彻党的二十大精神“争先创优五大行动”，开展“我学我讲二十大”专题活动，推送二十大精神权威解读和心得体会60篇、刊发二十大学习体会专题网评文章63篇。依托“浙里干部之家”的“我的心声”应用场景开展献计献策，征集贯彻落实意见建议920条。分类推进党员全员轮训，多形式开展人才交流研讨。

**【组织工作数字化改革】**2022年，区委组织部承接省委组织部“浙里干部之家”的“我的心声”场景建设试点，通过构建“组织部部长有约”“组织部部长信箱”“说说心里话”“组织部部长问计”等渠道，助力干部心声、诉求、建议快速直达。相关做法在全省组织部门数字化建设工作会议上做经验交流，6次汇报演示应用开发建设情况得到省委组织部领导肯定，并入选全省数字组工好场景。发挥试点牵引作用，干部数智管理平台、“西湖薪火”发展党员全流程管理平台、“人才云管家”、干部教育数智管理平台等数智组工矩阵基本形成。

**【干部选拔教育监督】**2022年，区委组织部完善领导班子来源、经历结构，合理配备女干部、党外干部，提拔女干部18人、党外干部6人。选派58名干部到稳进提质、亚运筹办、信访维稳等岗位，推荐20名专业技术人才参与东西部协作，选派2名干部赴安徽省砀山县参与“长三角协作”工程。加强干部教育监督管理，制定《领导干部个人有关事项报告制度“三个办法”》（《领导干部报告有关亲属从业及从事经营活动情况操作办法》《区管干部配偶、子女及其配偶工作调动预报告办法》《区管干部操办婚丧喜庆事宜及时报告办法》）。开展因私出国（境）、干部兼职专项整治“回头看”。落实个人有关事项报告“两项法规”，查核个人有关事项134人次，诫勉1人、批评教育1人。

**【公务员管理】**2022年，区委组织部推进公务员队伍建设，招录选调生5名、普通公务员26名。落实科级干部任职预审制度，做好镇、街所属事业单位工作人员到镇、街机关公务员岗位任职工作。注重培树典型，加大正向激励力度，开展市“十佳公务员”人选评选推荐，1人被评为市“十佳公务员”。完成公务员五年考核称职晋升级别工资436人，两年考核称职晋升级别工资档次2003人，办理机关（含参公单位）公务员退休97人。

**【基层党组织建设】**2022年，区委组织部实施党建引领现代社区建设七大专项行动，创建省级未来社区3个、省级未来乡村4个，实现省A级景区村庄、数字乡村全覆盖。做深做实党建统领网格智治，优化设置网格973个，配备“1+3+N”力量1.3万人，推进党建统领三方协同治理，无专业化物业管理小区全区清零。探索融合型大社区大单元党建破难试点，推广回迁安置小区股社联建“三级包干”经验做法。依托高校集聚优势，组建“校地大工委”，构建“大事共议、实事共办、要事共决、急事共商、发展共谋”的党建联建工作格局。整合中国美术学院、浙江音乐学院等高校资源，推进茶叶与文化创意、研学旅游等业态深度融合，打造龙坞茶镇共富体、长埭—上城埭—桐坞共富带。深化“机关—属地”党建联建机制，承办省直机关党建共建现场会。全年开展党群服务活动1200多场次，直接服务党员群众20.6万人次。

**【“两新”组织党建】**2022年，区委组织部健全“两新”工委成员单位联楼结企结对机制，开展“双结对”和“交流晾晒”活动，落实领办项目60个。实施楼商党建联建聚力“12条”意见，推出“红驿站”“红管家”专业化服务，覆盖辖区110家企业，组织10支助企服务队、143名助企服务员到一线服务企业，推进环浙江大学玉泉校区、浙江工业大学、浙江大学紫金港校区和西湖大学创业创新圈党建。推动专精特新“小巨人”企业党组织应建尽建，将“每日互动”等11家重点企业党组织提级纳入区互联网业联合党委管理，实现市级以上特色小镇、产业园区、50人以上有党员企业党组织全覆盖，76家“两新”党组织被评为市“六星级党组织”。加强“区街村企校”联动，打造“盛飨茶香”共富工坊，带动创建“长埭—上城埭—桐坞”共富带和龙坞茶镇共富联合体。探索新业态新就业群体党建有效路径，依托全省首个“小哥学院”构建多元化长效培养体系，31名小哥学员入学就读；出台《西湖领蜂计划十条》，吸纳1500多名小哥加入联合工会等群团组织，实现省市直联直管企业工会和团组织应建尽建，实施“小哥入网”基层治理行动，276名小哥加入“我的家园建设者”队伍，769名小哥参与疫情防控成为“最美小哥志愿者”。

**【人才队伍建设】**2022年，区委组织部以“西湖英才引智工程”为引领，招引科创人才“领头雁”，西湖区入选各类人才计划数量居全省各区县（市）第一位。新增院士工作站1个、专家工作站2个。开展“西湖英才计划”遴选，全年入选高端人才领衔项目85个。规范高层次人才认定区级审核流程，新引进经认定的E类及以上高层次人才3700多名。新增省级博士后工作试点站8个、国家级工作站1个。举办大学生“云聘会”，1600多家企事业单位发布岗位3.7万个，举办线上线下招聘活动103场，新引进青年大学生3.28万人。启动“国际人才活动周”，开展西湖“智创汇”系列品牌活动36场，3000多人参与活动。推进浙江（云谷）人才客厅建设，打造全球人才蓄水池的标志性项目和展示浙江人才的重要窗口。落实“杭帮彩”人才服务工作机制，搭建“一对一”专属服务团队，推广设立“杭帮彩”人才服务窗口20个，办理人才服务事项1.6万件次。服务走访人才企业3180家次，协调解决“关键小事”500多个，拨付人才资金3亿元。

【干部教育培训】2022年，区干部教育培训中心构建“多方协同、区校合作、线上线下”的多元融合培训模式，举办主体班次25期，培训学员2152人，主体班次总体满意率95.2%；协助指导举办联合班次39期，培训学员3892人；审批指导各单位自主举办培训班次17期，培训学员988人。协助区委宣传部举办“名师讲堂”3场，参加学员2100人次。开展第一期“西湖菁锐领跑计划”，通过系统化理论培训、常态化实践锻炼、精准化课题调研“三位一体”的模块化培养模式，推动年轻干部业务能力提升。加强干部培训数字化管理，启动西湖区干部教育培训数智管理平台建设，搭建3个模块、6个主菜单、28个子菜单培训管理系统。

（区委组织部　吴　珏）

## 宣传工作

【概况】2022年，区委宣传部带头履行意识形态责任制，完成市对区意识形态年度督查、辖区14家单位意识形态巡察及15家单位意识形态专项检查。开展“扫黄打非”整治，全年行政处罚立案调查22件，办结案件18件，警告9家次，罚款11.25万元，没收违法物品218件。围绕省党代会、党的二十大等主题开设名师讲堂，举办区委理论学习中心组学习22次，交流研讨9次；推出“二十大精神西湖青年说”系列宣讲，开展宣讲2000场次，受众5万余人次。全年在中央、省市主流媒体平台刊发稿件4.1万篇，《西湖报》出刊82期，“美丽西湖”微信公众号和App推送稿件9337篇，《西湖新闻》播出120期（608条），制作专题片20部，编发短视频1180条。建设“西湖E治通”监管平台，被评为2022年杭州市数字化改革网络安全优秀案例。全市首批独立完成网信行政执法实践，首创首席内容安全官制度，处置互联网违法和不良信息平台举报718条。培育“首善之区·西湖有礼”区域文明实践品牌，文明实践所站实现镇街、村社全覆盖，“蓝马甲”品牌公益项目获“浙江省农村文化礼堂赋能共同富裕引领计划首批项目清单”。打造“德耀西湖”最美现象，全年评选“身边好人”“西湖好人”100人次，5人被评为“浙江好人”“杭州好人”，1名学子被评为“浙江省新时代好少年”，1户家庭被评为浙江省“最美家庭”。全区注册亚运城市志愿者13万人次，开展文化文艺活动12万场次，志愿者活跃率50%以上。

【意识形态责任制履行】2022年，区委带头履行意识形态责任制，专题研究部署意识形态工作。制定落实意识形态责任制实施办法、意识形态考核方案等系列文件。完成市对区意识形态年度督查，完成辖区14个单位意识形态巡察、15个单位意识形态专项检查。开展“扫黄打非”八项整治，全年出动检查人员1.4万人次，行政处罚立案调查22件，办结案件18件，警告9个次，罚款11.25万元，没收违法物品218件。

【理论学习教育】2022年，区委宣传部围绕党的二十大、省党代会等主题开设名师讲堂，举办区委理论学习中心组学习22次，交流研讨9次，完成18个单位中心组学习巡听旁听。推出“二十大精神西湖青年说”等系列宣讲及《诗里桃源外桐坞画艺融合共富路》等宣讲视频20多个。线上线下开展宣讲2000场次，受众5万余人次。在2022年杭州市微型党课大赛中获特等奖2个，1人被授予杭州市金牌理论宣讲员。全区社会舆情信息工作居省市前列。围绕宋韵文化等主题，在《钱江晚报》等媒体推出《呈现宋人的文化世界——谈谈宋韵文化研究》等文章10多篇，阅读量逾400万人次。

【舆情舆论引导】2022年，区委宣传部围绕党的二十大、共同富裕、数字化改革、亚运会等重大主题，提前部署、集中发声。聚焦亚运筹办，围绕场馆建设、场馆惠民、环境提升等方面，在中央、省市各级媒体刊发稿件1000多篇。策划高尔夫露营奇妙夜、“Hello西湖你好亚运”杭州亚运会倒计时1周年启动仪式等系列活动。承办全市亚运新闻宣传第一次现场会，打造13个重点小区亚运宣传示范点，建成标志点4个、示范路10条、样板区6个。召开“杭州这十年·西湖”主题新闻发布会，讲好西湖蝶变故事。全年在中央、省市主流媒体平台刊发稿件4.1万篇。《西湖报》出刊82期，“美丽西湖”微信和App推送宣传稿件9337篇，《西湖新闻》播出120期、608条，制作专题片20部，编发短视频1180条。全国“学习强国”平台采用稿件458篇，省、市学习平台采用3224篇。依托“瞭望哨”智治平台，监测报送“瞭望哨”信息1.1万条。创新制定涉企舆情联动处置机制，重点做好“江南布衣”等涉区舆情监测处置工作。向省市委网信办上报“两表”308期。完成省、市网评任务200多次，被转评、点赞超过17万次。建设“西湖E治通”监管平台，平台被评为杭州市数字化改革网络安全优秀案例。创新打造全域网络普法基地，形成“11+N”网络普法基地矩阵。全市首批独立完成网信行政执法实践，首创首席内容安全官制度，做好“暖聊”App等20个网站约谈整改和行政处罚，处置互联网违法和不良信息平台举报718条。筑牢网络安全防线，举办网络安全宣传周，开展网络安全攻防演练。

【精神文明建设】2022年，区委宣传部常态化开展“美丽”系列创建和全国文明典范城市争创活动，全国文明城市荣誉复牌，全省年度创建测评完成。拓展新时代文明实践中心建设，文明实践所站实现镇街、村社全覆盖，培育“首善之区·西湖有礼”区域文明实践品牌，推广“救在身边·志愿同行”项目试点，全区培训救护员1.2万人，招募“急救侠”1.1万人。杭州万科物业服务有限公司职员夏振辉获年度“全国最美志愿者”称号，

“蓝马甲”品牌公益项目入选“浙江省农村文化礼堂赋能共同富裕引领计划首批项目清单”。推进“德耀西湖”最美形象打造，全年评选“身边好人”“西湖好人”100人次，其中5人被评为“浙江好人”“杭州好人”，1名学子被评为“浙江省新时代好少年”，1户家庭被评为浙江省“最美家庭”。推进亚运城市志愿服务，全区注册亚运城市志愿者13万人次，开展文化文艺等实践活动12万场次，志愿者活跃率50%以上。对标数字文化跑道，打造应用场景6个。其中“救在身边”应用场景被列入省级重点试点项目，并纳入全省重大改革“一本账S2”；“博悦游”二期迭代升级场景被省文化和旅游厅列入文旅系统重点应用场景；“西湖创建在线”被列入全市首批数字文化优秀案例。

（区委宣传部）

## 统战工作

【概况】2022年，区委常委会集中学习统一战线工作理论和方针政策、法律法规等3次，专题研究统战工作5次，区委领导班子成员参加统战重要活动40人次，区领导走访联系统战成员100多人。制定西湖区委统战工作领导小组及相关联席会议工作职责和制度、统战工作领导小组成员单位2022年重点工作任务清单、镇（街道）党（工）委书记履行统一战线工作主要责任清单等，将统战工作纳入巡察范围，推进各单位强化统战工作意识、提升统战工作水平。发挥区委统战工作领导小组职能作用，党外干部、党派新成员发展、民族宗教、非公评价等领域工作协作机制效果明显。依托“西湖开讲”“非公学堂”“学思讲堂”“数智同心荟”等统战平台载体，组织统战干部和统战成员学习中共二十大精神，开展“喜迎二十大·奋进新征程”系列活动40多场，开展中共二十大精神学习活动46次，各民主党派开展主题教育活动30场次。

【“马叙伦与杭州主题展览馆”开馆】

2022年12月28日，民进杭州市委会举行“马叙伦与杭州主题展览馆”开馆仪式。全国政协常委、民进中央常务副主席朱永新宣布开馆。“马叙伦与杭州”主题展览馆由区委统战部与民进杭州市委会合作建设，馆址设在转塘街道大诸桥村。马叙伦是中国民主促进会主要创始人和杰出领导人，系浙江杭州人，一生情系故乡，与杭州有着深厚渊源。西湖区加强展馆管理，将展馆打造成为统一战线多党合作理论研究与实践的特色品牌和创新平台。

【“数字同心荟”场景贯通】2022年，区委统战部按照“小切口”带动“大场景”的工作思路，调动全区新的社会阶层人士力量，打造完成新阶层数字应用项目“数智同心荟”，该场景入选全市牵一发动全身重大改革项目。10月，举办杭州市新的社会阶层人士学习贯彻中共二十大精神“百荟联动”暨“数智同心荟”

贯通仪式。依托数智化提升新阶层工作成效的相关做法在《浙江统战（数字化改革专报）》刊登，得到省委常委、统战部部长邱启文批示，实践经验在《浙江新闻联播》展播。

（区委统战部　张柯一）

## 改革工作

【概况】2022 年，西湖区围绕“1612”体系构架，实施“改革兴区”战略，一体融合推进全面深化改革、共同富裕示范区重大改革、数字化改革，改革赋能治理、促进发展成效显著。创新动态管理、督考晾晒、绩效评估、课题评审等工作机制，建立“三张清单”月度督察机制。建立健全“一地创新、全省共享”基础项目库，强化重点改革项目“一本账”管理、“梯度式”培育。承接“七张问题清单”“防汛防台”“社区矫正”“e 行在线”等省级重大应用，“大综合一体化”“义务教育双减”“构建养老友好型社会”等省市重大改革任务落地落实。“我的心声”“我的任务”“公权力大数据监督”“数智同心荟”等省市改革试点成效明显。

【数字化改革】2022 年，西湖区“小脑 + 手脚”警网协同、知识产权保护集成改革、“数字检察”、“数字法院”等特色项目有序推进，“代表在线”“数字政协”“干部月报季评年考”“资产云管家”“家和帮”“七彩托育”“电梯安信通”“绿色低碳码上管”等应用建设取得新进展，“博悦游”“崇军指数”“时间银行”“三审融合”“西湖创建在线”“西湖龙井茶全生命周期保护”等特色应用迭代推进。“基层社会治理一件事”“僵尸车监管一件事”等改革探索实践取得阶段性成效。“数字近视防控”“抗原检测平台”“亚运高尔夫球场建设”“政务服务‘六办联动’”等经验做法获省委改革办《竞跑者》《数字化改革》刊物刊发。

【改革成果推广】2022 年，“民呼我为·西湖码”改革经验获全省推广，获国务院职转办简报单篇刊发。“一指减负”被评为全省数字化改革“最佳应用”，相关成效获国务院办公厅通报表扬。“十安卫士”“数智教育”“救在身边”等改革成效得到省委省政府、国家部委领导肯定。“民生综合体”改革成效获中央广播电视总台《焦点访谈》栏目报道，被评为全国基层治理创新典型案例。“文三数字生活街区”成为引领全国的示范数字街区。“企诊卫士”“云舍”等数字化改革应用获中央国家部委刊发点赞。“一键养老”标准化模板获全省推广。

（区委改革办）

## 信访工作

【概况】2022 年，全区受理群众信访诉求 9.31 万件次，比上年下降 20.5%，信访事项按期受理率 99.9%，群众评价满意率 96.1%。坚持党建领航，区信访局出台党建统领信访工作“六项机制”等制度，推动形成“依托党建抓信访、抓好信访强党建”的工作格局。全年34名区领导接访群众360批781人次，占上访事项总量82.2%。建立“重大信访问题”责任清单，开展城乡建设、市场监管、劳动社保等领域信访突出问题集中治理，系统性防范化解重点领域信访矛盾风险。全年西湖区重大信访问题清单指数87.4分，排名全市第二位。完善“信访联席会议”协调机制，实行联席会议办公室实体化运行，建立信访信息分析研判、重要信访问题协调处理、信访工作联合督查等制度，通过约谈提醒、挂牌督办、责任倒查等方式，快速化解重复投诉事项，实现重大会议、活动期间进京“零登记、零扰序”。西湖区创建成为杭州市首个“全国信访工作示范县”，连续5年创评“浙江省无信访积案县（市、区）”，区信访局被评为“全国信访系统先进集体”，年度信访工作“五色图”考核获全省第一名。

**【信访工作法治化】**2022年，区信访局坚持工作创新，推动信访工作法治化。推进存量信访压降减值，开展信访积案攻坚年活动，首创“包案领战、协同联战、逐件会战、联合督战、常态备战”的“五战机制”，包括国家级1425件积案在内的1753件信访积案完成动态清零。加快增量信访高效化解，制定初次信访事项过程链管控机制，来信初次化解率94.4%，来访初次化解率93.4%，网上信访初次化解率97.4%。《关于推进老旧小区物业管理的建议》等2个议案入选浙江省人民建议“金点子”。优化区域信访生态，推进《信访工作条例》学习宣传，制作宣传折页1.3万册。破解合理信访诉求解决难问题，建立查源头、查过程和改进工作、完善政策、责任追究的闭环机制，全年提出建议135条。

**【信访工作数智化】**2022年，区信访局以数字赋能推进基层治理体系和治理能力现代化，构建形成便捷高效、一码直达的“民呼我为·西湖码”综合应用。服务端设置四大模块，实现诉求“一码速达”。治理端构建形成区、镇街两级数字化综合指挥中心，创新建立“数字镇长—数字局长”工作体系，整合建立“综合治理”“矛盾调处”“网格管理”3支队伍，上报事件实现高效闭环管理。决策辅助端基于信访和基层治理数据建设分析研判系统，实现对全区“重点领域”“重点事项”“重点人员”的实时感知和动态研判，提升预警预判综合能力。“民呼我为·西湖码”综合应用月均处置事件7500多件，群众评价满意率97.2%，同期信访总量下降23.4%，非警务类警情下降9%，获全省数字化改革“最佳应用”，被评为全省数字化改革突破奖银奖，相关实际案例获中央广播电视总台《新闻联播》栏目和《人民日报》等报道，国务院职转办第195期简报刊发相关经验做法。

（区信访局）

## 机构编制

【概况】2022年，区委编办研究审议全区机构编制事项，组织召开编委会4次。落实机构编制报告制度，向市委编委报告区机构编制情况，督促区级部门向区委编委报告机构编制事项。聚焦高质量发展、共同富裕示范区建设、数字化改革等中心工作和重点任务，优化完善相关领域机构职能。设立区委社会建设委员会，为共同富裕示范区建设提供体制机制保障；调整区委区政府农业农村领导小组及办公室，加强党对农业农村工作的全面领导；优化区委宣传部等部门机构设置，推进相关部门承接省市下达工作任务。落实省委巡视“回头看”督查问题整改，对24个机构编制问题进行核实与分类，剖析原因并提出整改建议后均整改到位。开展机构编制监督检查，健全机构编制监督检查与巡察、党政主要领导干部经济责任审计、选人用人专项检查等联动机制。履行区委巡察特邀联络员职责，向区委巡察机构提供意见建议，全年向区委巡察组通报10个单位机构编制执行情况。结合实名制系统日常预警功能，排查机构编制问题，督促部门落实整改。

【重点领域体制机制改革】2022年，区委编办推进重点领域体制机制改革，创新开发区（园区）管理体制机制。印发紫金港科技城管委会“三定”方案，推进紫金港科技城融入城西科创大走廊，加快打造创新策源地。深化基层管理体制改革，按照镇街地理区位、人口规模、产业特点和经济社会发展水平，实行镇街分类管理。建立健全镇街岗位管理机制，统一编制岗位目录，推动镇街人员身份管理向岗位管理转变，实现行政、事业编制分类管理、人员统筹使用。调整西溪湿地管理体制，落实市委西溪湿地管理体制优化指示精神，与市委编办沟通对接，在落实机构规格、机构编制等资源的同时，推进西溪湿地区域行政管理及公安、市场监管、综合执法、社会事务等领域的机构编制调整，配合组织和人力社保部门做好人员转隶。

【助力行政执法改革】2022年，区委编办贯彻省市关于推进“大综合一体化”行政执法改革决策部署，大范围整合执法资源，助推全区行政执法改革。整合执法队伍，撤并人社和住建2支执法队伍，整合形成综合执法、市场监管、规划与自然资源、农业、应急管理、文化市场、卫生健康等“1+6”执法队伍体系；设置农业、文化、市场监管执法机构，实行“局队合一”模式；完成各执法机构“三定”规定制定。推动人员编制下沉，锁定下沉编制362名、执法人员329人，编制下沉比例72.1%，实有人员下沉比例70.6%，核增镇街事业编制22名，专项用于执法队伍建设。组建镇街执法队，各镇街成立以分管副书记为队长的镇街综合行政执法队，设置以镇街主要领导牵头的综合行政执法协调机构，镇街综合行政执法队于5月20日统一挂牌。

【机构编制数字化改革】2022年，区委编办深化“基层治理”应用场景建设，用好数字化理念手段，推进基层治理系统建设。完善信息分拣事项库和识别精准度，完善分发下派、处置流转、结果反馈、事后建库等闭环管理机制，一体化实现事项精准识别。加强机构编制资源归集共享，联动推进公务员、事业人员“一件事”与机构编制实名制系统数据实时交互，完成事项审核7413件，所有事项均实现和实名制系统数据交互。推进实名制系统功能升级，实名制系统完成新进编入库审核342人，完成区内调动调整184人，更新调整行政事业单位机构编制和人员信息数据。落实省委巡视整改“回头看”督查相关工作，整理分析有关数据，并向省、市反馈整改情况。推进实名制系统功能升级，新增人员结构情况分析、用编计划查询、编制人员下沉模块，提升系统的数据查询和统计功能。

【机构编制资源统筹使用】2022年，区委编办加强机构编制资源统筹调剂和管理使用，根据机构编制管理相关规定，制定年度用编计划。保障数字化改革、共同富裕、综合执法、基层管理体制改革、教育、医疗、疾控等重点领域和民生事业用编。落实党政储备人才用编保障，推进科级干部竞岗交流，优化全区干部队伍结构。落实政策性安置任务，完成军队转业干部、退役士兵及随军家属安置。服务保障民生领域，加强教育、卫生等重点民生领域编制保障。重新核定154所学校教职工编制，新设云城中学等6所学校，推进杭州公益中学等4所学校“民转公”工作，合理配置全区教职工编制资源。保障社区卫生服务中心、疾控中心事业用编，为公共服务领域编制需求提供支撑。管好用活机构编制资源，结合综合执法改革、基层管理体制改革、社会建设等重点工作，合理配置机构编制资源。核增镇街事业编制22名，增强镇街执法保障力量。建立镇街编制“周转池”制度，统筹镇街事业空编38名，保障重点镇街和重点领域用编需求。设立区委信息服务中心、人大事业发展中心、社会建设服务中心等事业单位，设置综合行政执法、市场监管、农业等执法领域保障服务中心。

（区委编办）

## 机关党建

【概况】2022年，区委直属机关工委加强机关党组织换届指导，20个单位完成换届，13个单位完成届中调整。做好党员发展工作，全年发展新党员13名，预备党员转正15名。开展机关党组织“星级评定”，依据年度综合考评等次、机关党建目标管理成绩及受表彰奖励情况进行5个星级的评定。加强理论学习，推动机关党组织全面建立“第一议题”制度，巡听旁听并指导12个单位的理论学习中心组学习。组织9个批次的机关党组织培训，参加培训620人次。组织“学习强国”知识竞赛和党建理论调研，形成理论调研成果60篇。

组织收听收看党的二十大开幕式和会议报道，采取理论学习中心组学习、理论宣讲、学习研讨、体会交流、专题培训等形式，把党员干部思想和行动统一到党的二十大精神上来，组织对47个单位专题学习进行督导。加强作风建设，定期检查“书记（局长）进大厅”到岗履职情况，监督党员服务社区基层和参加文明劝导等活动。

推进机关党建领域数字化改革，省委直属机关工委揭榜项目“机关疗休养一件事”应用场景上线运行，并在10多个省直部门和区县推广，被省委直属机关工委推荐申报“一地创新、全省共享”创新项目。成立机关党建改革咨询专家库，指导服务改革工作。组织各机关纪委开展对本单位作风建设情况监督检查，落实机关党委部门新任机关纪委书记人选把关和任前谈话，明确工作职责和有关要求。激发机关党组织争先进位动力，区审管办窗口党支部“筑‘七正’根基·展头雁风采”做法入选市级机关优秀党支部工作法案例。区财政局“‘五链’促双强·红领会西湖”党建品牌获市财政系统第二届党建创新创优成果展评活动金奖。开展区直机关“两优一先”评比表彰，26个机关党支部、47名机关党员和10名机关党务工作者受到表彰。

**【党员思想政治引领】**2022年，区委直属机关工委组织网上机关党员思想状况调查摸底，分层定期开展分析研判，了解掌握干部职工思想动态和心理健康状况，落实谈心谈话、解疑释惑、理顺情绪、化解矛盾、凝聚共识工作，提振精气神。培养健康向上精神状态，组织3期“心理健康”辅导。运用省市区多种媒体平台，宣传区直机关党组织和党员先进事迹和典型，开展“聚集机关党员硬核力量”集中宣传5期。抓好统战条例学习贯彻工作，加强党外干部政治引领，筑牢思想政治基础。

**【重点工作落实】**2022年，区委直属机关工委围绕环境整治、基层治理、党群服务、安保维稳、疫情防控等重点，领办服务项目121个。加强对项目完成情况跟踪问效，对阿里办党支部社区“亚运蓝色运动角”建设、区公安分局科技科党支部“云舍”助力亚运安保实有人口管理、区人民法院民事审判三庭党支部“和谐社区、法治同行”指尖上的法律咨询服务等15个领办项目给予肯定和推广。做好巡察整改，成立巡察工作领导小组，明确工作分工，通过建立问题清单、任务清单、责任清单，巡察反馈的22个问题均完成整改。召开巡察整改专题民主生活会，开展批评与自我批评。组织区级有关部门开展调查研究，排摸形成急需协调解决的难题事项10个，其中1个事项被列入省级清单、2个事项被列入市级清单。开展“千名机关党员结对帮扶千户困难家庭”活动，结对帮扶困难家庭1665户，机关党支部结对“残疾人之家”11个，为困难家庭送去党和政府的温暖。

【党建争先活动】2022年，区委直属机关工委开展“一把手”谈“双建”活动。压实部门党组（党委）书记抓机关党建第一责任人的责任，开展部门“一把手”谈“双建”活动，组织专题党课讲“双建”40堂、专栏文章谈“双建”46篇、专题汇报听“双建”47次。突出问题整治，对照党务工作事项外包、委托辅助服务事项不规范、非党员从事党务工作等3个大项13个小项内容，核查发现问题12个，指导相关党组织整改落实。用好“浙里红色根脉强基系统”和“西湖先锋系统”，对组织设置、发展党员、组织生活、组织换届等进行数字化管理，抓好预警信息整改，形成工作闭环。加强清廉机关示范点建设，推动清廉机关建设向基层站所延伸，指导区规划资源分局双浦管理所和转塘管理所建设清廉站所。举办家书征集活动，征集家书119封，对17封优秀家书进行表彰宣传。区审管办“筑‘七正’根基·展头雁风采”活动入选杭州市清廉建设优秀实践案例。

【机关送温暖活动】2022年，区委直属机关工委开展职工互助医疗，惠及职工2100多人。组织11批次1300多名工会会员疗休。开展冬送温暖、夏送清凉活动，慰问一线职工238人。组织智能挑战赛、跳绳比赛、知识闯关巡回赛、金秋健步走等活动，干部职工4200多人次参与。做好传统节日慰问，惠及职工3.33万人次。组织区直机关开展“鲜花送巾帼”节日祝福、“运动伴成长”等节日活动。举办以“心理健康”为主题的家庭教育系列讲座3次。开展“未来乡村青年说”暨“五四”青年主题团日活动，参观铜鉴湖防洪排涝调蓄工程，考察双浦未来乡村重点项目，围绕党的二十大、党史团史、共同富裕、未来乡村等主题开展讨论。组织青年团员开展“喜迎二十大·浙法青年说”、“学习二十大·杭法青年说”微型党课展播、“讲检察故事·铸忠诚检魂”七一演讲比赛，传承红色经典。

（区委直属机关工委）

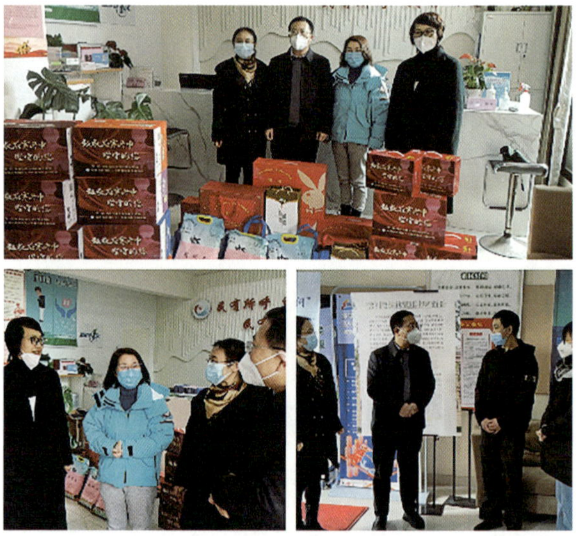

2022年1月16日，区人力社保局机关党委联合致公党西湖区基层委员会、辖区企业党委共同走访蒋村街道诚园社区

（区委直属机关工委　供稿）

## 老干部工作

【概况】2022年，全区有离休干部（不含安置在外地）53人，其中年龄最大100岁、最小86岁，平均年龄91.8岁；享受地专级待遇2人；外地安置在西湖区18人。区委老干部局加强新时代离退休干部党的建设和理论武装，引领老干部工作创新发展，发挥老干部独特优势。开展“学习党的二十大精神”主

题党日活动，结合网络答题、感想交流等形式，组织线下集中学习和线上交流学习；组织专题调研，建立情况通报会、“走看促”等制度，掌握老干部思想状况，收集助力中心工作意见建议，凝聚老干部力量。深化“银暖西湖”品牌，在全区范围内评选“最美老干部”、“银尚达人”、“银色人才”和优秀离退休干部党支部等，发挥教育引导和激励作用。深化“一支部一团队”志愿模式，机关离退休党支部设立共富政策宣讲团、产业升级帮扶团、文化艺术服务团等志愿服务团队27支，11个市级金秋驿站设有“松柏工作室”“丁阿姨工作室”等服务点。实施“银耀助力共富”行动，为“银暖西湖”品牌注入活力。围绕学习贯彻党的二十大精神等主题，组织“喜迎二十大”书画展等文艺活动，展出书画作品80幅；依托“乐学智享”应用场景，对老年大学进行数智升级，优化服务功能。

【老干部服务管理】2022年，区委老干部局落实每月服务联系制度，掌握老干部动态信息，针对老干部高龄、困难、重病等特殊情况，开展帮困走访，为老干部送去温暖。推进“一人一策”精准服务，为离休干部建立个人档案，上门分送体检报告，并做好报告解读、复检联系等后续跟踪服务，为离休干部提供家庭医生签约服务。开展“银亮钱塘服务码”试点，精准掌握离休干部信息，实时利用社区资源提供就近服务，提升老干部获得感、幸福感。

【离退休支部助力共富】2022年，区委老干部局在转塘街道、留下街道和三墩镇开展离退休干部党支部、党员“双结对”工作。7月26日，转塘街道机关退休干部党支部与该镇龙门坎村党委举行“双结对”活动仪式，双方签订“双结对”协议书，并为5位“银领导师”代表颁发聘书。9月27日，组织区级退休干部考察双浦镇未来乡村建设情况，感受新农村发展变化。组织区级老领导们考察“蓝城·杭州双浦原乡”建设情况，并就未来乡村建设定位、模式等提出意见建议。

【退休干部专题理论读书会】2022年11月24日—25日，区委老干部局举办区级退休干部“学习贯彻党的二十大精神”专题理论读书会。其间，组织老干部赴淳安进行“追随足迹”现场学习，参观下姜村村容村貌、乡村振兴展示馆、民宿等，老干部表示要学深悟透党的二十大报告提出的重要思想、重要观点、重大战略、重大举措，自觉扛起守护“红色根脉”使命担当，为打造共同富裕示范区的首善之区献智出力。

（区委老干部局　胡启照）

2022年11月24日—25日，区委老干部局举办区级退休干部“学习贯彻党的二十大精神”专题理论读书会

（区委老干部局　供稿）

# 杭州市西湖区人民代表大会

## 综　述

【概况】2022年，杭州市西湖区人民代表大会常务委员会（简称区人大常委会）举行常委会会议9次、主任会议12次，听取和审议专项工作报告13个，开展执法检查、视察3次；做出决议、决定10项；依法任免国家工作人员168人次。履行人大普法宣传职能，开展代表诵读宪法等系列活动。主办“第六届西湖律师论坛”暨“首届西湖青年律师论坛”，推动法治成为全民思维方式和行为习惯。加强自身建设，开展政治理论学习26次、主题交流研讨8次。坚持向区委请示报告制度，重大问题、重要事项、重大活动向区委请示报告。制定区人大代表学习培训五年计划，组织代表开展集中脱产轮训。开展代表能力建设线上大讨论，凝聚人大共识。增设人大事业中心，选调年轻干部充实到区人大机关。坚持常委会年初交办工作清单、镇街人大定期汇报交流、区镇街人大联动监督等机制，增强人大工作整体协同性。承接和使用上级人大数字化应用场景，推动人大工作理念、手段、方法、机制迭代更新。人大“民呼我应”智联线应用场景开发及应用工作被评为第二届“杭州市人大工作与时俱进案例”，与市人大联建的“代表在线”应用场景获第三届“浙江人大工作与时俱进通报表扬”。文新街道人大代表联络中心站被列为省人大常委会主任学习会现场考察点，年内接待全国人大法工委、司法部、中央党校调研组及省内市、区（县）人大考察团近50批次。翠苑街道人大代表联络中心站特色案例入选全省基层单元建设最佳实践案例。

【民主法治建设】2022年，区人大常委会推进民主法治建设，听取和审议法治政府建设情况报告。听取区监委关于开展整治群众身边腐败和不正之风工作情况报告，提高运用法治思维和法治方式解决问题、推进工作的能力。开展《浙江省综合行政执法条例》执法检查，助推“大综合一体化”行政执法改革。加强基层立法联系点建设，做好17部地方性法规草案意见征求工作。主任会议听取全区打击治理电信网络诈骗工作情况报告，助力营造安全电信网络环境。推进全过程人民民主基层单元建设，升级人大代表联络站，形成1个区总站、12个镇街中心站、36个片区分站的三级体系。开展进站接待群众活动，收集和交办意见建议400多条。承接省、市人大数字化改革试点应用推广任务，推动实现各级人大数据融合贯通。拓展基层民主实践途径，开发上线杭州市首个“智联在线”民意系统，增量开发“代表码”“联络站码”，“码”上接收民意4300多条。加强街道人大工作和建设，深化街道居民议事制度，推进民生工程和民情民意深度融合。

**【任免国家工作人员168人次】**2022年，区人大常委会重视人事任免工作，注重任免程序规范，落实宪法宣誓制度，任免国家工作人员168人次。审议政府工作部门主要负责人依法履职情况报告，对部分检察官开展履职监督，增强被任命人员依法履职责任感。

**2022年西湖区人大常委会人员任免情况**

| 时　间 | 会　议 | 任免 | 姓　名 | 任免职务 |
|---|---|---|---|---|
| 3月21日 | 区十六届人大常委会第一次会议 | 任命 | 裘国英 | 区人大常委会社会建设工委副主任（正处长级） |
| 3月21日 | 区十六届人大常委会第一次会议 | 免去 | 郎汝恒 | 区人大常委会灵隐街道工委副主任 |
| 3月21日 | 区十六届人大常委会第一次会议 | 任命 | 王　氢 | 区人大常委会城建环保工委委员 |
| 3月21日 | 区十六届人大常委会第一次会议 | 任命 | 郎国伟 | 区人大常委会城建环保工委委员 |
| 3月21日 | 区十六届人大常委会第一次会议 | 任命 | 严云霞 | 区人大常委会城建环保工委委员 |
| 3月21日 | 区十六届人大常委会第一次会议 | 任命 | 赵　鹏 | 区人大常委会城建环保工委委员 |
| 3月21日 | 区十六届人大常委会第一次会议 | 任命 | 褚跃明 | 区人大常委会城建环保工委委员 |
| 3月21日 | 区十六届人大常委会第一次会议 | 任命 | 郑　樑 | 区人大常委会城建环保工委委员 |
| 3月21日 | 区十六届人大常委会第一次会议 | 任命 | 顾为民 | 区人大常委会城建环保工委委员 |
| 3月21日 | 区十六届人大常委会第一次会议 | 任命 | 韩　芳 | 区人大常委会城建环保工委委员 |
| 3月21日 | 区十六届人大常委会第一次会议 | 任命 | 张军林 | 区人大常委会教科文卫和民宗侨工委委员 |
| 3月21日 | 区十六届人大常委会第一次会议 | 任命 | 屈　强 | 区人大常委会教科文卫和民宗侨工委委员 |
| 3月21日 | 区十六届人大常委会第一次会议 | 任命 | 马利军 | 区人大常委会教科文卫和民宗侨工委委员 |
| 3月21日 | 区十六届人大常委会第一次会议 | 任命 | 俞　韬 | 区人大常委会教科文卫和民宗侨工委委员 |
| 3月21日 | 区十六届人大常委会第一次会议 | 任命 | 俞维鑫 | 区人大常委会教科文卫和民宗侨工委委员 |
| 3月21日 | 区十六届人大常委会第一次会议 | 任命 | 杨依飞 | 区人大常委会教科文卫和民宗侨工委委员 |
| 3月21日 | 区十六届人大常委会第一次会议 | 任命 | 陈培洪 | 区人大常委会教科文卫和民宗侨工委委员 |
| 3月21日 | 区十六届人大常委会第一次会议 | 任命 | 孔庆生 | 区人大常委会教科文卫和民宗侨工委委员 |
| 3月21日 | 区十六届人大常委会第一次会议 | 任命 | 赵　倩 | 区人大常委会教科文卫和民宗侨工委委员 |
| 3月21日 | 区十六届人大常委会第一次会议 | 任命 | 陈光弟 | 区人大常委会教科文卫和民宗侨工委委员 |
| 3月21日 | 区十六届人大常委会第一次会议 | 任命 | 朱晔琛 | 区人大常委会教科文卫和民宗侨工委委员 |
| 3月21日 | 区十六届人大常委会第一次会议 | 任命 | 陆卫清 | 区人大常委会农业和农村工委委员 |

续表

| 时　间 | 会　议 | 任免 | 姓　名 | 任免职务 |
|---|---|---|---|---|
| 3月21日 | 区十六届人大常委会第一次会议 | 任命 | 陈　刚 | 区人大常委会农业和农村工委委员 |
| 3月21日 | 区十六届人大常委会第一次会议 | 任命 | 李国兴 | 区人大常委会农业和农村工委委员 |
| 3月21日 | 区十六届人大常委会第一次会议 | 任命 | 郑户南 | 区人大常委会农业和农村工委委员 |
| 3月21日 | 区十六届人大常委会第一次会议 | 任命 | 郑希敏 | 区人大常委会农业和农村工委委员 |
| 3月21日 | 区十六届人大常委会第一次会议 | 任命 | 陈　卫 | 区人大常委会农业和农村工委委员 |
| 3月21日 | 区十六届人大常委会第一次会议 | 任命 | 郑卫东 | 区人大常委会农业和农村工委委员 |
| 3月21日 | 区十六届人大常委会第一次会议 | 任命 | 朱　文 | 区人大常委会代表工委委员 |
| 3月21日 | 区十六届人大常委会第一次会议 | 任命 | 李金洪 | 区人大常委会代表工委委员 |
| 3月21日 | 区十六届人大常委会第一次会议 | 任命 | 沈新华 | 区人大常委会代表工委委员 |
| 3月21日 | 区十六届人大常委会第一次会议 | 任命 | 王慧敏 | 区人大常委会代表工委委员 |
| 3月21日 | 区十六届人大常委会第一次会议 | 任命 | 朱　涵 | 区人大常委会代表工委委员 |
| 3月21日 | 区十六届人大常委会第一次会议 | 任命 | 沈华骏 | 区人大常委会代表工委委员 |
| 3月21日 | 区十六届人大常委会第一次会议 | 任命 | 章忠萍 | 区人大常委会代表工委委员 |
| 3月21日 | 区十六届人大常委会第一次会议 | 任命 | 金樱娜 | 区人大常委会代表工委委员 |
| 3月21日 | 区十六届人大常委会第一次会议 | 任命 | 杨晓玲 | 区人大常委会北山街道工委委员 |
| 3月21日 | 区十六届人大常委会第一次会议 | 任命 | 陈丽红 | 区人大常委会北山街道工委委员 |
| 3月21日 | 区十六届人大常委会第一次会议 | 任命 | 沈　强 | 区人大常委会北山街道工委委员 |
| 3月21日 | 区十六届人大常委会第一次会议 | 任命 | 顾为民 | 区人大常委会北山街道工委委员 |
| 3月21日 | 区十六届人大常委会第一次会议 | 任命 | 伊建敏 | 区人大常委会北山街道工委委员 |
| 3月21日 | 区十六届人大常委会第一次会议 | 任命 | 罗　承 | 区人大常委会北山街道工委委员 |
| 3月21日 | 区十六届人大常委会第一次会议 | 任命 | 朱晔琛 | 区人大常委会北山街道工委委员 |
| 3月21日 | 区十六届人大常委会第一次会议 | 任命 | 章文琴 | 区人大常委会西溪街道工委委员 |
| 3月21日 | 区十六届人大常委会第一次会议 | 任命 | 张碧帆 | 区人大常委会西溪街道工委委员 |
| 3月21日 | 区十六届人大常委会第一次会议 | 任命 | 沈华骏 | 区人大常委会西溪街道工委委员 |
| 3月21日 | 区十六届人大常委会第一次会议 | 任命 | 刘　恩 | 区人大常委会西溪街道工委委员 |
| 3月21日 | 区十六届人大常委会第一次会议 | 任命 | 虞　燕 | 区人大常委会西溪街道工委委员 |
| 3月21日 | 区十六届人大常委会第一次会议 | 任命 | 文　鑫 | 区人大常委会西溪街道工委委员 |
| 3月21日 | 区十六届人大常委会第一次会议 | 任命 | 张胜美 | 区人大常委会西溪街道工委委员 |
| 3月21日 | 区十六届人大常委会第一次会议 | 任命 | 江　萍 | 区人大常委会灵隐街道工委委员 |
| 3月21日 | 区十六届人大常委会第一次会议 | 任命 | 施沛良 | 区人大常委会灵隐街道工委委员 |
| 3月21日 | 区十六届人大常委会第一次会议 | 任命 | 李水琳 | 区人大常委会灵隐街道工委委员 |
| 3月21日 | 区十六届人大常委会第一次会议 | 任命 | 蓝　飞 | 区人大常委会灵隐街道工委委员 |
| 3月21日 | 区十六届人大常委会第一次会议 | 任命 | 姚　信 | 区人大常委会灵隐街道工委委员 |
| 3月21日 | 区十六届人大常委会第一次会议 | 任命 | 卢燎峰 | 区人大常委会灵隐街道工委委员 |
| 3月21日 | 区十六届人大常委会第一次会议 | 任命 | 郑卫东 | 区人大常委会灵隐街道工委委员 |
| 3月21日 | 区十六届人大常委会第一次会议 | 任命 | 张爱民 | 区人大常委会翠苑街道工委委员 |

续表

| 时　间 | 会　议 | 任免 | 姓　名 | 任免职务 |
|---|---|---|---|---|
| 3月21日 | 区十六届人大常委会第一次会议 | 任命 | 朱碧水 | 区人大常委会翠苑街道工委委员 |
| 3月21日 | 区十六届人大常委会第一次会议 | 任命 | 何　滨 | 区人大常委会翠苑街道工委委员 |
| 3月21日 | 区十六届人大常委会第一次会议 | 任命 | 项菲菲 | 区人大常委会翠苑街道工委委员 |
| 3月21日 | 区十六届人大常委会第一次会议 | 任命 | 王全明 | 区人大常委会翠苑街道工委委员 |
| 3月21日 | 区十六届人大常委会第一次会议 | 任命 | 俞铁军 | 区人大常委会翠苑街道工委委员 |
| 3月21日 | 区十六届人大常委会第一次会议 | 任命 | 孙向峰 | 区人大常委会翠苑街道工委委员 |
| 3月21日 | 区十六届人大常委会第一次会议 | 任命 | 杨桂芳 | 区人大常委会翠苑街道工委委员 |
| 3月21日 | 区十六届人大常委会第一次会议 | 任命 | 钟　鸿 | 区人大常委会文新街道工委委员 |
| 3月21日 | 区十六届人大常委会第一次会议 | 任命 | 孙小忠 | 区人大常委会文新街道工委委员 |
| 3月21日 | 区十六届人大常委会第一次会议 | 任命 | 章忠萍 | 区人大常委会文新街道工委委员 |
| 3月21日 | 区十六届人大常委会第一次会议 | 任命 | 沈云华 | 区人大常委会文新街道工委委员 |
| 3月21日 | 区十六届人大常委会第一次会议 | 任命 | 赵　霞 | 区人大常委会文新街道工委委员 |
| 3月21日 | 区十六届人大常委会第一次会议 | 任命 | 陈　建 | 区人大常委会文新街道工委委员 |
| 3月21日 | 区十六届人大常委会第一次会议 | 任命 | 汤　菁 | 区人大常委会文新街道工委委员 |
| 3月21日 | 区十六届人大常委会第一次会议 | 任命 | 朱仙娥 | 区人大常委会古荡街道工委委员 |
| 3月21日 | 区十六届人大常委会第一次会议 | 任命 | 陈　吉 | 区人大常委会古荡街道工委委员 |
| 3月21日 | 区十六届人大常委会第一次会议 | 任命 | 沈新华 | 区人大常委会古荡街道工委委员 |
| 3月21日 | 区十六届人大常委会第一次会议 | 任命 | 殷国生 | 区人大常委会古荡街道工委委员 |
| 3月21日 | 区十六届人大常委会第一次会议 | 任命 | 李　丹 | 区人大常委会古荡街道工委委员 |
| 3月21日 | 区十六届人大常委会第一次会议 | 任命 | 陈敏中 | 区人大常委会古荡街道工委委员 |
| 3月21日 | 区十六届人大常委会第一次会议 | 任命 | 范春梅 | 区人大常委会古荡街道工委委员 |
| 3月21日 | 区十六届人大常委会第一次会议 | 任命 | 周玥赟 | 区人大常委会古荡街道工委委员 |
| 3月21日 | 区十六届人大常委会第一次会议 | 任命 | 孔庆生 | 区人大常委会转塘街道工委委员 |
| 3月21日 | 区十六届人大常委会第一次会议 | 任命 | 郑　樑 | 区人大常委会转塘街道工委委员 |
| 3月21日 | 区十六届人大常委会第一次会议 | 任命 | 周小蕾 | 区人大常委会转塘街道工委委员 |
| 3月21日 | 区十六届人大常委会第一次会议 | 任命 | 童国华 | 区人大常委会转塘街道工委委员 |
| 3月21日 | 区十六届人大常委会第一次会议 | 任命 | 陈　卫 | 区人大常委会转塘街道工委委员 |
| 3月21日 | 区十六届人大常委会第一次会议 | 任命 | 金百冶 | 区人大常委会转塘街道工委委员 |
| 3月21日 | 区十六届人大常委会第一次会议 | 任命 | 张　昭 | 区人大常委会转塘街道工委委员 |
| 3月21日 | 区十六届人大常委会第一次会议 | 任命 | 俞　韬 | 区人大常委会留下街道工委委员 |
| 3月21日 | 区十六届人大常委会第一次会议 | 任命 | 李　乾 | 区人大常委会留下街道工委委员 |
| 3月21日 | 区十六届人大常委会第一次会议 | 任命 | 廖银生 | 区人大常委会留下街道工委委员 |
| 3月21日 | 区十六届人大常委会第一次会议 | 任命 | 梅雪峰 | 区人大常委会留下街道工委委员 |
| 3月21日 | 区十六届人大常委会第一次会议 | 任命 | 杨　恬 | 区人大常委会留下街道工委委员 |
| 3月21日 | 区十六届人大常委会第一次会议 | 任命 | 计志超 | 区人大常委会留下街道工委委员 |
| 3月21日 | 区十六届人大常委会第一次会议 | 任命 | 陈海峰 | 区人大常委会留下街道工委委员 |

续表

| 时　间 | 会　议 | 任免 | 姓　名 | 任免职务 |
|---|---|---|---|---|
| 3月21日 | 区十六届人大常委会第一次会议 | 任命 | 邵路平 | 区人大常委会蒋村街道工委委员 |
| 3月21日 | 区十六届人大常委会第一次会议 | 任命 | 褚跃明 | 区人大常委会蒋村街道工委委员 |
| 3月21日 | 区十六届人大常委会第一次会议 | 任命 | 包银奇 | 区人大常委会蒋村街道工委委员 |
| 3月21日 | 区十六届人大常委会第一次会议 | 任命 | 王　鸽 | 区人大常委会蒋村街道工委委员 |
| 3月21日 | 区十六届人大常委会第一次会议 | 任命 | 周银昌 | 区人大常委会蒋村街道工委委员 |
| 3月21日 | 区十六届人大常委会第一次会议 | 任命 | 王慧敏 | 区人大常委会蒋村街道工委委员 |
| 3月21日 | 区十六届人大常委会第一次会议 | 任命 | 杨　佳 | 区人大常委会蒋村街道工委委员 |
| 3月21日 | 区十六届人大常委会第一次会议 | 任命 | 马　宇 | 区人大常委会西湖街道工委委员 |
| 3月21日 | 区十六届人大常委会第一次会议 | 任命 | 唐宏亮 | 区人大常委会西湖街道工委委员 |
| 3月21日 | 区十六届人大常委会第一次会议 | 任命 | 徐胜强 | 区人大常委会西湖街道工委委员 |
| 3月21日 | 区十六届人大常委会第一次会议 | 任命 | 马丽燕 | 区人大常委会西湖街道工委委员 |
| 3月21日 | 区十六届人大常委会第一次会议 | 任命 | 章　莉 | 区人大常委会西湖街道工委委员 |
| 3月21日 | 区十六届人大常委会第一次会议 | 任命 | 蔡超锋 | 区人大常委会西湖街道工委委员 |
| 11月23日 | 区十六届人大常委会第七次会议 | 任命 | 施年华 | 区人大常委会财经工委副主任 |
| 11月23日 | 区十六届人大常委会第七次会议 | 免去 | 盛卫东 | 区人大常委会西湖街道工委副主任 |

## 2022年西湖区人民政府组成人员任免情况

| 时　间 | 会　议 | 任免 | 姓名 | 任免职务 |
|---|---|---|---|---|
| 3月21日 | 区十六届人大常委会第一次会议 | 任命 | 巴桑措姆 | 区人民政府副区长 |
| 3月21日 | 区十六届人大常委会第一次会议 | 任命 | 陈　敏 | 区文化和广电旅游体育局局长 |
| 3月21日 | 区十六届人大常委会第一次会议 | 任命 | 汪立民 | 区退役军人事务局局长 |
| 3月21日 | 区十六届人大常委会第一次会议 | 任命 | 余世刚 | 区发展改革和经济信息化局局长 |
| 3月21日 | 区十六届人大常委会第一次会议 | 任命 | 汪培新 | 区教育局局长 |
| 3月21日 | 区十六届人大常委会第一次会议 | 任命 | 杜　昊 | 区科学技术局局长 |
| 3月21日 | 区十六届人大常委会第一次会议 | 任命 | 荆　慰 | 市公安局西湖区分局局长 |
| 3月21日 | 区十六届人大常委会第一次会议 | 任命 | 李建群 | 区民政局局长 |
| 3月21日 | 区十六届人大常委会第一次会议 | 任命 | 陈建华 | 区司法局局长 |
| 3月21日 | 区十六届人大常委会第一次会议 | 任命 | 罗　元 | 区财政局局长 |
| 3月21日 | 区十六届人大常委会第一次会议 | 任命 | 唐　锐 | 区人力资源和社会保障局局长 |
| 3月21日 | 区十六届人大常委会第一次会议 | 任命 | 杨杭生 | 区住房和城乡建设局局长 |
| 3月21日 | 区十六届人大常委会第一次会议 | 任命 | 姜　宁 | 区农业农村局局长 |
| 3月21日 | 区十六届人大常委会第一次会议 | 任命 | 王欣玮 | 区商务局（区政府金融工作办公室）局长（主任） |
| 3月21日 | 区十六届人大常委会第一次会议 | 任命 | 熊　俊 | 区卫生健康局局长 |
| 3月21日 | 区十六届人大常委会第一次会议 | 任命 | 丁新兵 | 区应急管理局局长 |
| 3月21日 | 区十六届人大常委会第一次会议 | 任命 | 阮劲松 | 区审计局局长 |

续表

| 时　间 | 会　议 | 任免 | 姓名 | 任免职务 |
|---|---|---|---|---|
| 3 月 21 日 | 区十六届人大常委会第一次会议 | 任命 | 杨国荣 | 区市场监督管理局局长 |
| 3 月 21 日 | 区十六届人大常委会第一次会议 | 任命 | 黄晓玲 | 区统计局局长 |
| 3 月 21 日 | 区十六届人大常委会第一次会议 | 任命 | 屠立衡 | 区综合行政执法局局长 |
| 3 月 21 日 | 区十六届人大常委会第一次会议 | 免去 | 屠立衡 | 区城市管理局局长 |
| 3 月 21 日 | 区十六届人大常委会第一次会议 | 任命 | 陈　宏 | 区数据资源管理局局长 |
| 3 月 21 日 | 区十六届人大常委会第一次会议 | 任命 | 单　敏 | 区投资促进局局长 |
| 5 月 31 日 | 区十六届人大常委会第三次会议 | 任命 | 施科琦 | 区人民政府副区长 |
| 5 月 31 日 | 区十六届人大常委会第三次会议 | 免去 | 陈白磊 | 区人民政府副区长 |
| 11 月 23 日 | 区十六届人大常委会第七次会议 | 免去 | 单　敏 | 区投资促进局局长 |

## 2022 年西湖区监察委员会、区人民法院、区人民检察院人员任免情况

| 时　间 | 会　议 | 任免 | 姓名 | 任免职务 |
|---|---|---|---|---|
| 3 月 21 日 | 区十六届人大常委会第一次会议 | 任命 | 缪全法 | 区监察委员会副主任 |
| 3 月 21 日 | 区十六届人大常委会第一次会议 | 任命 | 计玉妹 | 区监察委员会副主任 |
| 3 月 21 日 | 区十六届人大常委会第一次会议 | 任命 | 高晓燕 | 区监察委员会委员 |
| 3 月 21 日 | 区十六届人大常委会第一次会议 | 免去 | 胡　为 | 区监察委员会副主任 |
| 3 月 21 日 | 区十六届人大常委会第一次会议 | 免去 | 王　嵘 | 区监察委员会委员 |
| 3 月 21 日 | 区十六届人大常委会第一次会议 | 任命 | 邵　励 | 区人民检察院检察员 |
| 3 月 21 日 | 区十六届人大常委会第一次会议 | 免去 | 徐　川 | 区人民检察院检察员 |
| 5 月 31 日 | 区十六届人大常委会第三次会议 | 任命 | 朱小琼 | 区人民法院上泗人民法庭副庭长 |
| 5 月 31 日 | 区十六届人大常委会第三次会议 | 任命 | 饶端洁 | 区人民法院民事审判二庭庭长 |
| 5 月 31 日 | 区十六届人大常委会第三次会议 | 任命 | 赵玲玲 | 区人民法院民事审判一庭（涉外民商事审判庭）副庭长 |
| 5 月 31 日 | 区十六届人大常委会第三次会议 | 任命 | 陈　晶 | 区人民法院西湖景区旅游法庭副庭长 |
| 5 月 31 日 | 区十六届人大常委会第三次会议 | 任命 | 薛书松 | 区人民法院上泗人民法庭副庭长 |
| 5 月 31 日 | 区十六届人大常委会第三次会议 | 任命 | 宋　歌 | 区人民法院行政审判庭副庭长 |
| 5 月 31 日 | 区十六届人大常委会第三次会议 | 任命 | 宗　盼 | 区人民法院刑事审判庭副庭长 |
| 5 月 31 日 | 区十六届人大常委会第三次会议 | 任命 | 吴　凯 | 区人民法院民事审判一庭（涉外民商事审判庭）副庭长 |
| 5 月 31 日 | 区十六届人大常委会第三次会议 | 任命 | 徐　菁 | 区人民法院民事审判一庭（涉外民商事审判庭）副庭长 |
| 5 月 31 日 | 区十六届人大常委会第三次会议 | 任命 | 潘若愚 | 区人民法院民事审判三庭副庭长 |
| 5 月 31 日 | 区十六届人大常委会第三次会议 | 任命 | 徐露熙 | 区人民法院民事审判四庭（道路交通事故审判庭）副庭长 |
| 5 月 31 日 | 区十六届人大常委会第三次会议 | 免去 | 朱小琼 | 区人民法院民事审判二庭庭长 |
| 5 月 31 日 | 区十六届人大常委会第三次会议 | 免去 | 饶端洁 | 区人民法院民事审判一庭（涉外民商事审判庭）庭长 |

续表

| 时　间 | 会　议 | 任免 | 姓名 | 任免职务 |
|---|---|---|---|---|
| 5月31日 | 区十六届人大常委会第三次会议 | 免去 | 赵玲玲 | 区人民法院民事审判二庭副庭长 |
| 5月31日 | 区十六届人大常委会第三次会议 | 免去 | 陈　晶 | 区人民法院综合审判庭（知识产权审判庭）副庭长 |
| 5月31日 | 区十六届人大常委会第三次会议 | 免去 | 薛书松 | 区人民法院民事审判四庭（道路交通事故审判庭）副庭长 |
| 5月31日 | 区十六届人大常委会第三次会议 | 免去 | 朱冠琳 | 区人民法院刑事审判庭副庭长 |
| 5月31日 | 区十六届人大常委会第三次会议 | 免去 | 陈　晓 | 区人民法院审判员 |
| 11月23日 | 区十六届人大常委会第七次会议 | 任命 | 刘小亮 | 区人民法院审判员 |
| 11月23日 | 区十六届人大常委会第七次会议 | 任命 | 徐秀江 | 区人民法院审判员 |
| 11月23日 | 区十六届人大常委会第七次会议 | 任命 | 郭　淼 | 区人民法院审判员 |
| 11月23日 | 区十六届人大常委会第七次会议 | 任命 | 周　晖 | 区人民法院审判员 |
| 11月23日 | 区十六届人大常委会第七次会议 | 免去 | 陈平祥 | 区人民检察院检察委员会委员、检察员 |
| 11月23日 | 区十六届人大常委会第七次会议 | 任命 | 李　洋 | 区人民检察院检察员 |
| 11月23日 | 区十六届人大常委会第七次会议 | 免去 | 郭建杭 | 区人民检察院检察委员会委员、检察员 |
| 11月23日 | 区十六届人大常委会第七次会议 | 免去 | 郑　蕾 | 区人民检察院检察委员会委员、检察员 |

## 重要会议

【人大一次会议】2022年2月22日—25日，西湖区第十六届人民代表大会第一次会议召开。会议听取和审查西湖区政府工作报告；审查批准西湖区2021年财政预算执行情况和2022年财政预算草案报告；听取和审查西湖区人大常委会工作报告、西湖区人民法院工作报告、西湖区人民检察院工作报告；选举西湖区第十六届人民代表大会常务委员会主任、副主任、委员，西湖区人民政府区长、副区长，西湖区监察委员会主任、西湖区人民法院院长、西湖区人民检察院检察长；选举西湖区出席杭州市第十四届人民代表大会代表；通过西湖区第十六届人民代表大会监察和法制司法委员会、财政经济委员会、社会建设委员会组成人员名单；开展西湖区人民政府2021年民生实事项目办理情况满意度测评；票决产生西湖区人民政府2022年民生实事项目10件。

【人大常委会会议】2022年，西湖区人大常委会召开会议9次。1月14日，区十五届人大常委会第四十六次会议召开。会议审议通过区人大常委会关于召开区十六届人大一次会议的决定；审议区十六届人大一次会议有关事项；审议通过代表资格审查委员会关于西湖区第十六届人大代表资格审查情况的报告。2月7日，区十五届人大常委会第四十七次会议召开。会议听取和审议区政府关于西湖区2021年财政预算执行情况和2022年财政预算草案的报告；听取和审议区政府关于2022年1亿元以上政府重大投资项目计划的报告；审议通过区政府2022年全区民生实事候选项目；审议区十六届人大一次会议有关事项；审议区人大常委会工作报告；审议《杭州市西湖区第十六届人民代表大会第一次会议民生实事项目人大代表票决办法》。3月21日，区十六届人大常委会第一次会议召开。会议听取和审议区政府《关于西湖区2021年西湖区法治政府建设工作情况的报告》，2021年各人大街道工委工作及2022年安排的报告；会议审议并表决通过《区人大常委会2022年工作要点》《2022年度区人大常委会交办各人大街道工委、与各镇人大主席团联动工作清单》《杭州市西湖区人大常委会关于全面落实宪法宣誓制度的决定》《关于对区人大常委会各街道工作委员会工作报告的决议》《关于提请巴桑措姆同志任职的议案》《关于提请陈敏等同志职务任命的议案》《关于提请任免缪全法等5名同志为西湖区监察委员会副主任委员的报告》《关于提请裘国英等同志职务任免的议案》《关于提请任命王氢等同志职务的议案》《关于提请任命杨晓玲等同志职务的议案》《关于提请免去徐川同志法律职务的议案》《关于提请任命邵励同志法律职务的议案》。3月22日，区十六届人大常委会第二次会议召开。会议审议并表决通过《关于提请接受王越剑代表辞职请求的议案》；补选郑荣新为杭州市第十四届人民代表大会代表。5月31日，区十六届人大常委会第三次会议召开。会议听取和审议之江管委会副主任马定忠代表区政府所做的《西湖区2021年环境状况和环境保护目标完成情况的报告》；会议审议并表决通过《关于修改部分常委会工作制度的决定》，审议并表决通过区政府常务副区长高卫星受区长董毓民委托向区人大常委会提交的《关于提请施科琦等同志职务任免的议案》，审议并表决通过区人民法院院长毛志军向区人大常委会提交的《关于提请任免朱小琼等同志职务的议案》。7月27日，区十六届人大常委会第四次会议召开。会议听取和审议区财政局局长罗元受区政府委托所做的《关于2021年区本级财政决算草案和2022年上半年预算执行情况的报告》和区审计局局长阮劲松受区政府委托所做的《2021年度区本级财政预算执行和全区其他财政收支情况审计工作的报告》；会议做出《关于批准区本级2021年财政决算的决议》，决定批准区政府提出的2021年区本级财政决算，同意《关于2021年西湖区本级财政决算草案的报告》；会议审议并表决通过《关于许可对区十六届人大代表郑杭平依法采取刑事强制措施的决定》，审议并表决通过《关于设立杭州市西湖区第十六届人民代表大会常务委员会代表资格审查委员会的决定》，审议并表决通过《关于补选杭州市西湖区第十六届人民代表大会代表的决定》。8月26日，区十六届人大常委会第五次会议召开。会议听取和审议常务副区长高卫星所做的《关于2022年上半年西湖区国民经济计划执行情况的报告》《关于2022年亿元以上区政府重大投资项目半年度情况的报告》，审议并表决通过《关于对补选的西湖区第十六届人民代表大会代表资格审查的报告》。9月28日，区十六届人大常委会第六次会议召开。会议听取和审议常务副区长高卫星所做的《关于2021年西湖区国有企业资产管理情况的报告》。会议审议主任会议提请的议案，并表决通过《关于接受杨强、邢鲁宁同志请求辞去杭州市西湖区第十六届人民代表会议代表职务的决定》。11月23日，区十六届人大常委会第七次会议召开。会议听取和审议区审计局局长阮劲松受区政府委托所做的《关于2021年度西湖区本级预算执行和全区其他财政收支情况审计查出问题整改情况的报告》；会议听取和审议常务副区长高卫星所做的《关于2022年西湖区本级财政预算调整方案的报告》；会议做出《关于同意调整2022年西湖区财政预算的决议》，决定批准区政府提出的调整2022年西湖区财政预算，同意《关于2022年西湖区本级财政预算调整方案的报告》；会议听取区监察委员会主任黄光荣所做的《杭州市西湖区监察委员会关于开展整治群众身边腐败和不正之风工作情况的报告》；会议书面审议区人大法工委《关于2021年规范性文件备案审查工作情况的报告》；会议听取和审议高卫星所做的《关于西湖区十六届人大一次会议民生实事项目及代表议案和建议、意见办理情况的报告》；会议审议并表决通过《关于选举（另行选举）杭州市西湖区第十六届人民代表大会代表的决定》，审议并表决通过常务副区长高卫星受区长董毓民委托向区人大常委会提交的《关于提请免去单敏同志职务的议案》，审议并表决通过区人大常委会主任会议向区人大常委会提交的《关于提请施年华等同志职务任免的议案》，审议并表决通过区人民法院院长毛志军向区人大常委会提交的《关于提请任命刘小亮等同志职务的议案》，审议并表决通过区人民检察院检察长王晓光向区人大常委会提交的《关于提请免去郭建杭等同志法律职务的议案》《关于提请任命李洋同志法律职务的议案》《关于提请免去陈平祥同志法律职务的议案》。

**【人大常委会主任会议】**2022年，西湖区人大常委会主任会议召开11次。1月26日，区十五届人大常委会召开第83次主任会议。会议研究讨论《关于西湖区2021年财政预算执行情况和2022年财政预算草案的报告》、《西湖区2022年亿元以上政府重大投资项目计划》的初审意见、《西湖区第十六届人民代表大会第一次会议民生实事项目人大代表票决办法》、《西湖区政府2021年民生实事项目完成情况满意度测评办法》、《关于对区政府2021年民生实事项目专项监督的报告》、《西湖区人民代表大会常务委员会工作报告》。研究区十六届人大一次会议相关事项。3月17日，区十六届人大常委会召开第一次主任会议。会议研究讨论《区人大常委会2022年工作要点》《区人大常委会交办各人大街道工委2022年

“交办清单”》《关于对区人大常委会各街道工委工作报告的决议》《关于我区2021年法治政府建设情况的调研报告》《西湖区人大常委会关于全面落实宪法宣誓制度的决定》《关于区人大代表联系督办2022年民生实事项目及重点工作的通知》；研究人事任命事项。3月22日，区十六届人大常委会召开第二次主任会议。会议听取代表工委有关代表辞职、补选事项说明，决定将拟提请代表辞职、补选议案提交区十六届人大常委会第二次会议审议表决。4月28日，区十六届人大常委会召开第三次主任会议。会议研究关于开展走访区人大代表活动、区人大代表组定向视察安排。5月25日，区十六届人大常委会召开第四次主任会议。会议研究和讨论《关于我区2021年环境状况和环境保护目标完成情况的调研报告》《杭州市西湖区人民代表大会常务委员会关于修改部分常委会工作制度的决定》《西湖区人大常委会关于开展〈浙江省综合行政执法条例〉执法检查的实施方案》；研究人事任命事项。6月28日，区十六届人大常委会召开第五次主任会议。会议听取副区长俞晖所做的《西湖区全民健身工作情况汇报》，并提出意见、建议。会议研究和讨论《区十六届人大常委会第三次会议关于我区2021年生态环境状况和生态环境保护目标完成情况报告的审议意见》《关于国家机关负责人进联络站联系代表、群众的活动方案》《西湖区第十六届人大代表培训方案》《关于开展“代表活动周”活动的通知》，决定将上述意见、方案提请修改完善后印发。7月26日，区十六届人大常委会召开第六次主任会议。会议听取副区长李扬章所做的《西湖区食品安全工作情况的汇报》，并提出意见、建议。会议研究讨论《关于2022年上半年国民经济计划执行情况以及政府重大投资项目推进情况的调研报告》《关于2021年区本级财政决算及“同级审”和2022年上半年财政预算执行情况的调研报告》《关于许可对区十六届人大代表郑杭平依法采取刑事强制措施的决定》《区人大常委会对〈中华人民共和国乡村振兴促进法〉〈浙江省乡村振兴促进条例〉执法检查意见的函》《关于提请审议设立杭州市西湖区第十六届人民代表大会常务委员会代表资格审查委员会的议案》《关于补选杭州市西湖区第十六届人民代表大会代表的决定》。8月23日，区十六届人大常委会召开第七次主任会议。会议研究讨论《关于2022年上半年国民经济计划执行情况以及政府重大投资项目推进情况的调研报告》《关于2021年区本级财政决算及“同级审”和2022年上半年财政预算执行情况的审议意见的函》《关于迭代升级人大代表联络站打造人大践行全过程人民民主基层单元的工作意见》。9月27日，区十六届人大常委会召开第八次主任会议。会议研究讨论《关于我区国有企业资产管理情况的调研报告》、《关于2022年上半年西湖区国民经济计划执行情况的报告》和《关于2022年亿元以上区政府重大投资项目半年度情况的报告》审议意见的函；会议研究《关于提请接受杨强、邢鲁宁代表辞职请求的议案》，通过《关于接受杨强、邢鲁宁同志请求辞去杭州市西湖区第十六届人民代表会议代表职务的决定》。10月26日，区十六届人大常委会召开第九次主任会议。会议听取副区长陆夏峰所做的《西湖区全口径债务管理工作情况汇报》，并提出意见、建议；会议听取副区长荆慰所做的《西湖区打击治理电信网络诈骗违法犯罪工作情况汇报》，并提出意见、建议；会议研究讨论《〈关于西湖区国有企业资产管理情况的报告〉审议意见的函》《关于2022年区领导及政府组成部门进站意见、建议的情况反映》。11月22日，区十六届人大常委会召开第十次主任会议。会议研究讨论《关于2021年规范性文件备案审查工作情况的报告》、《关于2021年度西湖区本级预算执行和全区其他财政收支情况审计查出问题整改情况》的初审意见、《关于2022年度财政预算调整的相关工作》、《关于开展2023年度预算草案“三审”制工作方案》、《关于区十六届人大一次会议区政府民生实事项目及代表议案和建议、意见办理情况的调研报告》，关于区第十六届人民代表大会代表选举（另行选举）事宜。会议研究有关人事任命事项。

## 人大监督

【人大助力高质量发展】2022年，区人大常委会助力高质量发展，听取和审议国民经济和社会发展计划执行情况、预算执行、政府重大投资项目等情况报告，加强对政府重点支出情况、重要政策落实情况的专项监督，提升政府投资重大项目质效。推进实施预算草案“三审”制度，创新运用预算监督数字化系统，提供预算审查动态数据和实时反馈平台，加强对预、决算的审查监督。跟踪监督审计整改，关注并听取政府全口径债务管理情况专项工作报告。组织开展人大代表“六访六促”“助力经济稳进提质、代表在行动”主题活动，专题调研全区做地出地、平台经济发展、白沙泉并购金融街区运行、科技创新和人才引育等工作，为区域经济高质量发展提供支撑。

【人大助力共同富裕】2022年，区人大常委会聚焦共同富裕，三级联动开展乡村振兴促进“一法一条例”贯彻实施情况执法检查，助推乡村振兴促进举措落到实处。调研农旅融合工作，推动美丽乡村、数字乡村、未来乡村建设取得新的进展。开展《杭州市西湖龙井茶保护管理条例》实施情况、西湖龙井茶群体种保护工作调研，擦亮西湖龙井茶“金名片”。开展共同富裕背景下农村集体经济发展及农民增收工作调研，助力村集体经济和农民收入“双增收”。

【人大聚焦护航亚运】2022年，区人大常委会开展“聚力护航亚运会、西湖代表在行动”主题活动，常委会领导带头落实重要区域路（点）长制，组织代表督查辖区亚（残）

运场馆、通勤道路建设，启动“我为亚（残）运献一计”线上征集活动，为实现“办好一个会、提升一座城”贡献人大力量。贯彻执行无障碍环境建设相关法律法规，引导推动无障碍设施建设，保障全体社会成员平等参与。开展亚（残）运志愿服务调研，助力营造人人参与亚（残）运良好氛围。

【人大聚焦民生福祉】2022 年，区人大常委会加强政府民生实事督办，开展“代表活动周”活动，12 个镇街代表组跟踪 2022 年度区政府民生实事项目完成情况。区十六届人大一次会议期间，127 件代表议案建议均办理完毕，解决率 78%。听取和审议环境状况和环境保护目标完成情况报告，对《中华人民共和国环境保护法》等法规贯彻实施情况开展执法检查，推进法律执行、政策落地、问题解决。开展高温导致电力紧缺、老旧小区有机更新与未来社区建设、基层医疗设施建设薄弱点专题调研，主任会议专题听取全区全民健身工作情况汇报。对义务教育阶段“双减”工作开展联动调研和监督检查，助推“双减”工作得到落实。关注食品安全，针对“监管力量薄弱、监管未全覆盖”等问题开展专题调研和专项督查。

（区人大办）

# 杭州市西湖区人民政府

## 综合政务

【概况】2022年，区政府坚持以习近平新时代中国特色社会主义思想为指导，聚焦迎接和贯彻党的二十大这条主线，认真落实习近平总书记“疫情要防住、经济要稳住、发展要安全”重要指示，在市委市政府和区委的坚强领导下，奋力推进“两个先行”，全力以赴开新局、应变局、稳大局，较好完成了区十六届人大一次会议确定的目标任务。全年实现地区生产总值1970.1亿元，服务业增加值1813亿元，三次产业占比调整为0.2%、7.8%、92%。财政总收入463.4亿元、增长34.1%，一般公共预算收入233.5亿元、增长32.9%，收入规模跃升至全市第3。实际利用外资7.01亿美元。固定资产投资484亿元。规上工业增加值111.3亿元。社会消费品零售总额845.7亿元、增长5.8%。打造税收亿元楼44幢、税收千万元楼138幢。城镇居民人均可支配收入8.27万元、增长3%，农民人均纯收入5.42万元、增长8%。

【政务协调保障】2022年，西湖区府办做好系统会议压缩、文件精简等减负工作，全年压缩会议12%，精简文件57%。77%以上公文实现手机流转签批。落实保密责任制，配合做好保密专项督查，全年未出现失泄密事件。参与区党代会、区“两会”等重大会议活动保障，全年保障会议2039场次，接待考察团105批次，其中党和国家领导人到区考察2次，保障领导外出考察5次。召开区政府办党组（扩大）会议15次，研究“三重一大”等重要事项。

【政务办理督查】2022年，西湖区府办办理省、市和区政府主要领导批示和工作交办件146件，印发《政府督查》通报53期，完成对市对区重要工作任务、区政府工作报告30项。完成省、市建议提案13件、区人大议案建议和政协提案346件的办理答复，面商率100%。“西湖区打造‘一键养老’数字应用有效破解居家养老问题”工作被评为市级示范案例，“西湖区重点区域企业搬迁遗留问题整改示范案例”入围省级示范案例评选，全年重大督查问题清单成绩居全省第一位。

【政务信息报送】2022年，西湖区府办报送省、市要情与专报信息被录用78篇，获省、市政府领导批示23篇，编发《西湖动态》109期，获省政务信息年度考核二等奖。全区主动公开政府信息2.66万条，受理政府信息公开申请615件。“一站式全周期公开平台赋能就业创业领域信息公开”工作入选全省基层政务公开标准化规范化典型案例，全省政务公开考核排名第一位。

【政务调查研究】2022年，西湖区府办做好综合文字工作，起草综合性重要文稿，完成年度《西湖区政府工作报告》和《西湖区政府全会报告》起草，起草区政府主要领导各类会议讲话75篇、活动主持稿27篇、致辞及汇报稿71篇、重大课题调研报告2个。

【项目督查推进】2022年，西湖区府办参与筹划民生实事项目征集，分解落实目标任务，制定项目推进考核机制，以实地督查和书面督查通报相结合，完成浙江省政府民生实事20项工作指标、市政府民生实事18项工作指标、区政府10件民生实事项目36个子项目任务。推动重大督查问题清单工作，完成申报省级重大督查问题5个、市级重大督查问题121个、市级一般督查问题58个。

【人才招录选拔】2022年，西湖区府办做好招录选拔年轻干部工作，通过全区事业单位公开招聘录取1人。根据全区优秀年轻干部跨部门竞岗交流工作安排，推出正科级岗位2个。全年提拔区管干部5人次、提拔科级干部（晋升、选聘）14人次，其中提拔正处级干部5人、事业科级干部9人，公务员晋升一级主任科员1人，事业选聘七级普通职员3人、八级普通职员1人。

（区府办）

## 数字政府建设

【政务服务高质量发展】2022年，西湖区行政审批服务管理办公室（简称区审管办）坚持以数字化改革为牵引，推进政务服务高质量发展，西湖“一键办”平台获杭州市审管系统政务服务“最佳创新争先奖”。省级试点西湖“一键办”，以政务服务2.0平台为依托，通过人工智能、数据共享等先进技术，对办件信息及材料进行数字化转换和结构化识别，自动提取审批要素，变人工经验式收件、审批为机器智能化收件、预审，成功以“IRS组件”上线，实现智能预审功能事项6个，全年使用智能预审7893次。实行数字监测“马上办”，依托“政务大厅数字化管理系统”，实现办件过程监控，压缩办事等候时间，窗口平均等候时间压缩至5.17分钟以内。加强“网上办”“掌上办”宣传力度，提升政务服务“网办”比率。

【政务服务“一网通办”】2022年，区审管办完成西湖区“政务服务2.0”事项认领上线和收件模式落地应用，结合全区“就近办”事项办理实际，向镇街、村社动态印发“政务服务2.0”事项清单，梳理镇街“政务服务2.0”事项151项、村社“政务服务2.0”事项86项，全区11个镇街、202个村社及7家杭州联合银行上线“政务服务2.0”平台并产生办件，全年累计线上完成办件6.39万件。印发通报12期，收件分析“一网通办”收件率97%；政务服务“一地创新、全省共享”工单采纳数居杭州市第一位。

（区审管办　李　喆）

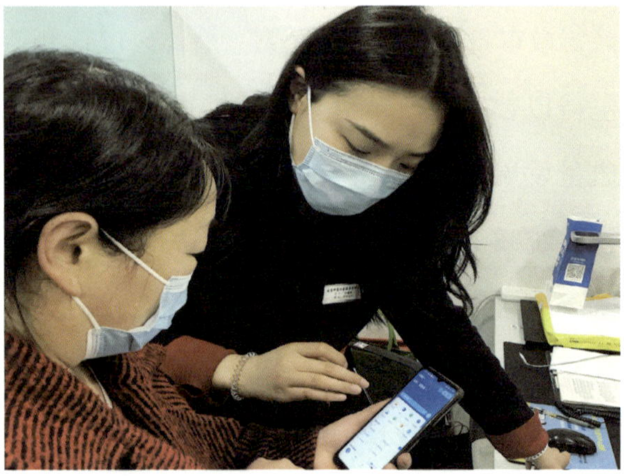

区审管办工作人员指导群众操作“掌上办理”App（摄于2022年）

（区审管办　供稿）

## 数据资源管理

【概况】2022年，区数据资源管理局统筹推进资源统筹利用、三个“掌上”应用、平台支撑能力建设和网络安全、数据安全等工作，区级公共数据平台一体化、智能化水平提升。依托一体化智能化公共数据平台，推进全区公共数据“全量全要素”工作，解决“有目录无数据”问题，开展“有数据无目录”的数据归集攻坚行动，建立“目录之外无应用，目录之外无数据”长效机制。至年末，全区归集69个单位1406个数据目录，归集数据12.5亿条，回流省市数据628项，建成“一人一档”“一企一档”等专题库5个。强化数据高质量供给，建立数据质量跟踪反馈处理机制，年内受理区级问题数据工单635个，治理数据目录541条。围绕数据高质量供给，赋能数字化改革重点应用建设，为32个应用场景提供数据支撑。申请省市数据551项并开发接口提供使用，“志愿西湖”“物联感知专题数据库”2个公共数据利用优秀案例入选省级数据产品案例集。加强疫情防控数据保障，做好疫情防控数据录入、治理、分析、报送等工作。成立健康码解码专班，指导镇街做好解码和赋码机制解释。开展省精密智控疫情平台业务培训，规范精密智控系统操作。开发上线西湖码“抗原检测”平台，上传抗原检测22.1万人次。开发建设“核酸检测情况比对功能”“快转运”等模块，提升防控工作效率。牵头成立一体化智能化公共数据平台工作专班，制定智慧电子政务综合评价实施方案，明确工作任务和分工，协调推进区级一体化智能化公共数据平台综合评价。开展区一体化智能化公共数据平台综合评价，通报工作任务和指标完成情况，配合开展查漏补缺、提升绩效工作，推进目标任务落实。

【平台支撑能力建设】2022年，区数据资源管理局发挥区一体化智能化公共数据平台统筹支撑作用，围绕场景应用需求建设区级政务中台，部门与部门、部门与镇街之间数据贯通和协同应用能力提升。通过政务中台的标签、报表、任务、事件等5个能力中心，提升应用场景和数据仓任务联动效率，促进业务部门数据治理和维护更新。助推建设全域未来社区数字化平台，召开协调推进会10多次，协调数源部门开展数据归集、数据治理，对平台建设框架及应用商店的实现模式进行专业规划。全年协调区属部门69项数据资源对接区级平台，提供事件、人房、健康等相关数据，结合场景需求形成数据服务接口86个，推送数据990万条。筹建“宜商西湖”平台，整合涉企信息化系统数据，构建全区统一的企业数据仓。梳理企业档案数据、地址数据、标签数据、关系图谱等信息，实现与市产业数据仓互联互通，通过“企业画像”、政策标签、关键信息提取、服务订阅等方式，为企业提供政策服务。

【“掌上”应用推进】2022年，区数据资源管理局推进“掌上办事”应用，建设“浙里办”西湖频道，上架应用服务15个，注册个人用户49万户、法人用户34.1万户，平均日活跃用户6万户。深化“一网通办”应用，优化事项办理流程，提升“一网通办”率。全区线上和线下“一网通办”率95.9%。推进“掌上办公”，打造“浙政钉”西湖区工作台，开展工作门户整合利用，上架“掌上基层”“疫情防控”“应急值守”等办公应用场景60个，依托“宜搭审批”配置上架“区数据资源局驻场人员管理”等工作流程40个。推进“掌上治理”应用，重点保障省行政执法监管平台、“互联网+监管”平台落地贯通、深化应用，提高“12345”信访平台、基层治理“四平台”、风险预警等平台事件线索处置率，督促区相关单位做好转执法件工作，督促区相关单位做好转执法件工作，确保全区投诉举报事件处置、基层综治事件处置、风险事件处置、告知承诺按时核查等均在法定时效内完成。全区投诉举报事件处置率、基层综治事件处置率、风险事件处置率均100%，告知承诺按时核查率99.8%。

【数字应用管理】2022年，区数据资源管理局加强全区项目统筹管理，建立健全数字化项目全流程管理政策制度，出台《西湖区政府投资数字化项目建设管理办法》《西湖区数字化项目绩效评价指标体系》，制定项目申报、审批、实施、验收、绩效与审计、运维与安全工作细则，明确部门职责和统筹管理要求。规范“政务云”系统使用，出台《西湖区“政务云”管理办法》，明确“政务云”资源使用管理流程、运行维护职责、安全管理责任、监督考核等内容。推进“云资源”一键开通工作，实现10分钟内“云资源”自动开通，自动开通比例80%。推进“云资源”利用效率监测分析和整改，对部分配置不合理的资源进行降配。

【文三数字街区打造】2022年，区数据资源管理局推进数字赋能老旧街区营商环境提升工作，完成“文三街小程序”、“高德一键游”、“平行世界”、智慧停车、分布式人流统计等数字化场景开发，支撑街区运营数据统计分析和经营决策。结合文三数字街区建设，开展数字孪生楼宇经济领域试点，推进楼宇资源、经济指标、产业指标等全要素数据上图。全年文三数字街区接入430幢楼宇9.57万家存量企业数据，梳理楼宇经济指标78个。

【应用系统运维安全】2022年，区数据资源管理局开展全区信息化系统常态化安全巡查，处置风险1591次，发现违规外联1750次。编制完成《西湖区打造智能亚运标志性成果工作方案》，申报智能亚运标志性成果6项。申报亚运重点课题“数字化改革条件下以政务数据资源为中心的终端安全管控问题研究”，完成研究计划、报告提纲拟定和基础情况调研。谋划亚运在线区县应用场景，对亚运在线系列产品与西湖区相关信息系统对接进行研究，推进“亚运在线”在西湖落地使用。加强政务网络运维安全，推进区政务网络链路升级改造，升级主用链路带宽至4G。完成区亚运专班、区综合行政执法局等5个单位政务网络配置工作，配合完成VPN3网络专网整合，会同区委政法委完成公安监控专线向政务网迁移。完成新增及变更电子政务外网链路31条，新建视联网线路5条。

【物联感知与应用承载提升】2022年，区数据资源管理局推进物联感知平台感知能力建设，拓展多维度物联感知网络。完善多领域物联感知数据采录功能，全年累计接入公安、城管、应急、水利等职能部门网络传感设备28.49万个，感知数据规模641万条。提升感知数据采集、处理、传输、调度、存储闭环处置能力，支撑“西湖智慧水利”、西湖未来社区、西湖道路积水监测等场景业务需求。强化CIM（城市信息模型）三维地图系统功能，更新辖区影像数据采集面积180平方千米。开展数据建模、精修及CIM地图数据更新，实现水库、海塘、避灾安置场所、地质灾害隐患点、区域行政边界、辖区镇街边界26个类别资源数据汇聚，数据可视化管理水平、应用承载能力得到加强。

（区数据资源管理局）

## 行政审批服务

【概况】2022年，西湖区行政审批服务管理办公室（简称区审管办）受理行政审批服务事项175.08万件，办结174.88万件，日均办理7080件；交易建设工程项目178个，交易额131.6亿元，中标额108.99亿元，资金节约率17.2%；交易政府采购项目75个，采购总预算额2.28亿元，实际采购额2.1亿元，资金节约率6.4%；组织网拍竞价56批次，交易数量183件，起拍金额1.15亿元，成交金额1.20亿元，平均溢价率3.8%。“放管服”改革全力推进，获浙江省全面深化改革考评优秀、杭州市审管系统政务服务“最佳创新争先奖”，政务服务“六办联动”经验做法登上浙江省委改革办《竞跑者》晾晒平台、政府采购项目“1+N”远程异地多点评标的经验做法被财政部《政府采购信息报》采用。

**【就近便民服务】**2022年，西湖区创新推出“就近办”服务点位“星级化”建设，制定工作方案和标准化建设指导意见，从标准化建设、场地规范、人员队伍、事项承接、“政务服务2.0”等方面梳理出镇街级星级评定标准32条、村社级星级评定标准29条，对镇街、村社“就近办”点位开展评选，全年评选镇街“五星级便民服务中心”5个、“四星级便民服务中心”6个、村社“五星级便民服务站”31个、“四星级便民服务站”90个、“三星级便民服务站”73个。开展“上门办”服务，区人力社保局、区市场监管局等10个部门和11个镇街392人组成的“上门办”队伍到红星美凯龙杭州古墩商场店、艺创小镇等园区楼宇开展现场服务，全年上门服务群众9500多人次。

2022年11月11日，西湖区对镇街、村社便民服务中心开展“就近办”点位星级评选

（区审管办　供稿）

**【为企服务便捷优化】**2022年，区审管办组建投资项目专项联络小组，由涉审单位负责人兼职代办员，实行“一对一、全流程”指导，代办投资项目15个，总投资额53.32亿元，开展上门走访企业9次，帮助企业现场答疑解惑、协调问题；依托投资项目在线审批监管平台3.0系统，加强对杭州市“网上中介超市”上的合同备案、中介机构优选系统等应用工作跟踪监管，年末累计合同备案量1850件、服务评价量4559件、中介网上优选系统应用量42个。为企业提供靠前服务，在区政务服务大厅设立“启航工作室”“投资e站——投资项目联审联批一站式服务中心”“亲清在线”“人才综合服务专区”4个为企服务工作室。

**【资源交易系统建设】**2022年，区审管办承接市公共资源交易系统2个领办项目。4月，启用建设工程交易大数据分析系统，展示杭州全市各区的公共资源交易情况，对市场主体行为进行剖析，为净化公共资源交易市场提供参考。7月，启动政府采购和建设工程招投标远程异地多点评标，完成杭州市首个跨市域远程异地线上多点评标政府采购项目，全年完成“1+N”远程异地多点评标保障工作38次。政府采购启用“政采云”平台不见面线上监管功能，将投标人、采购人、集采机构、评审专家及监管部门上下联通，实现全流程线上闭环；公开评审专家抽取规则和开标、资格审查、符合性审查、专家评分、中标（成交）候选人推荐等情况，保障供应商合法权益。实行建设工程招投标信息发布“一窗受理”，打通建设工程项目监管报建审核、交易中心场地安排和信息发布、银行保证金信息录入等操作流程，实现“三窗合一”。

【政务服务窗口建设】2022年，区审管办加强政务服务窗口队伍建设，服务窗口4次被评为市文明窗口“流动红旗”，西湖区审管办投诉帮办窗口和古荡街道便民服务中心被评为杭州市审管系统“优秀窗口”；开展西湖区“窗口树形象、服务展风采”政务服务窗口文明服务专项活动33项，其中特色活动19项。优化《星级员工评选办法》，全年评选五星级员工67人、四星级员工212人、五星示范员工6人。开展政务服务大厅标准化服务和驻点领导到岗检查，发布“飞行”检查通报10期，各派驻部门主要领导到窗口坐班223个工作日，其他区管领导坐班2096个工作日。强化窗口现场评价件核查，核查差评件59件、转办督件办8件，回复满意率98%。

（区审管办　李　喆）

## 应急管理

【概况】2022年，区应急管理局贯彻落实习近平总书记关于安全生产重要论述精神，平安护航党的二十大，推进安全生产、自然灾害防治、应急救援等工作，年度省对区、市对区安全生产和消防工作目标管理责任制考核均获优秀等次。强化应急管理体系建设，承担全省社区应急体系改革试点，围绕责任、指挥、力量、智控、保障“五个体系”，构建新型社区应急体系。建立“1+1+1+N”的社区应急消防管理组织架构，村社应急消防管理责任体系覆盖率、应急消防管理工作组组建率、应急消防管理员配备率均为100%。推动每个社区组建应急突击队，鼓励社会力量参与组建志愿者队伍。建立健全应急处置机制，制定社区从信息收集到结果反馈的15个不同事项的闭环处置流程，优化战时响应机制，实现区—镇街—社区三级高效联动。全年区应急管理局直属救援队参与事故救援处置任务21起，出动100多人次。转塘街道应急救援队参加杭州市首届乡镇综合应急和消防救援队伍技能竞赛获团体三等奖、综合体能单项第一名。创立应急管理系统“红榴安”党建品牌，推动镇街、社区、企业、社会救援组织参与应急管理建设，相关做法获杭州电视台《安全365》栏目专题报道。

【安全监督执法】2022年，西湖区强化安全生产责任落实，坚决防范遏制重特大事故，提出20项80条措施，出台10项工作机制，保障措施落地落实，督促制定履职责任、风险识别、隐患排查、重大隐患、整改闭环“五张清单”，强化安全岗位人员责任。组织除险保安百日攻坚，实行“区领导包镇街、镇街领导包村社”举措，开展十大专项整治活动，牵头“除风险、保平安，护航二十大”联合执法行动。坚持每日曝光、每周安全风险综合研判和管控力指数通报等制度规定，全年发布曝光专报356期、管控力指数通报45期、安全风险综合研判报告38期。推进安全生产执法规范化、标准化建设，建立落实办案区和案卷管理制度，配备执法服装、执法车辆、执法记录仪等装备。全年办理行政处罚案111件，刑行衔接3件。参加市应急管理执法比武获团体一等奖，2人分别列第一名和第五名。

（区应急管理局）

【执法局助力安全检查】2022年，区综合行政执法局加大安全生产执法力度，开展“除风险、保平安、护航二十大”、领导季度带队检查、消防安全隐患排查整治、“除险保安”排查、城镇燃气管道设施保护“六个一”、节假前安全生产检查等专项行动，整改隐患681处。严查燃气隐患问题，对发生的67起燃气第三方破坏事故，约谈相关单位，督促落实主体责任，其中立案57起；会同镇街和相关职能部门开展燃气联合执法检查，发现隐患并落实整改。开展新版《中华人民共和国安全生产法》和《杭州市生产经营单位安全生产主体责任规定》集中学习、安全宣传“五进”、安全生产月、安全警示片观看、燃气轨道业务培训等宣传培训活动，提高安全意识。

（区综合行政执法局　胡雅若）

【安全监管数字化改革】2022年，区应急管理局履行安全监管职能，筑牢安全预警基础，推动全域安装“智慧三件套”，召开推进会12次，发布安装通报181期，公布红黑榜6期，新安装“智慧三件套”5万余件，相关做法在全国经营性自建房整治现场会上演示汇报。创新推出“社区安全卫士”，为203个社区提供模块化集成应用，实现社区应急消防管理组织架构、力量编成、职责清单、物资储备、指挥流程、突发事件应急处置要点、联动应急救援力量等功能、业务“一屏显示”“一网办理”。迭代升级城市安全风险综合监测预警平台，建设“十安卫士”智治平台。该项目获省改革突破奖，经验做法获省委主要领导批示肯定，西湖区两次在全省会议上做经验交流。安全生产治理模式转型升级案例成为杭州市安全生产领域唯一一个入选省“七张问题清单”总览示范榜案例。

【安全知识技能普及】2022年，区应急管理局结合森林消防宣传日、全国防灾减灾日、安全生产月、国际减灾日、消防宣传月等节点，开展安全生产“五进”活动160余场。举办全区生产经营单位安全生产合格证培训，开班26期，培训人员1680人次。推送安全提醒短信2000多条。提升应急救援能力，组织防汛防台、灾害信息员、自救互救、安全生产法等技能培训210场，内容包括“社会救援力量绳索技能”“有限空间作业应急演练”等。建成并投入使用安全宣传体验馆11个，参加体验3.2万人次。加强安全工作宣传，在国家级媒体刊登西湖区经验做法报道20多篇、省市级媒体刊登近300篇。

**【自然灾害应急防御】**2022年，区应急管理局推进基层“5+1”防汛防台标准化建设，落实“八张风险清单”管控，完善防汛防台抗旱预案20个，建立风险研判管控机制8项，拟定防汛责任人不同应急响应等级下的职责清单，启动防汛防台Ⅳ级以上应急响应5次，应对6轮强降雨及台风“轩岚诺”“梅花”袭击。推进自然灾害综合风险普查成果转化应用，西湖区被评为全省试点工作考核优秀单位，制作的普查宣传视频获全国优秀奖，经验做法在全国自然灾害综合风险普查第二次成果应用交流会上做交流发言。规范27个避灾安置场所建设，民生实事项目完成率、验收率均为100%。出台森林防火责任、管理、整改闭环制度，制定“一山一方案”，在留下宝寿山建成森林防灭火航空应急救援直升机起降点。西湖区参加市森林消防技能竞赛与实战演练获三等奖。

（区应急管理局）

## 消防救援

**【概况】**2022年，区消防救援大队接处警1951起，出动救援增援2297次、2.45万人次，出动消防车4014辆次，抢救被困人员133人，疏散人员38人，抢救财产价值669.28万元，保护财产价值1992.24万元，火警556起，直接经济损失419.49万元，火灾起数下降9.9%。办理消防安全开业前检查237家，受理举报投诉案件611起；检查单位6186家，发现隐患3931处，整改隐患3832处，制发责令改正通知书2372份，行政处罚512家，罚款金额430.87万元；查封单位52家，责令“三停”单位72家，联合派出所执行消防行政拘留12人。大队被评为2022年度全省消防救援队伍“基层建设先进基层单位”、“安全工作先进大队”、“平安杭州”创建先进集体、全市消防救援队伍执勤训练先进单位，参加全市火焰蓝比武竞赛获团体第一名、全市消防救援队伍后勤装备比武获团体第二名，所辖的西湖消防救援站被评为全国“青年文明号”。

**【火灾预防控制】**2022年，区委、区政府召开全区消防工作会议6次、区领导带队检查消防安全48次。落实消防任务、责任、问题“三张清单”管理，强化“防消联勤”三轮闭环工作法，建立红、黄、绿“三色分级”预警。开展消防隐患排查整治，国庆节、党的二十大等重要节点召开前夕，区四套班子领导带队开展安全大检查，区委、区政府主要领导对消防工作做出批示指示，各镇街检查单位1.37万个（次），消安委各成员单位检查单位243个（次）。以消防安全大排查、大整治、大宣传、大培训、大练兵活动为中心，开展专项整治24次；围绕3个重大火灾隐患挂牌单位和20处火灾隐患不放心单位、9处区域存在的火灾隐患“列单开药”，提请区政府办、区政法委督办。规范娱乐经营场所经营活动，加强室内冰雪活动场所等密闭场所安全管理，指导436个居住小区开展消防治理。开展消防安全重点单位标准化管理达标创建工作，培育树立达标创建典型单位，落实消防安全责任。推进2个应急消防管理站、31个区域性微型消防救援站建设。

【消防服务创新】2022年，区消防救援大队借助全省消防安全风险管理平台，提升社会单位的物联设施接入率、自我管理参与度，对2627幢高层建筑实现二维码管理，督促654个消防安全重点单位、11个大型综合体、265家工业企业等进行注册，对远程监控、感烟探测器、智慧用电等进行数据归集及研判。加强智慧消防“三件套”建设，配合推动物联式智能烟感在住宅小区独居老人、阿尔茨海默病患者等人群住所的安装，实现火灾警情早预警早处置。探索建立区域微型消防站调度指挥平台，将街道区域微型消防站纳入大队级调度指挥，加强统一调度，提升响应速度。查处火灾隐患和消防违法行为，通过“隐患随手拍”举报平台进行举报，倒逼单位落实主体责任，全年受理举报2658件。

【消防基础夯实】2022年，区消防救援大队对标应急救援主力军和国家队职能定位，强化技战术创新，队伍综合救援能力提高。所辖消防救援站加强辖区道路水源熟悉和单位实地演练，针对辖区新业态新产业新领域不放心场所，研透辖区作战任务、作战对象、作战环境，研判辖区保卫对象灭火救援风险，建立档案资料，开展“高低大化”及新业态课题研究，强化技战术应用。全年救援大队熟悉社会单位279个，实战演练226次，修订数字化灭火救援预案198份，实地拉动微型消防站620次。坚持以提升战斗力为标准，开展全员岗位大练兵活动，落实消防组训，全年开展大队级联合演练、大队级战评14次，邀请区红十字会开展急救培训2次。

【消防宣传教育】2022年，区消防救援大队结合疫情防控，入户宣传2万余人次，普及消防知识187次，组织开展培训209次，电子大屏播放公益片4000多次，张贴发放宣传资料3万余份。发挥移动平台群发公益消防短信的功能，推送提示短信21万余条，提醒群众提高消防安全意识。推进全民参与消防、全面认识消防，推动20.45万人领取消防安全蓝码，利用“消防志愿者平台”微信小程序，引导9789人加入西湖区“蓝翼消防志愿者服务队”。利用新媒体平台，开展“消防安全实验”直播，提高宣传效能。联合省市级主流媒体拍摄消防科普宣传片、消防小实验，组织拍摄的《夏日高温车内易燃易爆物品的实验》被中央、省、市媒体转载，阅读量2000多万次。

2022年11月8日，西湖区夏家桥消防站举办“开工奠基暨消防宣传月启动仪式”

（区消防救援大队　供稿）

【消防后勤保障】2022年，区消防救援大队以后勤保障为抓手，服务中心、服务实战、服务一线，为防灭火中心工作提供后勤保障。推进基础营房建设，完成大队部及下辖4个消防站提升改造，推进正规化建设达标创建；推动3个消防救援站立项及开工，其中夏家桥消防站于11月开工建设，三墩消防站进入工程外立面施工，狮子消防站项目完成开工前期准备。

（区消防救援大队）

# 中国人民政治协商会议杭州市西湖区委员会

## 综　述

【概况】2022年，区政协落实“第一议题”和习近平新时代中国特色社会主义思想学习座谈会制度，学习领会习近平总书记关于加强和改进人民政协工作的重要思想，组织政协委员及机关干部开展读书学习交流活动84次，发言4700多人次。开展党的二十大精神学习主题活动，组织区政协常委到下姜村现场教学活动39场。强化党组主体责任、党组书记第一责任人责任和党组成员“一岗双责”，召开机关党组、机关干部会议25次。严肃党内政治生活，落实“三重一大”、民主生活会、述职述廉、个人重大事项报告等规定。打造书香政协品牌，设立政协书房12个、组建委员讲师团等，围绕宏观经济形势、共同富裕理念、传统文化传承等开展读书交流、阅读分享、专题讲座。打造“请你来协商”和民生议事堂、委员工作室、社情民意联系点“三位一体”及协商驿站等具有西湖政协辨识度的协商品牌。围绕党政要事、民生实事履职，组织开展协商议政活动219次、专项民主监督31次、调研视察93次，报送专题报告25篇，获省市政协领导批示5次、区委区政府主要领导批示20次。强化政协机关建设，健全完善机关规章制度18项。提拔任用、交流任职干部9人次。《政协协商民主向基层延伸的实践路径与理论思考》《全过程人民民主的实践路径与运行机理》2篇调研文章分获省政协2022年度论文征评一等奖、二等奖。《用协商“小场景”撬动民生大幸福》《筑起残疾人的“共富家园”》2个案例入选省政协“民生议事堂”典型案例汇编。全年在省级及以上主流媒体刊登新闻179篇，《人民至上，实践第一——杭州西湖区政协坚守“民呼我为·协商为民”的初心实践记事》在《人民政协报》头版刊登。区政协连续3年被评为全省政协系统联谊宣传工作先进单位。

【政治协商议政】2022年，区政协聚焦中心工作开展“请你来协商”活动。围绕“同心助力亚运盛会、彰显西湖首善风采”议题，区委主要领导到会开展面对面协商，委员们就场馆运维及配套完善、优化亚运交通组织等5

个方面提出意见、建议18条，130名委员参与互动。围绕“一湖三镇”融合发展的工作机制、规划设施、企民共富等6个焦点问题，区政府主要领导参加座谈协商，听取意见建议。围绕“‘双减’政策背景下，构建家校社合力育人格局”议题，召开专题议政性常委会会议，助推相关政策落实落地。围绕“加强新型慈善体系建设”“打造未来社区全域一体化数字平台”“加快构建现代化基础设施体系”“打造生命健康产业新高地”等议题，开展专题协商议政活动，提出意见、建议93条。聚焦研学产业助力乡村振兴，“大综合一体化”行政执法改革，文化市场监管体制机制建立，专精特新“小巨人”企业培育等内容，开展对口协商，向相关部门报送意见、建议150多条。

【政协助力帮困解难】2022年，区政协常态化推进“三为”主题实践活动，主席会议成员率专委会负责人深入村社、企业、群众，帮助解决困难和问题76个。成立助力委员企业纾困解难协商工作组，主席会议成员带头参与协调协商，帮助委员企业破解发展难题。组织委员和机关干部参与常态化疫情防控，累计提供志愿服务1500小时，服务群众3200人次，捐赠保障物资2万余份。以“六送”活动为载体，开展文化宣讲、健康医疗等公益服务活动21场。发挥律师委员专业特长，助力“共享法庭”建设，为群众提供便捷高效法律服务。鼓励引导委员通过“微心愿”数字化应用认领帮扶项目，解决群众实际困难65个。聚焦无障碍设施建设、民生综合体规范运行、老旧小区电梯加装等33个热点问题开展界别视察，助推民生问题加快解决。

## 重要会议

【区政协六届一次会议】2022年2月12日—16日，西湖区政协六届一次会议召开。会议听取和审议通过区政协五届常委会工作报告；听取和审议通过区政协五届常委会关于五年来提案工作情况的报告；列席区人大十六届一次会议，听取和讨论区政府工作报告及其他报告；选举区政协六届主席、副主席、秘书长、常务委员。审议通过区政协六届一次会议决议；审议通过区政协六届一次会议提案审查委员会关于政协六届一次会议提案审查情况报告。

【区政协常委会会议】2022年，西湖区政协召开政协五届常委会会议1次，召开政协六届常委会会议3次。1月12日，区政协五届常委会第二十一次会议审议通过关于召开区政协六届一次会议决定、会议日程、委员规模和界别设置决定等事宜。4月27日，区政协六届常委会第一次会议传达学习习近平总书记在中央政协工作会议暨庆祝中国人民政治协商会议成立70周年大会上的重要讲话精神；传达学习全国政协“学习贯彻习近平总书记重要指示、深入开展政协委员读书活动”座谈会精神、全省政协系统“民生议事堂”

建设工作推进会、“浙江数字政协”建设工作推进会精神；审议通过关于同意陈敏等辞去政协第六届杭州市西湖区委员会委员职务的决定；审议通过邱月江、朱快、计玉姝、陈国柱等职务任免的决定；审议通过政协各专门委员会、各界别委员活动组、各镇街政协委员工作组组成人员名单、工作规则、专门委员会通则、提案工作办法、2022年度建议案、重点提案等。7月1日，区政协六届常委会第二次会议召开“双减背景下，构建家校社合力育人格局”专题议政性常委会会议。11月18日，区政协六届常委会第三次会议开展党的二十大精神学习体会分享；审议通过关于袁斌等同志职务任免的决定。

【区政协主席会议】2022年，西湖区政协召开五届主席会议2次，召开区政协六届主席会议17次。1月12日，区政协五届主席会议第六十次会议审议通过召开区政协六届一次会议的决定（草案）等事宜。2月8日，区政协五届主席会议第六十一次会议审议通过政协第五届杭州市西湖区委员会常务委员会工作报告（草案）等事宜。3月14日，区政协六届主席会议第一次会议研究2022年度“请你来协商”工作计划等事宜。3月17日，区政协六届主席会议第二次会议审议通过政协杭州市西湖区委员会委员履职考核管理工作规则等事宜。4月13日，区政协六届主席会议第三次会议研究“同心助力亚运盛会，彰显西湖首善风采”请你来协商有关工作。4月27日，区政协六届主席会议第四次会议审议通过关于同意陈敏等辞去政协第六届杭州市西湖区委员会委员职务的决定（草案）等事宜。6月8日，区政协六届主席会议第五次会议审议通过《2022年西湖区政协推进基层“协商驿站”建设工作方案》《西湖区政协基层“协商驿站”操作规则（试行）》等事宜。6月13日，区政协六届主席会议第六次会议研究数字政协建设工作。6月21日，区政协六届主席会议第七次会议听取区政协各专委会2022年以来工作情况及下一步工作计划汇报。6月28日，区政协六届主席会议第八次会议研究“‘双减’政策背景下，构建家校社合力育人格局”专题议政性常委会会议方案、调研报告。7月22日，区政协六届主席会议第九次会议研究“助力‘一湖三镇’融合发展”请你来协商活动方案、调研报告等事宜。8月19日，区政协六届主席会议第十次会议研究“加快构建现代化基础设施体系，服务西湖经济社会高质量发展”请你来协商活动方案、调研报告等事宜。8月24日，区政协六届主席会议第十一次会议研究西湖区政协“助力共同富裕示范区首善之区建设——物业服务大提升”协商议事月活动方案。9月15日，区政协六届主席会议第十二次会议研究“加强慈善工作体系建设，助力共富首善之区创建”请你来协商专题活动方案、调研报告等事宜。10月10日，区政协六届主席会议第十三次会议研究区政协“协商议事月”成果展示交流会方案等事宜。10月20日，区政协六届主席会议第十四次会议研究加强和改进社情民意信息工作方案等事宜。11月10日，区政协六届主席会议第十五会议研究“打造未来社区全域一体化数字平台”请你来协商专题活动方案、调研报告。11月22日，区政协六届主席会议第十六次会议传达学习习近平总书记出席亚太经合组织第二十九次领导人非正式会议等重要讲话精神；研究“坚持创新驱动，打造生命健康产业新高地”请你来协商专题活动方案、调研报告。12月7日，区政协六届主席会议第十七次会议传达学习习近平总书记在中共中央政治局12月6日会议上的重要讲话精神；学习《中共中央印发〈中共中央政治局关于加强和维护党中央集中统一领导的若干规定〉的通知》等文件精神；审议通过《关于政协委员联系服务界别群众的实施办法》。

## 政治协商

**【协商效能提升】**2022年，区政协贯彻落实区委重大决策部署，把助推高水平打造共同富裕示范区的首善之区作为履职主线，健全协商平台，优化协商机制，整合协商资源，做实成果转化，助力党委政府科学决策。围绕“同心助力亚运盛会、彰显西湖首善风采”“‘一湖三镇’融合发展”等议题，开展6场“请你来协商”专题活动，提出意见、建议113条。民生议事堂和协商驿站平台实现12个镇街、217个村社、6个商圈园区全覆盖。镇街政协委员履职小组围绕无物业管理小区清零、未来社区（乡村）建设、居家养老服务提升等议题，开展民生议事堂和协商驿站活动202场，镇街主要负责人参加66场，助推解决问题500多个。

**【协商议事月活动】**2022年9月，区政协结合区域发展和社会治理实际，以“物业服务大提升暨无专业化物业管理小区清零行动”为主题开展协商议事月活动。以镇街民生议事堂、村社（商圈楼宇）协商驿站为依托，开展协商活动136场，参与委员428人次，带动界别群众1.4万人次，提出意见、建议673条，被采纳落实484条，助力助推一批民生“关键小事”得到解决。活动期间，时任省政协党组副书记、副主席王昌荣到古荡街道“民生议事堂”现场指导并予以肯定。市政协党组书记、主席马卫光和副主席陈国妹等给予肯定性评价。

**【“数字政协”建设】**2022年，区政协深化数字政协建设，通过丰富功能模块、优化系统设计、完善履职机制，建设以“一舱两端”为主架构的西湖数字政协系统，实现委员履职“一屏掌控”和政协履职数据全景动态展示、核心业务闭环一体管理。全年开展在线协商议政活动76次，收集意见、建议2278条。围绕群众关切、社会热点等发起讨论话题158个，参与人数2784人次，分享履职动态6830条。

## 民主监督

【专题监督】2022年，区政协发挥协商式民主监督优势，助推重大决策部署落地见效。围绕亚运“最后一公里体验区”建设，开展主席会议专题视察监督，提出8个方面25条建议。围绕基层疫情防控，成立专项民主监督小组，向区防控办提交问题35个。围绕“文三数字生活街区”建设，以“专委会+界别”模式开展联动监督。围绕加大“民呼我为·西湖码”推广应用力度，组织委员开展体验式民主监督。与省市政协联动开展“数字化改革推进情况”“深化老旧小区改造”等专项集体民主监督。各界别委员活动组聚焦无障碍设施建设、民生综合体规范运行等热点问题开展界别视察，反映群众意愿，提出工作建议。

【提案监督】2022年，区政协通过发布提案参考选题、公开征集提案线索和业务培训等，鼓励引导各民主党派、界别、委员提交高质量提案。六届一次会议召开后，收到委员以提案形式提出的意见、建议250件，立案224件，立案率90%。出台《关于提高提案质量的实施意见》，健全区政府领导领衔办理建议案、重点提案制度和区政协主席会议成员、专委会督办重点提案工作机制，累计开展督办会议和现场调研22场，一批群众普遍关注的教育医疗、社会保障、城市建设等方面问题得到有效解决，委员满意率100%。

【民意监督】2022年，区政协制定《加强和改进反映政协社情民意工作的实施办法》，有效拓宽信息收集渠道，社情民意信息工作取得新进步。全年编报社情民意信息113期，其中《关于推进儿童晚托暑托等方面改革为养育儿童的家庭“减负”》获得省政协领导批示，《关于西湖区未来乡村建设的几点建议》得到区委主要领导批示，《关于恢复文二路及文三路双向通行的建议》得到转化落实。以“微民情”数字化应用为载体，发动委员报送身边群众“急、难、愁、盼”问题，助力基层社会治理，全年收到问题111个，均推送至区“民呼我为”一体化智治平台交办落实。

## 团结联谊

【发展合力汇聚】2022年，区政协把凝聚共识作为重要职能，坚持求同存异、聚同化异，助推西湖经济社会高质量发展。出台《关于政协委员联系服务界别群众的实施办法（试行）》，鼓励和支持委员深入基层和界别群众，利用自身所长和多种形式，协助党委政府做好宣传政策、协调关系、解疑释惑、化解矛盾工作。修订《关于委员工作室建设的实施办法》，发挥委员工作室团结引领作用。以红色企服委员工作室、凝心惠聚为企服务委员工作室为载体，构筑“一北一南”为企服务平台，助力解决中小微企业发展问题59个。有爱无碍委员工作室、同心友驿站委员工作室深入残疾人和运动爱好者群体，反映诉求。

西湖茶韵委员工作室以茶香、书香、民族香为特色，开展主题活动24场。

【合作联谊深化】2022年，区政协加强同各民主党派、工商联和无党派人士沟通联系，主席会议成员分别走访民主党派基层委员会和工商联机关，听取对政协工作意见、建议。全年邀请民主党派参加专题协商活动26次，征集大会发言16篇，党派团体及界别提交集体提案39件，采用社情民意信息72篇。完善区政协党组成员联系宗教界委员制度，定期走访辖区宗教团体和代表人士，引导其发挥独特优势，带动信教群众爱党爱国。密切同党外知识分子、非公有制经济人士、新的社会阶层人士的联络联谊，扩大团结面、“朋友圈”。

【政协文史编纂】2022年，区政协制定《西湖区政协文史丛书编纂出版五年规划（2022—2026）》，推进政协文史工作内容系统化、编辑精品化、成果有效化。编辑出版文史资料《古道嬗变》，与相关部门合作完成“西溪宋韵文化的探寻、传承和利用”课题研究。完成西溪书画研究会换届和场馆修缮工作，围绕党的二十大和亚运主题，开展创作交流、书画雅集等活动25场，参与委员和群众1000多人次。汇聚奋进力量，举办“同心筑梦跟党走，‘两个先行’担使命”委员联谊活动，讴歌献礼党的二十大。

（区政协办）

西湖区政协六届一次会议以来的提案情况

| 案号 | 提案者 | 案　由 |
| --- | --- | --- |
| 1 | 卢俊洋、朱钰芳、王燕、李郁葱、李宏、彭丽萍、林张帆、傅玉、朱玲娟、陈敏、丁雨倩、张祝娟、庞清华、裘鸿维、房翔、屈墨洁、刘继蕊 | 关于规范电梯广告投放的建议 |
| 2 | 林燕 | 关于在公共场所全面控制吸烟的建议 |
| 3 | 北山街道政协委员履职小组 | 关于进一步加强我区基层普法宣传的建议 |
| 4 | 丁雨倩、沈佳音 | 关于西湖区宋韵文化传承发展的建议 |
| 5 | 王鸣 | 关于进一步加强对商家“爱心公厕”支持力度的建议 |
| 6 | 卢蔚文 | 关于加大对基层疫情防控一线工作者暖心关爱的建议 |
| 7 | 董红亚 | 关于推进家庭照护床位建设，加快构建幸福养老服务体系的建议 |
| 8 | 裴竹祥 | 关于杭州“西湖码”推广应用的建议 |
| 9 | 韩爱珠 | 关于构建和谐社区，提升居民幸福指数的建议 |
| 10 | 民盟西湖街道政协委员履职小组区基层委员会 | 关于加快推进铜鉴湖周边乡村旅游产业高质量发展的建议 |

续表

| 案号 | 提案者 | 案　由 |
|---|---|---|
| 11 | 九三学社西湖街道政协委员履职小组区基层委员会 | 关于抢抓南启机遇，加快“一湖三镇”融合发展的建议 |
| 12 | 民革西湖街道政协委员履职小组区基层委员会 | 关于西湖区未来乡村建设的建议 |
| 13 | 九三学社西湖街道政协委员履职小组区基层委员会 | 关于加大我区房地产行业风险防范力度的建议 |
| 14 | 民革西湖街道政协委员履职小组区基层委员会 | 关于西湖区推进“大综合一体化”行政执法改革工作的建议 |
| 15 | 民革西湖街道政协委员履职小组区基层委员会 | 关于推动我区乡村振兴,实现共同富裕的建议 |
| 16 | 九三学社西湖街道政协委员履职小组区基层委员会 | 关于加强西湖区社区基础设施配套建设的建议 |
| 17 | 九三学社西湖街道政协委员履职小组区基层委员会 | 关于迎亚运工作中西湖形象提升宣传的建议 |
| 18 | 九三学社西湖街道政协委员履职小组区基层委员会 | 关于加强新时代西湖区中小学生劳动教育的建议 |
| 19 | 转塘街道政协委员履职小组 | 关于推进未来乡村试点，打造示范性乡村新社区的建议 |
| 20 | 章宇舟、孙健、鲍剑凌 | 关于加快之江地区文创产业迭代升级，推动之江文化发展核基础设施提升的建议 |
| 21 | 裘鸿维 | 关于合力创建短视频内容自有品牌，为全区精神文明宣传服务的建议 |
| 22 | 韩冰 | 关于加强消防安全教育，提升居民应对火灾自救互助能力的建议 |
| 23 | 民建西湖街道政协委员履职小组区基层委员会 | 关于推进我区老旧小区改造，建设共同家园的建议 |
| 24 | 民建西湖街道政协委员履职小组区基层委员会 | 关于完善社区数字化保障体系，增强我区居民幸福获得感的建议 |
| 25 | 民建西湖街道政协委员履职小组区基层委员会 | 关于推动企业合规建设，优化法治化营商环境，促进高质量发展建设共同富裕示范区的建议 |
| 26 | 张梅根、郦春锦、潘力强 | 关于加强企业合规服务的建议 |
| 27 | 民建西湖街道政协委员履职小组区基层委员会 | 关于西湖区老旧小区改造相关的建议 |
| 28 | 丁琦伟 | 关于推进为企服务，提升行业垂直条线业务合作的建议 |
| 29 | 王凤春、马冬娟、韩琼霞、厉华笑、林张帆 | 关于加快西湖区中医药产业高质量发展的建议 |
| 30 | 农工民主党西湖街道政协委员履职小组区基层委员会 | 关于从开放、共享、智能“三个维度”入手，推进全生命周期卫生健康平台数字化改革的建议 |
| 31 | 农工民主党西湖街道政协委员履职小组区基层委员会 | 关于深入推进基层治理数字化改革,提升居民幸福感的建议 |
| 32 | 丁琦伟、谢永胜 | 关于优化文三西路交通设施的建议 |
| 33 | 农林界别委员活动组 | 关于全力保障农民“扩中提低”,真正实现共同富裕的建议 |
| 34 | 许宝青 | 关于促进农民增收增富的建议 |

续表

| 案号 | 提案者 | 案　由 |
| --- | --- | --- |
| 35 | 农林界别委员活动组 | 关于注重植入运营，实施多元赋能，建设乡村振兴共同富裕西湖样板的建议 |
| 36 | 吴志华、陈朗廷、黄桂悦 | 关于构建未来社区全域一体化数字平台的建议 |
| 37 | 宋海东 | 关于将心理健康建设纳入“共同富裕”示范区建设中，提升“首善之区”内涵建设的建议 |
| 38 | 吴美娜 | 关于采取政府雇员模式，稳定政府购买服务人员队伍，推动“最多跑一次”改革纵深发展的建议 |
| 39 | 洪新忠 | 关于进一步加强行政服务中心窗口编外工作人员队伍建设的建议 |
| 40 | 钱昊 | 关于加强入境物品接触追踪和消毒的建议 |
| 41 | 黄桂悦 | 关于加快我区拆迁安置房建设和安置的建议 |
| 42 | 蒋磊 | 关于加快落实泗乡农耕文化历史发展与保护的建议 |
| 43 | 楼文东、卢莹、陈铁英 | 关于大力发展工业仿真软件的建议 |
| 44 | 徐娜妮 | 关于加强我区疾控队伍建设的建议 |
| 45 | 刘义良 | 关于推进直播行业规范化建设及培育从业人员良好职业心态，提升行业公平竞争生态环境的建议 |
| 46 | 方小虎 | 关于结合未来社区建设，提升基层社区治理水平的建议 |
| 47 | 贝国舜 | 关于社会工作介入涉罪未成年人帮教服务的建议 |
| 48 | 郑建南、斯巨浪 | 关于“三化叠加”下城市老旧小区环境色彩适老化改造和“添彩增暖行动”的建议 |
| 49 | 共青团界别委员活动组 | 关于加强我区服务青年发展的建议 |
| 50 | 鲍雯雯 | 关于建立健全社区成长驿站的建议 |
| 51 | 袁晓萍 | 关于进一步建立健全社区成长驿站的建议 |
| 52 | 朱义雯 | 关于加快杭大新村历史文化街区保护进度的建议 |
| 53 | 蒋黎江、董重、毛媛霞 | 关于加快我区屋顶分布式光伏建设的建议 |
| 54 | 蒋黎江、董重、毛媛霞 | 关于进一步优化村级留用地相关政策的建议 |
| 55 | 郑国槐 | 关于完善残疾人家庭医生签约服务项目，提升签约覆盖率的建议 |
| 56 | 屈曌洁 | 关于打造杭州西湖文旅项目人文故事小剧场剧目的建议 |
| 57 | 郑远随 | 关于提升“文三数字生活街区”民企及个体经营户竞争力的建议 |
| 58 | 王吉刚、俞洁萍、陈苏兰 | 关于提升我区物业管理水平的建议 |
| 59 | 南北鸣、孙健、鲍剑凌、陈智伟 | 关于打造“一山二水三镇”艺术文旅度假线的建议 |
| 60 | 王凤春、于燕燕、鲍剑凌 | 关于进一步加强小区绿化修剪养护管理工作的建议 |
| 61 | 张霞 | 关于进一步完善全民健身配套设施的建议 |
| 62 | 薛峰 | 关于加快提升我区河湖养护智治水平的建议 |
| 63 | 刘小玲 | 关于“云栖小镇”周边道路口车道导向合理设置的建议 |
| 64 | 林岗 | 关于维护修缮西湖区公共区域雕塑，共迎亚运的建议 |
| 65 | 致公党西湖街道政协委员履职小组区基层委员会 | 关于优化亚运服务环境，提升我区国际化水平的建议 |

续表

| 案号 | 提案者 | 案　由 |
| --- | --- | --- |
| 66 | 翁异静 | 关于如何“嫁接”高校资源，助力小和山地区九年制优质学校建设的建议 |
| 67 | 黄彤强、厉华笑、郭洋 | 关于确保之梅路通畅安全的建议 |
| 68 | 王海峰 | 关于缓解学校周边停车难的建议 |
| 69 | 鲍承辉 | 关于以“康养旅游”为抓手，助力我区全域美丽乡村高质量发展的建议 |
| 70 | 姜涛 | 关于完善之江地区公共服务体系的建议 |
| 71 | 程辉、陈洁 | 关于加大扶持区内中小企业，提升竞争力的建议 |
| 72 | 朱献军 | 关于进一步加强西湖龙井茶农药残留监管的建议 |
| 73 | 李澍田 | 关于探索旧改类未来社区建设运营新模式的建议 |
| 74 | 文扬 | 关于探索西湖区学校社会工作服务建设的建议 |
| 75 | 贝国舜 | 关于开展学校社会工作的建议 |
| 76 | 楼方鑫、丁晓杰 | 关于推动西湖区建筑工程减碳减排，助力实现“碳达峰，碳中和”目标的建议 |
| 77 | 医疗卫生界别委员活动组 | 关于留下街道社区卫生服务中心选址迁建的建议 |
| 78 | 祝双夏 | 关于建立“家庭教育指导令”实施机制的建议 |
| 79 | 医疗卫生界别委员活动组 | 关于大力发展托育服务、支持“三孩”生育政策实施的建议 |
| 80 | 诸丽芳 | 关于加强我区慈善公益组织建设，促进共同富裕的建议 |
| 81 | 林新雨 | 关于培育特色电商平台促进乡村经济振兴的建议 |
| 82 | 盛铭 | 关于大力发展农村电商的建议 |
| 83 | 陈宏花 | 关于完善“幸福云”大救助体系建设的建议 |
| 84 | 区政协城建人口资源环境委员会 | 关于把握好杭州举办亚运会契机，着力提升我区城市规划建设管理工作国际化水平的建议 |
| 85 | 祝双夏 | 关于完善一体化社会监护体系建设的建议 |
| 86 | 斯巨浪 | 关于加强我区公共空间智慧消防的建议 |
| 87 | 李钒、项雪琴 | 关于打造“两老”提升改造新品牌新地标，暨推进东山弄地下综合停车场（含人防工程）项目建设的建议 |
| 88 | 胡飞 | 关于深挖茶文化资源，提高区域文化标识度的建议 |
| 89 | 张燕 | 关于建立社会支持系统，深入推动项目式等探索性学习方式，实现西湖教育新突破的建议 |
| 90 | 教育界别委员活动组 | 关于之江教育高质量再提升的建议 |
| 91 | 郭一勉 | 关于进一步健全金融风险预防、预警、处置体系的建议 |
| 92 | 陈成丰 | 关于打造杭州市互联网信息内容审核员实训基地的建议 |
| 93 | 曾水清 | 关于推进社区图书馆建设的建议 |
| 94 | 区政协文史和教文卫体委员会 | 关于深化初中强校工程，努力打造“家门口的优质初中”的建议 |
| 95 | 裘鸿维、傅玉 | 关于创建“艺术家驻区（村）项目”，用艺术手段打开共富新通道的建议 |

续表

| 案号 | 提案者 | 案　由 |
|---|---|---|
| 96 | 邵建松、吴惠萍、张露莎、郑丽平 | 关于拓宽横埠街便道的建议 |
| 97 | 新闻文体界别委员活动组 | 关于加大西湖白茶推广力度，让农民增收、地方增税、企业增效、西湖增色的建议 |
| 98 | 新闻文体界别委员活动组 | 关于把“文化礼堂”建成乡村文化核心基站的建议 |
| 99 | 方小虎 | 关于提升综合改造后的老旧小区物业服务水平的建议 |
| 100 | 裘海波 | 关于提升铜鉴湖旅游“软实力”的建议 |
| 101 | 沈琴华 | 关于大力培育壮大我区科技中介机构的建议 |
| 102 | 曹龙 | 关于广泛开展双碳科普教育，打造西湖区碳中和示范学校的建议 |
| 103 | 潘惠玲 | 关于高质量发展观光产业，建设双浦美丽乡村的建议 |
| 104 | 王靖 | 关于打造西湖区特色茶文化、音乐、艺术精品项目的建议 |
| 105 | 毛方强 | 关于加快我区数字乡村建设，打造未来乡村西湖新亮点的建议 |
| 106 | 何伟东 | 关于促进区内企业外向型经济发展的建议 |
| 107 | 李晓光 | 关于杭州绕城提质升级迎亚运的建议 |
| 108 | 三墩镇政协委员履职小组 | 关于加快西湖大学城（杭州云谷）综合配套设施建设的建议 |
| 109 | 张燕 | 关于加快布局云谷板块公共交通的建议 |
| 110 | 李斌、钱旭东、赵卿、张庭建、虞海红 | 关于促进平台灵活就业人员参加工伤保险的建议 |
| 111 | 总工会界别委员活动组 | 关于运用“法治护航”，助力共同富裕的建议 |
| 112 | 石国平 | 关于加强茶山储水设施建设管理的建议 |
| 113 | 房翔 | 关于提升西湖区文化影像，讲好大西湖非遗文化故事的建议 |
| 114 | 钱骏 | 关于打造“云上”法律服务平台，完善西湖区公共法律服务体系建设的建议 |
| 115 | 林芳、石磊 | 关于将脊柱侧弯筛查纳入中小学生体检项目的建议 |
| 116 | 黄荣荣 | 关于打造数字化赋能商业模式，树立数字新零售标杆的建议 |
| 117 | 吕群芳 | 关于加快未来社区建设步伐，推动高质量建设共同富裕示范区的建议 |
| 118 | 虞小东 | 关于加强全区学校体育场地对外开放管理，挖掘开放潜能方便居民健身的建议 |
| 119 | 张三田 | 关于利用数字赋能大力提升公共服务质量的建议 |
| 120 | 中共界别委员活动组 | 关于围绕生态美区战略，深入推进“双碳”行动的建议 |
| 121 | 丁翱 | 关于在老旧小区提升改造中解决“停车难”问题的建议 |
| 122 | 张红缨、章涛、沈国强 | 关于优化西湖区行政服务中心功能，进一步向基层乡镇、街道辐射的建议 |
| 123 | 汤珏弘 | 关于大力发展西湖区全民健身事业的建议 |
| 124 | 惠峪 | 关于设立金融服务平台，加强西湖区中小企业发展的建议 |
| 125 | 翁广禹、张梅根、郦春锦 | 关于加强西湖区基层中医药服务体系建设的建议 |

续表

| 案号 | 提案者 | 案　由 |
|---|---|---|
| 126 | 诸俊伊 | 关于建设“口袋运动场”的建议 |
| 127 | 王晓楠 | 关于加强灵活用工从业人员劳动获得感的建议 |
| 128 | 邹筱琦 | 关于打造全国未来社区标杆的建议 |
| 129 | 金晶 | 关于营造优化分层式“人区校共生”创新创业生态的建议 |
| 130 | 鲍承辉 | 关于助力全区实现“双碳”目标的对策的建议 |
| 131 | 孙雪俐 | 关于在我区深化开展社区老龄文化课堂的建议 |
| 132 | 程军 | 关于进一步加强镇街“小脑＋手脚”警网协同运行机制建设的建议 |
| 133 | 程辉、金晓月、赵崇高 | 关于加强老旧小区综合提升改造项目监管的建议 |
| 134 | 释果如、释心如 | 关于提升西溪山坞环境品质，综合治理山溪沟渠的建议 |
| 135 | 民族宗教界别委员活动组 | 关于推进落实西溪谷石人坞文化公园，共同促进“双西一体化”进程的建议 |
| 136 | 金敏星 | 关于加强对老年人保健品市场监管的建议 |
| 137 | 程江伟 | 关于强化镇街综合指挥中心功能的建议 |
| 138 | 胡敏 | 关于促进保障性租赁住房更好满足新市民居住需求的建议 |
| 139 | 徐娜妮、刘燕 | 关于提高校内晚托班质量的建议 |
| 140 | 郑旭英 | 关于“双减”政策下政府如何发挥统筹作用丰富学生业余生活的建议 |
| 141 | 刘燕 | 关于帮助老年人跨越“数字鸿沟”的建议 |
| 142 | 吴利铭 | 关于助力农村50后、60后老年人跨越“数字鸿沟”的建议 |
| 143 | 杨伦锋 | 关于以未来社区理念推动城镇老旧小区改造的建议 |
| 144 | 章宇舟、孙健 | 关于加大对基层疫情防控干部人文关怀的建议 |
| 145 | 李浩 | 关于完善我区公共卫生事件志愿者体系的建议 |
| 146 | 章宇舟、孙健 | 关于加快建设学校地下停车场接送中心的建议 |
| 147 | 刘瓅元 | 关于通过合作类课程进一步打造高品质西湖区艺术教育的建议 |
| 148 | 杨兴 | 关于进一步提升电动自行车充电安全的建议 |
| 149 | 励怡青、楼文东 | 关于探索制定互联网企业数据合规指引，服务西湖区域数字经济高质量发展的建议 |
| 150 | 吴家章 | 关于以“一湖三镇”联动发展为契机，加快推进国科大杭州高等研究院主园区建设的建议 |
| 151 | 俞晶 | 关于打造首批碳中和实时监测示范小区试点的建议 |
| 152 | 彭丽萍 | 关于定期开展西湖政协阅读日活动的建议 |
| 153 | 特邀界别委员活动组四组 | 关于提升西湖文创产业集聚度，打造文创产业高地的建议的提案 |
| 154 | 无党派界别委员活动组 | 关于进一步优化营商环境，支持企业发展，做好为企服务的建议 |
| 155 | 西溪街道政协委员履职小组 | 关于深化西湖区高校经济融合发展的建议 |
| 156 | 翠苑街道政协委员履职小组 | 关于改善老旧小区物业管理现状的建议 |
| 157 | 程昊 | 关于进一步推进居家养老服务工作的建议 |

续表

| 案号 | 提案者 | 案　由 |
|---|---|---|
| 158 | 区政协经济科技界别委员活动组委员会 | 关于构建新型产学研合作模式的建议 |
| 159 | 李斌、钱旭东 | 关于完善破产审判配套机制，助力优化营商环境的建议 |
| 160 | 郑明 | 关于西湖区引进电竞联赛主场，打造电竞文化特色街区的建议 |
| 161 | 沈飞龙 | 关于提高一线招商人员业务水平的建议 |
| 162 | 郑艳杰、吴志华、傅阳、张梅根、杨佳、吴美娜、沈飞龙、娄峥、项斯羽、罗芸、单莉萍、金敏星、汪立民、朱快、江岚、庞清华、赵水林、章碧珍、屈罂洁、张庭建、曾水清、刘继蕊、程军 | 关于持续加快推进蒋村龙舟文化馆项目建设的建议 |
| 163 | 朱玲娟 | 关于建立健全社区成长驿站，完善青少年心理咨询和干预的措施的建议 |
| 164 | 杨佳 | 关于优化我区垃圾分类的建议 |
| 165 | 刘亮为 | 关于进一步加强统战人士活跃度的建议 |
| 166 | 科技界别委员活动组 | 关于深化“体教融合”，促进青少年体育发展的建议 |
| 167 | 闫菲 | 关于以联合创新结合乡村振兴带动农民共同富裕的建议 |
| 168 | 留下街道政协委员履职小组 | 关于推进小和山单元支小路移交的建议 |
| 169 | 桑健 | 关于促进我区直播电商产业健康发展的建议 |
| 170 | 潘海颖 | 关于消减职业女性生育阻力的思考的建议 |
| 171 | 特邀界别委员活动组三组 | 关于加强我区法治人才培养使用，助力法治政府建设的建议 |
| 172 | 黄勇 | 关于加强数字赋能，全力打造“文三数字生活街区”的建议 |
| 173 | 杨鹏飞 | 关于推进优秀传统文化进校园的建议 |
| 174 | 蒋黎江、董重、毛媛霞 | 关于发挥国有资本引导功能，推动产业集聚升级的建议 |
| 175 | 特邀界别委员活动组二组 | 关于进一步提升纳税便利度，打造惠民惠企税务生态圈的建议 |
| 176 | 王晓楠 | 关于加快推进合法性审查数字化平台建设，提升基层治理法治化水平的建议 |
| 177 | 江岚 | 关于优化蒋村街道凌波路附近道路交通的建议 |
| 178 | 江岚 | 关于加快蒋村区块农贸市场建设和投入使用的建议 |
| 179 | 谢永胜 | 关于加强西湖区数字政府建设中的个人隐私保护及敏感数据防泄漏能力的建议 |
| 180 | 吴坚 | 关于解决弱势群体“数字鸿沟”问题的建议 |
| 181 | 郑艳杰 | 关于进一步加强西湖区校企合作工作的建议 |
| 182 | 申柱石、南北鸣 | 关于打造企业全生命周期成长服务体系，为西湖区培育一批专精特新成长型企业的建议 |
| 183 | 洪干军 | 关于老旧小区改造及改造后续管理的建议 |
| 184 | 洪干军 | 关于共同富裕发展中对弱势就业人员加强支持的建议 |

续表

| 案号 | 提案者 | 案　由 |
|---|---|---|
| 185 | 吕亚军、谢炯 | 关于强化新型“4050人员”的灵活用工指导，完善我区多元就业供给体系的建议 |
| 186 | 任峰、俞宝泉、卢莹 | 关于打造两老提升改造新品牌新地标的建议 |
| 187 | 邵建松、缪志坚、石磊、章碧珍、张露莎 | 关于加快之江板块配套建设的建议 |
| 188 | 秦健 | 关于加快我区“专精特新”中小企业培育的建议 |
| 189 | 区政协经济科技界别委员活动组委员会 | 关于大力培育“专精特新”中小企业，打造西湖区制造业竞争新优势的建议 |
| 190 | 龚小林、樊笛 | 关于进一步促进我区上市公司做大做强的建议 |
| 191 | 俞哲 | 关于高质量建设城西科创大走廊桥头堡，打造人才友好型空间的建议 |
| 192 | 金鑫 | 关于优化双浦发展空间，推动制造业发展的建议 |
| 193 | 谈建琪 | 关于优化完善纺织产业链和服装上下游生态圈的建议 |
| 194 | 侨联界别委员活动组 | 关于加强空巢老侨服务保障，助力打造老年友好型社会的建议 |
| 195 | 郦春锦、罗芸 | 关于西湖区保护学龄儿童视力和增强学龄儿童体质的建议 |
| 196 | 江素琴 | 关于加强检测机构建设，助推生物医药产业快速发展的建议 |
| 197 | 释果如、蔡阳敢 | 关于我区社区矫正工作面临困境及对策的建议 |
| 198 | 双浦镇政协委员履职小组 | 关于推动双浦新发展的建议 |
| 199 | 王燕、陈敏、丁雨倩、万明华、计玉妹、邵贤、章丹红、梁法明 | 关于切实将基层村社减负工作落地生根的建议 |
| 200 | 丰睿 | 关于西湖区公共场所加强自然通风设施建设的建议 |
| 201 | 倪国昌 | 关于以亚运会为契机，将古科园提升改造成为国际风范街区的建议 |
| 202 | 何易楠、郑伟韬、杨斌、王孟秋 | 关于加强归国留学人员创业服务，助力留学人员成长发展的建议 |
| 203 | 文新街道政协委员履职小组 | 关于加快建设智慧居家养老服务体系的建议 |
| 204 | 文新街道政协委员履职小组 | 关于加强我区民生综合体建设管理的建议 |
| 205 | 梁薇 | 关于进一步提升民生综合体服务成效的建议 |
| 206 | 赵德利 | 关于有机更新之江地区存量城市公共空间的建议 |
| 207 | 蔡阳敢 | 关于高质量推进我区未来社区建设的建议 |
| 208 | 徐庆祥 | 关于支持和帮助宗教团体充分发挥桥梁纽带作用的建议 |
| 209 | 刘继蕊 | 关于借助西湖区文化优势，打造宋韵文创市集的建议 |
| 210 | 娄峥 | 关于加快“智慧养老社区”应用场景建设的建议 |
| 211 | 周书剑 | 关于推进我区智慧养老社区建设的建议 |
| 212 | 黄桂悦、石磊、章碧珍、姬海鹰 | 关于进一步打造西湖区“文化下午茶”品牌活动的建议 |
| 213 | 王春凤 | 关于设立西湖区天使投资母基金，助推中小企业发展的建议 |
| 214 | 灵隐街道政协委员履职小组 | 关于混合型小区实行大物业综合管理的建议 |

续表

| 案号 | 提案者 | 案　由 |
|---|---|---|
| 215 | 张敏霞 | 关于普及公筷公勺为全民健康守好门的建议 |
| 216 | 单莉萍 | 关于加强西湖区中小学生职业启蒙教育的建议 |
| 217 | 郑璇 | 关于推动实施西湖区普通中小学职业启蒙教育的建议 |
| 218 | 陈建若 | 关于打造古墩路家居新零售生态商圈的建议 |
| 219 | 李澍田 | 关于在未来社区（老旧改类型）建设中均衡发展各场景的建议 |
| 220 | 翁广禹 | 关于加强基层物业管理专职力量的建议 |
| 221 | 胡亮 | 关于规范政协委员在政协会议及履职期间相互称呼的建议 |
| 222 | 吴敏 | 关于推动文旅融合与城乡互动，助力构建西湖共富新局面的建议 |
| 223 | 鲍力 | 关于西湖区老旧小区综合提升改造的建议 |
| 224 | 社会福利和社会保障界别委员活动组 | 关于推进居家适老化改造工作的建议 |
| 225 | 民盟西湖街道政协委员履职小组区基层委员会 | 关于规范加装电梯后续使用管理的建议 |
| 226 | 邵建松、刘燕、吴惠萍、陈华勇 | 关于完善全区既有住宅加装电梯管理的建议 |
| 227 | 妇联界别委员活动组 | 关于建设儿童友好型城区的建议 |
| 228 | 鲁华芳、徐静敏 | 关于疫情形势下我区民宿产业逆势发展的建议 |
| 229 | 徐静敏 | 关于探索“小小委员议事厅”青少年参与协商工作的建议 |
| 230 | 金晓月 | 关于进一步推进青少年心理健康教育及品牌建设的建议 |
| 231 | 李晓一 | 关于建立我区青少年心理健康服务平台的建议 |
| 232 | 徐娜妮、刘燕、朱义雯 | 关于加快解决北山街道社区卫生服务中心危房加固的建议 |
| 233 | 卢茗渊 | 关于推进智慧居家安全养老的建议 |
| 234 | 朱钰芳 | 关于厚植西湖品质，共同富裕文化先行的建议 |
| 235 | 姬海鹰、章碧珍 | 关于加快升级之江文化产业带数字影视科技产业的建议 |
| 236 | 王吉刚 | 关于我区老旧小区改造及长效管理的建议 |
| 237 | 沈良波、姚冰 | 关于法治引领社区治理的建议 |
| 238 | 金玮 | 关于加强电动自行车头盔安全使用的建议 |
| 239 | 李彬 | 关于推荐全民口腔健康状况监测工作的建议 |
| 240 | 西湖街道政协委员履职小组 | 关于建设翁家山村文化长廊的建议的提案 |

# 中共杭州市西湖区纪律检查委员会
# 杭州市西湖区监察委员会

## 综　述

【重要会议】2022年2月28日，区纪委十届二次全会和全区深化作风建设大会召开。会议深入学习贯彻习近平总书记关于全面从严治党的重要论述，落实十九届中央纪委六次全会、省纪委十四届七次全会和市纪委十二届七次全会精神，总结和部署全区纪检监察工作，深化“清廉西湖”建设，纵深推进全面从严治党。12月14日，全区“清廉西湖”建设工作推进会召开。会议学习贯彻党的二十大精神，领会习近平总书记关于全面从严治党和党的自我革命的重要思想，落实“清廉浙江”“清廉杭州”推进会部署要求。会上通报全区20个“清廉西湖”建设优秀实践案例，区教育局、三墩镇、外桐坞村、区综合行政执法局西溪中队4个单位做交流发言。

【案件查处与清廉建设】2022年，区纪委监委加大案件查处力度，立案175件，处分党员干部162人，其中区管干部7人，采取留置措施12人，移送司法机关6人，通过执纪审查和监察调查挽回直接经济损失1021.63万元。集中力量开展问题线索、案件“大起底、减存量”专项整治，起底问题线索、案件33件，办结25件。坚持以案促改、以案促治，发出纪检监察建议书30份，查办案件经验做法被省纪委主要领导批示肯定2次。深化把握运用“四种形态”，实践运用“四种形态”处理318人次，采用谈话函询76件次。建设“清廉西湖”，建立健全“清廉单元”协同推进机制，制定“清廉单元”建设重点清单22项，培育市区两级清廉示范点30个，被评为“清廉杭州”建设优秀实践案例5个。探索规范清廉站所建设，颗粒化建设指标34项。打造“西湖清廉馆”“廉·画外桐坞清廉村居馆”“清风拂溪畔”廉洁文化线路等廉洁文化阵地，营造崇廉尚廉氛围。

【公权力大数据监督】2022年，区纪委监委贯彻省纪委公权力大数据监督应用建设部署，推动数字化改革，推进公安系统公权力大数据监督应用建设，重点打造涉案财物监督、办案场所监督、涉企挂案监督等场景，试点场景获全省推广。推进基层小微权力平台应用，平台归集数据45.79万条，对风险事项进行预警并实现100%处置，助推村级工程、困难救助等环节规范运行。推广“监督一点通”平台应用，畅通基层监督和为民服务渠道，受理群众诉求3735件。

【群众利益监督保障】2022年，区纪委监委维护保障群众利益，围绕基层关切开展村级10%留用地项目开发管理、城建计划滞后项目专项监督，实现160个留用地项目和31个城建滞后项目监督全覆盖，督促整改问题103个。聚焦招投标管理、“三资”管理等重点领域，查处群众身边的腐败和作风问题6起，党纪政务处分5人。加强专项治理，惩治涉黑涉恶腐败和“保护伞”，查处问题21起，党纪政务处分15人，移送司法机关3人。推进漠视侵害群众利益问题专项整治，聚焦社保政策落实不到位、电信网络诈骗等10个突出问题，监督推动职能部门履行职责，组织督查107次，发现并推动整改问题106个，批评教育帮助和处理16人。提升信访处置质效，启动重复检举控告“清零”专项行动，检举控告量、初次举报量和重复举报量分别比上年下降30.9%、22.9%和48.8%。

【纪检监察队伍建设】2022年，区纪委监委强化政治建设，完成纪委换届工作。加强新一届班子政治建设，完善区纪委常委会议事规则，落实“第一议题”制度，区纪委常委会、理论学习中心组、机关党总支发挥引领作用，纪检监察队伍战斗力增强。强化能力建设，建立委机关和派驻机构月度工作“五张清单”机制，差异化制定委机关、派驻机构、镇街纪（工）委年度考核办法，推动形成层层负责任、级级抓落实的工作格局。加强纪检监察干部能力素质培养，开展“筑基提能”专项行动，启动“青苗实践”年轻干部成长计划，升级全员培训，择优选派干部进行挂职锻炼、轮岗交流、以案代训和基层历练。主动接受人大监督，向区人大常委会报告整治群众身边的腐败和不正之风工作情况。聘请特约监察员，向党外人士通报党风廉政建设和反腐败工作情况。

## 巡察监督

【政治巡察】2022年，区委巡察机构坚持以习近平新时代中国特色社会主义思想为指导，学习贯彻习近平总书记关于巡视巡察工作的重要论述，深入全面学习贯彻党的二十大和十九届历次全会精神，贯彻落实中央和省市区委关于巡视巡察工作的重大部署。深化政治巡察，高质量推进新一届区委巡察开局，打造“码上巡察”应用平台，完成“亚运攻坚”专项巡察和民政系统归口联动巡察。全年开展三轮对14个镇街、区属单位和50个村社的常规巡察，发现问题897个，移送问题线索9条，向区委提交4份专项报告，向区属职能部门发送巡察建议书3份。

【巡察机制强化】2022年，区委巡察机构制定出台《区委巡察特邀联络员队伍建设管理办法（试行）》，从业务条线抽调24名专业干部成立特邀联络员队伍，加强贯通协调，形成巡察合力。健全巡察整改工作体系，出台《区领导落实“一岗双责”推进巡察整改暂行办法》《统筹推动巡察整改和成果运用的操作办法（试行）》，推动巡察整改工作提质增效。

## 作风建设

【警示教育】2022年，区纪委深化以案为鉴，利用忏悔录、剖析材料、旁听庭审等方式开展廉政教育，帮助干部从思想深处引起警醒、戒惧。以身边事教育身边人，拍摄制作警示教育片《被吃喝击溃的人生》。编制《国企领域职务犯罪典型案例警示录》，发放给全区国企单位。组织“清廉西湖”法纪宣讲团宣讲10次，组织庭审旁听3次、远程观看庭审直播3次。提高廉政教育贴近性和威慑力，“清廉西湖”微信公众号《纪法课堂》专栏编发推送廉洁从政、纪法学习、案例通报等内容300多条，发布公职人员接受审查调查、受到党纪政务处分、开庭审理等权威通报，阅读量11万人次。深化同级同类警示教育，举办家书征集、纪法宣讲进基层等廉洁文化系列活动，拍摄警示教育片2部，召开警示教育大会2场，面向年轻干部、新提拔或调整的区管干部开展集体廉政谈话、专题讲授党课，接受教育党员干部3.2万人次。

【作风建设】2022年，区纪委监委贯彻落实中央八项规定精神，深入开展违规吃喝、违规收送礼品礼金、公车使用管理、违规建设楼堂馆所等专项治理，查处违反中央八项规定精神问题11人，其中党纪政务处分9人。重点纠治形式主义、官僚主义，整治不担当、不作为、不落实问题，查处“三不”问题30起，处理38人。开展党员干部、公职人员酒驾醉驾及其背后“四风”问题专项治理，查处问题129起，党纪政务处分121人，组织处理8人。把握“三个区分开来”，健全完善容错免责事前备案机制，严肃查处诬告陷害行为，开展澄清正名工作，办理容错免责备案事项2起，查处诬告陷害行为3人，澄清失实举报2起，回访教育68人。

（区纪委监委）

# 民主党派

## 民革西湖区基层委员会

【概况】2022年，民革西湖区基层委员会设支部6个、专委会4个，吸纳新党员7人，总人数扩大至160人。聚焦中共二十大主线，组织集中学习21次。向市“两会”提交提案12件，向区“两会”提交提案20件。组建“基层治理”“共同富裕”“民营经济”3个课题组，形成课题成果7篇，向民革市委会上报信息80篇，被中央、省、市等部门录用35篇次。探索社会服务新形式，推广“同心博爱”社会服务品牌，被评为民革浙江省2017—2021年度先进集体、2021年度民革全省社会服务工作先进集体、2021—2022年民革杭州市委会参政议政工作先进集体一等奖。民革西湖一支部被评为最强支部，基委会服务品牌“同心博爱”被评为特色品牌。民革党员刘晔被民革中央评为民革助力脱贫攻坚工作先进个人，党员沈小强、张天立、徐国英、程江鸿被评为民革浙江省2017—2021年度先进个人，江岚被评为全省社会服务工作先进个人，徐国英被评为2020—2021年度全省参政议政工作先进个人二等奖，齐永丽被评为全省宣传思想工作先进个人，鲍剑凌、郑建南被评为2021—2022年民革杭州市委会参政议政工作先进个人，王晓楠、张天立、陶俊被评为2021年度民革杭州市委会信息工作先进个人，张红缨被评为2022年杭州市劳动模范。

【民革参政议政】2022年，民革西湖区基层委提交的《大力推进“大综合一体化”行政执法改革》获2021—2022年民革杭州市委会优秀调研成果一等奖，《关于统筹全区平台、镇街经济发展工作的建议》被评为西湖区2021年度优秀提案，《关于西湖区未来乡村建设的建议》被评为2021年度西湖区党派大调研活动三等奖。党员陶俊《关于严厉整治利用“网红儿童”进行牟利行为的建议》被民革中央录用，党员郑建南《共同富裕视角下杭州42个相对欠发达乡镇产业高质量发展研究》《“银龄返乡养老助村”推进乡村振兴带动城乡共同富裕》2篇论文入选第五届《莫干山会议论文汇编》，调研文章《杭州相对欠发达乡镇产业高质量发展的路径》被杭州市委党刊《杭州》第19期刊发，《推动乡村产业高质量发展，努力实现城乡共富》获省领导批示，党员李奕粲《关于健全氢能全产业链、建立具有全球竞争力的氢经济体系的建议》被民革省委会转化为提案带至全国“两会”。党员鲍剑凌《关于推动我区乡村振兴实现共同富裕的建议》、李奕粲《探索文化产权保护新机制，持续激发文创产业新活力》、章涛《关于疫情影响下，进一步提高对民营制造业支持的建议》、徐国英《关于加快制订出台西湖区农村住房建设管理办法的建议》均被区政研室录用。

【民革社会服务】2022年，民革西湖区基层委深化同心博爱服务品牌，社会服务专委会服务团在同心博爱服务基地开展活动3次。助力疫情防控，党员吕董军向西湖区城管捐赠5000只N95口罩、50套3M防护服和防护眼镜。助力共同富裕，党员程江鸿累计承担学生费用2000多万元；党员刘晔所在公司向萧山区慈善总会及红十字会捐款130万元；党员盛铭所在公司为西湖区星洲小学捐助价值3万元书本；党员江岚给浙江省妇女儿童基金会捐款1万元，为贵州凯里、湖北恩施两地3名结对学生捐款1万元；党员周培永为杭州市“春风行动”捐款2万元，为诸暨市慈善总会捐款5万元，为衢州助农捐款1万元，在杭州市闸弄口麦苗社区开展结对帮扶，为社区40人提供帮扶礼品等。助力杭州亚运，党员黄莉参加“益讲西湖”活动37次，为游客讲解亚运场馆建设和西湖故事。助力企业服务，党员胡晓升带领西湖企业服务中心开展服务100多次，惠及企业30多家。

【民革联谊活动】2022年，民革西湖区基层委开展对台交流，化交支部2名党员参加两岸联谊会专题学习交流沙龙；党员张天立与中国台湾地区中华工商文教资讯交流协会董事长、台湾荣耀集团公司吴祥隆等人、台湾东赋生物科技研发团、台湾爱康智能股份有限公司在线上就两岸科技交流合作事项进行沟通；党员屈健灵参加“三胞”亲属联谊活动。

【“宋溪湖党派之家”建设】2022年，民革西湖区基层委选址宋溪湖书院作为新党员之家，设置参政议政室、传习讲堂、党员读书交流区、民革会客室、民革大事记展示区。开展每月“议政＋读书会”7期、主题学习活动2期。每月一期的“议政＋读书会”由民革党员中的人大代表、政协委员轮值组织开展，年轻党员骨干参与分享交流读书体会。通过读书分享会，提高自身理论知识水平和精神素养，激发履职热情。

（区委统战部　何阳筠）

2022年11月9日，民革西湖区基层委赴渌渚镇调研宋韵文化

（区委统战部　供稿）

## 民盟西湖区基层委员会

【概况】2022年，中国民主同盟杭州市西湖区基层委员会（简称民盟西湖区基层委）设支部4个。以教师为主，发展管理、法律、经济等行业盟员，有盟员125人。加强组织建设，推进调查研究，提高建言资政水平。全年出台文件6个，完善课题调研、社会服务、内部监督管理等工作，促进基层组织管理规范化。开展"双创双建"，民盟西湖区基层委年内被评为民盟市委会先进基层委员会，教育二支部被评为民盟省委会十佳特色基层组织，教育一支部、二支部和综合支部被评为民盟市委会五星级支部，保俶塔实验学校支部被评为四星级支部；基层委"教育共富"工程被评为区统战部民主党派星级特色品牌。主委缪凌蓉被评为盟中央社情民意信息工作先进个人，吴家章、文扬被评为区政协"请你来协商"先进个人，鲍雯雯被评为区政协反映社情民意信息工作先进个人，朱钰芳、朱义雯、文扬、鲍雯雯被评为区政协协商驿站优秀委员。

【民盟助力参政议政】2022年，民盟西湖区基层委聚焦中心深入课题调研。确定"加强慈善工作体系建设，助力共富首善之区创建"等5个主要课题开展调研，申报盟市委课题立项招标，中标6个。围绕区委中心工作资政献言，1篇调研文章获区统战部大调研成果二等奖，1篇调研文章入选盟中央第十三届民生论坛。全年递交市区政协、人大提案19件、社情民意100篇，其中民盟中央采用2篇、民盟省委会采用20篇、民盟市委会采用47篇。集体提案《关于加快推进铜鉴湖周边乡村旅游产业高质量发展的建议》被评为区政协优秀提案；《关于幼儿园教师编制和待遇问题的相关建议》被列为市政协教育界别集体提案，相关建议在主城区试行。《推动高校基金会可持续发展》提案被盟中央录用，《助推未来社区建设和管理的调研与思考》提案被盟省委录用，《关于进一步推进我区环境保护工作的建议》《关于进一步健全社区成长驿站的建议》被区政研室录用。

【民盟践行社会服务】2022年，民盟西湖区基层委开展诵读会、共富行、送温馨等特色社会服务，做好教育共富结对帮扶，在袁浦小学成立教育共富建设基地，盟员专家助力袁浦小学教育管理提升。开展"亚运会，我参与"活动，对体验区硬件设施、文化软件提升等方面提出意见、建议。深化品宋韵精品文化系列活动，以西湖区铜鉴湖地区昙山石刻、风水洞摩崖石刻为展示原型，举办“唐宋摩崖石刻拓片展”及互动体验活动。联合“晓风书屋”举办“晓风宋韵”书籍特展活动，将宋代古籍、宋韵文化解读等著作推向社会。联动艺创小镇举办宋韵文创作品大赛。坚持社会服务，一支部组织参与支教活动，与四川甘孜、安徽砀山和省内青田、海宁、淳安等结对学校举办报告会3场、讲座6场、线上教学交流15场。开展教育直通车政策宣传，深入社区、企业宣传招生政策，举行咨询服务3场，主持专项协调会4次，发放宣传卡230张，现场接待群众180人。二支部开展暑期中小衔接音标培训，帮助新初一学生打好英语学习基础。综合支部组建医疗志愿者队伍，为辖区孤寡年长老人开展志愿服务，举行医疗诊断等服务5场。

（区委统战部　俞雁雁　杨忆新）

2022年6月12日，民盟西湖区基层委开展“‘薪火相传·携手共进’纪念杭州民盟地方组织成立75周年活动”

（区委统战部　供稿）

## 民建西湖区基层委员会

【概况】2022年，中国民主建国会杭州市委员会西湖区基层委员会（简称民建西湖区基层委）新发展会员18人，累计232人。贯彻民建省市委工作部署，全年召开班子会议4次、支部班子会议30多次，集体研究决策重点工作、会员发展、参政议政、支部建设等重大事项。强化自身建设，加强与各支部班子指导联系，走访慰问会员30人次。基层委被评为西湖区民主党派“双创双建”工程和民建“思源工程”特色品牌，获西湖区“党派大调研”活动一等奖，《关于我区大力发展高校经济的几点建议》被评为区政协优秀集体提案。第三、第五支部被评为民建杭州市先进支部，第一、第二、第七支部被评为民建杭州市鼓励支部。会员企业杭州埃梯梯智慧水务有限公司获工业和信息化部专精特新“小巨人”企业称号，会员企业杭州盈动投资管理有限公司被评为2022年度浙江优秀天使投资机构。

【民建参政议政】2022年，民建西湖区基层委加强参政议政工作，组织会员主动参与调研问政。参与市委会参政议政春季课题招标申报课题18件，立项11件；申报冬季招标课题14件，立项9件。西湖区“两会”期间，基层委有3名人大代表、27名政协委员参会，会员聚焦经济建设、科技创新、举办亚运、宋韵文化、乡村振兴、未来社区等领域，提交个人及联合提案32件、集体提案3件。会上，余勇刚做《关于建设“大综合一体化”行政执法数字化法制审核平台的建议》、谢永胜做《关于深化数字经济“一号工程”的建议》发言。围绕打造一流营商环境、促进西湖经济高质量发展、打造共同富裕示范区等主题建言献策，借助区“两会”、课题调研、社情民意、专项民主监督等平台和载体，提升参政议政履职能力。提交社情民意98篇，其中民建中央录用4篇、省委统战部录用4篇、省政协录用3篇、民建省委会录用17篇、民建市委会录用26篇。

**【民建社会服务】**2022年，民建西湖区基层委推进牵手紫荆花、爱心助学行动等社会服务活动，通过注重整合资源、丰富载体、创新形式、打造特色，提升社会服务品牌影响力。3月，民建会员企业家联谊会西湖分会了解西溪街道急需一批防疫物资后发出倡议，在24小时内凑齐40顶防风帐篷、100支手持式额温枪等防疫物资和设备，支援基层疫情防控工作。5月和9月，西湖分会两次走进杭州紫荆花学校，和师生一起庆祝“六一”儿童节和教师节并送上慰问品。8月，基层委与临安太阳镇双庙村、太阳麦田农业合作社建立双庙麦田共富实践基地，帮助农民增收4000多元，并认购临安浪山村价值3.6万元的大米。9月，四川甘孜州泸定县发生6.8级地震，会员企业星曜堂国际厨艺学院紧急筹备100箱约5万元的月饼发往地震灾区，为抗震救灾献出爱心。开展帮扶助学，会员邹峻发起的“杭州甘霖助学基金会”在贵州黔东南州台江县民族中学、云南大理州巍山县第一中学等12所学校设立“甘霖班”，累计资助贫困学子1307人，合计资助生活费988.76万元。“甘霖班”238名甘霖生参加2022年高考，多名甘霖考生被浙江大学、中国人民大学、同济大学、中国科学院大学等高校录取。

（区委统战部　郭一勉）

2022年7月9日，民建西湖区基层委开展“杭州民建会员企业家联谊会西湖分会”活动

（区委统战部　供稿）

## 民进西湖区基层委员会

**【概况】**2022年，中国民主促进会杭州市西湖区基层委员会（简称民进西湖区基层委）新发展会员3人、转出1人，会员总数137人。加强政治学习，发放《信仰的味道》一书，组织会员撰写读书笔记，并开展读书心得交流。开展民进教师会员集中宣传，全年被录用稿件77篇，其中新华网、《今日头条》、浙江统战公众号、《开明杂志》各1篇，主委顾余丹的《推动托幼一体化建设》一文被《团

结报》采用。年内，基层委被市委会评为五星示范型组织、学习宣传工作先进集体、参政议政工作先进集体、庆祝杭州民进成立70周年系列活动特别贡献奖。西湖联合支部被省委会评为民进浙江省委会2017—2021年度先进基层组织。教育一支部被区委统战部评为西湖区民主党派“双建双创”评比最强支部。

2022年4月21日，民进西湖区基层委开展“学交做”活动

（区委统战部　供稿）

**【民进组织建设】**2022年，民进西湖区基层委推进组织建设，发展多位优秀人才入会。开展“学交做”活动，联合支部制定《2022年民进西湖联合支部会员目标任务安排表》和《民进西湖联合支部2022年会员履职考核记录表》，明确会员参加组织生活、培训学习、参政议政、会费交纳、宣传报道、社会服务、双岗建功等工作任务。教育一支部制定支部年度计划，通过支委每月例会、支部每季度活动、新老会员结对等机制，确保支部活动组织到位。教育二支部开展“喜迎八一军民共建”慰问活动，前往某部队驻杭某部参观慰问，增强会员国防意识。联合支部与教育二支部前往浙江华策影视集团总部，参观了解浙江华策影视技工学校招生情况和学生后续的发展。退休支部走进西湖区三墩镇民生综合体，参观了解了综合体的建设和运营情况，通过观察、聆听、体验、交流，加深区委区政府聚焦民生需求决策的理解。

**【民进参政议政】**2022年，民进西湖区基层委有16位区政协委员、1位市政协委员，市、区“两会”期间提交提案18件。关注教育“双减”、养老产业、文化旅游产业提升、网红经济、乡村振兴、小区垃圾分类管理等问题并提出建议。其中集体提案《关于在双减背景下推广亚运会团队运动手球项目促进青少年健康成长的建议》作为区政协大会书面发言，调研文章《公办幼儿园托幼一体化，加快发展普惠托育服务体系》成为市政协“请你来协商”专题发言材料。加强信息骨干队伍建设，定期在信息工作群发布信息热点。组织信息骨干调研萧山区瓜沥镇未来社区建设情况，对梅林村和七彩社区进行实地考察。骨干会员根据自己职业特长，分领域开展调研。教育领域的会员对杭州市职业院校发展、西湖区托幼一体化建设等课题开展专项调研。围绕“完善现代职业教育体系，推进技能型社会建设”，为职业教育发展出谋划策。围绕“推进公办幼儿园托幼一体化，加快发展普惠托育服务体系”主题，为解决孩子托育问题出谋划策，该课题被区委统战部立项。周英会员撰写的资政报告《以深化推进“艺朵云校”建设赋能我省中小学美育水平的全面提升》获时任副省长成岳冲批示。信息年度考核周期中，基层委被各层级录用社情民意33篇。在市政协“请你来协商”月度协商座谈会上，围绕“推进托育机构发展，建设育儿友好型社会”协商议政，市政协委员、民进西湖区基委会主委顾余丹代表民进界别组做《推动公办幼儿园托幼一体化加快发展普惠托育服务体系》的交流发言。

【民进社会服务】2022年，民进西湖区基层委落实民进杭州市委会“矢志不渝跟党走、携手奋进新时代”政治交接主题教育要求，组建由11名会员代表组成的西湖民进支教团，与淳安县汾口镇签订结对帮扶协议，开展以“共筑山海同心桥，教育共富向未来”为主题的结对帮扶活动。向汾口镇中小学赠送价值1万元的书籍，鼓励学生养成爱读书、读好书的良好习惯。书籍内容涉及政治、历史、文化、科技、文学、教辅等。全省中学语文优质课特等奖获得者、会员李浩和《杭州乡土语文》等读本主编、会员徐社东，为学生开设示范课。做好与紫荆花学校结对工作，为每位在校学生送去整套文具。由会员钱昊出资，围绕“弘扬中华传统文化、全力助推乡村振兴、扎实推进共同富裕”主题，开展“开明·公益行”职业教育助力乡村发展活动。依托杭州中华职业专修学校和市农科院茶叶研究所，为转塘街道失业、失农人员提供免费的职业技能培训。年初疫情来袭时，会员钱昊第一时间筹集防疫物品1.5万件，送往杭州市发改委、杭州东站、西湖区财政局、古荡街道等27个部门和单位。发挥基委会名师优势，做好支教送教工作。会员葛春山在新疆阿克苏市第十五中学支教兼任杭州援疆教师团后勤副团长；裘海波会员远赴迪拜支教，担任迪拜中国学校音乐老师；会员郑雄民前往淳安汾口中学，开展为期两年的支教；会员徐敏娜前往杭州市西溪医院，为医护人员子女暑托班送教，打响联合支部“暖阳阳”社会服务品牌。

（区委统战部　张　恺）

## 农工党西湖区基层委员会

【概况】2022年，中国农工民主党杭州市西湖区基层委员会（简称农工党西湖区基层委）新发展和转入党员7人，累计党员99人。基层委设3个支部、4个工作委员会。设主任委员1人、副主任委员4人。其中基层委党员在农工党市委会担任市委员2人、监督委员会委员1人。农工党西湖区基层委学习贯彻中共二十大会议精神，围绕“十四五”规划和2035年远景目标，聚焦区委中心工作，团结农工党党员同心同德，群策群力，主动作为，为加快打造全面小康、全域美丽、全民幸福的首善之区发挥民主党派力量。

【农工党参政议政】2022年区“两会”期间，11名区人大代表、政协委员围绕中心大局建言献策。向区政协六届一次会议提交集体提案2件、个人提案议案13件。组织基层委骨干党员开展社情民意专题培训学习1期。基层委集体提案《关于完善突发公共卫生事件应急储备的建议》获优秀提案；党员吴惠萍获社情民意先进个人。选派基层委骨干党员参加市委会信息沙龙培训3期；推进党员议政，利用“参政议政骨干党员”微信群开展“线上信息沙龙”，围绕共同富裕、疫情防控、“双减”等中心工作和时事热点开展主题讨论。全年反映社情民意55篇。深入开展调研活动。举办党派轮值活动暨石虎山机器人创新基地参观考察活动，组织党员调研瑞尔明康（浙江）医疗科技有限公司和新农村建设。农工党西湖区基层委被评为浙江省委会“宣传思想工作优秀集体”，党员张晶晶获反映社情民意三等奖。

2022年6月8日，农工党西湖区基层委开展“党派轮值活动暨石虎山机器人创新基地考察活动”

（区委统战部　供稿）

【农工党助力疫情防控】2022年，农工党西湖区基层委医卫界农工党党员知重负重，在组织调度、流调排查、核酸采样、化验检疫、院感技术指导监督等工作中坚守一线。非医卫界党员参与各级各部门志愿服务，协助排查、采办物资、捐赠慰问，用实际行动支援一线医护人员。发挥党派医卫界别优势，发挥同心医疗站作用，擦亮农工党西湖区基层委同心医疗服务点的品牌。结合中医“治未病”理念，开展慢病高危人群中医健康管理。在服务站内举办健康讲座5次，发放健康宣传资料1200份。

【农工党社会服务】2022年，农工党西湖区基层委联合区卫健局开展座谈交流及社区义诊健康服务活动；联合区市场监管局、区疾控中心开展“世界肝炎日”宣传活动；联合区农业农村局开展提升区级森林消防队伍建设调研活动；联合文新街道开展“贯彻学习二十大精神，传承西湖红色文化根脉”学习活动；联合北山街道开展“六一儿童节游园会”及义诊活动。全年组织义诊活动5次，开展义诊活动的党员20人次，惠民500人次。

（区委统战部　陈苏兰）

## 致公党西湖区基层委员会

【概况】2022年，致公党西湖区基层委员会设支部5个、专门委员会5个、企业家联谊会1个，党员108人，其中省市区人大代表、政协委员党员22人。二届基层委员会设主委1人、副主委4人、委员6人（含秘书长1人）。推进自身建设，年内增补支部主委、副主委和专委会主任。加强自我监督，试点组建基层委监督小组，推进组织规范化建设。致公党西湖区基层委员会被评为致公党浙江省委会社会服务工作先进集体和杭州市委会综合先进集体，被评为宣传思想工作、参政议政工作、组织工作 3 个单项先进集体。17 名党员获致公党中央和浙江省委会、杭州市委会先进个人称号。

【致公党参政议政】2022 年，致公党西湖基层委在省、市、区“两会”上提交议案提案建议 22 件，陈钢撰写的《科学构建知识产权服务链，提升服务产出供给质量》提案被选为大会发言材料，并被评为省政协重点提案。在市政协十二届一次会议上，毛方强执笔的《关于推动垃圾治理数字化转型的建议》成为致公党界别集体提案。区政协第六届一次会议上，提交提案建议 19 件。全年报送社情民意信息 25 篇，申报市委会课题 4 项、区委统战部课题 1 项，撰写的《关于高质量推进西湖区乡村共同富裕的调研报告》获西湖区“党派大调研”活动二等奖。在长埭村举行“议政日”活动，围绕未来乡村建设、助力乡村共同富裕、深化老旧小区改造提升等方面建言献策。开展“迎亚运”城市环境品质提升专题调研活动，开展“调研未来乡村建设，助力共同富裕”视察活动，承办区委统战部民主党派轮值暨走进西湖大学云谷校区专题调研活动。

2022 年 10 月 12 日，致公党西湖区基层委承办西湖区民主党派轮值暨走进西湖大学云谷校区专题调研活动

（区委统战部　供稿）

【致公党社会服务】2022 年，致公党西湖区基层委党员张帆为浙工大附属实验学校捐赠价值 2 万元的图书，累计为学校捐赠近 18 万元的图书和学习用品。深化帮扶助困，参加建德大慈岩双泉村扶贫共富结对活动，闫非创立何家村文化礼堂助残共富合作项目，助力解决残疾人及下岗职工再就业问题，组织公益慈善晚会，向市残联基金委帮扶的自闭症患者捐助基金 17.8 万元；方达作为西湖龙井茶管理协会常务理事，组织邀请中国农业科学院茶叶研究所专家到四川省甘孜州九龙县指导龙井 43 号茶苗种植、管护，并做好茶及茶文化推广传播。助力亚运，争做亚运宣传者、服务者，党员创作摄影、书法、影视作品。二支部组织“文明出行宣传”，五支部开展“迎亚运，洁美杭城我参与”公共环境卫生大督查活动。党员陶椿组织参加“浙、港、澳、台青年伙伴行”活动。

【致公党自身建设】2022年，致公党西湖区基层委加强思想政治建设，开展中共二十大学习宣传，组织学习《中国共产党政治协商工作条例》、省第十五次党代会、市委十二届十四次全会及致公党省市委会会议精神，增强党员政治意识。召开基层委民主生活会、班子述职会、专题工作会议。加强与相关部门联系，发展新党员。加强教育培训，选派党员参加省社科院党外人士中青班、省委会基层组织负责人培训班、市委会中青年干部培训班等。注重团结联谊，开展庆祝致公党杭州地方组织成立40周年等活动，推荐宣传优秀党员，闫菲、程建军入选全市十名“首届杭州致公风采人物”，制作彭丽萍、楼季华等5名党员《杭州致公40年印记》视频专访，展示西湖致公党员风采。

（区委统战部　葛　洁）

## 九三学社西湖区基层委员会

【概况】2022年，九三学社杭州市委员会西湖区基层委员会（简称九三学社西湖区基层委）发展社员8人，社员总人数累计123人，支社4个。社员中高级职称88人，占比77%；硕士研究生以上学历的40多人；省市区人大代表5人、市区政协委员20人，新一届社市委专委会成员23名。加强思想政治建设，重视政治理论学习，围绕习近平总书记重要讲话精神、中共二十大报告等主题组织集中学习讨论，推送社员热议中共二十大专题，提升社员思想认识水平。参加社省委、社市委、区委统战部举办的各种活动，选派社员参加市委会、区委统战部组织的学习培训班，增强社员对统一战线的了解和认识，提高社员统战理论水平和政治站位。推进组织发展，召开班子会议5次，完成下辖4个支社和基层委换届，优选一批年轻骨干担任副主委、支委，产生新一届支委班子。推出西湖九三公众号和小程序，讲好西湖九三故事，扩大西湖九三影响力。九三学社西湖区基层委被社省委评为2022年度优秀基层组织、2022年度社会服务先进集体，四支社在西湖区民主党派“双创双建”工程中被西湖区委统战部评为“最强支部”。

2022年8月18日，九三学社杭州市西湖区基层委员会换届大会召开

（区委统战部　供稿）

【履职能力提升】2022年，九三学社西湖区基层委在“两会”期间提交议案、建议、提案30件，其中区“两会”上提交的4篇建议作为大会书面发言材料、1篇作为大会口头发言材料；申报社市委招投标课题11项，4项获审批立项，1项被作为第十三届全国人

民代表大会第五次会议提案；反映社情民意、报送信息近30篇，《落实三孩生育政策相关配套待遇时应适当减轻企业负担》《保障企业申报稳岗补贴的建议》《共同富裕视野下个税制度的不足和改革建议》等15篇社情民意分别被九三学社中央、省委会、省政府办公厅、省委统战部、市委统战部等录用。

【助力社会服务】2022年，九三学社西湖区基层委关心关爱社会弱势群体。9月，社员到市儿童福利院为儿童提供护理、急救培训、精神疾病治疗及保健服务。深化特色品牌。社员张宁在西湖区吉庄幼儿园开展学龄前儿童膳食指导，社员叶麟在乌镇举办“产业大脑＋未来工厂”建设实践讲座，社员吴敏联系灵隐街道等举办3场“宋韵食事”系列食育活动；社员赵箭在西溪湿地博物馆举办民法典普法讲座，社员郭铁成在淳安县委党校开展全省助企惠企风险防范讲座，社员桑健、李斌、王帝淞作为法律服务团成员为西湖大学开展法律服务，社员吴红亮律师为科创企业进行融资法律风险讲解；社员唐光政4次在“好心情平台”“好大夫平台”参与心理健康服务，社员朱晓华进行儿童教育相关的讲座；与西湖区“善粮公社”合作，筹集大米、米糠油等食品，对接捐助困难群众。拓展社会服务新领域，社员陆晟联合“越秀悦心书院”开展社会服务活动30场，章怡青、孙佳开展4场古琴讲座，社员邀请专家在西湖大学举办工伤争议相关讲座；吴敏、单莉萍与西湖区12个社区、拱墅区10个社区、中国湿地博物馆、茑屋书店合作，开展40场健康科普服务；韩省华、商建农在食用菌种植技术、食物和营养知识和龙井茶科学种植培育等方面开办讲座，受众1万多人次。

（区委统战部　吉素芬）

# 人民团体

## 杭州市西湖区总工会

【概况】2022年，区总工会聚力疫情防控，投入防疫专项资金300万元，慰问防疫人员5000余人，减免企业工会经费4500余万元，返还小微企业工会经费456.18万元。开展工会结对帮扶，资助对口帮扶地区四川省广元市青川县、甘孜州九龙县各10万元，引导工会组织和职工购买帮扶地区农产品。组织企业收看夏季安全生产课程，征集“安全隐患我来拍”线索72条，参与区级事故调查5起，开展生产安全培训班11场。开展安全生产月网上知识竞赛答题5轮，组织观看现场会线上直播和全国“安康杯”竞赛活动表彰暨经验交流会，涵盖企业1372家。开展法治工会建设，为10家企业工会申请“基层法律服务工作包”，开展公益法律服务活动19场，发放法律宣传资料2170份，惠及农民工1540人。开展《中华人民共和国工会法》线上学习宣传14场，975个基层工会干部参加；推送法律知识小讲堂7个；落实预警信息员经费补助，向993名预警信息员发放补助18.84万元。服务职工群众，创建全国最美工会户外劳动者服务站点1个；参与基层社会治理，数字化改革应用场景“西湖工情码”被评为全省工会创新项目；职工交友支付宝小程序“光年间”被评为全市工会改革创新十佳成果。开展产业工人能级工资集体协商试点和“守好红色根脉·班前十分钟”活动，2个案例获市总工会简报刊登；联合举办区级技能竞赛10场，5700多名职工参赛；表彰“五小”创新优秀成果项目20个、先进成果奖19项。

【基层工会组织建设】2022年，区总工会加大新业态新就业群体建会力度，新建基层工会205个，新增会员1.75万人。深化民主管理，全区职代会和厂务公开建制率96.7%。发挥先进典型示范引领作用，培育选树61个市级“先进职工之家”和8名市优秀工会工作者。至年末，全区单建工会1741个、基层工会1728个，有工会会员19.4万人。

【职工思想引领】2022年，区总工会做精“我心向党”职工思想教育品牌，线上推出“我心向党”知识竞答，参与答题职工33万余人次，线下举办党史、工运史知识闯关巡回赛14场，184支队伍、600多名基层工会职工参加。深化开展“守好红色根脉·班前十分钟”活动，评选区级优秀案例10个。召开“五一”模范集体、劳动模范表彰会，向全区职工发出“当好主人翁、奋进新时代、建功共富路”倡议；举办“喜迎二十大，匠心共筑梦”主题活动暨第四届西湖工匠发布会，庆祝“9·26工匠日”；推进劳动模范（工匠）理论宣讲和“四进”活动，凝聚奋进力量。

【职工文体活动】2022年，区总工会服务青年职工，举办电竞、乒乓球、篮球、羽毛球、跳绳、书画大赛等比赛近100场，参加职工2万余人次。举办第三届西湖区职工电竞大赛，全区64支队伍、384人报名参赛。关心关爱新就业态劳动者，举办配送趣味运动会5场。借助杭州职工文化网，为企业提供培训讲座、文艺演出等活动46场次。丰富职工精神文化需求，举办“书香满屋”职工“悦”读会等活动，创建省级职工书屋2个。

2022年11月20日，“西湖区第三届职工电子竞技大赛”在西湖区文三数字街区举行

（区总工会　供稿）

【劳动模范表彰】2022年，全区被评为“浙江工匠”1人、“杭州工匠”1人、市劳动模范人物16人，被评为市劳动模范集体6个、市级工人先锋号5个、高技能人才（劳模）创新工作室1个。评选表彰第二届西湖劳模20名、模范集体10个，认定发布10名“西湖工匠”和8名“西湖新锐匠人”。发挥劳动模范（工匠）示范引领作用，开展师徒结对、“匠心课堂”活动，围绕学习贯彻党的二十大精神开设《劳模工匠说》专栏3期。

【劳动安全与场景应用】2022年，区总工会围绕职工队伍情况专项排查企业1307家，其中企业工会1071家，村社、楼宇、商圈工会236家。妥善处理互联网企业裁员事件，维护劳动领域政治安全。开展工会劳动法律专项监督，建会企业实现自查全覆盖。构建新时代和谐劳动关系，出台具体实施方案，该项工作在全市工会相关大会上做经验交流。开发建设“西湖工情码驾驶舱”，实现动态信息掌控。创新工会数字化改革，升级“西湖工情码”应用场景，该场景被评为“浙江工会数字化改革2022年度入围应用成果”。

【工资集体协商机制健全】2022年，区总工会健全工资集体协商机制，建会企业工资集体协商实现全覆盖。召开能级工资集体协商培训会，引导企业把技术要素作为集体协商的切口，鼓励工资收入分配向一线技术工人倾斜，鼓励技术入股，建立完善创新创造类成果奖励、技术技能类津贴、荣誉类专项奖励、学历提升类津贴。会同区人力社保局等部门开展“能级工资”集体协商成果展示演讲比赛，讲述西湖区“能级工资”集体协商新模式。开展“西湖区产业工人能级工资集体协商典型培育与规范提升”项目研究，制定操作指引供全区产权改革企业参考，获省总工会批示肯定。

【职工实事项目完成】2022 年，区总工会开展就业技能培训，5000 多名职工参与。助力职工技能提升，1274 人申报技能提升奖励，补助资金 54 万余元。开展“冬送温暖、夏送清凉”活动，高温慰问 3915 名职工，发放慰问金和慰问品价值合计 78.3 万元。镇街总工会筹集慰问资金及实物价值208.43万元，慰问企业和工地 704 家，惠及职工 5.73 万人次。为 2372 名职工提供疗休养活动，为全区 1566 名环卫工人免费体检。拓展工会服务阵地，新建“爱心驿家”5 个；推进在职职工医疗互助，为 68 家新建会企业 6000 名投保职工补助 12 万余元。举办“小候鸟”暑期班 89 个，受益“小候鸟”3397 名；拓展工会服务阵地，建立母婴室 15 个，举办中小型相亲交友活动 85 场，服务单身职工 3600 多人，到企业开展相亲交友服务活动 2 场、婚恋指导 8 场。

（区总工会 葛中法 叶 梦 许琴婷 赖霞红 陈 妏）

## 共青团杭州市西湖区委员会

【概况】2022 年，西湖区有 14—28 周岁青年 35.34 万人，团员 2.46 万人。基层团委 74 个、团工委 13 个、团总支 11 个、团支部 1050 个。团区委设事业单位区志愿服务指导中心，有注册志愿者 21.85 万人，区青联有委员 105 人，区志愿者协会有成员单位 36 个。加强青年思想政治教育，团区委成立“青年学习小组”40 个，组织学习 100 场，参与学习 20 万人次，刊发宣传报道 115 篇。开通“青春西湖”视频号，“西湖青年说”视频阅读量单篇突破 2.4 万人次。

【基层团组织建设】2022 年，团区委建立区级县域共青团基层组织改革领导小组，制定改革方案，召开基层组织改革推进会，完善工作力量选用机制，新增“两新”及各类新兴领域团的组织覆盖 100 家。配合省市团委换届团代表推报选举，筹备西湖区第十三次团代会团代表推报选举。完成 14 个基层团组织换届或团干部调整。组建西湖区青年社会组织公益联盟，17 个青年社会组织达成入驻意向。推进 20 多个青年之家建设，组织举办学习服务活动 210 次，新增理想连线集团新入驻青年之家云平台，完成 12 个小哥驿站建设。举办青春悦读活动 8 期，完成西湖青年领袖学院第 5 期培训，培养优秀青年 206 名。深化团干部作风建设，推出团干部专题访谈 29 次。发展新团员 1017 人，学社衔接率 99.7%。

【服务青年发展】2022 年，团区委优化调整青年联席会议领导小组，召开青年联席会议，出台青年发展规划实施方案，发布服务青年政策 20 多项。聚焦服务快递、外卖小哥等新就业群体，建设“暖蜂泊位”15 处，提供充电、饮用水等贴心服务。深化“亲青恋”品牌，开展相亲交友活动 20 多场，服务青年 3000 多人次。开展“喜迎二十大 Running 向亚运”等活动 18 场，覆盖青年 2 万人次。开展大学生寒暑期社会实践活动，组织 99 名青年大学生深入基层，撰写调研报告 36 篇。

【助力青少年成长】2022 年，团区委规范化建立社区少工委组织，全区有少先队员 7.9 万人，校内外少先队组织 158 个，首批标准化社区少工委 40 个。建立少年儿童活动阵地立体网，开展红领巾主题活动 1092 场次，参与人数 25.6 万人次。推进少先队品牌建设，形成竞舟社区“红舟少年”、府苑社区“红五星少年团”等校外少先队品牌。组建咨询专家志愿服务队，开展心理健康宣传讲座，受益学生 3000 余人。完成青少年心理健康调研报告 1 篇、模拟政协提案 19 个。邀请青年科学家、北京奥运会冠军、法官检察官等各领域杰出代表走进校园，累计开展普法活动 162 场，覆盖青少年 10 万人次。

【共青团志愿服务】2022 年，西湖团区委组团赴淳安县开展山海协作，援建 2 座“希望小屋”，捐赠物资价值 2 万余元。组织青年买手走访山区 26 县，助推共同富裕，获省领导调研肯定。完成亚运赛会社会志愿者、高校志愿者和城市志愿者招募发动，预录用社会志愿者 48 人，吸纳青年城市志愿者 1 万余人。举行学雷锋主题迎亚运志愿服务活动，成立首批“亚运青主播”。推进黄龙体育场、青芝坞微笑亭等 16 个“亚运青年 V 站”建设。协助举办“青春百年，共富未来”杭州市共青团 2022 年篮球赛。整合高校志愿服务资源，组建青年志愿骨干队伍，培育“七彩爱心”暑托班志愿服务、“公益 1+1”便民服务大篷车、“匠人益剪”等服务品牌。推进社区青春行动，开展便民服务活动 1222 场，参与志愿者 2.8 万人次。

（团区委）

## 杭州市西湖区妇女联合会

【概况】2022 年，区妇联辖街道妇联组织 9 个、镇妇联组织 2 个、社区妇联 161 个、村妇联 32 个；设妇女维权中心 1 个；区属部门妇联组织 24 个，女企业家协会 1 个。关爱妇女儿童，推出《妇儿驿站》栏目，宣传全区妇女儿童驿站建设情况。完善妇儿救助帮扶体系，落实妇联系统妇儿救助资金，提升帮扶力度。推动农村妇女“两癌”筛查、低保妇女“两癌”保险覆盖等项目，联合区残联为辖区 721 名低保困难残疾妇女购买保险。加强对流动留守妇女儿童、贫困妇女、困难家庭的关心，开展结对帮扶。开展主题宣传教育，组建“巾帼网宣员”队伍，定期开展网络新媒体培训。区妇联被评为杭州市“平安示范单位”、西湖区改革攻坚行动先进集体。

【妇联换届选举】2022年5月，全区11个镇（街道）妇联换届完成，选举产生妇联执行委员会委员177名，执委人数比上届增长12%，企业及“四新”领域人数增长15.4%。新当选的乡镇妇联班子成员中，研究生及以上学历7名，本科以上学历占总数的93.6%，增长4.5%。班子平均年龄38周岁，下降4.2岁。其中30周岁以下、本科以上学历班子成员14人。推广“四必访四必应”系统，全区1600名执委完成登录走访，建立走访妇女、儿童及家庭档案4347个，录入走访记录7239条，发现并解决问题74个。

【关爱妇女儿童】2022年，区妇联贯彻落实市儿童友好城市建设部署要求，制定行动方案，以妇女儿童工作委员会成员单位为基础，建立西湖区儿童友好城区建设工作领导小组和5个协调小组。打造特色阵地，成功创建市儿童友好社区4个、市儿童友好学校3所、市儿童友好医院1所、市儿童友好实践基地8个。指导云栖小镇、西溪谷等园区配置幼儿托位，提升儿童服务水平。构建活动体系，开展“小记者”社会实践、“家长课堂计划”、“小小议事厅”微协商等服务，提升儿童服务体验。系统整合妇联工作阵地平台，线上线下打造妇女儿童综合服务驿站。整合资源，推进妇女儿童综合服务驿站建设，指导三墩镇妇女儿童综合服务驿站创建成为省级三星妇女儿童驿站，建成市级二星妇女儿童驿站3个、区级一星妇女儿童驿站38个，建成全市首个企社联建妇女儿童驿站西湖区泰隆（古荡湾）妇女儿童驿站，推出线上驿站服务平台，线上线下打造服务品牌。

2022年6月7日，区妇联举办关爱儿童“快乐的小脚丫”活动

（区妇联　供稿）

【婚姻家庭保护】2022年，区妇联跟踪服务家暴案件2243件，协助开具家暴告诫书1208件，本级调解家事矛盾79起，协助法院开具人身安全保护令6件，排查化解全区重难点案件521件，借助“家和帮”应用流转建档137件，进行高危事件预警69次。“家和帮”应用创新破题，新建“和睦e家”反家暴应用场景，获全省妇联系统推广使用。着眼婚姻家庭纠纷特别是家暴案件发现处置，联动职能部门参与除险保安，提炼“家和帮·七步工作法”，协同网格员排查拐卖妇女儿童、家暴、性侵未成年人等侵权线索，并将婚姻

家庭纠纷录入系统，摸清重点人群和高风险家庭底数，对全区354户重点关注家庭实行动态管理。联合司法行政机关，将婚姻家庭纠纷化解工作纳入区矛调中心建设，培育“紫薇花”等婚姻家庭纠纷化解品牌工作室并入驻矛调中心，提供维权服务。对三墩镇等侵权案件高发地区，建立家园共同体，组建自管小组，通过妇女小组、妇联执委等志愿力量，把党的政策温暖送到基层、矛盾纠纷发现在基层、妇情户情掌握在基层。

2022年1月10日，区妇联开展新春走访慰问活动

（区妇联　供稿）

【“最美家庭”表彰】2022年，全区被评为省、市级“最美家庭”4户，评选区级“最美家庭”100户，其中包含“最美廉洁家庭”30户。开展“廉内助”主题教育活动1场，收集优秀家风书画作品10个、优秀家风视频1个、“廉情寄语”40余封。开展家庭教育指导服务、智慧家长系列活动。密织家庭教育保护网，联合制定《关于联合开展涉案未成年人家庭教育指导工作的实施细则（试行）》。开展美丽庭院、绿色家庭创建，评选区级美丽庭院3439户，推荐市级“最美阳台”20户、“最美庭院”33户。推荐省市级“绿色家庭”16户、区级“绿色家庭”100户。

（区妇联）

## 西湖区工商业联合会

【概况】2022年，区工商联辖镇街、园区商会15个，拥有会员916个（家），主管西湖区企业家协会、西湖区新生代企业家联谊会、黄龙商圈企业家经验交流俱乐部3个社会团体。全年开展活动和培训29场，受众2000多人次。制定清廉民营企业建设工作指南，迪安诊断技术集团股份有限公司、理想连线集团有限公司入选2022年“杭州市清廉民营企业创建培育试点单位”名单，理想连线集团有限公司清廉建设工作入选清廉杭州建设优秀实践案例。走访慰问企业240家，帮助企业解决实际问题37个。推进基层商会建设，《创新推进基层商会管理和服务标准化工作》被评为全省工商联服务“两个健康”最佳工作实践创新成果。区工商联获全省工商联系统先进集体、省工商联2022年度民营企业调查点工作先进单位、市工商联2022年度服务“两个健康”优秀单位等，获2022年度市工商联系统优秀调研报告一等奖1篇、三等奖2篇。推进商会“数字化”改革，优化“红领民企平台”应用场景建设，搭建为民营企业服务线上平台。至年末，基层商会均入驻该应用场景，入驻企业943家。参与全区“数智群团”工作，发布活动19场、风采信息106条，浏览数量90.9万人次。区工商联（总商会）完成换届，新一届领导班子成员涵盖各行业民营企业代表人士，其中新生代企业家担任执委46人，占31%。调动企业家副主席参与工商联工作的热情，建立主席轮值制度，全年举办轮值活动4期。拓宽宣传渠道，加大宣传力度，全年媒体发布宣传信息117篇，其中国家级媒体14篇、省级媒体18篇、市级媒体85篇。《杭州市西湖区商会民生服务联络站的“民生情怀”》《西湖区开展东西部协作助川共同富裕》等文章在人民政协网、新华网客户端、《中华工商时报》、《世界浙商》、浙江新闻客户端等媒体刊登推广。

【政治学习】2022年，区工商联把宣传贯彻党的二十大精神作为重要的政治任务抓紧抓实。制定学习宣传贯彻方案，成立区工商联民营企业家宣讲团。党的二十大闭幕后，组织机关党员干部、区政协工商联界别组全体委员、工商联咨询委员会成员、基层商会干部和区工商联常委等集中专题学习会5场次，累计300多人参加。围绕“省十五次党代会精神”“永远跟党走，奋进新征程”等主题，采取专家学者授课和“企业家讲，讲给企业家听”等形式，开展学习宣讲活动。提升民营企业家整体素质，组织和推荐民营企业家参加学习培训活动，举办“西湖非公学堂”培训5期，受众330人；组织企业家参加“民营经济与新型政商关系”专题讲座；推荐企业家参加“杭商学堂”和“品质杭商”培训；以“共同富裕”为主题开展培训2场。推进“青蓝工程”建设，建立小组活动机制，培养新生代企业家，提高新生代组织的凝聚力和向心力。

【为企走访服务】2022年，区工商联开展民营企业走访调研活动，走访“双千”企业（年销售收入超1000亿元、年利润超1000亿元的大型企业）200多家，收集办结问题37个，满意率100%。深化“工商联+部门”机制，举办“亲清直通车·政企恳谈会”4场，向企业宣讲减税降费等政策。助推产业升级，引导民营企业投身“产业兴区”“科创强区”战略，协助19家民营企业在西湖大学城拿地46.67公顷，让企业安心在西湖创业发展。开展专项金融服务，与建设银行等金融机构签订合作协议，走访辖区民营企业并帮助解决融资难题。关心关爱企业家身心健康，开展新春、生日、高温等各类慰问活动，体现工商联“娘家人”温暖。

【助力健康发展】2022年，区工商联推进“清廉民企”单元建设，制定《西湖区清廉民营企业建设工作指南》，培育指导3家企业打造清廉民企示范点。浙江迪安诊断技术股份有限公司、理想连线集团2家公司入选2022年“杭州市清廉民营企业创建培育试点单位”名单，理想连线集团清廉建设工作入选清廉杭州建设优秀实践案例；组织民企开展廉政教育，营造亲清政商关系。健全机制建设，成立西湖区“独角兽”（“准独角兽”）企业联盟，促进企业抱团发展。印发经济稳进提质“五大行动”方案，助力西湖区企业稳进提质。维护民营企业合法权益，助力法治化营商环境建设，设立工商联“共享法庭”，制定《共享法庭操作规程》；参与企业合规建设；聘请知名律所主任担任咨询委员会秘书长，举办法律知识讲座2场；组织企业家到知名律师事务所走访交流，推动法律服务进基层、进商会、进企业。

【企业参加调研活动】2022年，区工商联组织企业参与“2021年度全国工商联民营企业社会责任调研”“全国工商联国际化规模较大民营企业调研”“第十二次民营企业军民两用高新技术及产品研发生产情况专项调研”等全国工商联调研工作，完成调查问卷760份；协助区委统战部完成240名非公经济人士的综合测评和组织部的联审工作；组织35家企业申报“中国民营企业500强”，其中蚂蚁科技集团股份有限公司、广厦控股集团有限公司、浙江新湖集团股份有限公司、农夫山泉股份有限公司、浙江宝利德股份有限公司5家企业上榜。区工商联组织撰写的《民营企业党委统战部规范化建设问题研究》获市工商联系统优秀调研报告一等奖，《高校经济赋能民营企业创新发展的西湖经验与优化提升对策建议》《民营企业以社会捐赠助力共同富裕的路径研究》2个报告获三等奖。

2022年9月2日，杭州市工商联、西湖区工商联携手蚂蚁集团和浙江网商银行开展西湖区工商联主席轮值活动

（区工商联　供稿）

【商会组织建设】2022年，区工商联优化扩大会员结构，积极向基层商会推荐优质企业入会。指导紫金港科技城成立商会组织，扩大园区商会组织的覆盖面。出台《基层商会考核评比办法》和《基层商会功能型特设党支部工作规范》，加强对基层商会工作的指导。举办基层商会工作培训，提高基层商会干部业务能力和水平，提升商会工作实效；指导基层商会争创“四好商会”，古荡街道商会和艺创小镇商会获市级“四好”商会称号。建立健全基层商会党组织，推进基层商会党组织全覆盖，指导15个基层商会组建商会党组织。建立西湖区基层商会党建联建机制，推动形成“大党建、大联盟、大发展”的商会组织党建工作区域化新格局。推进基层商会创新发展，拓展党建共建活动，与基层商会开展“党建共建”主题党日活动，引导基层商会党组织加强党建工

作，与留下、翠苑、蒋村、西湖、艺创小镇、转塘、双浦等商会党支部开展共建活动 7 场。发挥商会组织功能和作用，成立“民生共富、商会助力”镇街商会民生服务联络站，助推西湖民生事业发展。

2022 年 8 月 25 日，区工商联举办西湖区“民生共富、商会助力”镇街商会民生服务联络站启动仪式

（区工商联　供稿）

【“西商”精神助力共富】2022 年，区工商联推出微信公众号《西商风采》栏目，全年刊发《西商风采》10 期。推出系列主题报道，宣传企业家 55 人。农夫山泉公司入选 2022年中国民营企业履行社会责任优秀案例。2 家企业在全市“助力高质量发展建设共同富裕工作会议”上做交流发言。引导和推进“乡村振兴”“万企兴万村”“东西部协作”“助力 26 县跨越式发展”等共富行动。设立“西商爱心基金”项目，搭建民营企业社会捐赠平台。助力共富落到实处，全年有 50 多家工商联系统会员企业参与社会公益捐赠、乡村结对帮扶。

（区工商联　王丹妮）

## 西湖区科学技术协会

【概况】2022 年，区科协团结引领广大科技工作者，发挥优势、主动作为，成功创建“科创中国”省级试点区。新增省级院士工作站 1 家、市级院士工作站 1 家、专家工作站 3 家、博士创新站 9 家。引进中国药物滥用防治协会数字化分会落户紫金港科技城。完成“一键找专家”项目一期平台建设，入选省科协数字化改革入库项目。被评为全国科普信息员队伍建设先进单位、全国科普优秀活动和省“银龄跨越‘数字鸿沟’”科普专项行动成绩突出集体。

【科普阵地建设】2022 年，区科协打通科普传播“最后一公里”，发动镇街村社科协组织，加强科普中国信息员队伍建设，科普中国信息员 4.3 万人，科普内容分享传播量 285.9 万条。中国湿地博物馆被认定为第一批全国科普教育基地，西湖大学被认定为全省第一批科学家精神教育基地，西湖兰里基地被认定为第八批浙江省科普教育基地，石虎山机器人创新基地和易翊教育脑科学体验馆被认定为杭州市青少年科普教育基地。

【科学普及宣传】2022 年，区科技协会以“科技改变未来、科普美好生活”为主题，开展全国科普日暨西湖区第 36 届科普宣传周活动，通过天目新闻进行直播，浏览量 12 万人次。开展银龄跨越数字鸿沟科普专项行动，编创四大教学板块、12种适老智能手机使用技能，把防诈骗宣传融入教学。全年在11个镇街92个村社开展科普423场次，培训1.05万人次。加强青少年科普，开展赛事活动4个，覆盖全区100多所中小学及幼儿园；参赛作品1622件，累计浏览次数150万次。

2022年9月22日，西湖区第36届科普宣传周活动启动仪式在文三数字生活街区举行

（区科协　供稿）

【科技人才服务】2022年，区科协积极开展科技人才服务，组织开展主题海报设计、网络宣传、科技工作者团建等“5·30”科技工作者日系列活动，营造科技工作节日浓厚氛围。开展区第二届“最美科技工作者”选树宣传活动，评出最美科技工作者20名。关心关爱科技工作者，走访院士、专家和一线科技工作者，组织重点企业科研骨干疗休养。

（区科协　陈生伟）

# 外事·侨务·港澳台事务

## 外　事

【涉外疫情防控】2022年，区投资促进局（区外事办公室）发挥职能作用，牵头协调做好境外疫情输入防控，与市境外疫情输入防控专班、市外办加强沟通，指导区内企业境外项目、公民做好远端防控，传递疫情防控、疫苗接种、惠企政策等方面信息。为镇街社区防疫管控提供涉外指导及翻译服务，全年派出翻译91人次，服务74个航班到杭外籍人士1835人次，其中中途转入集中隔离点的外籍人士67批181人次。组织动员外籍人士接种新冠疫苗2028人。做好外国人申请到华入浙“快捷通道”初审，助力复工复产，全年收到商务、工作入境申请41批，省商务厅、省外办审批通过37批50人次，其中工作类9批9人次、商务类28批41人次。

【外事活动】2022年5月，由非公有制经济企业杭州振康控股有限公司负责牵线，西湖区投资促进局主要领导与加拿大北巴特尔福德市市长开展首次线上友好视频交流，双方在对外贸易和教育文化等方面表达建立深层次合作意愿，并开展信函交流。9月，接待澳大利亚驻沪副总领事温大为一行到转塘长埭村、上城埭村考察共富示范村工作。12月，龙坞茶镇被市外事办公室授予首批“新时代杭州市外事参访点”称号，成为首批14个“新时代杭州市外事参访点”之一。

（区外事办）

## 侨　务

【概况】2022年，区侨联围绕党的二十大、中央统战工作会议召开，组织开展“听报告、谈体会，话落实、道未来”等热议活动。加强基层侨联组织建设，在镇街社区、园区、楼宇设立基层侨联组织102个，全年提升4个侨海家园阵地设施，2个侨海家园被评为2022年度浙江省“星级侨胞之家”。中国湿地博物馆被评为省级华侨国际文化交流基地，西溪科创园、浙商大创业园被评为市级侨界创新创业基地。助力疫情防控，区委统战部牵头区“三胞”亲属联谊会，筹集价值78万元的医疗抗疫和急需生活物资，驰援上海市松江区九亭镇和虹口区方舱医院。

【侨界联谊交流】2022年，西湖区侨界以活动凝聚人心，以活动焕发侨界风采。举办“侨界三代迎亚运，文化传承品非遗”迎亚运主题活动，增进归国留学人员对中华民族传统文化的了解和认同，提升归国留学人员自觉担当亚运氛围营造者、亚运文化传播者的意识和能力。区留联会开展“走进会长企业”系列活动，帮助海归创业企业增进相互了解，共享创业经验。举办“海聚西湖、以侠论法、共进未来”第六届西湖律师论坛之港澳海归青年分论坛，鼓励留学归国人员以校友会为纽带，动员更多海归人才加入留联组织到西湖创业创新。举办“深情献礼二十大、同心奋进新征程”主题演唱会，传播中国好声音，引领涉侨界正能量，网上观看人数突破100万人次。

【为侨服务】2022年，区侨联、区“三胞”亲属联谊会集中走访慰问对西湖侨联事业做出突出贡献的重点侨眷18人，为侨胞侨眷送去祝福和温暖。联合区司法局、区人民法院深化涉侨纠纷多元化解，全年调解3起涉侨纠纷。开展侨企走访调研活动，走访浙江创邻科技有限公司、杭州华匠医学机器人有限公司、浙江易己科技有限公司等30多家侨资及海归创业企业，听取企业对双创发展的意见建议，协调解决发展需求。

（区委统战部　崔建宏）

2022年4月18日，西湖区“三胞”联谊会向上海发送抗疫物资

（区委统战部　供稿）

## 港澳台事务

【港澳青年联谊交流】2022年为香港回归祖国25周年，区委统战部开展庆回归主题活动，强化思想引领，深化青年交流，优化联谊服务。开展党的二十大精神和习近平总书记在庆祝香港回归25周年大会上的重要讲话精神学习宣传活动，旅港同乡会领导班子收听收看党的二十大开幕式和香港回归25周年庆典。加强对港澳青年关注联络，开展青年交流活动。联合区司法局举办“以侠论法，共进未来”庆祝香港回归25周年主题活动，邀请知名“金学”研究者做《金庸武侠家与国》的演讲，2名香港青年代表受邀通过视频方式讲述亲历香港回归25周年发展的体会；联合举办“寻访名企大咖，携手共进未来”杭、港两地青年交流主题活动，组织港、澳留学青年走进云栖小镇、艺创小镇的知名企业，与青年企业家面对面交流，浙江省香港商会6名会员代表受邀参加座谈。开展对港商港企联系走访，帮助协调解决需求问题。组织在

杭港、澳同胞及亲属开展“中秋思三胞，国庆话统一”交流座谈会，赠送月饼、水果等慰问品。委托旅港同乡会秘书处慰问在港会员，赠送茶叶等家乡特产，受到慰问80多人。

**【“心连心、两岸情”书画展】**2022年9月30日至10月8日，由区统战部牵头组织的“迎亚运、话共富”暨“心连心、两岸情”书画展在中国湿地博物馆举办。书画展得到两岸书画家支持，有近100幅作品参加展出，以中国书法、中国画为主。中国台湾地区著名书法家章厚伦带来微书作品《红军长征史》，长度24米，有33万字，并现场展示微书《红楼梦》上下篇。举办书画作品展，搭建沟通交流平台，两岸艺术家用书画展现当代中国、描绘中华民族美好未来，推动海峡两岸文化交流和文化艺术事业发展繁荣，助力增进两岸同胞民族认同和文化认同。

（区委办　杨　李）

# 法 治

## 政 法

【概况】2022 年，西湖区以平安护航党的二十大为主线，深入推进除险保安百日攻坚，健全落实“7+X”晾晒机制，开展常态化督查暗访，完善风险闭环管控大平安机制，全区社会大局平安稳定。至年末，四级走访总量比上年下降 35%，火灾事故起数下降 9.6%，交通事故伤亡人数下降 20%，有效刑事、治安警情下降 19.6% 和 18.1%，电信网络诈骗受案和案损分别下降 38.7% 和 26.9%。西湖区平安考核列全省第三位，连续 14 年被评为“平安县（市、区）”。

2022 年 8 月 12 日，西湖区除险保安攻坚行动暨平安建设工作推进会召开

（区委政法委　供稿）

【安全稳定】2022 年，区委政法委围绕党的二十大维稳安保，成立工作指挥部，区领导轮班进驻区社会治理中心，每日视频点验，进行指挥调度。固化完善工作机制，指导督促重大决策社会风险评估，开展风险隐患大排查大整治，强化情报信息会商研判和突发事件应急处置，协调处置一批涉稳风险隐患，保障重点时段、重要活动安全稳定。完善对敌斗争反制机制，打好维护政治安全整体战、主动仗。落实反间谍安全防范责任制，打好反奸防谍人民战争。将“关爱之家”与“春风化雨——王淼工作室”融合，发挥“教育转化、巩固帮教、警示宣传、能手培育、理论研究、信息研判”六大功能，成为省教育转化社会化工作的“孵化器”。

【基层社会治理】2022 年，区委政法委贯彻“信访打头、调解为主、诉讼断后”理念，将区矛调中心升级为区社会治理中心，完善矛盾纠纷多元化解机制，推进警源、访源、诉源治理。升级“141”体系，依托基层治理四平台，打造政务中台和“掌上基层”，实现重大应用“六级”快速贯通。推进党建统领网格智治，制定网格工作指引，将全区网格优化调整为960个，按照最小作战单元要求设置“微网格”6901个。召开“141”体系与疫情防控指挥体系联通贯通工作专题会议，推进疫情防控机制与“141”体系融合贯通。常态化推进扫黑除恶斗争，加强法规学习贯彻，组织案件复盘，推进重点行业领域专项整治。强化14个村社（区块）城郊接合部突出问题专项整治，对电信网络诈骗问题较为突出的8个村社进行挂牌整治。深化“小脑+手脚”基层工作体系，提升“小脑”统筹能力及“手脚”处置能力。三墩镇、古荡街道获全市“小脑+手脚”警网协同机制推进基层工作体系建设示范乡镇（街道）称号。

【数字法治系统建设】2022年，区委政法委围绕“1612”体系构架和全省数字法治4条跑道，深化数字法治系统建设。“企诊卫士”数字平台入选“一地创新、全省共享”项目，医保空刷诈骗数字监督应用入选杭州市数字法治系统标志性应用成果，全年形成理论成果4项、制度规范12项，《西湖区着力打造“企诊卫士”数字平台》被中央全面依法治国委员会办公室简报刊登。创新打造“云舍”系统，构建“112N”工作方法，将公安侧和政府侧数据统一汇聚，通过数据标准治理和通道部署，建立常态化核查反馈机制，实现人房数据精准匹配、动态更新、双向交互、共享应用。至年末，全区汇聚标准地址89万个，赋码并入库136.27万人。

【政法队伍建设】2022年，区委政法委深入贯彻《中国共产党政法工作条例》和省委5个配套规定，制定《西湖区政法单位党组（党委）重大事项请示报告工作指引》，细化请示报告报备事项，确保党对政法工作的绝对领导。健全完善八个多跨制度，推进跨部门、跨领域难题协同共破、立规建制。强化平安政法舆论宣传，建成政法融媒体西湖分中心，推动政法新媒体矩阵升级。选树政法先进典型，开展全区政法系统第三批“最强党支部”评选，审核评选“最强党支部”7个。区委政法委被市委市政府授予教育整顿集体三等功。

（区委政法委）

## 法治政府建设

【概况】2022年，西湖区严格落实党政主要负责人履行推进法治建设第一责任人职责，将法治建设职责履行情况列入年终述职重要内容，全区各单位党政主要负责人实现述法全覆盖。落实法治监督考评，召开新版《中华人民共和国行政处罚法》学习等专题培训，提升行政执法规范化水平。落实重大行政决策目录化管理，编制公布重大行政决策事项目录，对区政府现行有效的63件行政规范性文件进行清理。对2件区政府行政规范性文件向市政府和区人大报送备案，对5件部门规范性文件进行登记备案。依法处理1件规范性文件异议审查申请。落实党政机关法律顾问全覆盖及公职律师工作，建立区级公职律师跨部门统筹使用机制。优化营商环境，公布行政许可事项清单，组建律师法律服务团和法律服务队，为市场主体提供法律服务。加快推动“大综合一体化”行政执法改革，393项事项下放镇街，11个赋权镇街以自身名义实施执法，全区持有效行政执法证件人员1372人。组建案卷评查小组，开展行政执法案卷评查。深化行政复议规范化建设，举行西湖区首批行政复议员任命仪式。优化多元化大调解工作体系，实施“八五”普法规划，推进基层法治建设。

**【法治政府建设推进】**2022年，区司法局落实法治政府建设年度报告制度，做好区十六届人大常委会第一次会议对区政府2021年法治政府建设情况报告审议意见、建议的整改落实。编制区政府常务会议部门主要负责人讲法计划，印发法治政府建设工作要点，部署年度工作任务。推进行政复议规范化建设，首批任命行政复议员9名。举办重大行政决策专题培训会，推进重大行政决策事项目录化管理全覆盖。全年审查西湖区政府合同协议4个和涉法事务64件次。开展年度全区行政执法案卷“线上＋线下”评查，完成评查105卷，对问题较为突出的部门制发行政执法监督通知书。首次开展全区行政执法“公述民评”活动。拓宽社会力量参与行政执法监督渠道，建立行政执法监督新闻媒体和行业协会联系点7个。

**【法治化营商环境建设】**2022年，区司法局推动法治化营商环境建设，举办第六届西湖律师论坛暨首届西湖青年律师论坛。助企纾困解难，与区商务局合力创新开发“企诊卫士”应用平台。组建律师法律服务团205个及“红盟1号”法律服务队，深入园区、商圈开展法治体检，开设法治讲座，为全区12.7万家企业、个体工商户提供法律服务。至年末，提供法律咨询2392次，推送资料1万余份，法治宣传1673家次，调处矛盾1184件。组织律师宣传有关平等保护、公平竞争、激发市场主体活力、防范风险、民营企业发展促进等优化营商环境相关法律法规12次，律师党代表工作室直播1场。律师体检企业5076家次，提供法律意见书或解决方案938个，律师参与排查涉企矛盾纠纷954件，编发经典案例463个。推动律师事务所与17家商会签订法律顾问合同，促进法律顾问为民营经济发展建言献策。与淳安县人民检察院签订良性互动备忘录，为共同富裕示范区建设营造氛围。加快西湖“一键办”开发应用、“政务服务2.0”推广应用。加快“就近办”提质扩面，优化“两老商圈”代办服务、“上门办”服务。深化社会信用体系建设，开展镇街信用监测。

（区司法局）

## 公　安

**【概况】**2022年，区公安分局统筹推进维稳安保工作，全区发生有效刑事警情2674起、有效治安警情6727起，分别比上年下降19.6%和18.2%；命案和五类案件破案率

100%。加强政治安全保卫，处置涉政敏感事件10起，核查训诫网上传播涉政有害信息人员137人。处置涉稳风险，联动处置涉稳事件70起。加大重点部位安全管控，做好重大活动安保，完成CBA联赛、云栖大会、杭州马拉松等大型主场活动保卫工作。严密疫情防控，在流调溯源、区域协查、编组转运、通道查控、隔离管控、社会面防控等环节发力，查处阳性病例未主动报备、伪造疫情行程码等违法行为。护航经济发展，开设公安为企服务专窗，与40家重点企业建立警企联络机制，与18家重点企业建立24小时值班联动机制，强化公安政务服务供给；侦破“浙商创投”高管被敲诈勒索、杭州鼎诺医疗设备有限公司保险箱被盗等重大侵企案件。年内，区公安分局有2个集体、3名个人立二等功，1个集体、35名个人立三等功，14个集体、100名个人获嘉奖。

【违法犯罪打击】2022年，区公安分局构建新型打击架构，撤销预审并入刑侦，警种内部侦办分离；禁毒打击划转治安，黄、赌、毒、食、药、环、知一体打击；网警、刑侦、经侦、治安合署运行，刑技、资金、技网等资源手段集约汇聚，“统一进口、统一研判、分类侦查、统一出口”大侦查格局初步形成。创新实施研判、抓捕、办案“235”的所队打击效能分配，规范大型专案人员抽调，落实派出所办案负面清单，加强所队协同联动，警种刑事案件综合办案率有效提升。严厉打击突出违法犯罪，侦破2000年命案积案，侦办省督“4·23”工程领域涉黑涉恶团伙，破获“国督122-210”跨境赌博专案，侦破咪咕视频被侵犯著作权等重大敏感案件；侵犯知识产权专项打击列全市第一位。开展社会面治安环境整治，组织易涉黄场所专项清查，查封取缔、关停整顿、转变业态105家；对人口集聚、要素复杂、警情高发的16个重点点位挂牌整治，黄、赌警情下降65.5%，打架斗殴、故意毁财、寻衅滋事、聚众斗殴等重点治安警情下降28%。

【社会治安防控】2022年，区公安分局强化中心统筹，建成运行情指中心、基础管控中心、政务服务中心、侦查中心与执法办案管理中心“五大中心”。优化派出所勤务，增加基础民辅警配比，基层基础力量充实；布建警务站（室），社区警务优化；划分防区，更新规范110和辅警巡控车辆，建强各所“轻装小队”，实行屯警街面、动中备勤、就近处警，治安掌控力提升。深入协同联动，会同区委政法委共建“大平安专班”，围绕警网协同、人口管理、电诈宣防、反恐怖防范四大职责出台“七大运行机制”，结果纳入平安办“除险保安”通报，镇街、部门平安创建职责压实。融入“西湖码”，升级“警网智治”模块，创新实施靶向治理，警源治理实效明显，工作模式作为样板被写入杭州市指南得到推广。数字赋能治安防控，推进新一轮感知体系建设，审批新建项目51个。建立全区视频监控一体化管养机制，纳入派出所基础工作范畴，为疫情防控、防汛防台、城市管理等提供支撑。推进预防警务建设，实体运行预警中心，创新打造预警模型，形成3个板块14个应用场景的模型清单。

【执法规范化建设】2022年，区公安分局优化执法服务保障，建成投用并实体化运行执法办案管理中心，研发“支点”系统，为执法活动提供办案预约等“一站式”服务保障。看守所拓展法务代办、文书代送、核酸报告代取等服务活动。深化执法监督管理，建立执法要素常态巡查、呈请审批每日会商、问题整改旬会敦促三项机制，压实四级执法主体责任，整治执法领域突出问题，跟进整改成效，规范办案单位执法习惯养成，整改执法问题6823个，“负面清单”专业警种办案率69%。强化执法办案支撑，组建法制支援小队每日开展“问诊基层”，做好重大疑难复杂案（事）件同步上案和应急处置，同步邀请检法司等部门“走进来”协调重点案件，全年参与会商处置案件1142起。

【公安队伍建设】2022年，区公安分局调剂74名机关警力充实到一线，落实机关警力负责入城卡点和低烈度安保活动，开展多轮次民警双向交流，盘活全局警力资源。强化从严治警，整合“110”投诉、“12389”投诉、信访网电等投诉并开展分析，深化打造队伍监督管理平台2.0版，构建大督察格局。推进“转作风、强执行、提效能”等专项工作，研发公安公权力大数据监督模型，深化政治监督“四清单”“两报告”制度，推进“清廉站所”建设。实施正向励警，新晋升高级警长77人。做好从优待警，完成营房装修、新建，常态化组织开展新警入警、民警荣休、政治生日等仪式，提升民警荣誉感。

【国督“122-210”特大跨境赌博专案侦破】2022年6月27日，区公安分局对1条涉跨境网络赌博情报信息开展研判挖掘，成立联合专案组集中攻坚，获取UG集团及对应37个赌博子平台的全量后台数据和业务数据，掌握该犯罪团伙作案流程，排查得知境内有代理9.1万人、赌客700多万人，充值流水638.4亿元，净收益60.8亿元。8月9日，专案组对该案件开展集中收网。该案是公安部部长王小洪上任后批示的第一起督办案件，该案采取刑事强制措施67人，批准逮捕21人，查扣冻结涉案财产7500多万元，劝降犯罪集团高层管理人员陈某，斩断UG犯罪集团人员链条、资金链条、技术链条。

【部督“12·01”假冒注册商标案破获】2022年1月6日，区公安分局抽调130多名警力，对“12·01”假冒注册商标案展开集中收网行动，现场捣毁制售窝点13处、包材仓库2处，抓获犯罪嫌疑人43名，23人被采取刑事强制措施，其中刑事拘留3人、取保候审20人，现场查扣假冒注册商标的水泥包装材料88万余份、成品水泥380包，查封水泥罐体540吨，涉案金额逾1亿元。全年组织警力开展3波次收网行动，该案采取刑事强制措施50人，移诉47人。

【省标咪咕数字传媒公司被侵犯著作权案】2022年8月30日，区公安分局组织30多名警力，赴江西抚州、南昌等地对咪咕数字传媒有限公司被侵犯著作权案进行收网，抓获犯罪嫌疑人12名，对其中11名采取刑事强制措施，现场查获涉案小说4500多册及大量电脑、手机等作案工具。

【养生堂公司被侵犯公民个人信息案】2022年5月9日，区公安分局接杭州养生堂有限公司报案称公司后台订单管理系统大量客户个人信息被泄漏。接报后，分局会同市公安局网警分局成立专案组开展调查，锁定犯罪嫌疑人张某某并于7月23日实施抓捕。通过审查及取证，掌握其同伙何某某和“上家”黄某的相关线索并抓获归案，3名犯罪嫌疑人均被采取刑事强制措施。

【非法获取计算机信息系统数据案】2022年4月13日，区公安分局接上级指令称省政务服务网大量账号被篡改绑定手机，公民个人信息被非法获取。接报后，会同市公安局网警分局成立专案组开展侦查，锁定位于宁波涉案公司团伙1个、杭州涉案公司团伙10个。5月11日，区公安分局在宁波将胡某某等犯罪嫌疑人3名抓获归案，采取刑事强制措施。

【侵犯公民个人信息案】2022年7月24日，区公安分局接到蚂蚁集团报案，称有人在外网售卖支付宝用户公民个人信息。通过立案侦查，锁定嫌疑人张某。7月25日嫌疑人张某在北京落网，线索深挖后锁定“上家”邱某，8月1日在北京将其抓获。该案快速侦破，获公安部部长王小洪和时任省公安厅厅长王成国批示肯定。

【古荡倪某某被杀案侦破】2000年1月22日，西湖区古荡农贸市场门口一辆出租车后备厢内发现一名男性尸体，因当时破案条件不佳，未找到突破口。2022年6月，区公安分局通过新的指纹系统成功比对出嫌疑人，于6月16日、17日抓捕犯罪嫌疑人2人，22年前命案成功侦破。

（区公安分局）

## 检　察

【概况】2022年，区人民检察院履行法律监督职能，受理审查逮捕案件154件204人，审查起诉案件1190件1517人。开展扫黑除恶，查办省扫黑办挂牌督办恶势力犯罪集团，维护辖区经济社会稳定。贯彻“少捕慎诉慎押”刑事司法政策，审慎办理高科技人才案件，依法对无社会危险性或犯罪情节轻微的，不批捕76人，不起诉610人。推进认罪认罚从宽制度应用尽用，适用率90%，量刑建议法院采纳率99.1%。加强刑事诉讼法律监督，推进检警协同，发出纠正违法通知书7份，监督立案14人，监督撤案3人，追捕追诉漏犯30人，其中被判处十年以上有期徒刑6人，依法提请抗诉并获改判1件。融入全市一体化办案机制，办理司法工作人员渎职犯罪案件4件7人。办理的毛某某滥用职权案被评为全省检察侦查精品案例。年内，区人民检察院16人次获市级以上荣誉，10人次入选全省、全市检察业务人才库，3人次在全省、全市检察业务竞赛中获奖。培养出省市优秀公诉人、全省最佳辩手等公诉业务人才；所办案件入选最高检典型案例4件，省检察院精品、典型案例6件，市检察院精品、典型案例7件；检察理论研究成果获国家级奖项2篇、省级奖项14篇。区人民检察院被推荐为全省成绩突出的基层检察院。

**【预防性企业合规审查】**2022年，区人民检察院联合相关部门研究出台企业数据合规指引，从数据合规管理架构、数据合规管理重点、数据风险评估与处置、数据合规运行与保障等方面为企业开展数据合规建设提供重要参考。搭建审查平台。联合区9个部门共同签署《西湖区预防性企业合规监督评估机制的意见（试行）》（简称“预合机制”）并组建机制协调组，助力企业合法合规经营。明确审查主体。由区预合机制协调组选任组成区预合机制团队，负责对企业经营行为是否合规、是否有涉刑风险问题，进行调查评估，对企业合规承诺及其完成情况进行监督和考察。组建审查智库。区预合机制团队建立第三方机制专业人员名录库，实现对企业全方位、专业化评估。规范预防性企业合规审查流程，利用区“企诊卫士”数据平台和市场监督举报信息、外地协查信息等大数据系统，分析筛选可能存在涉刑风险的企业名单。根据检察机关民事、行政、公益诉讼三大检察中发现的企业违规经营问题，以及其他兄弟单位查处移送的企业违规经营线索，排查辖区内存在风险的企业名单。

**【“宽严相济”审慎司法】**2022年，区人民检察院落实“宽严相济”刑事司法政策，结合区域科创企业和网络经济发展实际，从依法保障民营企业健康发展角度，坚持把提前介入机制延伸至涉企犯罪侦破一线，把“宽严相济”审慎司法理念落实于侦查阶段，侦查人员证据收集更为精准。做好“数字监管”动态评分。将涉企犯罪案件作为数字监管的需求重点，在法定范围内最大限度适用非羁押措施，降低审前羁押率。对涉企案件犯罪嫌疑人社会危险性量化评估后，利用“非羁码”全球卫星定位打卡、科学统计、预判监测等功能，对其实现分区监管、精准定位、区域管控，确保案件办理同时涉案企业正常经营。注重刑事办案理念更新和法律政策界限的把握，坚持规范司法与能动司法并举、严管与厚爱并重。对涉案企业开展合规整改，落实严格管理措施，融合推进刑事合规与认罪认罚从宽制度、不起诉制度。

【民事公益诉讼案办理】2022年，区人民检察院推进刑事侦查和民事监督一体融合，重点推进虚假诉讼领域治理。办理曾某某、于某某民间借贷纠纷虚假诉讼监督案，敦促曾某某主动筹集100余万元退还涉案被害人，该案被评为最高人民检察院典型案例。选派民事、刑事、综合条线等业务骨干参与杭州市人民检察院“带长租网拍”民事执行监督三查融合工作专班，通过融合监督查办该领域系列渎职犯罪，助力解决司法不规范相关问题，推动追赃挽损。该案办理得到上级领导批示肯定，并被评为最高人民检察院条线典型案例。保障疫情防控，打击妨害防控违法犯罪活动，办理全国首例“健康码演示”App危害公共卫生安全民事公益诉讼案，得到最高人民检察院领导批示肯定。

【行政争议实质性化解】2022年，区人民检察院推进行政争议实质性化解，化解行政争议案件数量居全市检察机关前列。与翠苑街道建立检察行政监督协同机制，设立检察官办公室，联合开展行政争议防范与化解工作，助力“大综合一体化”行政执法改革。依法提起行政公益诉讼，推动渣土倾倒耕地问题解决。创新“检察+”检行协作机制，联合西湖风景名胜区管委会、西溪湿地公园管理局建立公益保护协作机制，做大做强守护公益范围。针对西湖西溪景区公益林毁坏、外来物种入侵、名人古迹和红色遗址保护等问题开展公益诉讼监督，助力西湖、西溪生态环境和人文资源保护。

【未成年人司法保护】2022年，区人民检察院擦亮“西子姐姐”未成年人保护品牌，加强未成年人保护，与相关部门联合建立《关于建立涉未案件协同办理机制的意见》《关于联合开展涉案未成年人家庭教育指导工作的实施细则》等制度机制，建立家庭教育指导站、未成年人社区帮教基地等平台，强化未成年人综合司法保护，“西子姐姐”团队获“杭州市最美志愿服务组织”称号。办理全省首例监督爱国主义教育基地执行未成年人免费政策案件，落实“两法”新规，该案被评为全市精品案例。监督规范网约房不规范经营、营业性娱乐场所招用未成年人、“电竞酒店”违规向未成年人提供上网服务等管理乱象，助力行业规范经营。开展法治宣传教育，强化未成年人法治意识，惠及未成年人8000多人。

【检察数字化改革】2022年，区人民检察院制定数字检察融合工作机制，组建数字办案专班，强化数字办案实战实效，实现“个案办理—类案监督—社会治理”的监督闭环。建立数字专项监督一本账，推进省检察院数字专项监督。创设公益林保护、涉企“挂案”清理、医保诈骗、机动车合规检测等法律监督模型，成效良好，其中2项应用列入全省重大改革项目，3项应用入选浙江数字检察专项监督项目，2项应用入选省检察院数字办案指引，2项应用入选全市数字法治标志性应用成果。开展涉企“挂案”类案监督，梳理全省撤案监督线索24条，有效监督撤案2件3人，涉案标的4500多万元，被评为全省精品案例。强化实战实效和全面融合，实现以数字办案强化法律监督和社会治理成效，区人民检察院被评为“全省数字检察示范院”。

（区人民检察院　江茹悦）

## 法　院

【概况】2022年，区人民法院受理案件1.67万件，办结1.72万件，结案率102.9%。一线法官人均结案356.6件。程序比从年初1.56下降至1.48，一审服判息诉率上升，自动履行率55.2%，司法质量效率和公信力明显提升。开展扫黑除恶专项斗争，稳妥处置涉众型经济犯罪案件，推进打击整治养老诈骗专项行动，开展除险保安百日攻坚行动，涉诉信访积案实现清零。保护市场主体权益，审结破产案件50件，盘活土地9.57公顷、房屋12.3万平方米，审结知识产权案件247件。营造法治化营商环境，加强西湖龙井茶保护，成立西湖龙井茶保护“共享法庭”。推进依法行政，运作行政争议调解中心，发布专项白皮书。攻坚“切实解决执行难”，强化前端信用治理，突出中端执行刚性，加强失信联合惩戒，规范后端有序退出，移送执转破案件83件，办理首例个人债务集中清理案。强化民生保障，实施司法救助，发放救助金44.5万元。提升法院队伍建设，加强领导班子政治学习，开展学习培训575人次，发送司法建议8件。加强理论研究成果转化，研究制定服务保障杭州亚运会、共同富裕示范区等司法工作意见，承担市级以上调研课题3个，20多篇调研文章在市级以上刊物发表。制定规范性文件51个，建立干警及其亲属遭受权益侵害事件的防范处置机制，保护干警依法履职。年内，区人民法院1个集体、1名个人立二等功，2个集体、2名个人立三等功，12个集体、35名个人获嘉奖。刑事审判庭党支部被评为西湖区政法系统第三批“最强党支部”。区人民法院获国家级2项、省级5项、市级6项优秀庭审及调研成果。

【诉源治理化解】2022年，区人民法院围绕诉源治理，加强“共享法庭”建设，238个“共享法庭”参与基层治理520次，法律咨询5313人次，指导调解6011件次，化解纠纷5492件，调解培训191场1.8万人次，普法宣传238场1.5万人次参加。创建新时代“枫桥式人民法庭”，打造联动协调模式，促进基层社会治理从化讼止争向少讼无讼转变。深化涉侨纠纷多元化解，区人民法院被省高级人民法院、省侨联确定为杭州市唯一涉侨纠纷多元化解工作试点法院。

【全域数字法院建设】2022年，区人民

法院深化智慧法院建设，打造“无讼圈”诉源治理品牌，深化“司法链智能合约、电子督促程序、执前督促程序”三大首创应用，推动审判体系、执行模式和诉讼程序重塑，司法链智能合约、执前督促智能化项目被纳入2022年省高级人民法院数字法治系统重大应用子应用建设。升级“执前督促2.0系统”，督促案件6270件，到位2.1亿元，执行收案下降10.7%。司法链智能合约项目中标中国法学会部级课题。

**【司法体制改革】**2022年，区人民法院落实司法责任制，深化人员分类管理，健全员额法官遴选机制。落实院（庭）长办案机制，压实院（庭）长监督管理责任，深化“四类案件”在线监管，纳入平台监管395件，审结再审案件13件。推进以审判为中心的刑事诉讼制度改革，适用认罪认罚从宽制度646件852人，51位证人、鉴定人、侦查人员出庭作证。开展四级法院审级职能定位改革试点，推进民事诉讼程序繁简分流改革，适用小额诉讼程序和简易程序占比70.5%，独任制适用率98.9%。

**【上泗法庭迁址】**2022年9月1日，区人民法院上泗人民法庭搬迁至之江路178-1号。该法庭在云栖小镇设立数字经济“共享法庭”。提升类案治理成效，化解楼盘房产纠纷近2000起。上泗法庭设立于1984年，管辖包括转塘街道、双浦镇、云栖小镇及西湖街道部分区域，该区域以农村为主，处于城郊接合部，土地承包、农村建房、相邻关系等纠纷较多。周边农家乐、民宿等休闲经济发展，农村房屋租赁、农村宅基地产业化、市场化需求大，上泗法庭在法治护航新兴农村经济发展中发挥作用。

**【龙井茶“共享法庭”揭牌】**2022年4月20日，省高院知识产权庭在西湖景区旅游法庭设立地理标志保护联系点并举行授牌仪式，全省首个以西湖龙井茶保护为特色的共享法庭——西湖龙井茶保护服务站“共享法庭”在西湖街道揭牌。区人民法院发挥西湖景区旅游法庭职能作用，加强对“西湖龙井”在内的地理标志证明商标的司法保护，依法妥善处理与西湖龙井茶保护相关案件，依托“共享法庭”开展普法宣传、公开审判、指导调解等，参与对西湖龙井茶品牌管理和综合治理，加强和规范品牌保护。

**【侵犯公民个人信息案审理】**2022年，该案入选杭州市法院打击电信网络诈骗十大典型案例。案中黄某某等业务员在互联网上发布做任务送红包、送游戏皮肤等虚假信息，利用话术引诱被害人提供自己的微信账号、登录密码和支付密码，进而通过修改密码、解除与原手机号和银行卡的绑定，以控制该微信账号；后黄某某将微信账号出售给他人，获利42万余元。区人民法院经审理后认为，被告人黄某某等人违反国家有关规定，非法获取并向他人出售公民个人信息，情节严重，其行为构成侵犯公民个人信息罪，判处黄某某等四被告人有期徒刑11个月至7个月不等。

**【门诊部火灾重大责任事故案审理】**2022年，该案入选浙江法院打击危害生产安全犯罪典型案例。2021年5月，杭州钱塘医疗门诊部出现闪光和燃烧，后现场燃烧形成浓烟，导致董某某和王某某死亡、苟某某等多人受伤，并造成直接财产损失3万余元。经认定，杭州钱塘医疗门诊部火灾是一起一般火灾事故，起火原因系电气故障。区人民法院经审理，以重大责任事故罪分别判处聂某某、马某某、谢某某有期徒刑1年4个月至有期徒刑1年6个月不等。

**【留用地项目破产重整案审理】**2022年，区人民法院受理一留用地项目破产重整案。成立于2007年的杭州大方吉鸿商贸投资有限公司，由吉鸿合作社以其“10%村级留用地”指标与大方集团公司合作开发建设。该案从破产清算转向破产重整，依托府院联动机制，披露村级留用地政策相关限制，以“预审资质+公开招募”方式引入投资人，在重整中创新运用“程序前置”高票表决通过《重整计划草案》，使普通债权清偿率提升至36%。

**【涉机场高铁环评项目诉讼案审理】**该案涉及的杭州机场高铁项目是浙江省根据“十四五”实施方案重点推进新开工建设的铁路项目之一，系《杭州铁路枢纽规划》“一轴两翼”铁路枢纽总体布局中“东翼”杭绍台铁路和沪乍杭铁路的重要组成部分。2022年，原告王某某认为环评报告书存在缺陷，对相关《审查意见》存有异议。一经立案，区人民法院即促进各方当事人协调，经多次背靠背协调，原告提出撤诉申请，争议得到实质性化解。

**【虚假诉讼顶格罚款案审理】**2022年，区人民法院在审理一起民间借贷案件中找到突破口，查实欠款人和出借人的妻子恶意串通、虚构还款事实、提交虚假收条，认定2人情节严重，构成虚假诉讼，做出每人罚款10万元的处罚决定。

**【毁林种茶案审理】**2022年，该案入选杭州法院环境资源审判十大典型案例。2019年5—6月期间，被告人应某某在未经过林业部门审批的情况下，为开荒种植茶树擅自采伐毁坏白虎湾省级公益林地，涉案林木立木材积3.9立方米，价格认定为1万余元。区人民法院经审理认为，被告人应某某盗伐其他林木，数量较大，其行为构成盗伐林木罪。根据犯罪情节、悔罪表现及没有再犯罪的危险，判决被告人应某某犯盗伐林木罪，判处有期徒刑7个月，缓刑4年并处罚金2万元。

【民事案件】2022年，区人民法院受理老人摔倒案，被《钱江晚报》等媒体转发报道。93岁的李某某被菜场里的手推车绊倒致多处受伤，后向法院起诉农贸市场的经营者、管理者赔偿。区人民法院经审理确定李某某对其自身损害承担40%的责任，农贸市场举办者和经营者承担60%的责任。案件生效后，承办法官到农贸市场开展专题普法。

（区人民法院　林　聪）

## 司法行政

【概况】2022年，区司法局贯彻落实习近平法治思想，压实“关键少数”职责，确定党政主要负责人为法治建设第一责任人。召开区委依法治区委员会第四次会议，通过《2022年法治西湖建设重点工作清单》《西湖区“法助共富、法护平安”专项行动实施方案》。部署开展《习近平法治思想学习纲要》《习近平关于依规治党论述摘编》专题学习，印发学习宣传贯彻“八进”活动工作方案，推进学习习近平总书记法治思想走深走实。制定《法治保障全过程人民民主实施方案》《共同富裕制度体系建设实施方案》，为“法助共富”专项行动提供制度保障。分解法治杭州负面清单考核工作任务，制定法治西湖建设评价细则，召开法治西湖（法治政府）建设工作推进会，以细化考核推进法治建设。印发《西湖区党政主要负责人履行推进法治建设第一责任人职责清单式管理制度意见》。对区民政局、古荡街道等14个被巡察单位开展法治专项检查。加强司法队伍建设，提升干部能力素质。学习宣传党的二十大精神，组织党员赴淳安县下姜村感受发展之路，推动党的二十大精神在司法行政系统落实。举办共同富裕政治轮训，邀请专家教授做专题讲座。强化对“关键少数”和关键岗位监督制约，建立对“一把手”和领导班子监督“三张清单”——局党委书记第一责任人责任清单、党委主体责任清单、党委其他成员责任清单，将全面从严治党工作任务分解到班子成员、落实到科所负责人。制定“个人重大事项报告制度”等制度机制。选树宣传全省司法行政系统“最美司法行政人”、杭州市司法行政系统“最美党员”等先进典型。加大干部培养锻炼，推荐干部职工参加市司法局“青年说”微党课宣讲，选派干部职工参加市司法行政系统岗位练兵比赛，1名职工被评为2022年度社区矫正能手，1名干部入选省司法厅技能比武杭司战队。

上泗人民法庭（摄于2022年）

（区人民法院　供稿）

【矛盾纠纷调处化解】2022年，区人民政府收到行政复议申请314件，达成案前协调77件；办结196件，调解成功40件；调解率42.8%。完善政府与法院联动机制，落实败诉预警、约谈通报等工作机制，区人民法院和区司法局定期召开例会，制作败诉风险提示函，推进案件化解，全年有17件败诉风险案件实现化解，败诉9件，败诉率6.3%。加大调解组织建设，培育双浦“宿心浦和”调解工作室、潘月新调解工作室等，参加省级“金口碑”人民调解区域品牌和金牌人民调解工作室的评选，区人民调解委员会被授予“杭州市第一届先锋人民调解组织”，双浦镇“宿心浦和”调解工作室调解员杨斯荣被授予“杭州市第一届榜样人民调解员”称号。全年调解成功矛盾纠纷8178件，其中人民调解3847件，涉及金额1712.67万元；行政调解2017件；司法调解1725件；仲裁调解1047件。推进“枫桥式”司法所建设。双浦司法所成功创建省级“枫桥式”司法所。

【普法与依法治理】2022年，区司法局推进“八五”普法规划实施，运用普法云直播、微信公众号、喜马拉雅音频等载体，提升法治宣传覆盖面和普法成效，推出普法微课46期。与区委宣传部合作，将泉安普法云直播纳入美丽西湖App，纳入11个镇街网络普法基地，扩大线上普法影响力。部署开展公民法治素养提升专项行动，建立省级公民法治素养观测点1个、市级3个、区级12个。命名表彰第二批优秀社会普法组织12个。开展“法助共富·法护平安”专项行动，开展法治宣传活动369场次。加大全国、省级、市级民主法治村（社）创建力度，双浦镇杭富村创建成为第九批“全国民主法治示范村”，9个村社创建成为省级民主法治村（社）。中国湿地博物馆率先建立全省首个区级民法典宣传教育馆，受众5万多人次。挖掘西溪人文法治，打造西溪法治文化带，提升群众法治素养，获《浙江法治报》专版报道。

【法治惠民服务】2022年，区司法局优化整合村社法律顾问、援助律师、人民调解等资源，建立全区法律服务资源库、公共法律服务数据库。满足群众律师需求，建立劳动争议、未成年人保护、婚姻家庭、刑事辩护、认罪认罚法律帮助等专业律师团队。择优录用70名村社法律顾问组建法律援助代办队伍，为困难群众开展代办服务。组建西湖区劳动仲裁院法律援助团队，对涉及劳动人事争议的矛盾纠纷，提供“法律援助+人民调解+劳动仲裁”一站式服务。6月，支付宝上的“公共法律服务站”上线，年内访问使用2000人次。探索推进审查起诉阶段辩护全覆盖工作，为135名犯罪嫌疑人指派法律援助律师。全区三级公共法律服务平台接待法律视频咨询4155人次，来电、来访法律咨询9851人次，办理法律援助案件1193件，网上成功申请法律援助772件。法律援助经费纳入本级政府预算，得到足额保障。

【社区矫正排查】2022年，区司法局加强社区矫正对象管理，对矫正对象开展位置上报抽查9300多人次，组织矫正对象签署“杜绝酒驾”承诺书，开展集中警示教育活动40次，观看警示教育1.5万人次。开展社区矫正隐患排查整治，走访2230人次，对排查出的1名家庭矛盾较突出和1名因疫情失业的社区矫正对象，邀请专业心理咨询师进行谈心谈话，有效化解安全隐患。8月，西湖区接受司法部对社区矫正隐患排查专项督查，得到督查组肯定。规范执法程序，区司法局出台《社区矫正电子定位装置使用管理指导意见（试行）》，依法对矫正对象佩戴电子定位装置13人次。开展读书会系列帮扶教育活动，邀请省新四军历史研究会宣讲团成员为矫正对象讲授党史教育课，组织插花技艺培训及手工制作培训6场。引进专业心理咨询机构入驻矫正中心，进行心理辅导，全年组织心理健康讲座10场，接受心理辅导20人，处置“浙里连心”预警记录60条。

（区司法局　熊继龙）

# 军　事

## 区人武部

【概况】2022年，区人武部辖北山街道、西溪街道、灵隐街道、翠苑街道、文新街道、古荡街道、留下街道、转塘街道、蒋村街道、三墩镇、双浦镇、西湖街道12个街道（镇）人武部及浙江科技学院、浙江大学等高校人武部。区人武部坚持以习近平强军思想为指导，围绕学习贯彻党的二十大精神，聚力练兵备战、根基建设、整风整改，推进人民武装全面建设取得新的进步。全年完成省、市赋予的城市民兵工作调整改革、国动委规范化建设、高等院校大学生征集和原南京军区赋予的地方科技人员服预备役试点等重大任务。民兵、预备役部队军事训练、军民共建、国防教育等工作进入先进之列，征兵工作无责任退兵。突出强军思想引领，坚持用习近平新时代中国特色社会主义思想和习近平强军思想武装头脑，筹划组织党委中心组学习，读原著、学原文、悟原理，推动学思践悟走深走实。开展“忠诚维护核心、矢志奋斗强军”主题教育活动，组织干部职工瞻仰周恩来纪念馆、朱德纪念馆、杭州方志馆。开展“四严四整”等专题教育，规范机关办公秩序，抓好各项制度落实。学习贯彻《军队党的建设条例》，两次召开部党委扩大会议，部领导定期上党课5次。召开区委议军会议，给12名镇（街）人武部政治教导员颁授命令状。坚持党委工作制度和组织生活制度，3次组织专题组织生活会，领导干部述职述廉、党支部报告工作和民主评议等党内政治生活得到常态化坚持。加强双拥工作，指导各镇街开展“征兵宣传”“全民国防教育日”等活动6场。做好西湖区籍官兵立功受奖人员宣传张榜工作，会同区退役军人事务局为警备区第六干休所三等功荣立者李牡丹家庭送去喜报。贯彻落实《浙江省军人军属权益保障条例》，协调地方安置随军家属、转业军官军士，落实军人子女入学101人。

2022年5月29日，区人武部组织干部职工参观朱德纪念馆

（区人武部　供稿）

2022年9月18日，区人武部举行新兵欢送暨“从戎之剑”赠剑仪式

（区人武部　供稿）

【练兵备战】2022年，区人武部聚焦练兵备战，开展作战研究，修订方案和非战争军事行动预案，摄制的《基层武装部规范化建设》被中央军委国防动员部评为三星教学片。组织专武干部和民兵训练，参加全市岗位练兵比武，比武成绩排名全市第三。依托区某指挥所，组织实战化“两所联用”指挥演练，备战打仗能力得到提升。文新街道、三墩镇武装部部长分别获杭州警备区基层武装部长集训考核第一名和第三名。

【国防动员】2022年，区人武部做好国防动员准备，分应急和支援两类，组织4次培训、3次会审、全覆盖点验。全年召开武装工作例会11次，组织“从戎之剑”赠剑仪式，完成年度兵员征集任务，新兵中大学毕业生占比64%，会同区政府出台民兵建设“十四五”规划。选派125名教官，完成7所中学4350名学生军训任务。出动民兵2500多人次，参与疫情防控、治安巡逻、防汛抗台。双浦镇创新数字武装做法，让全区武装工作融入基层治理体系。至年末，全区五星基层武装部7家，分别为翠苑、文新、古荡、转塘、留下、蒋村、双浦。

【部队建设】2022年，区人武部深入学习中央军委国防动员部、省军区和警备区关于基层建设系列指示，把安全保密、疫情防控、交通安全等作为重中之重，开展谈心活动和人员思想分析，制定针对性措施。组织军内事故、醉驾案例、泄密通报等学习教育，吸取沉痛教训，做到警钟长鸣。组织微信泄密、违规网络“翻墙”、“六个管住”、“四十个严禁”等专项教育整顿，清理清退不合规工作群和涉军小程序，做好微信使用登记和排查，部领导进行谈话并签订保证书。组织安全检查、百日安全和“灯下黑”清理整治等活动，清理报废涉密办公设备23件，销毁纸质图书资料1.5吨。

2022年7月10日，区人武部在绿城育华国防教育夏令营举行民兵集训

（区人武部　供稿）

## 人民防空

【概况】2022年，西湖区围绕数字化、规范化、实战化要求，完成国防动员转型升级，深化人防指挥体系常态化建设，着力提升应战应急核心能力，建设打仗型国防动员。开展镇、街道人防主题场所及社区体验点建设，新增人防主题场所1处。推进疏散基地建设，新建依托集约型的人防疏散基地2处。组织重要经济目标单位开展通信训练，完善通信网络，完成通信信息各网系平台维护管理和联训，各类系统设备运行正常、保障有力、随时启用。加强人防警报设施建设，通过人防驾驶舱建立补建模型，科学指导警报补点，全年新安装警报装置39台，覆盖全区90%区域。提升人防救援专业能力，联合区人武部开展人防专业队与民兵队伍合练，并结合人防演习完成专业队点验。

【人防指挥体系建设】2022年，西湖区建立军民联合指挥所，推动人防理念向基层延伸，开展人防防护方案“进社区、进楼道、进家庭”工作，完成10个社区近300处防护方案修订。建立信息化条件下人民防空人口疏散体制机制，确保组织指挥有力、疏散方案完善、疏散设施配套、保障措施得力、平战功能合一。各镇街开展与对口疏散村社的走访联系，与临安区合作新建人防疏散基地。建立常态化人防实战演习机制，在“5·12”“9·18”等特定时间鸣响警报，开展“金盾”系列人防检验性演习，展示西湖区人民防空建设成果，检验西湖区人民防空指挥部关键要素。

【人防工程建设管理】2022年，西湖区人防工程建设管理坚持改革创新、规划引领、应建必建、应收必收，形成布局合理、结构优化、军民兼用的“地下长城”。推进人防工程产权制度改革试点，出台人防工程产权制度改革试点工作方案。坚持警报定量与人口数据的人防工程计算补建模型相结合，通过打造人防工程、人防警报、重要经济目标等主要人防设施一张图，利用物联网、大数据、5G等技术，构建人防驾驶舱和战时人口精准疏散应用场景，人防驾驶舱得到扩展。规范人防工程行政执法，完成“双随机”检查任务75项，落实巡查问题线上整改闭环，移交区行政执法局违法线索5起。

【人民防空宣传】2022年，西湖区结合老旧小区改造、未来社区创建和民生综合体建设，融入人防元素，加强人防主题场所和体验点建设。在镇、街道文化广场等场所融入人防元素，开展人防主题公园、人防主题广场、人防主题街区等人防主题场所建设。推进社区人防体验点建设，完成人防主题场所1个。结合“3·1”国际民防日、“5·12”防灾减灾日、“9·18”警报试鸣日等，开展以人防法规宣传、人防知识讲解、人防建设成果展示为主要内容的系列宣传活动。全区各镇街、村社区参与活动179次，中小学学校参与39所，悬挂横幅717条，发放宣传资料8080册、宣传品1750个，摆放宣传展板45块。开展在校学生人防知识教育，实现全区初级中学人防教育面全覆盖；在8所小学试点开展人防教育；“9·18”警报试鸣日在全区中小学开展上好“特殊一课”活动，组织学生及家长参与“民防码”推广活动，增强对防空警报音响信号识别与理解。

（区发改经信局　黄　莉）

# 经济管理

## 市场监督管理

【概况】2022年，西湖区在册市场主体14.51万户，比上年增长9.7%，其中企业（含分支机构）10.04万户，注册资本1.08万亿元，分别增长9.6%和24.4%；个体工商户4.47万户，增长9.8%。全年新设市场主体2.4万户，增长2.97%，其中新设企业（含分支机构）1.37万户，增长0.8%；注册资本1100亿元，下降14.6%；新增个体工商户1.03万户，增长6.0%。注销市场主体1.14万户，下降0.8%，其中企业（含分支机构）注销6100户，增长8.4%；简易注销占比71.2%；个体工商户注销5300户，下降9.8%。迁入企业4507户，下降15.9%；迁出企业3675户，下降8.9%。办结行政处罚案件711件，罚没款3322.95万元。开展市场主体清退专项行动，强制注销催告清算企业1.6万家，发布注销决定4175家，录入系统数量4113家。推进食品安全，完成5家农村家宴放心厨房、20家食品生产企业“阳光工厂”、10家民生综合体智能阳光厨房创建，建成“阳光餐饮街区”2条。开展“转供电”价格整治，清退多收电费1200多万元，惠及终端用户4800余家。受理投诉举报7.67万件，增长42.9%，挽回经济损失420万元。开展全球二维码迁移计划试点，选择沃尔玛浙江总公司和世纪联华超市星光城店作为试点单位，推进大型商超二维码改革。加强标准制定，年末累计主导制（修）定国际标准32项、国家标准126项。蚂蚁金服（杭州）网络技术有限公司和杭州浙大三色仪器有限公司主导制定的企业国家标准和国际标准入选省级标准创新贡献奖。西湖区创建成为国家知识产权强县建设试点县、省食品安全示范区，获批省级专利开放许可试点。推进电动车综合治理改革，甄选绿源、爱玛等13个知名品牌、66个新国标电动自行车给予让利优惠，全区14.57万辆备案非标电动自行车，淘汰置换7.8万辆，淘汰置换占比56%。

【网络交易监管】2022年，区市场监管局加强网络交易监管，开展电商平台“护航亚运”特殊标志知识产权保护、漠视侵害群众利益问题网络直播营销违法行为等专项执法

表 1　2020—2022 年西湖区市场主体存量与资金对比情况

| | | 2020 年 | 2021 年 | 2022 年 |
|---|---|---|---|---|
| 企业 | 户数（万户） | 8.20 | 9.16 | 10.04 |
| | 注册资本（万亿元） | 0.72 | 0.87 | 1.08 |
| 个体工商户 | 户数（万户） | 3.58 | 4.07 | 4.47 |
| | 资金数额（亿元） | 39.26 | 47.16 | — |

表 2　2020—2022 年西湖区市场主体新增户数与资金对比情况

| | | 2020 年 | 2021 年 | 2022 年 |
|---|---|---|---|---|
| 企业 | 户数（万户） | 1.13 | 1.36 | 1.37 |
| | 注册资本（万亿元） | 0.11 | 0.13 | 0.11 |
| 个体工商户 | 户数（万户） | 0.68 | 0.97 | 1.03 |
| | 资金数额（亿元） | 10.25 | 14.33 | — |

行动 15 次，督促平台开展自查整改，涉及商家 751.5 万户，删除违法违规商品信息 114.35 万条，责令网店自行整改 2.08 万户。辅导平台企业合规经营，推动西湖区蘑菇街等 3 个平台纳入国家市场监管总局应检范围。完成有赞、微拍堂等 5 家平台开展“亮证亮照亮规则”，涉及商家 10.49 万户。

【商事制度改革】2022 年，区市场监管局夯实市场主体登记“分钟制”改革，推动“股权转让一件事”试点、“住所（经营场所）登记申报承诺制”、市场主体歇业制度等商事改革措施落地生效。8 月，企业迁移“一件事”上线，增加企业外迁预警频次，提高信息流转效率。优化企业迁入服务，配合镇街招商引资工作。全年外区迁入西湖区并落户企业 4566 家，迁出企业 3675 家。

【助企纾困】2022 年，区市场监管局落实“强化政策集成落地攻坚行动”要求，牵头镇街平台共推助企纾困政策落地。针对个体户纾困，牵头建立由 13 个部门组成的个体工商户发展联席会议，围绕目标、工作、政策、评价形成实施方案，建立跨部门协同机制。落实省政府 5 条纾困政策，通过营商环境优化、降本减负、金融帮扶、政策宣传等举措，促进企业平稳发展。全年发放区级标准化资助 445 万元，比上年增长 4.3 倍。破解企业融资难题，依托“浙江小微增信服务平台”推动银行实现放贷 6.82 亿元，惠及小微企业及个体工商户 318 户。

【知识产权保护】2022 年，西湖区发明专利授权量 7230 件，有效发明专利拥有量 2.92 万件，成功创建国家知识产权强县建设试点县。创新知识产权转移转化路径，借助省专利开放许可试点，畅通知识产权转化渠道。建设知识产权保护管理平台，发动30余家高校、科研院所、企业，挂牌开放许可专利1722件，促成许可交易73项，成交金额339.3万元，发布专利开放许可184项。推进知识产权金融工作，联合金融机构实行专利权、商标权质押融资，全年实现助企融资19亿元。推进示范、专利奖等项目培育，3家企业被评为国家知识产权优势企业，15家企业被评为省级知识产权示范企业，7家企业入选杭州市重点商标保护名录库。浙江大学获第23届中国专利金奖1项、中国专利优秀奖1项，农夫山泉股份有限公司获第23届中国外观设计奖优秀奖1项。

【轻微违法行为容错】自2022年5月1日起，《浙江省市场监管领域轻微违法行为依法不予行政处罚和减轻行政处罚实施办法》实施。区市场监管局根据实施办法和“两张清单”，结合从轻减轻相关规定，综合考虑违法行为的性质、情节、社会危害程度、执法社会效果及国家政策等因素，坚持过罚相当，对轻微违法行为不予处罚、减轻处罚，全年做出不予行政处罚（不予立案）78件，减轻行政处罚立案65件，结案57件。

【消费者权益保护】2022年，区市场监管局加强消费者权益维护，每月在区政务网上进行投诉举报公示，同时通过“美丽西湖”、《西湖报》等公布年度消费分析报告，鼓励大型商场超市和专业市场做好消费维权服务。强化企业主体责任，动员7家投诉较多的大型企业开通绿色通道，鼓励企业自行与消费者和解，提升企业自律意识。配合放心消费建设，在11个放心消费街区设立消费维权服务站，在9个大型商场超市和村建立维权服务站点。全年完成放心消费单位创建4150家，其中无理由退货承诺单位1412家、“放心工厂”158家、放心消费商圈（街区）10个。

【商业秘密保护】2022年，区市场监管局组织召开商业秘密保护培训会1次，走访商业秘密示范点6个，向企业发放商业秘密保护手册200多份，申报省级商业秘密保护示范点3个，市级商业秘密保护示范点3个。构建知识产权保护体系，研究制定《西湖区商业秘密领域专家库建设方案》，聘请行业内专家学者、知名律师组成专家库，为企业商业秘密保护、维权提供帮助。

（区市场监管局）

2022年3月11日，西湖区质量强区大会召开

（区市场监管局　供稿）

## 质量技术监督

【概况】2022年，区市场监管局对2020版《西湖区政府质量奖管理办法》进行调整完善。调整奖项名称，提名奖改质量管理创新奖；调整获奖名额，由原来9家政府质量奖和提名奖改为各5家，总数10家；新增市级、省级和国家质量奖获奖资助。实施“千企创牌”工程，建立数字化集成系统——浙江质量在线。培育区“千企创牌”入库企业23家、品字标企业1家和市政府质量奖申报企业1家、区政府质量奖申报企业14家，12家企业进入现场评审。全区制造业企业中获政府质量奖和品字标企业25家，新品牌销售占全部规模以上制造业企业营业收入的69.9%，比上年提高4.17%。

【特种设备监管】2022年，区市场监管局开展“护航亚运”特种设备安全专项整治行动，组织亚运场馆、接待酒店等9个重点单位落实特种设备安全保障措施，指导重点单位实现物联感知全覆盖。组织专家开展核心区、重点区电梯、压力容器等设备提前检验，对发现的问题，跟踪督促使用单位限时整改，闭环消除安全隐患。针对重点领域特种设备安全风险点，组织辖区1714家特种设备生产使用单位开展隐患自查，安全保障自我承诺上传到“浙江特种设备在线”，督促使用单位落实安全主体责任，与5个行业主管部门、11个镇街及2个园区签订特种设备安全目标责任书。组织各镇街开展网格化巡查，联合行业主管部门开展行业领域特种设备安全检查。以亚运特种设备安全保障为契机，夯实安全监管基础，改善特种设备安全状况。

【电梯安信通数字化改革】2022年，西湖区升级完善“电梯安信通”电梯智慧监管应用场景，迭代隐患处置模块，实现电梯风险隐患推送、现场处置、闭环管理等环节全流程信息展示。与区发改委、区住建局等部门加强沟通，开展应用电梯维保企业信用监管评价，通过系统对接数据共享，实现多跨部门协作，营造电梯安全多元共治生态。推进监管智慧化，全区电梯规范扫码维保率95%以上，4022台电梯实现物联智控。推进电梯维保和检验检测方式试点，全区电梯投保率80%以上，三类住宅小区、公众密集场所电梯投保率100%。

【防疫物资质量监管】2022年，区市场监管局加强非医用口罩等防疫物资质量监管，部署非医用口罩等防疫物资检查，加大商场、超市、便利店等线下重点零售场所及各大电商平台的网售非医用口罩等防疫用品监管，重点检查是否存在销售“三无”、以次充好、以不合格产品冒充合格产品等情况。全年出动执法人员48人次，检查销售单位63个，抽检非医用口罩2批，结果均为合格。

（区市场监管局）

## 食品药品监督管理

【冷链食品监管】2022年，区市场监管局强化冷链食品疫情防控，对“浙冷链”系统982家企业开展摸排核实，核实注销790家，保留192家，扫码29.6万笔，赋码31万笔。对“浙食链”系统452家进口水果经营单位进行摸排，注销异常企业230家，“浙食链”系统激活进口水果经营主体222家。进口冷链食品直接暴露人员202人，间接暴露人员255人。进口水果从业人员431人。跟踪从业人员定期核酸检测，全年督促2356人次进行核酸检测。对进口冷链食品和进口非冷链食品相关人、物、环境进行常态化抽检，抽检样本2.12万件。开展进口非冷链食品抽检8280件。

2022年3月11日，区市场监管局工作人员对“浙冷链”系统和“浙食链”系统应用情况进行抽检

（区市场监管局　供稿）

【食品安全整治】2022年，区市场监管局强化食品安全监管，聚焦商场超市、小餐饮店、食杂店、校园周边等场所区域，开展食品安全专项行动。开展茶叶、白酒、蛙类、猪肉、金银箔食品、雅培奶粉、进口花生酱、粽子粽叶、杨梅等食品专项整治，出动2056人次，排查经营单位1.19万次，发现问题145个，发放行政处罚决定书106件。处置食品生产、流通环节监督抽检不合格、风险监测问题案件30起，立案10起，罚没款5.16万元。完成食品监督抽检监测5378批次，合格率97.2%。深化“浙食链”“阳光工厂”“阳光厨房”应用，实现“从农田（车间）到餐桌闭环管理、从餐桌到农田（车间）溯源倒查”。汇聚食品安全共治合力，农贸市场、农村家宴中心、养老机构食堂、校园食堂四类主体实现食安公益险全覆盖。

【药品安全行动】2022年，区市场监管局深化助企惠民行动，助力艾康生物技术（杭州）有限公司、杭州奥盛仪器有限公司和珀莱雅化妆品股份有限公司等企业产品高标准高质量攻关产品产出。联合“美团买药”平台，推出“慢病关爱计划”服务病患。全区参与该计划门店201家，服务患者15万人次。经《杭州日报》等主流媒体宣传，参与门店1700余家，服务患者110万人次。

（区市场监管局）

## 物价管理

【概况】2022年，区市场监管局履行价格监督检查职能，采取日常巡查和重点检查相结合的方式，在春节、端午、中秋等重要节日期间开展价格检查，重点检查粮、油、蔬菜、肉蛋奶制品等重要民生商品价格执行情况。开展药品、口罩、体温计、消毒液等防疫物资价格专项整治，对不明码标价、哄抬物价等违法行为立案查处，维护正常价格秩序。全年出动执法检查人员710多人次，对商场超市、沿街店铺、平台网店等进行巡查检查1032个次，收到价格投诉举报件1620件，办结价格类行政处罚案件14件，罚没款49.18万元。调整优化乱收费举报投诉查处机制，调研5家企业缴费负担监测点，加大涉企收费政策宣传，帮助企业了解惠企政策。加强价格监管，检查行业协会商会5家，未发现乱收费问题。

【“转供电”价格治理】2022年，区市场监管局开展“转供电”价格整治专项行动，清退多收价款1200余万元，惠及终端用户4800多户。开展5G通信基站、机房转供电违规加价专项整治，排查区内电网企业非直接抄表到户的5G通信基站、机房143处，涉及转供电主体83家。规范转供电价格行为，开展自查自纠并结合整改进行重点检查。全年办结转供电环节不执行政府定价案件2件，罚款13万元。

【电动自行车价格整治】2022年，区市场监管局针对电动自行车销售领域价格行为开展专项整治，确保非标电动车淘汰置换期间电动车价格平稳。规范经营行为，向全区320多个电动自行车经营单位发放提醒函，要求经营者对照提醒告诫要求开展自查整改。召开电动自行车销售领域价格政策提醒宣讲会，进行政策宣讲辅导。加大监督检查力度，出动执法人员46人次，重点检查电动自行车经营单位23个，责令改正经营单位5个，立案查处经营单位1个。

（区市场监管局）

## 审　计

【概况】2022年，区审计局完成年度审计项目15个，查出违规金额237万元，管理不规范金额9791万元。加强审计监督，制定工作协调制度、重大事项督察督办办法、领导干部经济责任审计实施意见等文件。与区人民检察院、区统计局联动协作，增强审计监督合力。获浙江省审计厅全省审计机关考核优秀单位、获杭州市审计局审计系统综合考评第一名，连续八年获省市考核“双优秀”单位。做好“重大审计问题清单”整改，该项考核获杭州市第三名、浙江省第十名，20个问题被省市“七张问题清单”采用，3个整改示范案例被杭州市采纳。撰写审计综合报告、专题报告并获区领导批示32篇次；移送案件线索12起；1个审计项目获省审计厅优秀项目三等奖，2个审计项目获市审计局优秀审计项目。编发审计信息160篇，被国家级审计刊物录用22篇次，被省市审计系统信息、网站采用62篇次。

【财政审计】2022年，区审计局聚焦财政审计主责主业，提升监督质效。围绕“政府要过紧日子”的工作要求，审计组以收支项目为载体、资金流向为主线，监督资金配置和使用效率。聚焦区委区政府年度重点工作，反馈落地成效。报送防疫经费、国企债务风险情况专报2篇，推动区级及区属部门出台制度7项。2021年度区本级预算执行和其他财政收支的审计工作报告获区人大常委会肯定。

【经济责任审计】2022年，区审计局加强经济责任审计，印发经济责任审计易发问题提示清单，送至各区属机关事业单位、镇街平台、国企领导干部。清单列出经济责任审计发现的22个方面50个问题，推动领导干部筑牢权力运行机制防线。年内，经济责任审计中发现某单位部分种粮补贴被他人冒领，后该问题被移送至区纪委监委立案，其中涉及诈骗财政资金的事项被移送区公安分局和区人民检察院，采取强制措施5人、逮捕3人。

【审计专项调查】2022年，区审计局开展教育资金专项审计调查，关注义务教育“双减”政策执行情况，推动区教育局完善制度5项，移送案件线索3起，收回学后托管等资金2881.25万元。落实年度省政府十大民生实事推进情况审计，推动部门用好民生资金。全年审计发现问题9个，协同责任单位通过点上整改、举一反三等举措，落实问题整改销号。开展住房与城市建设专项资金使用和绩效审计、建设领域深化改革政策执行情况审计，推动完善制度13项，查处违规金额171.02万元，管理不规范金额3051.24万元。针对“美丽西湖”建设资金结算审计中发现的问题，分管区领导召开专题会议，集中研究解决办法。针对部分提升改造工程中串围标现象，移送区人民法院实施判决。

【内部审计监督】2022年，全区内审机构开展内部审计项目778个，发现问题800个，涉及问题金额4112.93万元，整改问题金额2778.86万元，制定制度13项，修订完善制度47项，优化完善业务流程67项。加强业务学习，领导干部带头学习《浙江省内部审计工作规定》；提升内审业务工作技能，来自46个单位的60多名内审业务骨干参与内部审计实务培训。全年内审项目获省表彰项目1个、市优秀项目6个；4篇内审论文获省级奖项，9篇内审论文获市级奖项；提交审计工作信息被上级录用40篇次。

（区审计局　章　森）

2022年1月28日，区审计局工作人员在区住建局审查建设领域专项资金使用情况

（区审计局　供稿）

## 统　计

【概况】2022年，区统计局贯彻落实稳经济大盘决策部署，聚焦经济稳进提质攻坚行动，强化重要经济指标定期监测，加强对全区近1700家“四上”企业和400余个投资项目动态监测。直面市场主体，与各行业代表企业沟通交流，了解实情并摸清企业生产经营困境及政策落地效果。加强统计调查，做好劳动力调查、低收入农户调查、城镇住户调查、采购经理指数调查等月度常规调查。围绕党委政府关心、群众“急、难、愁、盼”问题，配合完成专项调查42项，做好直播带货平台消费维权等问卷调研，开展服务业行业恢复发展政策落实等专题调研，完成全区城乡住户调查样本轮换。加强统计制度化建设，畅通“统计网格”嵌入管理渠道，依托“统计e家”数字化改革应用，开展业务指导、互学互鉴等统计网格活动90余场。推进统计数字化改革，建立数字化改革领导专班和工作小组，开展专题培训会20场，参加培训1000多人次。迭代统计生产、服务、监督等数字化工作理念，提升工作质效。开展统计普法宣传，对重点部门、重点人员、重点企业，通过“一套表企业”入库实地核查、年度数据质量核查方式，提高统计普法宣传实效。面向镇街、平台和企业开展统计法规宣讲20场，受众2500多家（次），编印发放统计普法手册2000多本。组织西湖区第十三届统计开放日活动，展示西湖统计法治工作成果。开展第五次经济普查筹备工作，组建区级和镇街普查工作筹备机构。召开专题讨论会，总结历次经济普查经验，形成筹备工作方案。

【统计监测分析】2022年，区统计局探索宏观环境、新冠疫情对经济社会发展的影响，加强地区生产总值（GDP）、工业、社会消费品零售额、投资等重要指标监测分析。针对重点企业、重点行业、重点领域，研究统计制度方法，综合研判经济发展趋势，为党委政府稳市场主体、稳经济预期提供统计参考。综合宏观环境、政策措施、统计数据及微观主体情况，分析产业优势和突出矛盾，提炼报送统计分析近30篇、统计信息100余篇。完善《统计月报》《统计专报》，为区委区政府把握西湖区经济运行态势提供数据支撑和决策参考。

【统计执法监督】2022年，区统计局加大统计执法监督力度，召开全区“统计造假不收手、不收敛”问题专项纠治、国家统计督察问题整改动员部署会，11个镇街、3个平台和有关部门参加部署会。开展问题自查自纠，集中进行统计数据质量核查和执法检查，完成整改纠治。加强制度建设，完善部门协同监督机制，与区审计局等部门建立协作配合监督机制。健全专业统计数据质量管控办法，将防范和惩治统计造假工作贯穿工作始终，推行三级质量控制，落实落细管控环节，提升源头数据质量。优化统计环境，全年对

400余家统计单位进行数据核查，开展掌上执法68家，“双随机”抽查65家，对8家报表不规范的企业责令整改，对1家违法企业立案查处并做出经济处罚。

【第七次全国人口普查】2022年，西湖区第七次全国人口普查工作完成。全区11个镇街6000余名普查人员历时2年，对人口发展状况进行全面体检，“西湖区人口发展与共同富裕研究”课题获省统计局全面深化统计改革“最佳理论”一等奖。通过普查，形成整套人口数据汇编电子版，印发主要人口数据汇编、人口普查掠影等台账资料500余份。梳理普查工作总体安排、组织方式和主要工作情况及存在问题，总结户口整顿、普查业务、数据处理、宣传发动等方面的困难问题，提炼创新性工作思路、措施和做法、成效，积累普查工作经验。

【统计综合考评】2022年，区统计局完善综合考评数据测算模型，优化全区稳进提质攻坚行动考核机制。加强2022年市对区考核指标体系研究，制定区对部门、镇街综合考评实施方案，强化督查推动。年内，实现市对区综合考评“六连优”目标。梳理2021年市对区社会评价意见600余条，明确责任单位和年度整改目标，对各类目标进度进行督导。加快优化“数字考评”系统建设，做好考核数据分析、研判和预警，形成工作闭环机制。

【统计宣传服务】2022年，区统计局探索新媒体平台创新工作，利用微信公众号“杭州西湖统计”推动统计工作线上传播和正向推广，采用《“数”说西湖》三句半、西湖十年经济发展微视频、统计知识“十问十答”等宣传形式，展示西湖经济发展面貌。定期发布统计政务信息360多条，其中通过门户网站发布信息50多篇，政务新媒体主体“杭州西湖统计”微信订阅号发布和转发统计图文、音视频信息等300多篇，“杭州西湖统计”上榜全国区县级统计调查系统微信公众号综合影响力月榜。开展统计调查，调研重点企业和项目350家次，走访调查户和普通群众150户次。综合考虑疫情防控和企业业务指导需要，扩大线上直播培训应用，全年举办小班化统计培训20次、辅导50次、线上直播4场。协助做好“书记领办项目”“民呼我为”等落地工作，4次到老沙社区开展结对帮扶。全年组织志愿服务活动30场，参与服务活动160人次。

（区统计局　孙曼斯）

# 财政·税务·金融

## 财　政

【概况】2022年，西湖区实现地区生产总值1970.1亿元，按可比价计算，比上年增长0.1%。其中：第一产业增加值3.17亿元，增长4.3%；第二产业增加值153.91亿元，下降0.2%；第三产业增加值1813.02亿元，增长0.1%。三次产业结构比重为0.2%、7.8%、92%。按常住人口计算，人均生产总值17.24万元。财政总收入463.4亿元，增长34.1%；一般公共预算收入233.49亿元，增长32.9%。一般公共预算支出149.84亿元，增长18.0%。全区财政收支平衡，预算执行情况良好。夯实税源根基，跟踪重点税源，全区前100家企业入库税款329.55亿元，增长83.9%；制造业增长76.1%；房地产业增长44.0%；软件和信息技术业增长53.8%。优化收入结构，全年一般公共预算收入占财政总收入的50.4%，占GDP的11.9%。其中税收收入221.81亿元，占一般公共预算收入的95.0%。强化非税管理，统筹非税收入，完成非税收入13.28亿元，增长7.8%，其中纳入一般公共预算管理的非税收入11.68亿元，增长14.6%。

【财政助力经济发展】2022年，区财政局推进惠企政策直达，出台及修订凤凰计划、新制造业、数字经济、文化创意、元宇宙等产业扶持政策11项，兑现惠企扶持资金29.01亿元。深化产业基金运作，完善产业基金管理办法，设立子基金12只，上市公司纾困资管计划2个，投资项目金额22.27亿元，撬动社会资本26.88亿元。推动政府性融资担保，出台融资担保若干实施意见，缓解辖区中小企业融资难问题，全年融资担保2.04亿元，支持小微企业30家，转贷基金累计发生额8.38亿元，涉及企业90家（次）。优化营商环境，发布国有企业房产减租细则，完善西湖区行政事业单位减租政策，减免租金1.08亿元，惠及小微企业和个体工商户1157户。支持核心领域技术攻关，强化科技资源统筹，保障重点实验室、中国空间技术研究院等项目和人才一体化配置，全年一般公共预算中科学技术支出9.51亿元，比上年增长41.9%。

【民生事业财政保障】2022年，全区民生支出127.82亿元，比上年增长17.0%，占一般公共预算支出的85.3%。保障教育事业发展，教育支出35.66亿元，建立公用经费动态调整机制，落实西湖大学一般债券3亿元。保障文化事业发展，用于文化支出1.41亿元，创新文旅体融合发展模式，助力亚运场馆及配套基础设施建设。保障卫生事业发展，用于医疗卫生支出12.11亿元，其中投入疫情防控经费10.02亿元，用于核酸检测、新冠疫苗接种、医疗救治、设备物资采购、隔离点改造等。保障平安创建，用于“平安西湖”支出9.51亿元。保障社会保障事业发展，用于社会保障和就业支出14.92亿元，用于困难群众、城乡低保、残疾人等民生求助。年内，西湖区获批“两直”资金10.58亿元，累计拨付10.49亿元，执行进度99.2%。

【城市建设财政投入】2022年，区财政局支持城市建设，投入36.18亿元用于安置房、老旧小区、未来社区改造等民生领域项目建设。支持老旧小区提升改造项目15个、竣工24个，既有住宅加装电梯87台。优化城市交通，投入20亿元，用于三墩互通主线开通、文一西路西延、紫之隧道等配套提升项目建设，保障亚运场馆及周边“最后一公里”体验区建设。向上级财政部门申报政府债券，新增地方政府债券10.55亿元，用于保障西湖大学三期工程、紫金港电力“上改下”等重大项目建设。

【财政改革深化】2022年，区财政局推广“浙里报”试点应用，完成全省首笔一般事项报销场景实际应用，实现全覆盖全场景上线单位374家，产生业务单据5808单，报销金额2992万元。升级“资产云管家”，完善国有资产全生命周期管理体系，入选全省党政机关过紧日子十大优秀案例。全年产生采购、登记、核算等数据4486条。创新“财政大脑”模块，搭建省财政数字化改革“财政大脑”智能模块，提升感知预警能力。推进国资国企改革，出台国企工资决定机制、国有企业经营业绩考核等管理办法，推动国资监管由“企业化”向“公司化”转变，转制率100%。

【财政资金监管】2022年，区财政局落实“政府过紧日子”要求，建立节约型财政保障机制，压减非急需非刚性非重点项目支出4亿元。规范投资项目监管，审核政府投资项目估算、预算、结算1409份，审核金额140.96亿元，核减不合理费用8.64亿元，核减率6.1%；审核合同146份，审核金额5.19亿元。强化预算绩效管理，实施事前绩效评价预算项目29个，涉及资金1.39亿元，核减项目6个，核减资金0.57亿元，核减率41%。全区74家预算单位实施线上资金执行和绩效目标“双监控”，涉及项目1441个。防范化解债务风险，深化“七张问题清单”运用，完成隐性债务化解104.88亿元。严控“三保”支出风险，缓解镇街财政压力，守住财政收支平衡底线。

全年向镇街（平台）转移支付补助1.86亿元。

（区财政局　张　妍）

## 税　务

【概况】2022年，区税务局完成财政口径总收入463.4亿元，比上年增长34.1%，其中区级地方财政收入233.49亿元，增长32.9%。增值税入库175.19亿元，增长34.3%；消费税入库4192万元，下降10.4%；企业所得税入库171.44亿元，增长67.4%；个人所得税入库90.76亿元，增长19.5%；其他各税种入库64.32亿元，增长52.2%。做好城乡居民基本养老保险费、城乡居民基本医疗保险费征缴，组织征收社会保险费和非税收入（含职业年金）199.9亿元，增长18.8%。其中社会保险基金入库183.02亿元，增长15.8%；教育费附加入库5.62亿元，下降49.1%；地方教育附加入库3.75亿元，增长49.4%；残疾人就业保障金入库2.44亿元，增长18.3%。

【税务助力经济发展】2022年，区税务局坚持组织收入原则，严守不收“过头税费”底线，税费总收入逾700亿元，其中税收收入逾500亿元。落实组合式税费支持政策，巩固减税降费成效，全年落实组合式税费支持政策优惠90.34亿元，其中办理留抵退税35.71亿元，落实新增减税降费41.79亿元，办理缓税缓费12.84亿元。聚焦经济热点和地方产业发展布局，创优“税眼赏荷韵”税收分析品牌，提交税收分析报告供党委政府决策参考。

【税收征管改革】2022年，区税务局落实税收征管改革要求，涉及18类34项改革任务全部完成，参与的2项“揭榜挂帅”任务加快推进。实施出口退税备案单证数字化管理，出口退税审核时间提速至1天以内。落实全电子发票受票扩围试点，完成全电子发票预先服务2.24万户次，全区2.62万户次纳税人接收全电子发票53.61万份。完成全省首个开曼群岛国际税收情报交换案例，追缴税款1593.72万元。开展社会保险费“统模式”改革，牵头组建分级应答团队。协同镇街共建协税护税共治服务点9个，实现税费事项自便捷办理。

【税务营商环境优化】2022年，区税务局在市级平台“亲清直播间”推出“小西说税”政策云课堂，累计云课堂播出13次。依托电子税务局、征纳沟通平台送达涉税动态295批次，惠及纳税人、缴费人179.5万户。开展便民办税春风行动，落实6个大类26项135条便民办税服务措施。推广“非接触式”办税缴费服务，涉税事项实现100%网上办，网上综合办税率96.8%。开展精准助企服务，召开政企恳谈会1场、税企座谈会16场，问需走访企业4万余户（次），联动认定高新技术企业531户，“银税互动”平台为小微企业授信49.5亿元，比上年增长37.9%。

（区税务局　陈　希）

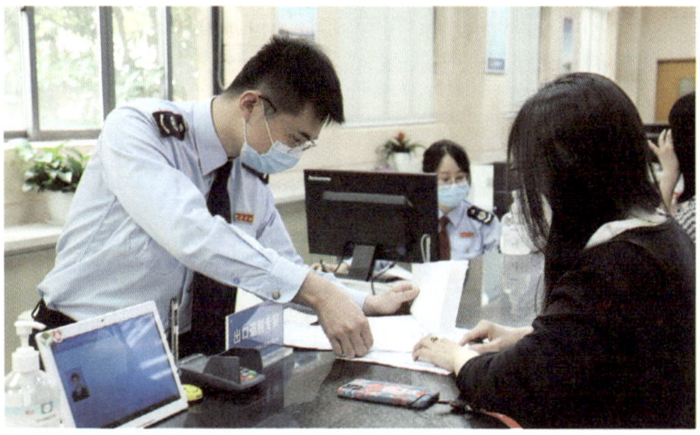

2022 年 6 月 15 日，区税务局开通出口退税专窗

（区税务局　供稿）

## 金　融

【融资担保服务】2022 年，西湖区辖区内有地方金融组织 28 家，其中小额贷款公司 4 家、典当公司 11 家、融资租赁公司 7 家、融资担保公司 6 家。全年金融机构累计开展业务 2539 笔，涉及金额 74.84 亿元，其中政府性融资担保公司开展小微企业和“三农”业务 2.04 亿元，对符合条件的融资担保机构补助 230 万元。推广“杭州 e 融”金融综合服务平台，平台入驻企业 1.79 万家，授信总额 278.26 亿元。

【资本市场培育】2022 年，西湖区深化资本市场培育，动态管理培育 140 家上市后备企业。建立完善工作体系，整合部门资源，引入金融顾问力量，现场走访企业 96 家次，帮助 31 家企业开具合规证明协调函 302 份，解决实际问题 33 个，兑现“凤凰行动”奖励资金 1100 万元。加深对接合作，推进区域性股权市场创新试点，完成北京证券交易所浙江基地建设。全年新增上市企业 6 家，新增数量居全省第一位；累计上市企业 35 家，排名全省第三位，其中 A 股上市企业 22 家、香港联交所上市企业 11 家、纽约交易所上市企业 2 家。

【风险闭环管控】2022 年，西湖区加强风险闭环管控，事前优化金融企业商事变更风险会商联审机制，严防新增输入金融风险，推动监管关口前移。事中完善“企诊卫士”风险监测平台，实现风险动态监测，加强数字赋能。事后总结风险防范经验，开展工作宣传，强化群众意识。

（区商务局）

# 经贸合作交流

## 投资促进

【利用外资 7.01 亿美元】2022 年，西湖区实际利用外资 7.01 亿美元，新引进 1 亿元以上产业项目 128 个、10 亿元以上重大项目 16 个。坚持招商引资“一把手”工程，区主要领导带队赴北京、上海、深圳等地开展敲门招商和走访服务企业，3 次召开重大项目招引推进工作例会，专题研究 13 个重大项目落地事宜。围绕数字经济、空天信息、生命健康、文化创意等重点产业赛道，开展“六张清单”渠道招商、敲门招商、活动招商、驻点招商、以企引企等，拓展招商途径。全年完成 3 批次、84 个重点招商项目集中签约，总投资 416 亿元。引进杭州华大生命科学研究院、北航数字产业中心、“浙大冰虫”科技创新园、久曜新一代光伏组件生产基地、寿仙谷生命健康园、气味王国等优质产业项目，引进项目涵盖数字经济、生命健康等领域。

【招大引强和产业招商】2022 年，西湖区将“六张清单”招大引强行动列为全区经济建设十大行动之首，成立招大引强工作领导小组。由区委书记、区长任双组长，下设“1+5”工作专班，将投资机构、上市公司、领军人物、高校院所、知名中介、卓越浙商作为项目招引的主攻方向。围绕“北强、南启、中兴”战略，做大做强“三城一谷六小镇”，谋划金融科技、智能制造、空天信息、生命健康、文化创意五大产业赛道，揭榜挂帅五大产业招商组，开展产业链精准招商，全年对接目标企业 1178 家，签约项目 69 个，总投资 220.5 亿元，落地项目 372 个，总投资 272.2 亿元。

【“赛马招商”与“数智招商”】2022 年，西湖区设置招大引强、产业招商组两张赛马榜，举行 3 次“重大项目招引比学赶超”活动，对“六张清单”质效、实际利用外资、产业项目招引等指标完成情况及产业招商组工作成效进行“赛马”；在“招大引强”群发布 46 期“周周赛”，通报各招商主体工作动态，激励比学赶超。建设完善智慧招商应用场景，撬动部门资源，筛选优质产业赛道的优质项目、企业清单，通过政策集成、招商协同作战，提升招商质效。全年该系统入库企业5893家，生成项目2434个，推进2128个项目落地，招商应用场景被评为“浙江商务数字化改革优秀基层案例”。

【投资项目集中签约】2022年，西湖区举行“云起西湖”招商大会、重点招商项目集中签约、跨国企业直通车活动5次，利用第五届中国国际进口博览会、云栖大会等活动，加大推介力度。5月13日，举行西湖区“云起西湖”招商大会暨2022年首批重点招商项目集中签约活动，建立“云起西湖”投资品牌，首批签约包括航天五院杭州中心、浙江大学、浙商创投在内的32个招商合作伙伴，参与合作招商，浙江浙里信征信有限公司、浙江中海云创智能科技研究有限公司、浙江寿仙谷医药股份有限公司、追光影业（杭州）有限公司、西湖仪器（杭州）技术有限公司等31个重点招商项目，总投资120亿元。7月1日，举行三季度重点招商项目集中签约，久曜新一代光伏组件生产基地、浙江觅得优生物科技、之江电影工业基地、中建科工金属新材料总部、煋辰数联（杭州）科技等26个项目完成签约，总投资166亿元。9月23日，举办跨国企业直通西湖数字经济专场活动，安姆科集团等13家跨国企业参加，推介西湖投资环境，对接一批外资项目。10月21日，举行四季度重点招商项目集中签约，杭州华大生命科学研究院、北航数字产业中心、“浙大冰虫”科技创新园、浙江宝利德比心二手车、浙江富浙科技等27个产业项目签约落户，总投资130亿元。

【投资服务】2022年，区投资促进局整合全区招商资源和政策，发布全区统一规范的招商云名片、招商宣传片和招商PPT，为投资促进做好服务支撑。深化北京、上海、深圳3个驻点招商，开展投资宣传推介、项目信息收集和重点客商联络。提升投资促进队伍专业招商能力水平，利用知行课堂学习载体，建立常态化学习授课机制，举办知行课堂开展“知行课堂”学习3次。

（区投资促进局　何　琪）

## 商贸流通

【国内贸易平稳增长】2022年，西湖区实现社会消费品零售总额845.7亿元，比上年增长5.8%。限上单位中，粮油食品实现零售额50.1亿元，增长15.3%；服装鞋帽类实现零售额28.3亿元，下降0.3%；石油及制品类实现零售额191.9亿元，增长11.6%；汽车类实现零售额100.8亿元，增长10.8%。限额以上批发和零售业单位通过公共网络实现零售额152.4亿元，增长30.8%。

【对外贸易扩大】2022年，西湖区实现自营外贸进出口316.41亿元，比上年增长5.1%。其中：出口260.86亿元，增长5.4%；进口55.54亿元，增长3.6%。落实惠企政策，帮助378家企业、579个项目获得扶持资金。

加大出口信用担保力度，采取全额买单实施小微联保政策，惠及企业500余家。组织340家企业分别参加广交会等境内外展会。主办3场外贸企业转型升级及RCEP自贸协定专题培训会，375家次企业参加政策培训会。支持外贸企业加强自有品牌建设，鼓励企业创立自主品牌、收购境外品牌。全年认定省级出口名牌企业5家、市级出口名牌企业14家。协同出入境部门出具签证便利协助函件、商务包机证明函，畅通跨境经贸活动渠道。疏通外贸出口物流堵点，加强与省海港集团合作，帮助23家企业利用海河、海铁等模式开展联运。艾康生物技术（杭州）有限公司、林德亚太工程有限公司、杭州永创智能设备股份有限公司被评为省“内外贸一体化领跑者企业”。

【服务贸易出口额21.42亿美元】2022年，西湖 区实现服务贸易出口总额21.42亿美元，比上年增长3.7%。其中服务外包离岸执行额2.43亿美元，增长8.0%。坚持龙头引领与重点支撑并进，全年全市服务贸易出口额前50强企业中，西湖区占8家，分别是蚂蚁集团，北京康捷空货运代理有限公司杭州分公司、杭州之江市政建设有限公司、杭州世航船务有限公司、市交通集团、艾康生物技术（杭州）有限公司、杭州促佳货运代理有限公司和浙江赛萌国际货运代理有限公司，实现服贸出口额18.68亿美元，占全区服贸出口总量的87.2%。全区出口额500万美元—3000万美元企业19家，累计出口额1.94亿美元，占服贸出口总量的9.1%。全年挖潜新增入库实绩企业10家。因疫情影响，传统服务贸易发展受挫，西湖区调整培育方向，重点发展知识密集型产业。全年全区知识密集型服务出口15.85亿美元，增长3.8%，占全区服贸出口总量的74%。探索数字服务贸易创新实践，数字服务贸易创新案例入选国家部委基地创新实践案例，全区入选省数字贸易百强榜单企业9家，被评为省文化出口重点企业6家、市服务贸易示范企业4家，入选福布斯中国“2022全球数字贸易行业企业TOP100”2家。

（区商务局）

## 东西部协作和对口支援

【概况】2022年，西湖区贯彻中央及浙川两省关于东西部协作和对口支援的战略部署，加强与四川省广元市青川县及甘孜州九龙县巩固拓展脱贫攻坚成果与乡村振兴有效衔接，东西部协作及对口支援工作取得新的成效。创新协作机制，研究制定年度东西部协作及对口支援工作要点，区委、区政府主要领导部署推动协作工作，定期组织召开全区东西部协作领导小组联席会议，研究部署东西部协作事宜。区政府主要领导率队赴川，建立健全互访交流、联席会议、督查考核等工作机制，推进工作任务落细、落实。加大两地党政干部及专业技术人才交流培养力度，选派4名干部赴两地协助完成东西部协作及对口支援工作，派出24名专业技术人才赴两地开展技术交流。助力提升两地教育、医疗事业发展，引导西湖区5所学校、5家医院结对，开展教学交流、医护人员培训等活动。举办乡村振兴干部培训班7期，培训党政干部831人次；举办专业技术人才培训班12期，培训教育、医疗、电商、农业等领域专业技术人才1278人次，发动区内民主党派、工商联、红十字会、行业协会、民营企业、社会爱心人士赴两地开展定向援助、捐资助学、慈善公益、医疗救助、支医支教等协作活动。

【产业协作】2022年，西湖区和青川县、九龙县立足双方资源优势，积极推进产业合作。全年市、区两级财政向青川、九龙援助资金7374万元，启动实施帮扶项目17个，完工项目14个。发动西湖区龙头企业赴结对地区参观考察，鼓励企业投资兴业。引导9家企业赴两地落地投产，实施产业项目2个，投资额12.92亿元，吸纳农村劳动力就业832人，其中脱贫劳动力83人。援建扶贫车间9个，吸纳农村劳动力就业361人，其中脱贫劳动力94人。结合青川、九龙两地优质环境禀赋和特色农业资源，共建产业园区4个，其中2个为农业产业园。入驻园区企业13家，入驻企业实际到位投资2941万元，吸纳农村劳动力就业364人，含脱贫人口52人。

【消费帮扶】2022年，西湖区线上与线下并行，拓宽消费帮扶新路径。依托“政采云”、扶贫“832”等线上平台，引导相关单位在餐饮及职工福利方面优先选用对口协作地区农特产品、精品水果，并向辖区企事业单位推广；组织企业对接两地农特产品，降低商场超市销售成本，提升两地产品市场竞争力；利用位于古墩路60号的“对口协作地区优质农产品展销中心”实体门店，作为线下对口地区农特产品展销点，通过倡议购销、结对助销、活动展销、商场超市直销、电商营销、宣传推销等途径促进消费帮扶。全年全区采购结对地区农畜牧产品和特色手工艺产品金额2.16亿元。

【医教协作】2022年，西湖区与两地开展医疗救助，对接杭州公益组织，发动辖区爱心企业，为九龙县捐赠价值30余万元冬衣及防疫物资，利用50万元帮扶资金，为17名残疾人适配义肢，补助28户残疾人脱贫监测户家庭及100余名残疾人学生。助推教育发展，区教育局挂职教师开展“西湖教育在九龙”系列公开课和教研培训活动，为当地学校输送优质教育和先进理念；2家电商企业捐建10个绘本阅读点并捐赠10万元彩色绘本、读物等教育用品，惠及偏远山区10所幼儿园及1937名小朋友；利用365万元社会捐赠资金，成立九龙县“365教育基金”，帮助九龙县困难学生完成学业。

【劳务协作】2022年，西湖区发挥数字

化先行优势，对接青川县人力社保局及青川移动公司，联合开发“青川县就近就业数字化应用场景”，通过建立“企业信息管理、社员信息管理、用工需求发布、短信通知、社员确认、用工统计分析”等功能模块12个，推进劳务协作全流程数字化，实现用工企业线上出单、劳务专业合作社线上接单、农村闲散劳动力自动匹配派单的数字化运行模式，助力青川劳动力就业增收。至年末，青川县劳务专业合作社增至178个，加入社员1.5万人，与劳务专业合作社建立用工关系企业600多家，提供就业岗位8000多个，实现长期和季节性务工4.6万人次，完成劳务增收1900多万元。

【社会力量帮扶】2022年，西湖区发挥辖区民营企业资金、项目、人才优势，深入推进“万企帮万村”携手奔小康活动，国企、民企共同发力，开展社会扶贫和慈善公益，助推对口地区经济薄弱村“造血”增收。通过实地对接结对村的帮扶需求，为青川、九龙两地提供多方面帮扶输出，通过组织乡村振兴人才培训、支援抗震救灾及发展旅游业等途径，带动结对村兴业致富，助力两地巩固脱贫攻坚成果同乡村振兴有效衔接。全年引导辖区58家企业、5个社会组织与青川、九龙开展结对，累计捐款捐物价值883.55万元。

（区发改经信局）

## 结对合作帮扶

【概况】2022年，根据国家发展改革委《沪苏浙城市结对合作帮扶皖北城市实施方案》和《杭州市宿州市结对合作帮扶工作方案》《杭州市宿州市结对合作帮扶工作计划》，西湖区与宿州市砀山县开展结对合作帮扶，构建产业技术、人才、资本、市场等一体化发展帮扶工作格局。围绕两地协作工作重点，开展调研互访4次，建立联席会议制度及领导交流对接机制，印发《西湖区—砀山县结对合作帮扶方案》和《西湖区—砀山县结对合作帮扶工作计划》，压实重点工作任务并分解至各责任单位。依托西湖区教育、卫生、科技、农业等方面人才和技术优势，协助砀山开展项目合作、农产品互销、文旅互融及学术交流等。开展双向干部学习交流和挂职锻炼，派驻砀山县党政干部、专业技术人才各1名，协调推进两地合作帮扶重点工作任务。

【产业合作协同】2022年，西湖区聚焦产业合作，与砀山县深入交流，依托该县生态资源优势及以生命健康、绿色食品、高端制造业为主导的产业发展定位，陪同该县驻区工作组调研农夫山泉股份有限公司、王老吉餐饮管理发展有限公司、杭州太希智能科技有限公司等36家企业并协助建立招商资源信息库。“王老吉竹胎素及梨果酒饮品生产项目”“人工智能双足外骨骼机器人康复轮椅生产项目”“畜禽粪污资源化综合利用清洁能源生产项目”“龙廷国旅长三角游客赴砀康养旅游项目”等7个项目达成合作意向。搭建平台，提升区域品牌影响力。9月，砀山农品入驻区优质农产品展销中心，设立农产品展销专柜，宣传展示当地优质农品及果蔬制品40多种，销售额300多万元。推进教育协同，与砀山县签订教育领域结对帮扶协议，开展教育理念交流、学校结对、科研项目合作等；组织砀山县10家电商企业与区内电商平台、企业及直播基地举办交流分享会，分享直播先进经验，吸引更多青年人返乡就业创业。

（区发改经信局）

# 农业·农村·水利

## 现代农业

【概况】2022年，全区完成农业总产值4.83亿元，其中农业种植业产值3.19亿元、渔业产值1.44亿元。经济作物播种面积786.67公顷，龙井茶、无公害蔬菜、水产养殖及花卉苗木等优势产业产值4.29亿元，占全部农业总产值的88.8%。淡水产品产量5915吨。农林牧渔增加值比上年增长4.3%，居杭州市第一位。西湖区注重培育龙头企业、农村民宿、农业研学等新主体新业态，全年新培育区级以上农业龙头企业4家；培育中国美丽休闲乡村1个、省级“浙里田园”精品路线1条、省级数字工厂1个、市级未来农场1个、区级财政扶持精品民宿6个。农旅、文旅等新产业涌现，带动休闲农业发展。年内休闲农业接待游客486.8万人次，增长14.7%；营业收入6.04亿元，增长9%；带动农产品销售1.99亿元，增长5.3%。龙坞和双浦灵山区块依靠秀丽茶园和新晋网红景区铜鉴湖，餐饮、商拍表现突出。上城埭村入选中国美丽休闲乡村，为杭州市2022年度唯一入选村社。

【农业政策兑现】2022年，区农业农村局根据《西湖区现代农业发展及美丽田园建设扶持政策》，以绿色品质农业、农业品牌为奖励重点，兑现现代农业奖项11个，奖励资金27万元，惠及农业主体9家。指导9家农业主体申报数字农业、农机装备、农业科技等6个大类11个项目，政策兑现扶持资金6275万元，涉及企业80多家。向省、市、区争取政策资金扶持，被列入省级现代农业园区项目1个、市级乡村振兴指导性项目2个，落实省、市财政扶持资金5280万元。

【数字农业建设】2022年，区农业农村局鼓励企业对照“农业双强”和“数字农业”农业财政政策，加强数字农业建设。开展企业调研，组织有意愿发展数字农业企业外出培训，提高农业企业发展数字农业信心，引导企业尝试应用数字农业相关技术，建成百盛农业省级数字农业工厂，推荐杭州龙坞茶叶有限公司申报第二批省级数字农业工厂。

【农产品质量监管】2022年，区农业

农村局开展定量监督抽检219批次，合格率100%，其中区级177批次、省市两级42批次；开展定性抽检340批次。实施农产品质量安全网格化监管，网格化监管案例入选杭州市全面推进涉农镇街农产品质量安全网格化监管的典型案例。推进“大棚房”监管，以19家设施农业企业备案和51个“大棚房”问题整改为重点，强化属地监管责任落实、设施农业用地动态管理，防止“大棚房”问题反弹。守住农产品质量安全底线，结合数字化转型开展农产品质量安全监管，全年未发生区域性、系统性、链条式农产品质量安全问题。

（区农业农村局）

2022年11月9日，西湖区农村土地承包仲裁委员会成立大会召开

（区农业农村局　供稿）

## 供销合作

【概况】2022年，区供销联社深化“三位一体”改革，探索未来乡村物业服务，加快供销农事服务中心和供销商贸中心建设。推进美丽乡村物业进村，成立西供联物业公司，联合转塘街道长埭村，创建“未来乡村幸福服务”项目，探索生产服务和生活服务相结合的未来乡村物业管理模式。推进智慧农贸市场建设，杭州农合联市场经营管理有限公司托管全区8家新型智慧农贸市场和1家对口扶贫优质农产品展示中心，经营面积1.1万平方米，经营摊位300多个，全年经营收入1.45亿元。建设供销产业园区，园区“水改田”种植水稻19.33公顷，引进斯坦博农业和草莓园农业企业2家。保障应急、应需物资储备和供应，全年供应化肥687吨、农药7吨、农膜1.3吨；落实防汛抗灾物资储备，储备草袋、铁锹、水泵等价值100万元应急、防汛抗灾物资。提升为农服务水平，为9家农合联单位兑现助农奖励补助资金14.6万元，向18家生产企业赠送优质农资30多吨，落实淡季农资储备贴息和防汛物资储备补贴13万元。

【支农惠农服务】2022年，区供销联社开展农事志愿和春耕支农服务活动，助力乡村振兴和共同富裕。1月，中国水稻研究所党委书记高士军，九三学社省委秘书长过维雅一行到访西湖农机装备产业农合联，对接供销产业园建设中国水稻研究所稻作研发基地相关工作，并为会员企业提供技术指导。3月，组织区供销联社机关党员团员到杭州九曲红梅茶业有限公司和杭州之浦农业科技开发有限公司开展田间农事志愿服务活动，助力农企采茶。4月，开展春耕支农促生产“五送”下乡活动，组建4支服务小组，走访18家农合联企业，为农企农户宣讲相关政策，做好农资需求调研和农资储备供应。

2022 年 3 月 28 日，区供销联社机关党员参加农业企业采茶

（区供销联社　供稿）

**【供销培训与智慧服务】**2022 年，区供销联社创新活动形式，增强为农服务辐射带动作用。9 月 6 日，举办西湖区农合联会员“浙农服”操作与应用培训，会员单位及区联社机关 50 人参加，主要讲解采购供销、保险贷款、病虫害识别等方面知识。11 月 5 日，举办“画外桐坞农夫集市”活动，推出特色美食、花卉绿植、特色文创手作等摊位 100 个。11 月 11 日，由区供销联社和泗乡村专业合作社联合创制的“数字工分”平台在西湖区茶场村上线，村民和游客通过活动体验劳动获得感。

2022 年 11 月 11 日，区供销联社和泗乡村专业合作社联合创制的“数字工分”平台在西湖区茶场村上线

（区供销联社　供稿）

**【西供联物业公司成立】**2022 年 5 月 6 日，区供销联社在西湖区转塘街道长埭村启动“美丽乡村、幸福服务”活动仪式，同步成立杭州西供联物业管理有限公司。该物业公司由区供销联社与转塘供销社共同出资组建，主要为村民提供生活、生产、政府购买等服务。同步上线“数字工分”系统，用户以数字化的工分为媒介进行要素交换共享，为西湖区推进乡村振兴、未来乡村建设贡献力量。公司以长埭村为试点，为长埭村未来乡村建设提供物业管理服务。

2022 年 5 月 6 日，区供销联社在西湖区转塘街道长埭村举行“美丽乡村、幸福服务”活动仪式，同步成立杭州西供联物业管理有限公司

（区供销联社　供稿）

**【花卉产业农合联成立】**2022 年 9 月 28 日，西湖区花卉产业农合联成立。首批吸纳花卉苗木类农业企业 17 家。通过花卉产业农合联，为农户提供种植指导、经营策划、农资对接、展示展销、线上直播、涉农贷款等服务。农合联全力支持区域内花卉苗木行业发展，助力乡村振兴和高质量发展建设。加

强行业交流，发挥农合联在技术、信息、销售、资金等方面组织优势，惠及更多花卉苗木经营主体，推动西湖花木特色产业做大做强。

（区供销联社）

## 林　业

【概况】2022年，西湖区做好国土绿化造林，对照年度国土绿化造林33.33公顷的目标任务，实际完成46.47公顷，完成率139.4%。加强森林资源保护，推行林长制，建立区、镇街、村社三级林长（警长）组织体系，落实三级林长488人、林区警长49人。实行森林资源网格化管理，划定巡林护林网格70个，设立网格长34名，落实146名护林员，年内未发生森林火灾事件。加强森林消防建设，“林火智治”数字化应用场景列入市级试点名单，西湖区获“浙江省先进护林单位”称号。

西湖区林长公示牌（摄于2022年）

（区农业农村局　供稿）

【野生动植物保护】2022年，区农业农村局加强野生动植物保护宣传，呼吁全民保护野生动植物。3月3日，在杭州西溪湿地博物馆开展“关注旗舰物种保护·推进美丽中国建设”的世界野生动植物日主题活动。3月10日，在西山国家森林公园开展“我为亚运种棵树，助力亚运碳中和”活动。4月20日，以“守护蓝天精灵·共享美好家园”为主题，在杭州铜鉴湖开展爱鸟周活动。

2022年3月3日，区农业农村局在杭州西溪湿地博物馆举办“关注旗舰物种保护·推进美丽中国建设”世界野生动植物日主题活动

（区农业农村局　供稿）

2022年4月20日，区农业农村局在杭州铜鉴湖开展以“守护蓝天精灵·共享美好家园”为主题的“爱鸟周”活动

（区农业农村局　供稿）

## 水　利

【水利基础设施建设】2022年，区农业

农村局（区水利局）谋划海塘安澜项目建设，推进南北塘海塘安澜工程，与省市部门沟通协调项目报批。项目启动后召开例会10次，区主要领导主持专题研究3次，项目立项受理至通过行业审查用时23天，一期工程5.5千米开工建设。做好铜鉴湖项目安全管理工作，督促参建单位落实好各项安全管理措施，加快推进工程扫尾。推进省民生实事项目，完成青龙山、张前弄两座山塘隐患专项治理及珊瑚沙、龙心闸改建提升。联合市水利局把好北支江综合整治工程质量安全关，牵头“城西南排”工程西湖区专班工作，协调处理涉及西湖区范围项目方案优化、政策处理等工作。

【水利风险防控】2022年，区农业农村局（区水利局）落实防汛抢险准备和汛前安全检查，排查水库、山塘、海塘等防洪工程和涉河涉水在建工程70多处，发现风险隐患和薄弱点30多个，逐项跟踪督办并闭环销号。部署小流域山洪灾害防御，完成转塘、留下、双浦3个重点集镇山洪灾害调查评价，建立危险区动态管理清单，明确小流域山洪灾害防御职责。加强水利工程运行管理，修编完成防汛预案，完善水库、水闸控制运行计划，全年成功应对钱塘江1号及2号洪水、“轩岚诺”、“梅花”台风汛情。面对严重旱情，做好农业生产保障和河道生态补水工作，全年引水9800万立方米。完善人防、物防、技防措施，加强钱塘江防潮安全管理，发出提醒短信68.85万条，劝阻下堤人员2.2万人次，未有潮水伤人事件发生。

【涉水安全监管】2022年，区农业农村局（区水利局）推进“五个美丽”系列创建，铜鉴湖创建省级美丽河湖通过验收，龙尾巴美丽山塘完成创建。加强水安全保障，做好高尔夫亚运场馆防洪安全，制定水安全保障方案及专项防汛应急预案，全年排查发现问题30多个并整改落实。开展部门联合应急防汛调度演练，提升整体防御能力。强化水事秩序，做好涉河涉堤建设项目服务监管，全年审批涉河涉堤建设项目16个、抽查涉河涉堤建设项目24个；上级下发的54个涉水图斑均完成整改；规范区域内取用水管理，抓好现场监管与水资源费征收；强化水土流失源头管控，全年现场检查219次，审批水土保持项目48项，完成水土保持项目区域评估备案22项，征收水资源保护费69.61万元；国家、省、市下发水保图斑89个，现场核查拆分后图斑103个，发现问题项目9个。完成西湖区水域保护规划编制，该规划通过市级审查。

【防洪减灾】2022年，区农业农村局（区水利局）聚力防洪减灾，对照之江地区现状与规划水利工况，查找之江地区河网行洪、规划实施等情况，开展之江地区防洪薄弱环节专题研究。推进数字孪生系统项目建设，按照“1+4+N”的总体架构，聚焦之江地区水旱灾害防御，落实预报、预警、预演、预案“四预”措施，运用物联网、大数据、云计算等技术，构建运行之江区域智慧水利数字孪生大脑，赋能之江区域防洪减灾、水工程调度，提升之江地区水安全保障能力。

（区农业农村局）

## 农村治理与乡村振兴

【农村治理】2022年，区农业农村局推进“大综合一体化”执法改革，组建区农业行政执法队，实行“局队合一”体制，由行政执法队依法统一行使农业、林业、水利行政处罚及与之相关的行政检查、行政强制等执法职能。设立区农业农村事务保障中心，协助开展农林水领域辅助性行政执法工作。成立区农村土地承包仲裁委员会，建立和完善农村土地承包经营纠纷调解仲裁机制，推动解决农村土地承包经营纠纷。

西湖区三墩镇绕城村清廉阵地（摄于2022年）

（区农业农村局　供稿）

【清廉村居建设】2022年，区农业农村局规范村社小微权力运行，重点加强“三资”管理，通过部门协同、“五廉”带动，深入推进清廉村居建设。夯实制度基础，出台村社小微权力清单制度、村社集体工程建设管理和村社集体资金管理办法。开展“民主法治村”“法治带头人”“遵纪守法示范户”评选活动，山联社区、缪家社区、外桐坞村被评为全国民主法治村社，兰溪口等31个村社被评为省级民主法治村社。打造清廉村居，西湖区被评为省级清廉村居1个、市级清廉村居特色样板村2个、区级清廉西湖建设优秀案例3个、区级清廉村居12个、清廉村居示范点9个。

【数字赋能农资管理】2022年，区农业农村局加强农村“三资”（资金、资源、资产）管理，推进省农村集体经济数字管理平台运用。利用“阿里云”网络公开竞拍平台，保障村社集体资产公开透明交易和保值增值。至年末，全区村社集体资产交易177次，起拍额7.87亿元，成交额9.44亿元，平均溢出率16.7%。

【未来乡村建设】2022年，西湖区加快未来乡村试点建设，出台“未来乡村建设”“最美乡村评选”2个政策指导文件，提出乡村“产业发展策略”“空间资源梳理”“运营管理建议”3项工作思路，把未来乡村建设纳入区委区政府年底综合考评。明确未来乡村建设中数字乡村、村庄规划、产业招商、乡村运营、最美评选等10多项重点工作，分解落实任务到部门和镇街，组织开展业务培训、业务指导、学习考察，服务保障未来乡村现场会、专题会和调研活动10多次，形成未来乡村“三级联动、部门统筹、各方支持、社会参与”的工作机制。用好西湖龙井资源禀赋，发挥高校院所、大联盟单位作用，加快龙坞、双浦、兰里产业组团升级，推动特色亮点整合，形成艺术、创意、农旅、茶旅、网红等产业品牌。至年末，完成长埭村、桐坞村、桑园地村、绕城村、华联村5个省市级未来乡村验收考核，其中长埭村为浙江省首批未来乡村十佳案例。华联村、长埭村被评为浙江省乡村振兴示范村，外桐坞村、长埭村入选杭州市美丽乡村“亚运会”国际旅游考察点。西湖区创建成为浙江省美丽乡村示范县。

（区农业农村局）

2022年3月10日，区农业农村局在西山国家森林公园开展“我为亚运种棵树，助力亚运碳中和”绿化造林活动

（区农业农村局　供稿）

# 工业和信息化

## 综　述

【主要指标增长稳定】2022年，西湖区工业主要经济指标保持稳定。规上工业增加值保持增长势头，全年实现规上工业总产值387.34亿元，比上年增长6.8%；实现规上工业增加值111.25亿元，增长0.1%。亩均税收、增加值均列全市第三位，增速分别列全市第一、第二位。全年制造业投资17.17亿元，增长41.6%。部分产业增长稳定，高新技术、装备制造业、环保制造业、文化制造业分别增长2.2%、0.6%、2.9%和0.6%，增加值增速高于全市平均水平。

【产业集聚发展】2022年，西湖区融接市五大生态圈布局，聚焦智能网联、高端装备和生物医药三大产业生态圈。对比周边区县政策力度，修订出台西湖区促进数字经济、新制造业、元宇宙产业等产业政策，以集成电路、生物医药、区块链等产业领域为重点，出台《关于促进新制造业高质量发展的扶持意见（试行）》《关于促进数字经济高质量发展的扶持意见（试行）》《打造元宇宙产业高地的扶持意见（试行）》3项产业政策，支持企业做大做强，推进产业集聚发展。全年新认定国家级专精特新“小巨人”企业8家、省“专精特新”中小企业49家，分别累计13家和68家；新增“小升规”企业20家。

【纾困减负】2022年，区发改经信局聚焦为企纾困减负，制定《西湖区畅循环稳工业促数字经济攻坚专项行动方案》《西湖区稳企业强主体攻坚行动方案》，建立工作专班，落实工作任务，推动工业经济企稳回升。完成减负降本，全年为企减负55.52亿元，完成率102.8%。兑现省“专精特新”中小企业帮扶资金278万元和301家企业纾困资金598.43万元，纾困资金通过“亲清在线”直达。建立重点工业企业白名单，调研掌握企业开工复工情况，加强对企业用电管理和监测，确保企业运行指数超过100%。全年建立重点工业白名单企业61家，重点跟踪服务省产业链企业13家。

【助力元宇宙产业发展】2022年11月，

西湖区出台专门扶持政策，从鼓励技术创新、打造公共平台、培育开源生态、强化园区建设、推动产业集聚、强化龙头引领等 12 个方面，助力元宇宙产业发展。落实元宇宙企业落地文三数字生活街区发展的相关补贴，在文三数字生活街区内建设元宇宙场景应用和用户沉浸式体验中心（展厅），对面积 100 平方米以上的企业机构，经认定将给予一次性 30 万元的奖励。鼓励“元宇宙 +”在各领域场景应用，支持建设一批元宇宙领域的新技术、新产品、新模式、新应用、新业态示范标杆。鼓励引进元宇宙人才，对海内外元宇宙产业领域高层人才到西湖区创新创业的，给予最高 500 万—1000 万元的创业启动资金支持。

【“两业融合”发展】2022 年，区发改经信局推动全区制造业和服务业“两业融合”发展工作。年初申报“两业”融合项目 3 个，分别是“永创智能系统总集成总承包服务型制造能力提升项目”、“博圣母婴筛诊治健康基地建设项目”和“云栖智造创新中心”，经核查后推荐上报省市。年末，开展第二批市级“两业”融合试点创优申报工作，指导浙江博圣生物技术股份有限公司、杭州小影创新科技股份有限公司 2 家企业谋划试点创建目标、创建思路和重点任务。经市级部门和有关专家联合评审，浙江博圣生物技术股份有限公司被评为市级第二批“两业”融合试点。

（区发改经信局）

## 投资与项目推进

【有效投资扩大】2022 年，西湖区完成固定资产投资 484 亿元，比上年增长 2.5%。全区投资结构性指标呈现出“四正一负”。其中，生态环保、城市更新和水利设施投资项目增长 137.1%，全市排名第一位；民间投资下降 3.7%，全市排名第十二位；高新技术产业投资增长 60.8%，全市排名第二位；项目民间投资增长 5.6%，全市排名第十位；制造业投资增长 41.6%，全市排名第三位。

【重点项目推进】2022 年，西湖区认定省市县长工程项目 2 个，分别是数辰科技和智辰科技项目。9 月，2 个项目取得施工许可证、统计代码后实现正式落地。西湖区“4+1”项目被纳入稳进提质攻坚行动，6 个“4+1”项目总投资 17.75 亿元，实际投资 24.96 亿元，完成率 140.6%。12 个“六个千亿”项目总投资 26 亿元，实际投资 39 亿元，完成率 150%。认定省重点实施项目 2 个（省之江文化中心和西湖大学三期），年度计划投资 12.3 亿元，实际完成投资 21.15 亿元，完成率 172%。40 个市重点实施项目总投资 51.6 亿元，实际完成投资 73.8 亿元，整体完成率 143%。

（区发改经信局）

## 新制造业

【五大产业生态圈谋划建设】2022年，西湖区排摸五大产业生态圈重大改革成果清单、重大招引落地项目清单、重大在建和竣工项目清单、重大创新平台清单、重大生态圈企业清单等“五大清单”，形成重大改革成果3项、重大招引落地项目28项、重大在建和竣工项目20项、重大创新平台6个、智能物联行业重点企业210家（链主企业6家、上市企业13家、省专精特新“小巨人”企业16家）、生物医药行业重点企业8家、高端装备行业重点企业7家、新材料行业重点企业3家、绿色能源行业重点企业2家。年内，对“五大清单”采用联席会议、督查督办、专题推进等机制实时跟踪建设成果，实行动态管理，推进生态圈高质量发展。

【制造业提能升级】2022年，西湖区制定制造业“腾笼换鸟、凤凰涅槃”攻坚行动方案，明确行动目标和重点任务，提升西湖区制造业能级。梳理2018年以来32个工业用地出让项目和2020年以来提升改造19个项目等多张用地清单，推进已供未动项目开工入库，督促38个在建项目加快形成工业产出。开展亩均论英雄、高耗低效整治、地企对应等专项排摸工作。排摸高耗低效工业企业名单，整治12家高耗低效工业企业，腾出用地4.68公顷，腾出用能131.5万吨标煤。对全区197个地块上对应的规上、规下工业企业，精准采集企业数据，排摸企业用电户号、实际建筑面积等数据。

【3家企业入选省首台（套）装备名单】2022年，西湖区深入实施制造业首台（套）提升工程，推广首台（套）政策，提高全区首台（套）应用水平，杭州永创智能设备股份有限公司、杭州江河机电装备工程有限公司、杭州承宇节能环保技术有限公司3家企业入选2022年度浙江省首台（套）装备名单。企业入选首台（套）装备名单要求企业产品符合《浙江省高端装备制造业发展重点领域（2019版）》或《浙江省高端装备制造业发展“十四五”规划》有关规定；产品技术先进，在同类产品中达到国内先进及以上水平；产品为完成工程化攻关并取得初步市场业绩，或应用于重大工程或相关领域，能提供至少1项初步市场业绩或产业化应用案例。

【49家企业入选省“专精特新”企业名单】2022年，西湖区加大中小微企业“专精特新”培育扶持力度，引导企业开发具有自主知识产权、技术含量高、经济效益好的装备产品。出台促进新制造业发展扶持政策，推荐重点领域创新能力强、市场竞争优势突出的中小企业申报“专精特新”中小企业、专精特新“小巨人”企业、省级“隐形冠军”。年内，西湖区有49家企业入选省“专精特新”企业名单。至年末，全区累计培育创新型中小企业262家、省级“专精特新”中小企业68家、省级“隐

形冠军”企业3家、国家级专精特新“小巨人”企业13家、工业和信息化部单项冠军企业（产品）1家。区发改经信局获省2022年度中小微企业培育工作成绩突出集体，获市数字经济和制造业“双引擎”推进工作行政奖励，记集体三等功。

（区发改经信局　沈　琪）

## 重要平台

【特色小镇高质量发展】2022年，西湖区5个创建、命名类特色小镇实现固定资产投资85.02亿元，完成税收286.95亿元。经省特色小镇规划建设工作办公室评定，蚂蚁小镇、云栖小镇被评为全省2021年度特色小镇“亩均效益”领跑者。龙坞茶镇参与全省特色小镇高质量发展最佳实践评选，紫金科创小镇通过省第六批特色小镇验收命名申报，成为省级特色小镇。

【小镇特色活动】2022年，西湖区特色小镇开展形式多样的活动。龙坞茶镇举办第八届中华茶奥会，该届茶奥会规模最大、项目最多、涉及面最广。云栖小镇、艺创小镇联合承办创客天下·杭州市海外高层次人才创新创业大赛暨2022年西湖青年双创启明星“星聚”路演汇，为高质量人才项目落地提供动能。紫金港科技城举办人才创享日活动暨2022半年度海内外高层次人才项目对接会。11月3日—5日，2022年云栖大会在云栖小镇举行。大会设置2场主论坛，70多场数字技术、产业和生态分论坛，以及4万平方米智能科技全景展览。

【“万亩千亿”新产业平台】2022年，西湖区紫金港数字信息新产业平台作为省“万亩千亿”平台，实现固定资产投资52.4亿元，其中产业项目投资22.8亿元，标志性项目投资占比100%，基础设施投资29.6亿元。实现平台工业总产值（营收）678.2亿元，其中主导产业工业总产值占比100%。新引进产业项目4个，其中新引进标志性项目数4个，标志性项目投资20亿元，新开工项目3个。引进省级以上高层次人才3人，引进创新平台载体2个。紫金港数字信息“万亩千亿”新产业平台位于紫金港科技城西部，主导产业为数字信息产业，由云计算、人工智能、大数据、电子商务及配套、供应链互联网金融、高端电子元器件、智能制造等细分产业组成。

（区发改经信局）

## 产业数字化

【数字经济与实体经济融合发展】2022年，西湖区推动数字经济与实体经济融合发展。培育数字经济龙头企业，支持数字经济中小企业加快发展，形成大中小企业相互支撑、协同合作的数字经济产业生态体系。年内，区发改经信局发布促进新制造业高质量发展的扶持意见，推动“未来工厂”引领企业数字化转型。鼓励企业打造“未来工厂”试点示范，对新认定的市级“链主工厂”“智能工厂”和“数字化车间”，分别给予不超过500万元、200万元、80万元的一次性补助。对首次遴选列入制造业“云上企业”培育库的企业，最高给予30万元的一次性补助；对新认定的企业技术中心最高奖励100万元；集成电路公共技术平台最高补助5000万元。

**【产业数字化加快】**2022年，西湖区建设产业数字化服务商队伍体系，重点支持区内优秀产业数字化服务企业为制造业企业提供专业工程技术服务，全区12家企业列入2022年省级产业数字化服务商。加快“未来工厂”梯度培育，以智能工厂、数字化车间、工业互联网平台等项目为抓手，挖掘制造业企业潜力，鼓励企业提高数字化系统应用水平，全年有15家企业被列入省、市“未来工厂”培育企业名单，其中浙江美浓世纪集团有限公司被评为省级、市级“数字化车间”，艾康生物技术（杭州）有限公司被评为市级“数字化车间”。鼓励新模式新业态创新，西湖区政采云有限公司、浙江诺诺网络科技有限公司被评为2022年浙江省数字赋能促进新业态新模式典型企业和平台。

**【数字工厂培育】**2022年，西湖区推进数字工厂培育工作，阿里云计算有限公司、支付宝（中国）网络技术有限公司、杭州数梦工场科技有限公司3家企业被评定为省数字工厂认定类标杆企业，杭州涂鸦信息技术有限公司被评定为省数字工厂培育类标杆企业。西湖区培育的数字工厂以数据为关键生产要素，以数字技术产品和服务供给、数据价值创造、数字生态营造等为核心业务模式，通过创新链、产业链、价值链、人才链深度融合，引领数字产业化发展。

**【数字经济系统建设成果】**2022年，西湖区开发“西湖企服”场景，打造企业全生命周期数据仓，完成7个省级部门、2个市级部门、9个区级部门及第三方企业数据归集，累计汇聚数据表132张，梳理出“注册地”或“住所所在地”在西湖区的市场主体24.69万家。推进“多码融合”场景迭代升级，“多码融合”接入应用场景9个，服务业务部门20个，关联企业8万余家，产生扫码量及浏览量25万余次。年内，西湖区“数字孪生楼宇经济”场景、“一平台交易”、“四港”联动智慧物流云平台等应用获省市肯定。“‘一指减负’数字化改革场景应用提升企业获得感”作为国务院第九次大督查发现的典型经验做法，被国务院办公厅通报表扬，《浙江杭州西湖区着力打造“企诊卫士”数字平台》一文在《全面依法治国工作简报》刊发。

（区发改经信局）

# 产业平台

## 紫金港科技城

**【概况】** 紫金港科技城总规划面积22平方千米，涵盖西湖科技园、云谷两大区块，浙江大学、西湖大学等高校和紫金科创小镇等创新创业平台入驻辖区，为浙江省高新技术产业园区和全省首批“万亩千亿”新产业平台，有规模以上企业151家、上市企业6家。2022年，科技城实现税收收入31.29亿元，其中一般公共预算收入15.1亿元；固定资产投资112.97亿元，比上年增长20.8%；工业增加值62.17亿元，增长14.9%；落地固定资产投资1亿元以上产业项目4个；新增国家高新技术企业57家、省科技型中小企业154家、市级以上研发中心22家；新增上市企业3家、国家“小巨人”企业4家、省“专精特新”企业16家。至年末，科技城有国家重点扶持高新技术企业259家、省科技型中小企业575家、省级以上研发机构54家，区级以上众创空间（孵化器）8家、市级以上“海外领军”人才35人，西湖英才52人、海内外高层次人才创新创业团队100个。提升营商环境，开发智慧楼宇管理平台，上线企业码应用，帮助协调解决人才子女入学。发挥政策工具作用，推进人才链与创新链、产业链、资金链融合，推荐15家人才企业获西湖科创直投基金投资1.4亿元。迁入区外企业452家，完成迁入税收1572万元。

2022年11月4日，杭州市西湖区紫金港科技城商会成立大会暨第一届一次会员大会召开（图为会员合影）

（紫金港科技城管委会　供稿）

**【科技城融入城西大走廊】** 2022年，紫金港科技城坚持融合发展战略，主动融入杭州城西科创大走廊，成立杭州城西科创大走廊西湖片区高质量发展领导小组办公室，组建紫金港科技城管理局，承接大走廊创新资源，推进科技人才、产业招商、规划建设等工作。构建与大走廊行政审批联动机制，建立项目审批服务“绿色通道”，简化审批流程，在西湖区行政服务中心设立大走廊投资项目审批服务专窗。

【招商引才引智】2022年，紫金港科技城聚力引才引智，管委会领导分别到北京、上海、宁波、苏州等地开展敲门招商。全年走访企业1514家，获取有效信息321条。招引落地杭州华大生命科学研究院等优质项目238个；落地1亿元以上产业项目9个，其中注册类项目5个、固定资产投资制造业项目3个、固定资产投资服务业项目1个，全年到位外资960.4万美元。

【产业项目及配套建设】2022年，紫金港科技城提升改造西湖科技园，开工项目4个。提升改造项目中实施项目26个，建筑面积升至100万平方米。2宗新出让产业用地项目开工建设，其中凯迪仕项目建筑面积5万平方米、集智港项目建筑面积7.3万平方米。加快产业配套建设，开工西湖科技园区块整体环境提升基础设施项目10个，完成220千伏“上改下”工程、科技城入城口景观提升工程、西湖科技园市政道路周边绿化整治及交通设施改造4个项目。

【紫金港园区平台建设】2022年，紫金港科技城组建紫金港科技城商会，促进区域经济转型升级，壮大经济发展实力。构建知识产权与区域产业融合发展格局，与省知识产权交易中心建立合作关系，举办知识产权宣传周、知识产权实务短训班等系列活动，提高企业知识产权申请、保护和转化意识，科技城入选第三批省级知识产权服务业集聚发展示范区，辖区7家企业被评为省知识产权示范企业。打造浙大紫金科创小镇金名片，完善基础配套、推进数字改革、厚植小镇文化、集聚高精人才，将小镇创建成为AAA级景区，年内小镇获省级特色小镇命名。

【科技含量提升】2022年，紫金港科技城发挥高校学科研发资源优势，促进产学研合作和科技成果转化，引进优质高校经济项目7个，促成产学研项目10个，纳入省技术难题“揭榜挂帅”项目7个。浙大紫金科创小镇核心区与浙江大学工业技术转化研究院加强合作，入驻企业264家，其中浙大系和新生代海归人才创新创业企业约占80%。强化人才企业服务，帮助企业解决急愁难盼问题。开展“人才创享日”等活动，为企业提供政策分享、项目路演等服务，推动海内外项目有效对接。新申报国高企业57家、省科技型中小微企业154家，完成引进海内外高层次人才120人，引进海内外高层次人才创新创业团队9个，申报西湖英才项目25个，签约落地西湖英才项目7个，新增D类以上人才10人。发挥大走廊政策扶持优势，指导10家企业兑现大走廊创新发展专项政策资金1.99亿元。

（紫金港科技城管委会　供稿）

2022年3月4日，西湖区高新技术企业政策培训紫金港科技城专场举行

（紫金港科技城管委会　供稿）

## 云栖小镇

【概况】云栖小镇核心区面积3.5平方千米，总规划面积13.8平方千米，产业服务面积18.1平方千米。以云计算、大数据为核心产业方向，探索发展数字经济产业，为全国具有示范性的产业特色小镇。2022年实现特色产业营业收入680亿元，为省内科技创新含金量最高的特色小镇。小镇锚定空天信息产业赛道，壮大空天信息产业链，签约项目17个，总投资68.3亿元；集聚项目45个，总投资54.1亿元。建设高能级科创平台，2个国家级创新项目落户小镇，其中中国兵器装备集团智能创新研究院（杭州智元研究院有限公司）上榜省级新型研发机构。

【杭州·云栖大会】2022年11月3日—5日，以“计算·进化·未来”为主题的杭州·云栖大会在云栖小镇举行。大会包含2场主论坛、60余场科技峰会与论坛，设立“计算之力”“进化之势”“未来之境”三大场馆，全景式科技展面积4万平方米，发布科技新品1000项，线下参会3万余人次，在线观看约3000万人次。大会引发国内外媒体关注，央视新闻、《人民日报》、《光明日报》、新华社浙江分社等主流媒体，第一财经、澎湃、21世纪经济报道等财经媒体，新浪、腾讯、网易、搜狐等科技媒体，BBC、凤凰卫视等境外媒体，约1000家参与大会报道。

【云栖小镇被评为省级风貌样板】2022年，云栖小镇被评为省级城乡风貌样板区。风貌区规划范围北至浮山街，南至袁浦路，西至洙泗路，东至科海路，占地面积1.2平方千米。小镇以云栖会展中心为核心，打造峰会展示区、数企展示带等特色空间；以设施配套完善为基础，贯通绿道，实现空间开放互联，营造云产业创新环境；以数字经济为抓手，强化智治场景落地，提升云产业数字服务体验。风貌区提炼西湖区“三江荟萃·未来图境”特色属性，以“最未来·云栖智谷”为形象定位，打造“数字经济第一镇，山水云创未来图”。

（云栖小镇）

## 西溪谷

【概况】西溪谷规划控制面积10.38平方千米，其中西湖蚂蚁小镇面积3.1平方千米。2022年，西溪谷（小镇）财政总收入216.05亿元，比上年增长82.1%；一般公共预算收入101.89亿元，增长81.2%。加快产业发展，启动未来园区建设，打造区块链产业园、数智产业园、人工智能产业园。坚持服务专员与楼宇网格员相结合服务机制，走访企业301家（次），帮助解决问题30个；围绕企业关切的问题，开展创享智谷品牌活动20余场次。推进土地征迁收储，围绕征迁做地、重点项目建设，完成3宗面积3.68公顷的用地出让和1宗用地收储，青春宝地块做地收储和省交投地块企业与住户搬迁安置完成。加大投资建设，全年完成固定投资43.34亿元。至年末，西溪谷在建重点项目11个，总建筑面积55万平方米；浙江海滨建设总部、西溪金融总部经济园等4个项目竣工，竣工面积17.8万平方米。西湖蚂蚁小镇获省级特色小镇考核优秀，小镇区块链产业园被评为中国区块链产业园首强。

**【地块出让】** 2022年2月，西溪谷留下单元2处地块完成出让。其中XH1309-12地块（天堂伞南地块，杭政储出〔2021〕68号地块）拿地单位为浙江金昌汽车集团有限公司，出让楼面价1.2万元/平方米，出让价格1.49亿元；XH1311-27地块（爱知车辆厂地块，杭政储出〔2021〕69号地块）拿地单位为杭州西湖高科技发展有限公司，出让楼面价1.41万元/平方米，出让总价3.71亿元。

**【道路建设】** 2022年8月，西溪谷站西路（西溪路至浙创路）道路工程开工。该道路位于南郡涵云轩东侧，南起西溪路，北至浙创路，为南北走向道路，长约210米、宽20—23米。同月，华泰路（天目山路至浙创路）道路工程开工。该道路位于西溪印东侧，南起浙创路，北至天目山路，为南北走向道路，长约305米、宽30—33米。

**【重点项目竣工】** 2022年5月，西溪谷赛丽地产项目主体结构结顶。规划用地面积1.67公顷，总建筑面积3.2万平方米。10月，浙江海滨建设集团总部项目竣工验收。该项目规划用地面积0.4公顷，总建筑面积1.13万平方米，建设方为浙江海滨建设集团。12月，西溪金融总部经济园（一期）竣工验收，规划用地面积3.07公顷，总建筑面积9.4万平方米。

（西溪谷）

## 艺创小镇

**【概况】** 艺创小镇由西湖区政府联合中国美术学院、浙江音乐学院共同打造，由原杭州第二水泥厂改造而成，是以文化创意园和以艺术创意为特色的大学科技园、全省首个由城中村改造而成的文化创意艺术街区，同为浙江省第二批特色小镇创建单位。规划面积3.5平方千米，区域包括中国美术学院象山校区、中国美术学院国家大学科技（创意）园、之江文化创意园、浙江音乐学院及环美院产业带。2022年，小镇核心平台完成财政收入3.87亿元、一般公共预算收入2.36亿元，分别增长19.4%、20.3%，固定资产投资、特色产业投资等指标超额完成。小镇全年在《光明日报》、央广网、《浙江日报》等主流媒体报道300余篇（次），央广网开辟“风起之江艺创未来”专栏宣传小镇，《浙江日报》头版《西湖区数字文化产业集链成圈》新闻稿重点报道小镇文创产业发展成果。“青春奋斗强国有我”栏目被“学习强国”全国平台录用。年内，小镇获“浙江省国际人文交流基地”授牌，杭州之江文化创意园入选2021—2022年杭州市产业园区名单，成功创建杭州市大学生创业园，时光坐标影视传媒股份有限公司入选杭州市重点文化企业名单。

**【艺创文化效应显现】**艺创小镇坚持艺术和科技融合发展，吸引文创企业入驻3000多家，数字文化、创意设计、影视科技、动漫游戏等多业生态体系形成。有“新三板”挂牌企业2家，国家高新技术企业24家。小镇企业承担2022年杭州亚运会Logo、吉祥物、官方宣传片及火炬形象和官方礼仪服装设计。小镇引进蔡志忠、施慧、吴海燕、杨奇瑞、杨参军、司徒立、宋建明、龙翔、常青、何见平、袁由敏、王微等文创产业领军人物，文创领军人物、国际文创人才、高端创意人才、青年创意新锐四级人才联动。至年末，小镇有省级以上时尚人才85人、设计人才750人。小镇文化建筑面积13万平方米，举办文化活动200多场，全球30多个国家和地区的15万余名艺术人士参加。

2022年8月2日，艺创小镇喜马拉雅公共数字书房被评为“杭州市级青年文明号”

（艺创小镇　供稿）

**【小镇文化产业发展】**2022年，艺创小镇引进追光影业（杭州）总部、露米埃动画（杭州）总部、阿里影业杭州项目、电影频道杭州基地、唯艺（杭州）拍卖有限公司等头部文创企业，招引1亿元文创企业5家、其他优质文创企业24家。企业纳税规模和空间出租率均创新高。走访意向拿地企业20多家，完成凤凰谷单元地块出让，招商接洽企业51家（次）。推动文化数字化发展，举办“浙江省广播电视和网络视听产业发展蓝皮书”发布会，申报国家文化和科技融合示范基地并通过答辩。发挥品牌效应，举办第四届之江国际青年艺术周、第三届杭州现代音乐节、第四届两岸艺术院校作品联展、艺创浙音之夜等活动100多场。制定品牌提升三年行动计划，小镇运营主体更名为“杭州市西湖区艺创小镇发展服务中心”。

2022年5月18日，由艺创小镇企业出品的第一部电影《金山上的树叶》全网首播

（艺创小镇　供稿）

【小镇营商环境优化】2022年，艺创小镇建立网格化企服和招商工作机制，走访企业2547家（次）、解决问题672个。落实疫情期间为企房租减免政策，为入驻企业减免租金2073万元。创新政策赋能，兑现艺创小镇产业政策和视听政策，涉及企业50家，金额600多万元。出台支持大学生创业的“大创五条”政策，入驻“两院”学生项目4个。引进网络影视艺术指导中心，完成审片20多部。营造创新创业生态，建成杨奇瑞雕塑园，推进小冰岛景观连桥工程、艺创—云栖通道提升改造等项目建设。完善AAA级景区建设运营，更新小镇标识标牌。谋划以工业遗存、象山艺术公社、艺术人文为核心的特色旅游线路，开发推广艺术写生、探险水泥厂等研学活动。完善园区商业配套，小镇引进仓美术馆、瑞幸咖啡等餐饮、休闲商业配套46家。

【2家企业上榜“准独角兽”企业榜单】2022年6月27日，由中国科协指导，杭州市人民政府、民建浙江省委、中国投资发展促进会联合主办的第六届万物生长大会落地杭州。会上，杭州市创业投资协会联合一站式产业创新服务平台共同发布《2022杭州独角兽&准独角兽企业榜单》，艺创小镇企业杭州万象文化科技有限公司、杭州游科互动科技有限公司上榜“准独角兽”企业榜单。杭州万象文化科技成立于2019年，是一家整合技术开发应用、内容创意生产、IP孵化运营、场景落地商业化、连接行业上下游生态的虚拟内容平台型服务商，为众多品牌、平台提供专业服务。杭州游戏科学成立于2018年，专注于高品质游戏研发，初创团队来自腾讯自研工作室，团队平均从业经验13年，开发团队规模逾100人。

【大学生创业园授牌】2022年11月14日，“2022‘栖西聚才’杭州西湖区国际人才活动周”开幕，“杭州市大学生创业园”揭牌成立，西湖区重点人才项目签约。艺创小镇主要负责人代表小镇参加授牌仪式，并与重点人才项目企业浙江幻宇庭文化科技有限公司签约。杭州市大学生创业园（西湖·之江创意园）位于艺创小镇·凤凰创意国际和凤凰创意大厦，经营面积8.3万平方米，入驻大学生创业企业48家，带动就业400人，创业实体孵化成功率96.6%。

（艺创小镇）

# 国资公司

## 西湖投资集团

【概况】2022年，西湖投资集团资产总额逾1200亿元，比上年增长14%；直管企业营业收入12.19亿元，上缴税费4.94亿元，上缴国有收益约700万元，提供融资担保218.67亿元，获取融资148.95亿元，完成固定资产投资38.44亿元。加快传统产业转型，推动安保、物业、餐饮、民生等传统产业数字化发展，实现营业收入和净利润双增。整合内外部资源，拓宽投资渠道和项目资源，全年开拓、调研项目160个，完成优质项目审慎调查7个，筹备组建市场化科创产业基金1个，在管基金总规模30.35亿元，回款1.83亿元。年内，集团下属杭州西湖安保服务集团有限公司被评为杭州市劳动模范集体，杭州西投置业有限公司被评为杭州市青年文明号，创智书吧被评为省级“职工书屋”，集团党委被评为杭州市“学习强国组织之星”。集团报送的论文获浙江省内部审计论文二等奖，集团连续5年获西湖区大党建考核同序列第一名。全年集团及下属控股以上企业获省级表彰8项、市级表彰16项、区级表彰16项。

【做地与项目建设】2022年，西湖投资集团实施做地出地攻坚行动，完成土地出让9宗、面积11.67公顷，土地收储3宗、面积5.13公顷。加快项目建设，实现新开工项目2个，续建项目20个，交付项目3个；项目销售签约金额23.5亿元，回款金额17.8亿元，商业办公类项目在建规模219.18万平方米。创新项目设计，由集团实施交付的首个留用地项目春树云筑公寓获“意大利A'设计大奖赛”设计金奖。

【园区运营招商】2022年，西湖投资集团旗下开展运营留用地项目5个。其中运营期项目3个、筹办开展运营期项目2个，运营总建筑面积约28万平方米。投入运营园区月均招商入驻率逾90%。西投创智中心招引企业237家，其中招引区外企业37家，新注册企业145家，引进注册资本30.63亿元，纳税2.07亿元。由西湖投资集团与绿城集团联合建设的春树云筑项目（西投云漫里）以物联网智能产业园区为定位，招引企业80家，其中区外迁入13家，新注册企业42家，引进注册资本4.92亿元。由西湖投资集团联合滨江集团联合建设的五幸金座、五幸银座结合项目特点及周边需求，打造西投商业及人才公寓品牌“西投·云U街”和“西投·西悦公寓”。

【西投品牌提升】2022年，西湖投资集团针对整体经济下行及房地产行业严峻形势，通过流量下沉扩大招引方式，开发留用地商业办公用房项目，整体销售逆势增长。建立多元开发模式，参与介入翠苑街道古荡湾股份经济合作社夹河圩留用地项目，用时4个月协调化解项目历史遗留问题，并以代建方式参与该项目开发，保障项目开工建设。做好园区运营，探索“创新模式—技术升级—多业联动”路径，通过完善基础设施、强化配套服务、升级产业链功能、放大产业集群效应，提升园区吸引力。利用智慧园区系统和数字化管理为园区运营赋能，建立优质商业库企业650家、“专精特新”企业库企业700多家。成立企业联盟，构建企业家自治组织，促进企业深度合作。

【助力产学研融合发展】2022年，西湖投资集团突出脑机智能特色，在产学研融合发展方面探索实践，促进高校和企业互动，为促进经济高质量发展提供支撑。至年末，脑机智能研究中心申请发明专利14项，2项获得授权，8项初步审查合格，实用新型专利2项，软件著作专利2项。中心获首批省国资创新联合会会员资格，入选杭州市“雏鹰计划”企业名单，并申报成为浙江省科技型中小企业。落实创新人才集聚模式部署要求，筹建成立国内首个脑机智能专业学术委员会。

（西湖投资集团　章小川）

## 西湖城投集团

【概况】2022年，杭州西湖城市建设投资集团有限公司（简称西湖城投集团）在建安置房项目12个，总建筑面积174.83万平方米，吉鸿家园二期等6个安置房项目完工。加快推进省“4+1”重大项目和省重点产业园区建设；承建8个大类69个迎亚运项目，包括地铁恢复、通勤道路整体修缮和绿化提升；承担区本级医学观察点改造及使用费用3.6亿元，完成28处医学观察点改造和6个高速公路入城口、货运点等疫情防控布置；完成做地地块24宗。提升资产运营，完成吉鸿家园二期、塘河人家安置房分房结算，启动14所学校办证，承接省农村能源办公室等6个项目权证办理。慧仁家园北区、和安居安置房、吉鸿家园等商铺完成处置，累计出租面积14.84万平方米，处置率97%；蓝领公寓入住率80%，解决224家企业2300多人住房难题。全年运营收入2.35亿元，比上年增长49.7%。做好停车泊位运营，维护运营道路区本级停车场21个、道路停车等泊位9972个，全年运营收入2343万元。旗下物业公司服务西溪大厦、浙江财才、上保未来社区及金鱼井新居等物业项目8个、工地项目19个，物业服务面积 61.9 万平方米。

**【道路与公建配套建设】**2022 年，西湖城投集团开工道路建设项目 9 个，总长度 3893 米。开工道路整治项目 4 个，总长度 6490 米。完工道路建设项目 11 个，总长度 9400 米。完工道路提升改造项目 18 个，总长度 8566 米。开工公建项目 4 个，分别为蒋村单元西溪诚园体育公园工程、杭州市保俶塔实验学校地下配建及社会公共停车场库工程，三墩派出所业务用房、浙江（云谷）人才客厅及服务配套项目。完工公建配套项目 2 个，分别为蒋村单元农贸市场项目、流水桥西侧临时公共停车库项目。

**【学校项目建设】**2022 年，西湖城投集团开工学校项目 5 个，分别为双桥（云谷）单元 36 班九年一贯制学校、九莲庄营盘地块幼儿园项目、玉泉单元幼儿园项目、小和山单元九年一贯制学校、留下单元 6 班幼儿园，总建筑面积 13.05 万平方米。完工学校项目 3 个，分别为三墩西单元幼儿园、翠苑单元 9 班幼儿园、杭州市炮台实验学校及社会公共停车场新建工程（一期），总建筑面积 7.53 万平方米。

**【安置房项目建设】**2022 年，西湖城投集团开工安置房项目 1 个，为翠苑单元安置房项目。项目总建筑面积 3.43 万平方米，配机动车位 279 个，有户数 176 套。完工安置房项目 6 个，分别为三墩创业人才公寓、双桥单元兰里花苑 3 个安置房项目、双桥（云谷）单元塘河人家安置房、三墩北单元吉鸿家园二期安置房，总建筑面积 72.77 万平方米。

**【老旧小区提升改造】**2022 年，西湖城投集团开工老旧小区改造项目 2 个，有北山街道胜利新村 13 幢危房改造工程，嘉绿苑未来社区提升改造项目。北山街道胜利新村 13 幢危房工程原拆原建，建筑面积 3400 平方米；嘉绿苑未来社区提升改造项目主要为立面整治、小区环境治理、绿化等工程。年内，上保未来社区改造完成，改造住宅 81 幢，其中松木场 60 幢、上保未来社区 21 幢，实施单元内总建筑面积 24.7 万平方米。

（西湖城投集团　夏竟成）

## 之江城投集团

**【概况】**2022 年，杭州之江城市建设投资集团有限公司（简称之江城投集团）实施项目 156 个，总投资 350 亿元；实现营业收入 15.58 亿元，比上年增长 14.4%；完成融资 311 亿元，增长 89.6%；发行债券 30.5 亿元，平均发行利率 3.3%。推进做地出地，开展做地 10 宗，面积 59.25 公顷；收储 6 宗，面积 36.28 公顷；出让 3 宗、面积 30.67 公顷，完成土地出让金 140.44 亿元。加快安置房建设，在建安置房项目 14 个，总建筑面积 352 万平方米，总套数 1.92 万套。交付定山家园二期，总建筑面积 10.7 万平方米，总套数 528 套；完成“双清”（征迁“清零”和回迁安置“清零”)项目5个,总建筑面积约102.65万平方米，总套数5809套。推进老旧小区改造，完成翠苑一区未来社区综合提升，对54栋住宅楼、8幢公建楼进行改造及拆复建施工，涉及小区住户3110户，总投资1.4亿元。保障疫情防控，改造完成力德仕酒店、华宫医院、杭州南收费站、进杭大货车防疫服务点、希尔顿欢朋酒店等场所15项；承建西湖区救护车洗消中心项目并完工，总建筑面积1650平方米。提升承建项目品质，之江城投集团获“迎亚运”道路“赛马”活动优秀建设单位、优秀绿色建筑节能先进单位；承建的之江度假区单元拆迁安置房等6个项目获杭州市建设工程结构优质奖；科海路等4条道路获杭州市“迎亚运”地铁恢复道路工程评比一等奖；定山家园二期项目被评为杭州市建设工程施工安全生产标准化管理优良工地；铜鉴湖入选2022年“美丽河湖”。

【基础配套项目建设】2022年，之江城投集团实施基础设施项目101个，总投资152亿元，包括道路交通项目29个、生态环境项目25个、其他专项15个、民生保障项目1个，代建项目2个。其中续建项目26个、新建项目48个，完工41个、在建31个。完成道路建设15条，提升改造道路总长2.8千米；新增绿化278.32万平方米，整治河道6.32千米。推进实施文教卫设施、老旧小区改造等项目24个，总投资94亿元。开工建设小学1所、幼儿园2个、中学2所；完工文体中心1个，竣工交付小学1所、幼儿园2个、转塘卫生院1个、翠苑一区未来社区1个。

【亚运承建项目推进】2022年3月，之江城投集团承建的杭州亚运会高尔夫赛事服务中心项目完成亚组委综合功能验收。4月，场馆正式进行实体移交。该项目位于转塘街道，为西湖区承建的唯一亚运场馆项目，总用地面积7.6万平方米，总建筑面积4890平方米，含4幢建筑，分别为竞赛管理运营中心、运动员服务及贵宾接待中心、赛事运营中心、新闻媒体及后勤安保中心。项目按照亚运场馆设计导则设计施工，采用多种轻质高效装配式和先进节能环保技术，结构抗风压等级为10级。推进亚运道路建设，完成亚运道路建设项目45个，涉及道路总长33千米；建设河道总长8千米，绿化面积37万平方米。

【之江文体中心完工】2022年1月，之江城投集团承建的之江文体中心主体封顶，12月项目完工。该项目占地面积7477平方米，规划总建筑面积3.03万平方米，总投资2.3亿元。为1幢单体建筑，其中地下2层、地上7层。建设内容包括篮球馆、乒乓球馆、羽毛球馆、健身房、多功能厅、图书馆、24小时城市书房、国民体质检测中心、地下停车场等。提供机动车停车位272个、非机动停车位343个、公共自行车停车位21个，为之江片区首个文体中心。

【海塘安澜工程一期开工】2022年12月，由之江城投集团负责建设的杭州市本级海塘安澜工程（上泗南北大塘）一期开工。该工程项目位于双浦镇，为省重点建设项目，全长 24.3 千米，总投资额 26.4 亿元。分两期实施，一期长 5.5 千米，西起社井村，东至海皇星生态园，总投资 4.4 亿元。工程以防洪御潮排涝能力提升为主，兼顾改善沿线生态环境，保障海塘安澜。项目实施后，之江地区海塘防（洪）潮标准可提升至 100 年一遇。

【之江单元重要工程建设】2022 年 5 月，由之江城投集团承建的省之江文化中心与地铁 6 号线之浦路站地下连通工程开工。该项目为之江单元区域内重要的地下过街设施和地下连通工程，总用地面积 0.34 公顷，总长度 190 米，主通道净宽 8 米、高 7 米。同月，之江城投集团对外合作开发项目之江心月项目主体结顶。该项目占地 3.33 公顷，总建筑面积 9 万平方米，由集团联合亿联控股集团打造，总投资 16 亿元。12 月，集团承建的团结浦及杭富城际线附属配套工程灵龙路以西两侧提升改造工程竣工，全长 9 千米，绿化面积 30 万平方米。

（之江城投集团）

## 之江经管集团

【概况】杭州之江经营管理集团有限公司（简称之江经管集团）负责龙坞茶镇开发、建设、运营及旅游策划等。2022 年，龙坞茶镇实现营业收入 300.14 亿元，总税收 19.8 亿元，接待游客 407.53 万人次，旅游收入 3.19 亿元，分别比上年增长 15.9%、148.4%、23.8% 和 26.6%。全年茶镇实现固定资产投资 19.4 亿元，建设龙坞茶镇，新开工杭州茶叶博览会会议会展中心（一期、二期）、龙坞单元地块公园绿地及地下停车库项目、龙坞茶镇兔子山公园及地下停车库项目、叶埠桥横路项目 4 个；竣工葛衙庄农转居公寓二期项目 1 个，建筑面积 4.1 万平方米，安置总户数 236 户；续建龙坞单元地块服务设施（小镇中心综合体），天平山路（上城埭路至长埭路）道路项目 2 个。保障土地要素，完成做地 7 宗，面积 21.16 公顷；完成收储地块 3 宗，面积 4.35 公顷；挂牌出让地块 2 宗，面积 8.81 公顷；完成土地出让金 15.22 亿元。挂牌出让核心区商住地块，面积 8.26 公顷，成交金额 14.49 亿元。年内，龙坞茶镇入选省级特色产业风貌区试点、第四批省级农村产业融合发展示范园创建名单、杭州市共富联合体。开展未来乡村建设，长埭村、桐坞村被评为浙江省未来乡村。探索共富路，联合属地转塘街道党工委共建美好家园，“党建引领‘三乡人’同筑共富梦”党建品牌被评为省第四届“国企党建创新样本”。

【茶镇营商环境优化】2022 年，之江经管集团优化营商环境，龙坞茶镇营商吸引力提升。全年茶镇新增企业 358 家；参加区集中签约项目 4 个，总投资 15.5 亿元；落地 1 亿元以上项目 4 个，10 亿元以上项目 1 个；实际利用外资 1777.2 万美元。加快招商平台建设，杭州茶叶博览会会议会展中心项目开工。走访服务企业184家(次),协助解决企业问题25个。

【国资运营资源盘活】2022年，之江经营集团争取政策性金融工具和政府专项债资金，申报金额11.38亿元。下属茶叶公司成为全省“全程机械化应用基地”，全年茶叶销售额2000万元，比上年增长33%。盘活物业闲置资源，完成13处房产公开出租，新增年租金收入630万元。优化投资结构，吸引外资1777.2万美元，与绿城集团合作成立杭州满园置业有限公司，加快推动桃李桂香园住宅和酒店建设和运营。

【龙坞茶事活动】2022年，之江经管集团牵头举办龙坞春茶季暨最美茶艺师大赛活动、第八届中华茶奥会、龙坞小茶人研学系列活动、龙坞仲夏端午游园会等14场，以“宋韵”为主题策划“龙坞茶镇宋韵美学集市”IP活动。全年茶事活动触达人群超过4600万，带动线上、线下销售额超1亿元。

2022年3月26日，“云赏龙坞春茶节暨最美茶艺师大赛”在龙坞茶镇举行

（之江经管集团　供稿）

【葛衙庄安置房二期竣工】2022年7月，由之江经管集团负责实施的葛衙庄安置房二期通过竣工验收。该项目位于龙坞茶镇核心区块九街商业街旁，用地总面积1.89万平方米，绿地率30%，绿色建筑等级为居住一星、公建二星。年内，项目被评为浙江省首批建筑工业化示范项目和杭州市系统化全域推进海绵城市创建示范项目,并获杭州市“最美安置房”称号。

【国家茶产业创新中心项目落户龙坞】2022年8月22日，西湖区人民政府与中国农科院茶叶研究所签订共同筹建国家茶产业技术创新中心战略合作框架协议，国家茶产业技术创新中心项目落户龙坞茶镇。同月29日，项目完成省农业“双强”立项申报，得到省政府支持同意划拨20公顷跨省建设用地，并落实省级激励资金1900万元。9月16日，全省农业高质量发展大会召开，会上西湖区人民政府与中国农科院茶叶研究所签订国家茶产业技术创新中心战略合作框架协议。

【地中海俱乐部落户龙坞】2022年11月16日，来自法国的全球度假品牌ClubMed（地中海俱乐部）签约入驻龙坞茶镇。该项目占地面积4公顷，建筑面积4.1万平方米。酒店定位为亲子度假型，以茶文化、茶旅游为特色，为ClubMed全球首家位于市区内的亲子度假酒店和“一湖三镇”文旅融合发展标杆型项目。引进ClubMed酒店,契合茶镇文旅定位,成为推动龙坞茶镇“年轻化、国际化”高质量发展的重要推手。

（之江经管集团）

2022 年 11 月 16 日，之江经管集团与法国 ClubMed 度假酒店举行签约仪式

（之江经管集团　供稿）

## 西湖文旅集团

【概况】2022 年，杭州西湖文化旅游投资集团有限公司（简称西湖文旅集团）作为文旅商业综合服务平台，在经营管理、项目建设、产业投资等方面取得新的成效。年内，集团“十四五”规划修编完成，文体产业“一核三点一网”业态布局初步成型，景区旅游接待比上年增长 40%，研学板块被评为多项省级荣誉，主题酒店产业集群初步打造，西湖体育馆复建等项目稳步推进，对外投资实现新的突破，构建新发展格局实现破题。提升内部管理，推进数字化建设，集团完成数智平台一期建设，建成综合办公平台和数字驾驶舱基础架构，办公审批效率提升 3 倍，实现母子公司平台数据互通与实时共享。开展“内控合规管理提升年”系列合规活动，优化薪酬绩效考评办法，推行职业经理人制度，中层干部向职业经理人转换实现通道。

【集团规划运营】2022 年，西湖文旅集团推进规划运营，完成“十四五”规划修编，明确建设“长三角一流文旅商业综合服务平台”的愿景目标，以景区、体育、研学、酒店和租赁等传统板块为业务基础，形成数字商业、投资等新领域新业态的“5+2”产业布局。加强运营管理，通过转变市场策略、开发特色产品、优化经营举措等，提升抗风险能力。校园体育产业加快发展，17 所学校体育场馆拥有的 40 多片体育场地对外开放。兰里景区建成田园综合体项目，与区教育发展研究院编制完成《耕读兰里》一书并出版发行，基地被评为第八批省科普教育基地等省级荣誉。西玥酒店建成开业，被评为全国职业教育教师企业实践基地。文三数字生活街区完成提升改造，被评为浙江省数字生活新服务项目、市智慧商圈、市夜间经济聚集示范区。重组琢悦新文旅基金，完成总投资 1.6 亿元。

【集团项目荣誉】2022 年，西湖文旅集团运营项目 U 兰里研学大本营被评为浙江省中小学劳动实践基地（第三批）暨学农基地、第八批浙江省科普教育基地；铜鉴湖提升工程完成，被评为浙江省“美丽河湖”；文三数字生活街区被省商务厅列入浙江省数字生活新服务高质量发展项目；杭州西玥酒店通过省中小学教师继续教育培训资质认定，获批浙江省中小学教师继续教育培训指定机构；求智未来社区项目入选浙江省第二批未来社区和“浙里未来社区在线”首批优秀案例；集团公司三期 25 亿元中期票据发行完成，创年内全国首发同规模同评级同期限 MTN 最低利率；农旅公司被评为省级巾帼文明岗。

（西湖文旅集团）

# 第三产业

## 综　述

【文旅产业发展】2022年，西湖区借助之江产业带核心、省全域旅游示范区等优势，推出“西湖文化沙龙”系列活动，搭建“信息共享”“资源分享”“政策直达”合作平台，汇集有宋城演艺发展股份有限公司、浙江华策影视股份有限公司等全国性文化企业，有省级数字文化示范企业7家。至年末，全区创建、培育中国（之江）视听创新创业基地、中国（浙江）影视产业国际合作区国家级文化产业平台2个、省级文化产业园区5个。

【数字赋能产业升级】2022年，西湖区开启潮流夜生活，数字赋能核心商圈迭代升级，天目里、文三数字生活街区推出数字消费特别体验。推动服务业品质化，创新数字融合新模式，实现数字技术与设计、物流等行业跨界融合，浙江数智交院科技股份有限公司等9家企业入选省服务业“亩均效益”领跑者，汤氏供应链管理有限公司等3家企业成为省物流创新发展试点企业。依托研发设计、高端商务等优势，组建“未来工厂”四大联盟和设计中心，推动制造业和服务业融合发展，迪安诊断技术集团股份有限公司等企业被列为市级首批“两业”融合试点。

【建筑业提升发展】2022年，全区有资质内施工总承包和专业承包建筑业企业141家。全年完成建筑业产值1007.1亿元，其中省内产值794.7亿元、省外产值212.4亿元；建筑工程完成产值925.9亿元，安装工程完成产值46.6亿元，其他建筑业产值34.5亿元。竣工产值697.7亿元，房屋建筑施工面积8066.5万平方米，新开工面积1359.5万平方米。

（区商务局）

## 文化创意产业

【文化产业发展】2022年，西湖区规模以上文化企业178家，实现主营业务收入401亿元，比上年下降6.6%；实现利润36.2亿元，增长16.4%；实现增加值204.7亿元，下降3.1%。加快文化产业高质量发展，修订出台新一轮扶持政策，重点支持数字文化、影视传媒、设计服务、艺术创作等优势产业发展，支持总额 1900 万元。招引优质项目，成立文创产业招商工作组，全年有网易 MR 元宇宙游戏体验空间等 18 个文化创意项目落户文三街区，引进浙江纽菲特文化科技有限公司等重大文化企业 5 家，落地“追光影业”“北京露米埃”“十三余”“花果山文化”等重大文化产业项目 10 个。文化产业平台中国（浙江）影视产业国际合作区入驻企业 347 家，上线全球影视云交易平台，入驻海外用户覆盖全球 90 个国家和地区，新招引企业 68 家，总营收 24.05 亿元，文化出口营业收入约 1000 万美元。西湖区获省文化产业发展专项资金扶持，为杭州市 4 个入选区之一。

【文化产业平台搭建】2022 年，西湖区重点打造以西溪创意园和中国（浙江）影视产业国际合作区为核心的环西溪影视产业带和以艺创小镇为核心的之江文化产业带，成为以文化与科技融合为特色、龙头企业为引领、中小型企业集聚的出口基地。全年全区有国家级文化产业园区 2 个、省级文化产业园区 5 个、市级文化产业园区 10 个，艺创小镇创建中国（之江）视听创新创业基地，之江编剧村获全省宣传思想文化工作创新奖，中国（浙江）影视产业国际合作区获国家文化出口基地四部委综合考评前三名。发挥艺创小镇中国（之江）视听创新创业基地国字号平台优势，加快数字阅读、网络游戏、视听产业集聚发展，打造数字文化产业集群，补齐集创作、生产、发行于一体的文化产业全链条，成为国内优质文化产业资源集聚和创作生产的重要基地。

【文化精品获奖】2022 年，西湖区发挥之江编剧村文艺精品“孵化器”作用，创作完成一批文艺文化精品。《外交风云》《问天》《绝密使命》3 部作品入选第 16 届全国“五个一工程奖”，《觉醒年代》《绝密使命》2 部作品获第 33 届电视剧“飞天奖”，《西泠印社》被评为第 27 届“星光奖”优秀纪录片，《万里归途》票房逾 15 亿元，《1818 编辑部》《暖暖的微笑》等 10 部作品获省文化艺术发展基金，《我们这十年》入选迎接党的二十大优秀电视剧展播活动重点剧目。西湖区文艺文化精品用多元化的艺术形式，展现新时代发展新面貌，用作品的力量放大西湖声音、传播西湖精彩。

【之江文化带建设】2022 年，之江发展总投资 278.8 亿元的 12 个重大文化项目进展顺利。年内建成横店之江影视创新中心、赞成艺谷艺术综合体、艺创小镇、象山艺术公社、中国（浙江）影视产业国际合作区等 8 个项目，之江文化中心主体结构基本结顶，浙江电影科技城完成竣工。

【文化活动】2022 年，区文创中心组织专家学者及优秀文化产业企业家开展文化沙龙活动，围绕政策讲解、经验交流、内容创作等进行分享交流。全年开展文化沙龙 7 期，知名编剧程蔚东、茅盾文学奖得主王旭烽及中国美术学院的老师受邀开讲。举办第八届西溪艺术节，活动集戏剧展演、文旅演艺、大型展览于一体，历时63天，展演项目12个，演出17场。

【文创企业入选各类榜单】2022年1月，省商务厅、省委宣传部、省文化和旅游厅、省广播电视局4个部门共同发布全省文化出口重点企业名单，西湖区天鹏传媒有限公司、杭州九样文化传媒有限公司、浙江无端科技股份有限公司3家企业入选。6月，杭州市发布“独角兽”“准独角兽”企业榜单，杭州微拍堂文化创意有限公司、浙江婚礼纪科技有限公司、杭州数梦工厂科技有限公司3家区内文创企业入选“独角兽”企业名单，杭州新华智云科技有限公司、杭州巴九灵文化创意股份有限公司、杭州红花朵朵网络技术有限公司、杭州万像科技有限公司、杭州游戏科学有限公司、杭州无端科技有限公司、杭州小影创新科技股份有限公司7家文创企业入选“准独角兽”企业名单。

（区文创中心）

## 电子商务产业

【电子商务复苏】2022年，全区网络零售额1145.5亿元，比上年增长9.4%。第三方电子商务平台有网络零售网店1.13万家，占注册零售网店总数的22.1%，活跃网络零售网店总数居杭州第四位、全省第八位。至年末，全区从事电子商务相关业务企业3200家，直接解决就业岗位3.26万个，间接带动就业岗位8.58万个。区内电商平台企业包括网络零售和技术服务2个大类平台，平台企业以蘑菇街、微拍堂、海拍客、亲宝优品、格家、东家、有赞、粉象为代表，全年重点样本电商平台企业实现交易总额1044亿元。

【跨境电商交易】2022年，全区跨境电商出口额54.68亿元，比上年增长26.8%；跨境电商进口额21.24亿元，增长15.8%；招引跨境电商企业514家。促进外贸提质，举办跨境电商万店培育系列活动。做好平台与企业资源嫁接，帮助141家传统外贸企业转型升级跨境电商。申报市级跨境电商品牌出海基地，促进跨境电商生态圈建设。加强政策保障，组织23家企业26个项目申报享受优惠政策，申报涉及自主品牌销售、海外推广费、境外商标注册、产品认证等类别。

【外桐坞村电商直播】2022年，西湖区投入试点运营的外桐坞村经济合作社直播“共富”工坊，依托“西湖龙井+中国美院”的资源优势，发展茶产业和艺术产业。该村将年糕坊改造为年糕茶坊，为游客提供拍照打卡。在抖音上设立年糕茶坊官方号和带货的直播号，通过对特色农产品和文创产品线上销售，助力村民共同致富。

（区商务局）

## 旅游业

**【概况】**2022年，西湖区推进之江文化中心、杭州白金汉爵酒店、文三数字生活街区等重大文旅项目建设，完成投资22.1亿元，完成率102.5%。杭州白金汉爵酒店被列入全国文化和旅游投融资项目库，宋城基建提升项目、兰里田园综合体旅馆项目等35个“微改造、精提升”项目入库。全年兑现旅游产业惠企政策资金399.64万元，惠及旅游企业54家。举办西湖区讲解员大赛，组织选手参加杭州市第七届金牌导游大赛，全区14名选手参赛，1人被授予“金牌导游员”称号，1人被授予“优秀导游员”称号。宋城演艺发展股份有限公司、浙江中青国际旅游有限公司列入服务业重点行业规上企业“亩产效益”领跑者名单。浙江游侠客国际旅行社有限公司被评为浙江省五星级品质旅行社。杭州秀空间艺术品有限公司入选宋韵杭式生活体验基地、体验点。浙江华策影视股份有限公司通过省级文化产业示范基地验收。

**【旅游业态更新】**2022年，西湖区推进三墩镇吉鸿社区数智文旅共富场景建设并获杭州市授牌试点。策划“杭城的田野”线路，参加杭州“三江两岸”水上黄金旅游线路（产品）设计大赛获三等奖。龙坞茶镇红色茶乡精品游线路被评为“浙里田园”休闲农业与乡村旅游精品线路。指导艺创小镇规划蔡志忠文化馆、中国国际设计博物馆、国美民艺馆、浙音乐器博物馆等特色文旅资源。指导云栖小镇推进云栖低碳生态园建设项目，开发特色文创用品。南山人家、青澜舍、大斗谷3家餐饮企业申报市级百县千碗示范店、体验点。天目里申报第二批省级夜间集聚区。组织企业参加市伴手礼创意设计大赛，其中《茶韵》手工巧克力礼盒获“2022杭州地域文化主题银奖”，杨先生非遗手工麻花、景韵杭州纪念冰箱贴获“2022杭州地域文化主题铜奖”，四君子香薰套盒、宋韵味道之“宋茶”线香被评为“最受市场欢迎的宋韵杭式伴手礼”。

**【旅游消费促进】**2022年，西湖区着力提振文旅消费，举办钱江新城迎新年灯光秀，集中展现宋城、龙坞茶镇、兰里景区等西湖特色旅游品牌，在微信、抖音、小红书等平台上线，曝光量超过50万次。借助国庆假期旅游需求，发放“自在西湖外，发现新天堂”文旅消费券100万元，带动消费800多万元。开展摄影大赛，发布精品主题游线路5条，在抖音平台发起“自在西湖外”话题，话题曝光量超过9500万次。在天目里举办杭州奇妙夜分会场活动，活动主要包括：沿山河集流水夜市、刘乐向远方园乐现场演奏、目回茶亭体验、昆曲表演、冰块艺术氛围装置等，吸引3万余人，带动消费150多万元，商户营收增长1倍。落地仙桥洞冒险乐园、卡丁车等项目，推出6个门票组合产品套票。开展铜鉴湖都市田野天幕艺术节，联合中国美术学院推出天幕创作大赛，配套回归自然音乐派对、田园美食市集等活动，吸引约1万名游客参与。举办文三数字文创嘉年华，发展“数字+”“体验+”消费新模式，推动消费数智化升级、商圈智慧化融合。举办宋韵美学市集、第八届中华茶奥会，吸引游客1.75万人次，发稿媒体超过50个，全网收看3700万人次。

**【旅游景区创建】**2022年，浙大紫金科创小镇做好游客中心、停车场、标识标牌、旅游线路、旅游产品和宣传推广等工作，成立专门运营公司。以AAA级景区创建，推进硬件提升和管理服务规范，浙大紫金科创小镇创建成为AAA级景区。灵山景区做好AAAA景区创建工作，区文广旅体局参与景区创建规划制定、灵山洞灯光项目策划评定，年内灵山景区完成游客中心改造，更新标识标牌360多块，建成数字景区管控平台建设，景区旅游接待线路优化。指导云栖小镇景区对照创建标准，完成提升计划拟定。

**【乡村旅游运营】**2022年，西湖区加强乡村旅游运营规划，推进双浦镇杭江村、周家埭村和外张村创建旅游乡村。培育省级民宿和文化主题民宿，将杭州津品民宿管理有限公司（怡禾家·兰里）、杭州无城花树民宿管理有限公司（无城花树）、杭州野行民宿有限公司（六鸟）、杭州隐市隐仕酒店管理有限公司（隐市隐仕）、杭州之江度假区邻溪民宿、杭州之江度假区寻觅民宿6个单位列入培育名单。完成浙江省万户农家旅游致富计划西湖区情况摸排，整理上报“扩中”农户130户、“转低”农户60户。推动省乡村文旅运营计划实施，确定乡村创客团队、运营团队、运营品牌、村支书和运营师培育名单。

**【景区整治与旅游执法】**2022年，西湖区开展迎亚运A级景区综合整治提升，完成宋城景区做好标识系统、无障碍设施、应急救护、智慧景区、产品优化、服务提升等工作，宋城无障碍设施改造通过区城管局验收检查，宋城标识系统改造通过市专家检查组验收检查。排查全区7个景区重点点位标牌500多处，完成整改112处。龙坞茶镇完成兔子山公园项目设计。组织旅游目的地联合执法和综合治理，巡查星级宾馆及景区64家次，出动执法人员127人次，驱赶违停车辆420辆。将辖区景区接入市旅游目的地监控系统，利用关键点位附近的监控探头，实施旅游目的地“云监控”。

**【星级旅行社创建】**2022年，西湖区完成浙江游侠客国际旅行社有限公司五星级旅行社创建，该旅行社为星级标准新修订后浙江省、杭州市首家完成的五星级旅行社。浙江光大明悦国际旅行社有限公司开展五星级旅行社创建，杭州亚朵国际旅行社有限公司、浙江优胜美地旅游发展有限公司开展三星级旅行社创建。文化大酒店、圆正·灵峰山庄开展主题文化酒店创建。西溪宾馆、梅苑宾馆开展文明示范点创建；黄龙饭店、世贸大饭店、梅苑宾馆、喜来登大酒店开展亚运“无废酒店”宣传。组织10家旅游企业参加区级文明单位创建；做好全国、省、市文明城市复评的星级宾馆迎检。引导全区星级宾馆开展“公勺公筷”、“塑料污染治理”、垃圾分类等文明行动，提升城市文明程度和群众文明素质。

【旅游宣传推广】2022年，西湖区创新推介手段，开展“寻找你不知道的西湖以西”摄影大赛，提升西湖区旅游品牌知名度。联合区直机关举办“百县千碗·杭州味道”进市民中心活动。设计制作“云朵朵”“萌西西”亚运贴纸、口罩，完善《西湖区旅游指南》。发布茶乡游、之江游等主题线路5条，搭建融媒联盟，与浙江在线、杭报集团、杭州文广旅游发布、美丽西湖等平台建立选题共商、信息共享、平台共推的报道联动机制。加强旅游立体宣传，开展“2022文化和自然遗产日”活动，以茶为主题，打造融合茶学讲座、茶艺体验、宋代文物赏鉴等多维感官体验的现代生活美学场景。深化文化基因解码成果转化利用，摄制《解码西湖龙井》《解码铜鉴湖》2个短视频，参加省文化基因解码短视频大赛，通过微博、抖音等流量平台传播，提升全区美誉度。

（区文广旅体局）

## 科技金融业

【钱塘江金融港湾建设】2022年，西湖区围绕西溪谷、白沙泉2个金融特色产业平台，聚力推动钱塘江金融港湾建设。聚焦西湖蚂蚁小镇金融科技和数字经济产业赛道，打造区块链产业园，挖掘招商资源，全年小镇实现财政收入208.78亿元，累计入驻金融机构559个，基金管理规模776亿元。支持白沙泉并购金融街区建设功能完善、运行高效的并购交易平台，通过举办全球并购白沙泉峰会、发布“白沙泉并购指数”，全年金融街区实现财政收入2.5亿元，累计招引注册企业100家，基金管理规模200亿元。浙江新干世业投资管理有限公司、华夏恒天资本管理有限公司等头部企业招引落地。

【数字人民币助力金融服务】2022年，西湖区结合杭州市数字人民币试点，全面推广数字人民币。成立工作领导小组，提升基础金融服务水平。结合文三数字生活嘉年华活动，与辖区内工商银行、建设银行达成战略合作，打造全区首批数字人民币体验点并推出数字人民币优惠券。联合8个运营机构开展“西湖约惠·数字生活”数字人民币红包促消费活动，发放数字人民币红包105万个、金额900万元，消费红包杠杆率311%。活动带动全区新增个人钱包4.76万个，新增应用场景247个，杭州文三数字生活街区、黄龙国际中心K-lab和西溪银泰城3个街（园）区被授予“数字人民币应用重点街（园）区”称号。

（区商务局）

## 商贸会展业

**【商贸流通与发展】**2022年，西湖区实现社会消费品零售总额845.7亿元，比上年增长5.8%。推进智慧商圈改造，文三商圈被评为杭州市2022年示范智慧商圈、入选第二批省级示范智慧商圈。推进商业特色街区提升改造，三墩镇厚仁路商业特色街被评为市级商业特色街。全域发展夜间经济，文三数字生活街、厚仁路商业街被评为杭州市夜间经济集聚示范区。加快推进供应链创新与应用，组织区内企业申报试点企业，杭州目乐医疗科技股份有限公司、杭州鲜沐科技有限公司入选浙江省级供应链创新与应用试点企业名单。加快推进绿色商场建设，西溪银泰城、古墩印象城被评为2022年度浙江省绿色商场。开展社区家政网点星级评定，组织三替集团有限公司、杭州巾帼西丽家政服务集团有限公司等家政运营机构开展评选。

**【会展融合联动】**2022年，西湖区产业联动、全域协同，发挥文三数字生活街、云栖小镇国际会展中心、天目里网红打卡地等平台载体优势，升华“商旅文”融合发展。云栖大会以“计算·进化·未来”为主题，设置峰会和论坛60场，搭建4万平方米的全球数字科技创新展，300多家领军企业和国家级科研院所参加，发布科技新品1000多项，线下参会3万余人次，在线观看约3000万人次。

**【会展促销活动】**2022年，西湖区以“元宇宙新消费智西湖”活动为主线，开展“浙里来消费·开门焕新消费季——杭州数智新消费暨文三数字生活嘉年华”、西湖区数智消费嘉年华暨西湖区车享生活节、杭州仲夏夜·西湖潮流夜等大型活动10场，西溪天街、黄龙国际中心、西溪银泰城等综合体及文三数字生活街区、西溪天堂栖悦城等特色街区开展促销活动100多场。推进夜间消费工作，举办“自在西湖外·漫游天目里”和“杭州奇妙夜”西湖区分会场活动2场。

**【文三数字生活街区被评为市夜间经济集聚示范区】**2022年，西湖区文三数字生活街区以沉浸商业数字示范段、街面商业数字示范段、场景商业数字示范段、数字产业示范段“四大示范段”为主线，推进智慧商圈形象提升、内核提升，推动项目招引落地，着力打造数智新消费新场景。全年街区签约落地项目89个，AR顶尖品牌ROKID旗舰店、芭比甜甜屋等73个项目开张营业。街区被评为浙江省2022年数字生活新服务高质量发展项目、杭州市夜间经济集聚示范区。

**【厚仁路商业特色街入驻商家150家】**2022年，西湖区厚仁路商业特色街强化街区管理服务，美化街区环境，引导街区业态；推进智能化新型社区型街区建设，完善硬件设施，统一街区形象，增强品牌感。开展主题活动和品牌宣传，提升街区知名度美誉度。11月，街区被评为杭州市夜间经济集聚示范区、杭州市商业特色街。厚仁路商业特色街位于杭州三墩镇成熟商业区，入驻商家150家，其中购物商家79家、特色餐饮商家40家、休闲娱乐商家7家、文化体育商家10家、其他商家14家。

（区商务局）

# 城乡建设管理

## 城乡规划

【概况】2022年，市规划和自然资源局西湖分局（简称西湖规划资源分局）高起点高质量开展规划编制，加强国土空间规划统筹管理，协同推进城镇单元控规修编、村庄规划编制和规划选址论证等工作。牵头完成“三区三线”划定，方案成果获自然资源部批准。按照“永久基本农田优化核减、生态红线总体稳定、城镇开发边界科学合理”的原则，完成4轮8次划定及上报，划定永久基本农田面积713.33公顷，城镇开发边界149.09平方千米，其中集中建设区143.65平方千米、弹性发展区5.43平方千米，新增城镇开发边界潜力空间29.05平方千米。推动项目规划选址论证，完成选址论证审查及确认项目25个，包括紫金港科技城西科园等产业类项目4个，保俶塔实验学校地下社会公共停车场库等公共配套服务类项目13个，龙坞单元XH1603-05地块、转塘单元XH1806-04地块等经营性出让项目8个。提升人居品质，推进社区公园建设，完成余杭塘路与五常港交叉口西南角规划绿地、之江广场、之江中心广场、叶埠桥规划广场公园和浙大森林北公园5个公园建设市对区考核。配合做好历史保护规划，结合城市有机更新实施，做好历史文化保护传承。优化营商环境，推出系列不动产登记便民服务。扩大“云验线、云验收”业务范围，保障建设项目如期完成竣工规划核实和土地复核验收。推行投资项目审批代办制，开展常态化助企活动。

【控规修编与村庄规划编制】2022年，西湖规划资源分局将全区12个单元中的双浦、双桥（云谷）、蒋村（文新）、三墩、小和山、玉泉6个单元列入杭州市2022年度国土空间规划编制首批项目清单，启动控规修编，之江度假区、留下单元开展续编。至年末，8个单元成果中间稿均完成审查。结合全域土地综合整治国家、省级试点，在双浦镇灵山、湖埠、下杨、双灵、周富5个村开展村庄规划编制，年内村庄规划通过市级部门及专家技术审查。总结灵山片区村庄规划经验，启动龙坞单元村庄规划编制，挖掘潜在可利用资源，统筹土地综合整治，为乡村地区开发建设提供空间支撑。

（西湖规划资源分局）

## 国土集约管理

【概况】2022年，市规划资源局西湖分局完成划拨供地74宗，总面积171.75公顷；办理不动产登记2.54万件；组件上报农转用16个批次和增减挂实施方案1个，新增建设用地32.33公顷。破解耕地占补平衡难题，实施垦造水田暨“百千万”永久基本农田集中连片整治，完成双浦镇三期垦造水田项目，新增耕地面积32.6公顷。启动三墩镇毛家漾“百亩方”、双浦镇长安沙岛“千亩方”永久基本农田集中连片整治项目。实行奖优罚劣、差异化补偿，完善耕地保护补偿机制，出台实施细则，发放耕地补偿资金1000余万元。启动编制西湖区耕地保护利用规划（2023—2027年），明确未来五年耕地保护任务。做好集体土地所有权确权登记，以2012年578宗集体土地所有权登记宗地数为底数，叠加征地农转用数据，注销变更集体土地所有权59宗和144宗，更新汇交成果数据通过省自然资源厅质检核查，并于11月上报自然资源部。开展年度国土变更调查，核查2021年国土变更调查及地理国情监测图斑5400余个、2022年度日常变更调查图斑494个，调查成果通过自然资源部核查，并按要求推动问题图斑整改。开展地质灾害治理，完成省自然资源厅下达西湖区的乡镇地灾风险调查和监测点建设；应对梅汛台风，治理地质灾害隐患点3处，搬迁风险防范区内16户受威胁房屋。

【土地收储出让】2022年，西湖规划资源分局发挥区做地专班统筹、协调、监督作用，采取“加快征地拆迁、优化基础配套、推动土地供应”等举措，促进土地资源要素优化配置，确保做地出地工作取得实效。全年完成做地63宗178.84公顷，其中收储49宗135.61公顷，出让30宗88.17公顷，收取出让金229.32亿元。

【土地节约利用】2022年，西湖规划资源分局加强存量土地管理，借助“一地一策”数据库，运用电子数据化手段，形成直观可视的数据分析，制定符合项目类别的盘活方案。全年处置“批而未供”土地93公顷，完成率144%；处置2009—2018年“批而未供”土地127公顷，完成率108%；处置“供而未用”土地251公顷，完成率138%；消化处置低效用地211公顷，完成率181%。

【留用地开发管理】2022年，西湖规划资源分局深化村社留用地“三统一”开发建设模式，修订完善留用地合作开发管理实施意见，开展产业项目合作方式研究，出台留用地招商引资实施细则，推动重点留用地项目落地。加强产业规划研究，注重产业业态布局，探索留用地项目不同用途的转换机制。全年开工留用地项目4个6.14公顷，竣工留用地项目1个。

【耕地用途闭环管理】2022年，西湖区规划资源分局建立并推行“田长制”，落实三级田长和村级巡查员180人，其中村级田长73人，组织巡查742次；村级巡查员88人，开展巡查3287次。安装高位铁塔探头61个，接入“耕地智保”场景，实现“人田对应”“塔田对应”。“耕地智保”数字化场景贯通，与“天巡地查”等实现跨部门跨场景协同应用，构建耕地保护闭环管理新格局。全年对18起违法用地行为进行立案查处，涉及耕地面积1.91公顷。

【自然资源法治宣传教育基地揭牌】2022年6月24日，省自然资源厅向西湖区兰里研学大本营自然资源法治宣传教育基地授牌。该基地面向公众开放，为杭州区级层面唯一的自然资源法治宣传教育基地。该基地围绕“守护自然、拥抱未来”主题，突出自然资源领域特色，策划“三宣一绘一展一动一课堂”，以青少年儿童为重点、普通市民为受众主体，宣传新时代依法治国新方略。

（西湖规划资源分局）

2022年6月24日，省自然资源厅向西湖区兰里研学大本营自然资源法治宣传教育基地授牌

（西湖规划资源分局　供稿）

## 市政管理养护

【概况】2022年，全区有市政道路570条，市政道路车行道总长487千米，面积1175万平方米。其中，市属区管道路133条，总长204千米，面积648万平方米；区属区管道路437条，总长283千米，面积527万平方米。有桥梁339座，其中市属区管162座、区属区管177座。全年投入专项养护经费2.28亿元，其中道路、桥梁一般养护经费1.33亿元，市政设施改善专项经费0.95亿元。修复车行道58.42万平方米、人行道5.59万平方米。开展就地热再生施工工艺试点，完成文二西路（古墩路至紫荆花路）热再生修复面积1.28万平方米；完成古墩路、申花路、省府路、求是路等亚运道路50余座井盖沉降问题热再生技术专项提升，降低路面破损等问题。优化道路卫士系统，新增代码管理、电子围栏、人员管理等模块和节点筛选功能。推进道路红码清零，全年生成工单1.57万件。

【道路修缮与桥梁检测】2022年，区综合行政执法局围绕市区道路加固提升，有序开展崇义路、灯彩街等14条道路整治，总投资6897万元，铺设沥青面积23.04万平方米，修复人行道面积1.62万平方米。全市迎亚运道路修缮工程评比，西湖区求是路获一等奖；丰潭路、留泗路、申花路获二等奖。加强区属区管道路空洞检测，完成空洞检测道路217条，总长174.63千米，开挖核实确定脱空8处、疏松151处，年内完成修缮整改。完成桥梁结构定期检测70座、道路结构检测20条。

【停车管理与标识整治】2022年，区综合行政执法局加强自行车互联网租赁等非机动车有序停放管理及地铁周边序化管理，实施人行道非机动车泊位规划工作。通过摸底调查，划出非机动车泊位约1100个，涉及道路50余条，总长7700米，可停放车辆1.73万辆。开展迎亚运国际化标识整治，召开工作推进会，布置整治标牌老旧、不规范等问题，全年更新道路指示牌712块。

（区综合行政执法局　徐慧静）

## 河道治理

【概况】2022年，全区有河道143条（段），总长313千米，水域面积641万平方米，钱塘江岸线24.3千米。省级管理河道1条（钱塘江），市级管理河道3条（段）（余杭塘河、五常港、三墩港），区级管理河道35条（段）（沿山河、紫金港、莲花港等），镇街级管理河道104条（段）（浙大护校河、十字港、朝天莫港等），小微水体236个。全区市政雨水管道总长757千米，污水总长48.4千米，河道闸泵站67座、污水泵20座。年内，河道保洁每天平均巡查154次，打捞河道垃圾14吨。全区闸泵站平均巡查82次，配水9005立方米。投入河道养护经费5596万元，其中市级1743万元、区级2566万元、镇街级1287万元；投入闸站养护经费1113万元（含电费）、市政管道养护经费1534万元（不包含之江区域采用一体化养护的部分）。开展雨污水管道CCTV结构性检测，完成98条总长161.3千米的道路监测，完成102条道路污水管道检测，总长48.3千米。亚运场馆周边区管雨污水设施检测全部覆盖。区智慧治水平台新增亚运保障专题，实现亚运工程基础信息录入、GIS地图展示及全生命周期实时掌控。推进城市河道涉河建设项目审查审批和管理工作标准化，总结编写的案例在全市城市水设施和河道“六化”工作优秀典型案例评比中获一等奖。区智慧治水项目入选市第26届青工“五小”科技创新成果。

【河道水质提升】2022年，全区有143条（段）河道，212个断面。河道水质经监测，Ⅱ类水质断面46个，占总监测断面的21.7%；Ⅲ类水质断面85个，占总监测断面的40.1%；Ⅳ类水质断面73个，比占总监测断面的34.4%；Ⅴ类水质断面8个，占总监测断面的3.8%。全年无平均劣Ⅴ类河道，总体水质提升。

【排涝排水治理】2022年，区综合行政执法局开展城市内涝治理，完成内涝风险普查。牵头编制内涝风险普查和小流域山洪治理等文本，分别通过省建设厅和市林水局验收。该文本分析区内重点内涝风险隐患点及老和山、小和山区域的小流域山洪隐患点，为科学内涝治理和防范提供支撑。治理汛期积水点27个，落实防汛应急“一点一方案”。推进排水管网养护，清疏管网3750千米，完成雨水管网结构性检测161.3千米，提标改造雨水口1100余个。加强建筑工地泥沙水排放监管，引进工地排水智慧监测系统并试点运行，年末设有监测系统8套。对建筑工地三级沉淀池排入市政管网的泥沙含量进行在线监测监管，推动工地泥沙水排放监管智慧化、智能化。

【“数智”防汛演练】2022年，区综合行政执法局为提升预防和应对暴雨突发事件的应急救援、联动作战快速反应能力，开展亚运保障“数智”防汛实战演练。防汛应急演练围绕“河道预降水、道路积水处置、河道围堰拆除、地下停车库入口挡水、树木倒伏处置”5个场景开展，涉及河道保护管理、市政、绿化、环卫、停车服务等方面，涵盖城市管理保障服务日常内容。演练融合“前端感知+云端智慧管理”数智防汛理念，展示“线上+线下”演练，利用前端水位、窨井液位、雨量、闸泵站远程控制等7个大类、370个前端感知设备，在治水平台实现积水点可视化互动处置。总指挥室平台设智慧治水平台、单兵设备、固定监控设备、无人机和对讲机等，视频、音频、图片多维度展示，将“智慧治水”和“数字治理”有机融合。

（区综合行政执法局　陈天勤）

## 绿化养护

【概况】2022年，全区纳入长效管理公共绿地面积958万平方米，养护标段53个，养护企业26家。加强绿地养护，全年抄告问题8343个，处理数字城管问题1.45万个；完成信访投诉305件；出动养护人员2.88万人次，清理废弃物、绿化垃圾560吨，补种绿化面积4500平方米。优化景观绿化，联动对27个迎亚运绿化景观和105个在建工程提出优化方案，出具问题联系单110份。做好绿化审批及批后监管，全年完成绿化审批42件，临时占用面积5.4万平方米，迁移乔木169株、灌木548株。开展行道树修剪、花灌木修剪、病虫害防治、球宿根花卉养护、安全教育等业务培训，提升养护管理水平。服务居民群众，组织养护人员对1508株柳树雌株注射柳絮抑制药物。采用生物防治技术，投放小绥螨及花绒寄甲4651头，防治植物病虫害。西湖区获2022年市级绿化工作综合考核优秀管理单位，龙坞公园获年度“浙江省优质公园”称号，科海路获年度“浙江省绿化美化路”称号，古新河、冯家河、沿山河三期获市“示范滨水绿地”称号，丰潭路获市“示范道路绿地”称号，余杭塘路被评为市“最佳道路绿地”，求是路、省府路、黄龙路被评为市“优胜道路绿地”，西环河被评为市“优胜绿道”。

【绿地改造与花事小品】2022年，区综合行政执法局对亚运场馆周边及亚运通勤道路丰潭路、龙宇街、莫干山路、杭大路、象山路等道路绿化进行提升改造，将绿地内红叶石楠、金森女贞、红花檵木等老化苗木色块进行更新，增加杜鹃、绣球、月季、石蒜等特色开花植物，改造后重要道路绿地景观得到提升。做精花事小品，7个花事小品在市级评比中取得好成绩。立体花坛《孔雀迎宾》

《花都开好了》获一等奖，环境小品《秋天的童话》《大家一起来运动》分别获一等奖、二等奖，自然花境《古新花语》《弥野新生》《秋韵》分别获一等奖、二等奖、三等奖。

【绿地应急保障】2022年，区综合行政执法局完善公共绿地应急预案及亚运保障方案，定期检查机械、钢管支撑等储备工作，确保关键时期应急物资到位。强化安全作业技能，组织修剪、防汛支撑技能比武大赛及应急演练，培养和选拔园林专业技术人才，增强绿化应急保障能力。增强抗险防灾能力，三墩、留下、蒋村区域各增加1支应急队伍。做好抗旱保绿、防汛抗台、抗雪防冻等应急保障，全年防汛抗台期间支撑树木4896株，扶正树木52株，清理倒伏树木24株；抗旱保绿日均出动养护人员325人，32辆洒水车及87台抽水泵开展作业；抗雪防冻期间，清除树木积雪407株，清理断枝14处、1.9吨，设置沿河游步道警示线38处。

【绿地安全维护】2022年，区综合行政执法局配合区交警部门和市路灯管理所，做好信号灯、交通指示牌、路段斑马线被树枝遮挡处，及路灯等附近树枝修剪，累计修剪乔木900余株、灌木色块2万余平方米；迁改道路口、人行道处绿化遮挡交通视线点位11处，迁移灌木123株，补种绿化面积252平方米；拆除破损护栏3900余米，新装公园仿竹护栏632米、道路绿化护栏2.62万米，维修高架漏水花箱1.06万米。对公共绿地内破损严重或有安全隐患的公共设施进行维修，全年完成57处设施提升改造，修复破损及沉降园路3480平方米，修建廊亭15座，更换园林座椅13张。

（区综合行政执法局　杜亮亮）

## 城乡环境建设

【概况】2022年，西湖区彩虹快速路、留石快速路建成通车。科海路、枫桦西路、留和路等9条地铁道路恢复。地铁3号线、4号线、10号线、机场轨道快线4条新线通车。全年新增停车泊位8068个，其中公共泊位653个，建成新能源汽车公用充电桩414个。新建地下空间面积57.26万平方米。建成投产110千伏输变电工程4个，开工建设110千伏输变电工程3个。编制完成风貌整治提升行动方案，云栖小镇特色产业风貌样板区被评为省级特色产业风貌样板区和市级新时代富春山居图样板区。提升城市品质，开展“邻睦睦”“房整整”“貌谈谈”等十大专项行动，全区生产生活生态空间优化。

【交通堵点治理】2022年，西湖区推进交通“十大行动”，加快推进治堵工作，对学校、医院和商业体周边的堵点进行系统治理。全年完成留和路、学军中学紫金港校区等9处堵点治理。针对杭州市行知第二小学上、下学时间段附近道路拥堵情况，牵头区教育局、西湖城投集团和学校联合开展交通秩序综合治理工作，启动建设该校地下接送系统，改变校门口交通乱象。通过打通学校地下原公共停车库与地下室，并在连接处安装人脸识别系统，让学校地下空间形成有机统一，同时划分出学生接送点和专用接送通道。助力城市路网畅行提速，完成辖区范围内地铁站点与周边互联互通方案，完成西溪谷片区、双桥小学、天目里等堵点综合治理，建成2处社区微公交停靠站点。

【城市绿道建设】2022年，西湖区完成铜鉴湖绿道三期、杭富城际线附属配套工程绿道二期、留和路道侧绿道3个新建项目及北沙斗河绿道、罗家斗河绿道、灵山景区绿道、信义河绿道4个提升改造项目，建设绿道24.23千米，其中铜鉴湖绿道入选“杭州市最美绿道”。铜鉴湖绿道是西湖区建设打造的高品质绿道，位于双浦镇，总长31.5千米。绿道串联起主要景点、停车场、游船码头等，设置路面宽度、材质、驿站及标识系统，借助雕塑、文物保护视频、科普展板等展示当地历史文化与民俗，为游人构建游憩、休闲、出行、健身的绿色空间。绿道材质主要采用彩色透水混凝土，部分区域采用老石板、花岗岩和MC材料。

【居住环境改善】2022年，西湖区着力提升城乡居住环境，深入实施老旧小区综合改造提升，完成24个项目、566幢住宅、243.32万平方米老旧小区的综合提升，投入资金5.78亿元。完成加装电梯81台，惠及居民2.22万人，覆盖人群约8万人。未来社区建设提质扩面，吉鸿、府苑、求智未来社区入选省级未来社区名单，全区入选市级首批未来社区3个、全省首批共同富裕现代化基本单元“一老一小”服务场景5个。推进农村生活污水治理，完成标准化运维项目193个，提升改造污水处理设施项目3个，湖埠村创建成为杭州市第一批第一个农村生活污水“零直排村”。

（区住建局）

## 建设行业管理

【概况】2022年，区住建局推动建筑业提升发展。组建西湖区建筑行业32家单位党建联盟，7个项目党支部获2022年浙江省“优秀红色工地”称号。营造建筑行业发展环境，出台建设工程“西子杯”奖（优质工程）评选办法和促进建筑业发展意见，推动建筑业稳步增长。加强建筑工地安全监督，做好全区392个、总建筑面积1830万平方米在建工地的工程质量、安全及文明施工管理。开展日常巡查900多次，签发限期整改单857份，对49家企业实施信用扣分。全年被评为市标准化工程6个、优质结构工程20个、“西湖杯”工程7个、“钱江杯”工程等奖项1个。

【施工行政审批】2022年，区住建局深入推进“最多跑一次”，通过出台工程总承包（EPC）操作细则、实施模拟审批、施工图分类审查、施工许可办理“承诺审批”等制度，优化流程、精简环节，助力企业纾困解难。全年完成投资、消防、建筑业、房管、招投标等审批服务事项4.6万件。

【老旧小区物业管理】2022年，区住建局创建13个美好家园示范小区、3个杭州市“优秀物业管理项目”和5个省级“红色物业”；完成446个小区物业管理区域优化调整，业主组织应建尽建，全区专业物业引进率100%。承办全市无物业管理小区清零行动暨老旧小区物业服务品质提升工作现场推进会。审核通过131个老旧小区物业服务提质提价奖补资金2191万元，并发放上一年度120个老旧小区物业服务提质提价奖补资金1983万元，46个项目、14个业委会集体或个人获得物业管理项目年度考核奖励资金138.5万元。

（区住建局）

## 综合行政执法

【概况】2022年，区综合行政执法局围绕“大综合一体化”行政执法改革，完成28个基本执法单元建设，下沉执法人员329人，办理新划转事项案件335起、市区两级首案10起；“综合查一次”检查企业834户次，办理行政违法案件2.9万起，罚款2509万元，立案查处移送案件23件。做好执法保障，完成党的二十大、省党代会、云栖大会和文明城市迎检复查、中高考禁噪护考等重大执法保障任务80余次。落实防汛抗台、防雪抗冻、疫情防控等应急保障，采购无人机组建无人机巡查队，试点利用无人机开展巡查整治、执法办案、活动保障。推进执法队伍正规化建设，按政治思想、组织运行、学习培训、执法执勤、监管养护、内务管理、监督制约七大类对执法制度进行梳理完善，制定动态勤务机制、新移交案件办理规范等制度。区综合行政执法局获市高质量推进“大综合一体化”综合行政执法改革工作集体三等功、市环境大整治环境优秀奖等荣誉。

【城市环境综合执法】2022年，区综合行政执法局落实15项城市环境综合治理执法保障专项整治和常态化治理，做好亚运场馆、在建地铁等重点施工项目服务。开展超限执法整治、地铁出入口市容秩序整治、非法小广告整治、涉老诈骗宣传广告整治、非机动车共享（电）单车“入框停放、停车同向”活动、迎亚运市容品质提升行动秩序化人行道乱停乱放治理、“僵尸车”专项治理等综合治理。落实源头追溯“一案多查”，成立区渣土联合专班，对涉及亚运工程、渣土码头渣土清运情况进行抽检，对蒋村辖区偷倒违法行为通过信息技术手段锁定目标依法查扣违法车辆，完成湖州移送的8个渣土偷倒案件闭环。落实“七张问题清单”涉及执法一线问题的整改和反馈，配合镇街推进油烟在线监测设施安装；做好省级环保督察迎检各项工作，落实信访投诉处理。

【“大综合一体化”执法改革】2022年，

区综合行政执法局贯彻落实省、市“大综合一体化”行政执法改革要求，整合职责队伍，撤并人力社保和住建2支执法队伍，形成综合执法、市场监管、规划与自然资源、农业农村、应急、文旅、卫健“1+6”执法队伍体系，梳理形成“综合执法＋专业执法＋镇街执法”清单。加快实行“一支队伍管执法”，全区11个镇街综合行政执法队统一挂牌成立。推行镇街执法队集中办公，出台试行基本执法单元建设指导意见。用好“民呼我为·西湖码”数字应用，实现镇街综合行政执法快速响应、执法监管闭环管控。建立健全制度机制，配齐人员力量，为镇街综合行政执法队提供组织保障和人力支撑。印发加强执法队伍和执法能力建设的意见和制度汇编，出台执法人员“区属街用共管”管理办法，建立区综合行政执法法制保障中心。

（区综合行政执法局）

# 生态环境

## 综　述

【环境质量改善】2022年，西湖区以习近平生态文明思想为指引，深入践行“绿水青山就是金山银山”理念，统筹推进污染防治攻坚战，强化生态环境保护，全区环境质量改善。至年末，集中式饮用水水源地水质达标率100%，市控断面水质监测均达到或优于Ⅲ类。空气环境优良率86.6%，$PM_{2.5}$（大气中直径小于或等于2.5微米的颗粒物）平均浓度28.1微克/立方米；$PM_{10}$（可吸入颗粒物）平均浓度47.0微克/立方米，比上年下降8.0%；臭氧浓度160微克/立方米，下降1.8%。西湖区空气环境质量居杭州市前列。

【环境治理提升】2022年，西湖生态环境分局推进绿色低碳建设，提升环境治理能力。助力绿色亚运，编制迎亚运暨环境空气质量巩固提升实施计划和亚运比赛场馆“一馆一方案”。开展亚运环境安全风险隐患排查，实施挂单销号。组织区内企业参与“零碳亚运”工作，助力碳汇1.5万吨。加强对养生堂、西湖大学等重点项目服务和支持，助力养生堂完成排污权申购，市、区联动解决西湖大学云栖校区环评、辐射安全许可证等历史遗留问题。全年完成建设项目环评审批和降级备案25个、建设项目登记表备案171个，办理辐射安全许可证94家次。开展环评从业专项整治，核查环评单位47家并对4名环评工程师和2家环评单位实施失信记分。推进数字化改革，完善“西湖净尘”应用场景建设方案。完成5家危险废物视频监控项目及2家放射源使用单位数字化监控系统建设，并与市生态环境局生态智卫平台对接。完成4家危险废物产生企业“浙固码”推广，实现危险废物转移赋码运行。

【环评审批改革】2022年，西湖生态环境分局探索动态闭环管理，以省“4+1”等重大建设项目清单为底数，对全区123个项目实施动态闭环管理，发放审批服务单、提醒函等28份。推进环评审批提质增效，实现42个项目1个工作日领取审批意见或备案受理书。建立环评审批管理、降级备案管理和豁免管理三级管理体系，对21个非敏感区新制造业用地项目实行豁免环评管理，缩短开工时间近30%，为建设单位节约环评费用50%以上。开展排污许可工作帮扶指导，完成排污许可证核发3家、重新申请11家、变更30家、注销1家。区生态环境分局驻区政务服务中心窗口连续3年被评为“最美办事窗口”。

## 污染防治

【污染治理】2022年，区生态环境分局加强水污染治理和饮用水源地保护，推进钱塘江饮用水水源地勘界定标、电子围栏、球机监控等工作，启动2个区级断面自动监测站建设。联合开展钱塘江流域共治共保活动，协同推进水环境提升。开展大气污染防治，推动西溪湿地及其周边3千米区域“管控圈”实施扬尘污染精准治理，建立联防联控联动机制，推动西溪湿地3千米“管控圈”试点。启动污染天气应对41次96天。完成燃气锅炉改造3台和非道路移动机械替代10台。完成安装102台非经营性餐饮油烟在线监测设备。加强土壤污染防治，完成5个“无废亚运细胞”和35个“无废城市细胞”创建，黄龙饭店被列入省首批“无废亚运细胞”示范点，1个固废综合利用项目入选省“无废建设”成果巡礼。完成全区16.07公顷受污染耕地“源解析”。加强重点建设用地安全管控，完成7个地块土壤风险调查评估评审，安全利用率100%。

【废气和水污染治理】2022年，区生态环境分局推进各项治气年度任务，建立污染天气应对联动机制，启动污染天气应对41次96天。完成燃气锅炉改造（3台）和非道路移动机械替代（10台）任务。推进“管控圈”区域扬尘治理，与西湖风景名胜区城管局建立联防联控机制，与余杭生态环境分局签署联防联控协议，打造西溪湿地3千米“管控圈”。加强考核断面监测结果运用，推动区域水环境质量改善。加强饮用水源地保护，完成钱塘江饮用水水源地勘界定标、电子围栏、球机监控等工作，启动2个区级断面自动监测站建设。

【“无废城市”建设】2022年，区生态环境分局制定并推进“无废城市”建设年度重点工作任务，完成5个“无废亚运细胞”和35个“无废城市细胞”创建。加强定点医院、隔离点等场所涉疫垃圾管理，落实常态化采样医疗废物转运。完成16.07公顷受污染耕地“源解析”工作方案编制及评审，对受污染耕地开展溯源排查，耕地污染成因初步研判完成。加强重点建设用地安全管控，完成7个地块土壤风险调查评估评审，安全利用率100%。开展土壤重点监管企业年度自行监测并完成有毒有害物质排放报告报送，周边土壤环境监督性监测完成。

【之江净水厂工程竣工】2022年12月，由之江城投集团负责建设的之江净水厂项目工程竣工。之江净水厂工程位于之江区块绕城高速公路与云河路交叉口的东南角，总投资13.43亿元，按照“政府投资+社会资本”方合作的“PPP模式”实施，为杭州市重点项目、之江新城重大基础设施配套项目。项目用地总面积2.88万平方米，年处理污水量2920万立方米，出水水质达到准Ⅲ类排放标准，为浙江省高排放标准的全地埋式污水处理厂。

## 环境执法整改

【环境执法监督】2022年，西湖生态环境分局履行生态环境执法监管职责，出动执法人员1233人次，检查企业点位558家次，立案查处环境违法行为15起，做出行政处罚案件14起，处罚金额96.6万元。加强法治监督协作，与区人民检察院建立生态环境损害赔偿与检察公益诉讼衔接相关工作机制，明确对生态环境损害赔偿工作依法履行法律监督职责；西溪湿地管理局与区人民检察院签署有关湿地保护管理的意见，开展湿地行政管理与检察法律监督协作。强化环境信访化解和风险防范，全年受理日常生态环境信访286件，比上年下降45.1%。

【生态环境督查整改】2022年，西湖生态环境分局完成第二轮省委生态环境保护专项督察迎检，交办信访件降至4件。受理日常生态环境信访286件，比上年下降45.1%。推进督察问题销号工作，完成二轮中央督察、2021年及2022年省级督察交办信访件及突出生态环境问题整改和销号。对中央环保督察信访交办件开展调度巡查10余次，下发督办单3次，召开16次专题协调会并开展现场督办。结合华东督察局中期检查、长江经济带问题警示片拍摄暗访、省市问题抽查及区县交叉检查排查，举一反三检查点位36处，处置整改“小散乱污”点位2处。推进“七张问题清单”整改，开展专题培训3次，报送面上主动发现问题539个，入库省级主动清单问题2个、市级清单问题22个，均按时完成整改。

## 环保教育宣传

【生物多样性调查】2022年，西湖生态环境分局以“两山一江一湖”为重点区域，开展全域全物种全网格生物多样性调查评估。调查评估记录各类物种2190种，其中国家一级和二级保护动植物30种、省级重点保护动植物28种。发现新物种1个，拟命名“西湖跳蛃”。联合杭州原乡野地生态保护与研究中心等公益组织，开展铜鉴湖及五丰岛生物多样性观察、“5·22”国际生物多样性日等宣传活动12次，参与活动10万人次。

2022年5月22日，世界生物多样性日“为所有生命构建共同的未来——西湖区生物多样性保护在行动”活动在铜鉴湖湿地公园举行

（西湖生态环境分局　供稿）

【生态文明教育】2022年，西湖生态环境分局开展“6·5”环境日西湖区主场活动，5万余人通过线上收看直播。加强政务新媒体宣传，发布原创作品80篇。杭州电视台综合频道《美丽杭州》专栏3期报道西湖区生态环保工作成效。做好生态文明教育基地和环保四类设施向公众开放工作，开展公众开放活动129场，10余万人次参加活动。杭州市秀水小学、杭州市和家园小学、杭州市求是教育集团之江第二小学、杭州市保俶塔申花实验学校、杭州市西溪实验学校、杭州市西湖区瑷骊山幼儿园6所学校（幼儿园）创建为市级绿色学校。

（西湖生态环境分局）

【湿地保护科普行动】2022年，位于西溪国家湿地公园的中国湿地博物馆开展湿地保护科普行动，举办“发现身边的自然”湿地百鸟科普展、“以鸟为媒”乌梁素海鸟类芦苇画展、“守护身边的生灵”濒危动物展、“忆宋韵，迎亚运”湿地主题绘画大赛获奖作品展等专题展览。以“无水不成杭”为主题开办绿色燎原计划湿地科研营，从古良渚水坝、西湖生态、运河生态、筑塘护城、治湖清淤、文化生态等视角，阐述湿地对于杭州建城及经济文化发展的重要性。策划推出系列科普课程及线上科普小课，重点开展暑期食育及自然教育主题系列科普活动10场、濒危动物展配套科普导览活动11场。举办2022“忆宋韵·迎亚运”第11届湿地主题绘画大赛，征集参赛作品6705件，助力杭州创建国际湿地城市。

2022年6月30日，杭州云谷学校开展动物科普进校园活动

（西湖生态环境分局　供稿）

【湿地生态研究】2022年，中国湿地博物馆加强湿地生态研究，启动“西湖区水生生物多样性评估与监测”项目及“《湿地里的科学课》青少年科普系列读本”编写项目；完成“中国湿地植物数据库”中“西溪湿地植物”专题调查，收录西溪湿地典型的水生、湿生植物98科214属332种。完成《西溪审美意象实证研究》出版和《杭州西溪历史人物与中外文化交流研究》排版。

【湿地主题绘画大赛】2022年12月3日，“忆宋韵·迎亚运”第11届湿地主题绘画大赛获奖作品展在中国湿地博物馆开幕。大赛以“水意宋韵”“绿色运动”“为人类和自然的湿地行动”为创作主题，征集参赛作品6705件，评选出特等奖作品10幅、金奖作品50幅、银奖作品100幅、铜奖作品200幅。大赛通过绘画作品展示湿地之美，倡导尊重自然、人与自然和谐发展的理念。通过融入绿色运动理念、中国传统文化的自然之美等元素，宣传倡导湿地保护的意义，激发青少年了解湿地知识、讲好湿地故事、参与湿地保护的热情，助力杭州创建国际湿地城市，加快打造生态文明之都、美丽中国样本。

（中国湿地博物馆　俞静漪）

# 教　育

## 综　述

【教育事业稳步发展】2022 年，全区有中小学及幼儿园（含民办）146 所，在校学生 14.64 万人。其中：幼儿园 87 所（140 个园区），在园学生 37176 人；小学 29 所（51 个校区），在校学生 75565 人；初中 27 所（30 个校区），在校学生 26906 人；普通高中 6 所，在校学生 4828 人；职业高中 1 所，在校学生 1772 人；特殊学校 1 所，在校学生 123 人。全区在职教职工 14303 人，其中在编教职工 7704 人，专任教师 10439 人。幼儿毛入园率 105%、优质率 97.5%、普惠率 90.7%，小学生和初中生入学率均 100%。

【教育硬件保障】2022 年，全区教育配套项目建设 40 个，其中启动前期工作 10 所，新开工 7 所，竣工 2 所，续建 12 所，新投入使用 9 所。完成改扩建项目 4 个，启动扩建项目 1 个。完成校园维修项目 119 个，其中零星维修项目 30 个。实施校园“安澜”工程 79 个，新增绿化面积 1.2 万平方米，安装雨棚面积 1.66 万平方米，完成率 99.1%。对 100 所学校的 2173 个教室进行护眼灯光改造，完成率 108%。实施校园监控系统改造升级两年计划，完成 14 所学校监控系统改造升级。实施暖心工程，中小学拥有热水系统实现全覆盖。

【教育体系优化】2022 年，全区学前教育普惠优质发展，新增省一、二级幼儿园 13 所，幼儿毛入园率 105%、优质率 97.5%、普惠率 90.7%、公办率 88.3%。义务教育均衡优质发展，深化学教方式和育人方式变革，推进强校工程提质扩面，新增浙江省教研室附属小学教育集团、嘉绿苑小学教育集团，新扩容之江实验中学教育集团，与淳安县学校成立跨区域教共体 15 个。高中教育特色和多元发展，高考一段上线率 95.5%，重点率（含“三位一体”）26.9%。职业教育产教融合发展，单考单招升学率 96.6%。特殊教育“1+X”融合发展，开展孤独症障碍、智力障碍和注意缺陷多动障碍三大障碍类型 8 场个案专项督导。社区教育“智慧助老”培训成效显著。

【疫情防控加强】2022 年，区教育局优化联防联控工作机制，提升数智化管理水平，取消学生每日打卡，做好后台红黄码人员管控，确保进校人员安全。出台疫情防控政策12项，发布提醒函5篇，开展疫情防控检查60余次。组织线上线下区域性培训9场，组建核酸检测专班，完成教育系统15万余人的核酸检测。做好全区教职工和学生疫苗接种，全区学生接种率94.7%，教职工接种率91.5%。做好突发疫情应对预案，稳妥处置突发事件30余起。

**【教育“双减”政策施行】**2022年，区教育局落实施行“双减”（减轻义务教育阶段学生作业负担、减轻校外培训负担）政策，推进校外培训机构治理，提高作业管理质量和教育教学质量。全区课后服务覆盖率100%，小学生“1+X”托管服务参与率94.6%，初中生晚自修参与率88.3%，5所学校案例入选浙江省“双减”优秀实践案例，“课后服务一点通数字平台”作为典型数字化案例被推荐至教育部。巩固校外培训机构治理成果，义务教育阶段学科类营利性培训机构压减率100%，完善全流程智慧监管体系，校外培训机构乱象基本消除，相关经验做法被教育部有关刊物刊发6次。

**【心理健康教育】**2022年，区教育局实施心理健康教育教师队伍扩容行动，中小学专职心理健康教育教师配比率94.9%，成立班主任名师工作室7个、心理教育名师工作室3个、特殊教育名师工作室2个、家庭教育名师工作室1个。实施心理辅导站建设行动，配置设施设备，达到省级心理辅导站标准。全区建成省心理健康教育示范点7个、省心理健康一级站3个、市级优秀站16个。实施家庭教育指导行动，组织“和谐心家长沙龙”150多场、家长俱乐部和读书会200场，参与家长1万余人次，接听、接待家长咨询367次，推送家长微课54节、家长直播课8期，收看率超过10万人。实施教师指导能力提升行动，培养三级家庭教育指导师1141人。

**【教师培养体系构建】**2022年，区教育局构建“杏坛”教师培养体系，完善分类分级选拔培养模式。年内入选“浙派名师名校长培养工程”培养对象5名、浙江省特级教师7名、浙江省“春蚕奖”和“绿叶奖”4名、市优秀教师28名、市优秀教育工作者12名、市优秀班主任9名、市优秀校长3名。召开全区教师节庆祝表彰大会，开展“最美西湖教育人”年度评选，评出区优秀教师、优秀教育工作者1638名。参与建设第四轮浙江省名师网络工作室6个，33名学科带头人加入省名师网络工作室。成立5个西湖区—青川县名师乡村工作室，引领青川县市（县）级名师工作室工作。成立特级教师工作室35个，有工作室成员343名。

**【教育评价改革深化】**2022年，区教育局健全规范发展、学生发展、教师发展、绩效发展和创新发展“五大发展”加“一校一报告”学校评价体系。建设完善“西湖智汇生长”学生评价云平台，采集学业素质、健康体检、视力健康、国家体测、心理健康等指标，记录学生成长“数字”轨迹。开展浙江省小学生综合评价试点，在浙江省小学生综合评价改革会议上做题为《打造小学生综合评价改革西湖样本，构建基于核心素养的全面育人生态》的交流发言。

**【人事管理统筹】**2022年，区教育局统筹中小学人员配置，加强教职工岗位设置、数量配备、聘用及薪酬待遇等规范管理。加大教师编制管理和优秀教师招聘工作改革力度，依托“一站式”数字化教师招聘平台，妥善解决民转公学校的编制人员聘用问题，全区招聘优秀教师551名，其中民转公专项招聘教师231名。加大智慧人事管理，完善“西教人事”数据库，优化“智慧人事”平台，推出共建共享学校“富余”或“紧缺”岗位信息，通过沙盘推演促进教师流动和区域师资均衡。

**【校园安全管理】**2022年，区教育局落实校园安全管理工作责任制，完善政府监督监管、部门镇街协同、教育部门及学校主体等全覆盖的安全责任体系，健全校园安全隐患明察暗访、问题闭环管理、情况通报约谈、责任考核压实等工作机制。加快人防、物防、技防建设，提升校园安防硬件设施标准，实施校园监控等安防设施改造扩容，覆盖5所市Ⅱ级重点目标学校和9所监控全覆盖第一批试点幼儿园安装单位。出台《西湖区学校消防控制室、地下停车库消防安全管理办法（试行）》，评定市级消防管理标杆单位6所。制定安全防控“一件事”工作方案，新增试点学校12所，组织部门联动校园安全暗访督查6次，校园安全工作治理水平提升。

**【教育资助】**2022年，区教育局根据《浙江省教育厅等八部门关于印发〈浙江省学生资助对象认定办法〉的通知》精神，修订完善《西湖区学生资助工作管理办法》，规范操作程序，确保实现精准资助。全年区资助符合条件的学生5585人次，金额844.84万元。其中：学前段308人次，金额74.23万元；义务教育段1385人次，金额365.88万元；普通高中段115人次，金额27.03万元；中等职业高中学生3777人次，金额377.7万元。

**【民办教育管理】**2022年，区教育局加强民办教育管理，规范办学行为，着力破解公办和民办教育发展不协调等问题。按照国家和省市要求落实规范民办义务教育学校专项工作，有序推进杭州公益中学、杭州之江实验中学、杭州钱塘外语学校、杭州育才外国语学校4所学校转为公办，全区民办义务段在校生比例下降至5%以内，被评为“浙江省规范民办义务教育发展专项工作成绩突出集体”。

**【督评改一体化机制完善】**2022年，区教育局完善督导、评估、改进一体化工作机制，进一步优化督学挂牌、督导工作、工作例会、督导简报、整改反馈等5项督导工作制度。完善责任区督学工作，配置幼儿园专兼职督学29人、中小学专兼职督学10人，实现中小学校幼儿园责任督学全覆盖。全年责任区督学围绕健康管理、幼儿户外体育、生活能力、食堂管理、行为规范、校园环境和安全、课程实施、作业管理、校本研训、依法治校等主题开展督导10次，汇编督导简报20份，开展初中提质强校、中小学小书包专项督导2次，发布小学“一校一报告”，建立长程跟进、循证改进的综合督导机制。

## 学前教育

【概况】2022年，全区有幼儿园87所、园区140个，其中直属幼儿园43所95个园区、部门办14所、民办29所31个园区，在园幼儿36355人（不含托班），专任教师3445人。新增省一、二级幼儿园13所，幼儿毛入园率105%、普惠率90.7%、公办园覆盖率88.3%，优质覆盖率97.5%。有学前教育省特级教师4名、正高级教师3名。

西湖区被评定为“浙江省实施学前教育提升行动计划成效明显区县”，学前教育被评为“浙江省人民政府学前教育激励项目”。深化托幼一体化，组建托育先行小组，确立试点园5所。开设专题研修班，提升托育教师专业能力。扩大品牌影响力，课程改革探索文章《五个一：支持性研修工具为课程导航》、幼教基于生本化课程改革纪实报道《课程，与儿童共生长》被《中国教育报》刊登。

【招生管理】2022年，区教育局挖掘教育资源容量，新开办幼儿园5所，分别为云城幼儿园、云庐幼儿园、博雅幼儿园、蓝庭幼儿园、云溪第二幼儿园。完成龙坞幼儿园迁建工程，完成百家园幼儿园和庄园区托班改建，百家园幼儿园成为西湖区首个投入使用的单体托幼园。加大招生形势研判，开展三轮招生调研，对矛盾较突出区块、新开办幼儿园等进行专题研究，制定“一园一方案”。加强学前教育信息化管理，设计启用钉钉学籍平台，实现招生、入园和转园“一件事”办理，完成线下报名、线上审核一键发放录取通知书。全年招收小班420个，1.03万名小班幼儿入园。5所公办幼儿园开设9个托班，满足180个符合条件的托班幼儿入园。

【学后托管】2022年，区教育局贯彻施行“双减”政策，全区近90个园区提供学后托管服务，近1万名幼儿参与学后托管。加强学后托管服务管理，配备托管班的保教人员和行政管理人员，科学合理安排学后托管活动时间，丰富学后托管游戏活动内容，从幼儿兴趣出发，结合幼儿园特色开设趣味足球、快乐棋类等受幼儿喜爱的活动。

【保教工作质量提升】2022年，区教育局开展“关注过程性质量”“发现与支持幼儿有意义的学习”等系列研修展评活动，线上线下组合式片级研修16次，参与幼儿园（园区）106所。参加杭州市幼儿园优秀教学活动评比获一等奖2次，区学前教育指导中心获优秀组织奖。开展第22届、23届“我是儿童研究者”专题研讨活动，出版课程孵化园的阶段性成果3册，被评为浙江省先进教研组2个、杭州市先进教研组3个、浙江省第三届精品课程5个、杭州市第三届精品课程6个。学前教育教科研训成果显著，省、市级立项课题44项，其中省级10项、市级34项，立项率83%；省、市级科研成果获奖25项，其中省级获奖4项，市级获奖21项；省、市级论文获奖45篇，其中省级5篇、市级40篇。开展覆盖辖区所有直属幼儿园的区级立项课题集中走访，对研究过程进行论证指导。组建8个考核小组，深入幼儿园就教育现场和过程性资料等开展生态绩效考核，会同幼儿园兼职督学对全区91所直属园（区）开展幼儿园保育教育质量监测活动，提升幼儿园保教工作质量。

## 义务教育

【概况】2022年，全区有小学29所、校区51个，在校学生75565人；初中27所、校区30个（含九年一贯5所、十二年一贯2所、完全中学初中部1所），在校学生26906人；特殊教育学校1所，在校学生123人。做好入学招生，落实阳光招生、公民同招、长幼随学等招生政策，出台招生分配工作办法。成立学区调整风险防范工作专班，通过杭州市“入学早知道”平台发布招生预警两期，中小学招生分配工作平稳有序。

【素质教育加强】2022年，区教育局围绕立德树人宗旨，推进新时代思想铸魂育人工作。发挥思想政治课铸魂育人的主渠道作用，统筹推进中小学思想政治课一体化建设，配齐建强思想政治课教师队伍。加强素质教育，发放欢乐分团专项经费，加快“棒伢儿”欢乐总团和分团建设，为学生综合素质发展提供专业师资、课程资源和发展环境等保障。承办浙江省校园足球文化节，时任副省长成岳冲参加开幕式并对西湖区体育特色工作予以肯定。西湖区获市科技节13连冠、市运动会冠军、市中小学生田径运动会冠军、市小学生足球精英赛冠军、市体质健康抽测义务教育阶段第二名、市第十三届中小学生文化艺术节优秀组织奖，被评为杭州市首批智力运动示范区。

2022年6月10日，西湖区体育代表队获杭州市小学生阳光体育田径锦标赛冠军

（区教育局　供稿）

【学生“五项管理”】2022年，区教育局全面加强中小学生作业、睡眠、手机、读物、体质等五项管理。通过小书包专项督导、教材教辅检查、实地蹲点视导、作业调研反馈等途径，督促完善学校作业管理制度，加强校本作业编制与使用，落实“一科一辅”，严控作业总量，实行作业分类分层管理，减轻学生过重的学业负担。年内全区90%以上小学生在校内基本完成书面作业，80%初中生在校内完成大部分书面作业，教师对学生作业辅导服务覆盖率100%。

【教学改革深化】2022年，区教育局深化学教方式和育人方式变革，深入开展精准教学和项目化学习实践探索，承办全国教育学会“面向未来·初中教育校园行”活动、省项目化学习展示月首场活动、省大数据精准教学实验区研讨会等活动，深入推进全域优质发展。确立杭州市行知小学等8所精准教学省级共同体和杭州市保俶塔实验学校等20所精准教学区级实验学校，在杭州市公办初中提质强校行动首批试点学校“学科项目化学习”中获得一等奖4项、二等奖4项、三等奖3项。

【课后服务提质】2022年，区教育局印发《关于规范西湖区中小学引进社会资源参与课后服务的通知》，制定引进社会资源参与课后服务工作实施细则，并发布遴选非学科类校外培训机构参与校内课后服务的公告，分两批确定235个培训机构进入“白名单”，可进校提供拓展性课后服务。全年全区课后服务覆盖率100%，中小学生参与学校课后服务比例为93%，学军小学教育集团紫金港小学《一站式扫描：高品质晚托管理升级策略》入选浙江省第九批“双减”优秀实践案例。

【学生近视防控】2022年，区教育局推进全国儿童青少年近视防控试点区建设，探索数字化防控模式。全区投入资金2200万元，完成全区中小学教室、办公室的智能光环境改造。借助区域大数据平台，加强学生视力健康数据管理、近视筛查档案管理，实现信息共享、精准防控。至年末，全区有省级近视防控特色学校2所、市级4所、区级10所，儿童青少年近视率54.1%，比上年下降1.06%。

## 特殊教育

【概况】西湖区有特殊学校1所，为浙江特殊教育职业学院，主要培养残疾人高级技能人才和服务残疾人事业专业人才。2022年，该院在校学生123人，专任教师42人。提升特殊教育服务水平，制定《西湖区特殊教育提升计划2021—2025》。发挥市示范资源教室辐射指导作用，实现特需儿童普通学校随班就读。在杭州保俶塔实验学校开设第3个“卫星班”，架构全域范围内“东西南北”四点共融共享的布局。拓展定点康复机构服务领域，贯彻特教、普教、医教、科教、康教“五教融合”理念。

【教育教学融合】2022年，区教育局举办全区融合教育教学研讨会，提高融合教育教学质量。完善随班就读学生特需经费补助政策，补助对象向学龄前儿童延伸，促进有“广义特殊教育服务”需求的学生实现融合教育。开展随班就读学生巡回指导工作，邀请区特殊儿童康复专家委员会成员，开展孤独症谱障碍、智力障碍和注意缺陷多动障碍三大障碍类型8场个案专项督导，围绕特需儿童成长需求给予研判和指导。推出“特殊教育家长直播课”，增进家长对特需学生的理解和接纳。

【师资队伍建设】2022年6月，区教育局举办区特殊教育学科项目制名师工作室成果展示活动，邀请省特教指导中心资源教室首席资源教师进行专题辅导，提高教师专业化水平。优化研修体系，面向区域资源教师普及特教知识技能，并通过钉钉平台开展“家庭教育指导师”全员培训。全年举办“ADHD儿童的教育及发展”“常见问题行为及干预策略”“从学习行为特征看学习障碍”等主题研讨活动6场。

## 高中教育

【普通高中】2022年，全区有普通高中5所，其中公办普通高中1所，为杭州市西湖高级中学；民办普通高中4所，为杭州西子实验学校、杭州东方中学、杭州之江高级中学、杭州云谷学校。全区普通高中在校学生4828人、专任教师414人。深化普通高中课程改革，创建普通高中建设和管理新模式，健全完善走班教学等学校教育教学管理制度。推进高中教育特色、满足学生多样化发展的课程体系建设，提升办学品质。应届高中毕业生重点大学的上线率和本科普惠率保持稳定。西湖高级中学高考一段线率95.5%，重点率（含“三位一体”学校）26.9%。

【职业高中】2022年，全区有职业高中学校1所，为杭州市西湖职业高级中学，在校学生1747人、专任教师133人。学校开设中餐烹饪、西餐烹饪、中西面点、高星级饭店运营与管理、茶艺与茶营销、电子商务、建筑装饰设计专业7个。年内学校产教融合实训大楼投入使用，单考单招升学率96.6%，为区域经济发展培训实用人才6092人次。中职毕业生职业发展调查报告显示，学校96.4%的毕业生就业后工作胜任度高，对职业发展前景有信心。学校课题“育训融合：中职学校乡村振兴人才培养的区域探索与实践”获省职业教育教学成果二等奖。

## 社区教育

【概况】2022年，全区有社区学院1所（含留下、三墩、转塘3个院区）、街道（镇）社区学校11所、社区（村）市民学校191所。全年完成社会培训43.65万人次，占比40.1%，学分银行完成常住人口的27.9%。11个街镇建有老年学堂并成为“浙学通”的认证机构，覆盖率100%。双证制培训毕业生

813人，完成率105%。推行“杭学通”学习码，上线学习场地159个、线上管理培训班1005个、线上学员2.49万人。开展社区教育宣传、示范引领和学习交流，宣传月组织活动1.44万场，参与市民2.75万人次，“央视新闻”等媒体宣传报道“西湖区全民终身学习活动周暨第九届西湖市民读书节开幕式”。转塘街道社区学校被评为浙江省示范社区学校，区社区学院被评为杭州市县区级数字治理示范社区学院。

【社教数智技术应用】2022年，区社区学院推进“学在西湖”公众号建设，以“直播课”为载体开展线上学习，线上培训1.25万人次，线上线下相结合5.78万人次。开展智能技术日常应用普及专项培训3.42万人次，入户送教282次、受益9561人次，编写教材4册，制作视频5个。区社区学院被评为杭州市县区级数字治理示范社区学院，有2个街道被评为杭州市镇街级数字化管理之星。

【社教品牌服务】2022年，区社区学院通过“周月节”“家团社”“人校网”3个平台开展社区教育宣传、示范引领和学习交流，宣传月组织活动1.44万场，参与市民2.75万人次。终身学习周组织广场宣传163场，2.07万市民参与。常态化开展志愿者服务、优秀社团送教等活动，参与社区教育18.5万人次。培育区级学习型社团14个、示范性社团14个，被评为全国“百姓学习之星”1人、杭州市“百姓学习之星”1人。参与创建浙江省社区教育示范基地1个、浙江省学习型社区1个。

【教育研训加强】2022年，区社区学院坚持“科研兴校”，加强教师研训力度。全年参与省市级研修26人次，引领教师变问题为课题项目，组建团队开展定向研究。2022年度课题成果及论文省市获奖4项，全国“能者为师”典型案例被评为省级优秀。全国第二批、第三批“智慧助老”优质教育培训项目推介项目2个，课程被评为市级优秀。全国老年教育教学成果展暨全国老年教育短视频评选优秀奖1项。杭州市职成教教育典型案例一等奖1篇。杭州市“智慧助老”好课堂评比二等奖1项，2项研究成果在市级推广交流。被评为全国“能者为师”特色课程2个并被评为省级优秀，第十一届多媒体学习资源比赛三等奖1项。杭州市终身学习品牌项目1个。

## 校外教育

【概况】2022年，区青少年宫组织少先队、科技、艺术、体育、图书等区级活动26项，参与人数6.35万人，获省级荣誉40余人、市级集体荣誉22项、单项荣誉180余人。组队参加市中小学生艺术节比赛获优秀组织奖。评出“西湖区棒伢儿”优秀分团42个、合格分团55个，新认定分团62个。开设培训班级1124个，学员2.1万人。落实“双减”政策，发展素质教育，完善集军事体验、新劳动教育、科学实践于一体的西湖区中小学创新实践中心功能区域。实践中心课程包含劳动实践、科技创新、军事体验等，设有场馆11个。依托智云慧平台，在钉钉应用平台上自主选择阵营小队、课程、寝室、劳动岗位等，培养学生的自主能力。学生进入实践中心全程佩戴智能手环，该手环记录学生的体温、心率、运动、睡眠、饮食、活动轨迹和活动积分，为学生个性发展需求提供精准服务。全年区青少年宫接待学校数48所、学生3万人次，举办夏令营7期，学生满意率90%以上。

**【学生实践体验与暑期托管】**2022年，区青少年宫中小学创新实践中心投入运营，接待中小学校40所，2.51万人次参加活动。“棒伢儿”夏令营开设7期，每期6天5晚，合计704人参加活动。作为西湖区首个青少年研学和新劳动教育基地，实践中心成为全区中小学开展研学和新劳动教育的实践基地，实践场馆体验、军事活动体验、餐饮住宿体验等指标学生满意率均90%以上。区青少年宫落实暑托服务，开设暑期托管班，面向幼儿园和中学，服务学校82所，报名学生2680人。

（区教育局）

# 科技创新

## 综　述

【概况】2022年，西湖区实施科技创新驱动战略，聚焦全省三大科创高地和创新策源地建设，推进高水平科技自立自强。全省唯一投资超过300亿元的国家实验室在西湖区揭牌。全社会研究与试验发展经费（R&D）支出85.86亿元，占GDP比重为4.36%。夺得浙江省“科技创新鼎”，科技进步创新指数247.7。西湖区获省党政领导科技进步目标责任制考核优秀和市科技创新发展考核优秀等次，入选国家知识产权强县建设试点县。

【“科创强区”战略】2022年，西湖区推进实施“科创强区”战略，将“科创强区”战略目标写入区委第十次党代会报告，“云创、科创、文创”三创融合写入政府工作报告，谋划协调全区科技创新工作。加快推进全区科技实力提升，将争创“科技创新鼎”纳入全区重点任务，区委常委会会议、区政府常务会议传达学习习近平总书记关于科技创新论述、省市科技创新大会及有关政策文件精神4次，区委书记、区长12次专题研究科技创新相关工作，出席科技创新活动30多场。

【科技创新推进】2022年，西湖区全面实施“科创强区”行动，制定六大专项行动工作方案，启动科技力量铸基行动、高校经济“三百”行动（落地高质量高校经济项目100个、促成前沿领域产学研合作项目100个、实现技术交易总额120亿元以上）、科创平台提能行动、未来产业领航行动、科技主体倍增行动、科技联盟聚力行动“六大行动”，全区科技创新工作加快推进。

【科技人才引育】2022年，西湖区推进“西湖英才计划”“栖西聚才”等专项行动，培育引进领军型创新创业团队、“万人计划”等科技人才队伍。全年入选国家火炬计划1人、国家优秀青年科学基金项目人才12人、国家“万人计划”人才3人、浙江省海外高层次人才4人、市西湖明珠工程高层次人才特殊支持计划2人、市西湖明珠工程领军型创新创业团队2个，西湖区科技人才工作居杭州市前三位。

## 区域创新

【城西科创大走廊融入战略】2022年，区委区政府全面融入城西科创大走廊战略，聚焦“北强、南启、中兴”区域协同发展布局，重点支持以“紫金港科技城、西湖大学城、云栖小镇、西溪谷”为核心的科创主阵地建设，推进城西科创大走廊西湖片区高质量发展。联动紫金港科技城和西湖大学城，推进省级高新技术产业园区建设，紫金科创小镇命名为省级特色小镇，阿里云总部投入使用，加快建设西湖大学云谷三期，打造西湖大学城（未来生命）科技园等62万平方米空间承接西湖大学科研成果转移转化，新招引杭州华大生命科学研究院、北航数字产业中心等重大科技产业项目。云栖小镇结合军民融合发展，招引浙大城市学院先进材料增材制造创新研究中心，中国科学院大学HIAS科创园加快筹建，杭州智元研究院有限公司等7个项目落地在区。发挥西溪谷带动辐射效应，西溪谷数智产业园、西溪谷区块链产业园等7万平方米园区实现开园，推进浙大先进技术创新基地建设，区块链产业园落地新集聚产业生态等“未来产业”项目70个。

【双创发展平台打造】2022年，西湖区打造高质量双创发展平台。以特色小镇、特色楼宇、科技园区为主体，加大龙头企业、知名机构建设孵化器支持力度，加快科技企业孵化器（众创空间）专业化、国际化能力建设，新建成省级众创空间2家、市级科技企业孵化器3家、市级众创空间6家，累计打造市级以上科技企业孵化器25家，其中国家级7家、省级5家、市级13家；累计打造众创空间30家，其中国家级10家、省级10家、市级10家。提升孵化器、众创空间运营能力，总孵化面积超过50万平方米，孵化培育创业企业逾4000家。

【高新产业布局】2022年，西湖区聚焦杭州市五大产业生态圈建设，坚持云创、科创、文创“三创融合”，实施数字经济“一号工程”升级版，壮大云计算、大数据、区块链、人工智能等数字产业。推动稳增长与调结构平衡发展，提升四大特色主导产业集聚度和发展水平，加快布局元宇宙等未来产业新赛道，创新“产业大脑+未来工厂”融合发展模式，重点抓好空天地海、生命健康、智能制造、集成电路、军民融合、绿色低碳等战略性新兴产业，加快培育形成制造业百亿级产业集群，实现高新技术产业增加值占比87.1%。

## 研发布局

【高能级创新载体布局】2022年，西湖区推进“116N”实验室体系建设，培育科技战略力量矩阵，保障“115”和杭州智元研究院2个国家级重点项目落地。杭州华大生命科学研究院、天道量子研究院等前沿领域科研平台落地。提升高端科创平台能级，新建省级（重点）企业研究院8个、省级企业研发中心34个、市级企业研发中心44个。建设创新创业平台，加大龙头企业、知名机构建设孵化器支持力度，新建省级众创空间2个、市级科技企业孵化器3个、市级众创空间6个。至年末，全区建成市级以上科技企业孵化器25个、市级以上众创空间30个，孵化面积50万平方米，以“孵化、加速、产业化、创新服务”为链条的科技创新创业服务生态体系形成。

【“创新强工”攻坚行动】2022年，西湖区引导企业加大研发投入，实施“创新强工”攻坚行动，推动规模以上工业企业研发投入增速、高新技术企业提量和企业自主创新能力提升。排查“两清零”对象，全区1亿元以上制造业企业无研发活动“清零”10家、5亿元以上制造业企业无研发机构“清零”6家。全年全区规模以上企业实现研发费用255.24亿元，比上年增长5.3%，其中规模以上工业企业研发费用15.97亿元，增长35.5%，规模以上服务业实现研发费用190.98亿元，增长3.4%。科学研究与试验发展经费投入85.86亿元，投入强度为4.36%。

【核心技术攻关成效】2022年，西湖区加强基础前沿核心技术攻关，聚焦人工智能、生命健康、区块链等方向，引导企业开展“卡脖子”技术和共性关键协同攻关，增强企业自主创新能力。加快科技成果转移转化，承接国家、省市关键核心技术项目98项，包含18项科技成果获省科学技术进步奖，30个项目获省“尖兵”“领雁”研发攻关计划立项，市2022年度人工智能领域重大科研攻关项目获认定16个。

## 主体培育

【企业梯度培育】2022年，西湖区培植热带雨林式创新生态，完善“科中小—国高企—独角兽—领军”创新主体培育链条，形成科技企业渐进发展、健康成长的全生命周期培育体系。加快培育创新型领军企业，新增浙江臻镭科技股份有限公司、浙江铖昌科技股份有限公司等上市科技企业6家，累计总量35家，上市企业新增数居全市第一、总数全省第三，艾康生物技术（杭州）有限公司、珀莱雅化妆品股份有限公司新认定为市鲲鹏企业。实施“飞天计划”，认定首批企业17家。推进新一轮国家高新技术企业、省科技型中小企业“双倍增”行动，按照“招引一批、培养一批、辅导一批、认定一批”的工作机制，创新主体队伍不断增大，“线上＋线下”双结合，举办科技小巨人、国家高新技术企业资质等专项培训19场，参与企业1000多家次；新认定国家高新技术企业272家、市雏鹰企业96家、省科技型中小企业858家，“独角兽”和“准独角兽”企业52家。

【创新项目品质突破】2022年，西湖区结合数字经济、智能制造、生命健康等现代产业导向，招引高端科创项目落地。全年举办“云起西湖”招商大会等重点招商项目集中签约活动3次，签约重点项目84个，总投资416亿元；集中推进重大项目40个，总投资220亿元。完成协鑫智慧能源总部招引，联手设立长三角地区智慧能源碳中和产业股权投资基金，总规模25亿元。今奕康细胞和基因诊疗总部项目总投资10亿元，将搭建细胞和基因诊疗研发生产基地和医疗康复中心；落地超5亿元的浙江觅得优生物科技有限公司项目，将建立生物天然活性物质产业化平台、生物合成技术研发应用等创新平台；招引培育数智交院科创基地、纯白矩阵区块链国际生态中心等高能级创新项目。

## 成果转化

【区校战略合作】2022年，区委区政府推动区校战略合作队伍扩容升级，与西湖大学签订深化合作协议，与浙大城市学院达成新的战略合作，全区累计合作高校12家，整合盘活高校、社会资源面积50多万平方米。构建高校经济发展生态圈，环浙大玉泉人工智能产业带初具雏形，启动“环浙工大创新创业集聚区”建设，杭州天道量子研究院落地铂悦城产业园；加快文一路科创大道建设，启动“环紫金港创新创业圈”建设，杭电数字经济创新科技园招引企业50多家。集成政策、金融资源，兑现落实首批高校经济政策，600多万元专项资金护航创新载体建设、科技成果转化，引进高校经济高质量项目146个。

【产学研协同发展】2022年，西湖区创新协同发展模式，打造产学研全新生态链条，形成“一链一院一基地”创新模式，合作触角向二级学院、具体人才（团队）延伸，建成石虎山机器人创新基地等新型产学研基地6个。石虎山机器人创新基地被认定为市级专业孵化器，引进机器人关联企业25家；推进五鑫·黄龙未来中心、浙财大金融科创园建设，智能电气技术创新基地、浙大药学院鑫药创制基地开园。举办“区校合作月”系列活动，13场区校联办活动营造浓厚创新氛围；举办“西湖科创杯”第八届智慧城市研究生创新创业大赛，联动各高校举办“高校直通车系列”“校友回归系列”“创客中国系列”等活动65场，高校经济社会影响力扩大。

【成果转化落地】2022年，西湖区聚焦成果转移转化首选地建设，打造启真概念验证中心等2个杭州市首批概念验证中心，开展技术难题揭榜挂帅、产学研合作对接会等，推动创新链与产业链深度融合。以平台载体为重点，建设一批示范载体，推动企业技术需求与高校科研成果嫁接，全年促成产学研项目151个，发放创新券补助超434万元，依托中国浙江网上技术市场3.0平台，实现技术交易额超192亿元。

## 科技服务

【惠企服务活动】2022年，西湖区围绕特色产业开展科技峰会与论坛60多场，线下参会3万余人次，在线观看3000万人次。开展“科技八点半”“企业服务周”等惠企助企服务，成立西湖区独角兽（准独角兽）企业联盟，走访服务企业7.1万家次，解决问题6016个，被评为2022年企业家幸福感最强区。升级“科技八点半”3.0版，创新活动组织机制、问题解决机制，挖掘引进优质“种子”企业。构建多方协同政企沟通常态化机制，推出高校经济系列、产业链系列等特色专场，打造“互学互鉴、安商稳商、融资融智、创优创强”沟通平台，路演科技型企业（项目）303个，在政策、资本等领域串联起政企互动事项331项。

【科技助企纾困】2022年，西湖区制定实施经济稳进提质52条、元宇宙产业发展12条、新制造业高质量发展13条等助企纾困政策，全年兑现企业扶持资金29亿元，减税降费超70亿元，在优化产业结构、招引高端人才、推进平台建设、促进创新创业、鼓励创新投入等方面加大支持力度。全区科技财政支出9.51亿元，比上年增长41.8%，科技支出占一般公共预算支出的比重9.35%，提升1.89个百分点，区本级财政科技经费连年稳中有升。出台《西湖区深化高校经济若干政策措施》等助企政策，兑现首批“飞天、准飞天”企业政策6287万元，落实国家高新技术企业奖励、“雏鹰”计划奖励、创新载体奖励等科技项目政策资金超5.8亿元，惠及企业1300余家。

【人才引育服务】2022年，西湖区做细人才引育服务，夯实“首席科学家—创新性领军人才（团队）—科技从业者”人才梯队建设，培育引进领军型创新创业团队、“万人计划”等科技人才队伍。纵深推进“西湖英才计划”、“栖西聚才”等专项行动，西湖大学外籍人才默罕默德·萨万获2022年度国家友谊奖，为全市唯一获奖外籍专家，科技人才总量持续增长，多年位居全市前列。

【科技金融服务】2022年，西湖区发挥产业投资基金、科创直投基金等撬动引导作用，帮助解决成果转化项目初创期价值受低估、融资渠道窄等难题。区政府联合西湖大学组建30亿元的西湖大学产业投资基金，出资2亿元支持基金完成首期5亿元募集。提升科创直投基金等百亿级政府基金使用效能，聚焦生物医药、数字经济等重点产业，以政策为导向引入市场化运作机制，为科技型中小企业导引金融资本。完善金融支持创新体系，开发上线“西湖科技金融生态圈”小程序，搭建起享受风险池贷款、政策通、报项目、成果池等在线政企服务平台，全年“科技金融风险池”为24家科技型中小企业提供贷款资金8050万元。

（区科技局）

# 卫生健康

## 综　述

【卫生服务体系建设】2022年，西湖区有医疗卫生机构593家，其中专业公共卫生机构3家、民营医疗机构417家、社区卫生服务中心11家、社区卫生服务站67家。辖区有省市级医院11家，其中综合性医院8家、中医院2家、专科医院1家。全区有床位1.17万张，每千人拥有床位数10.77张。全区执业（助理）医师8053人。每千人口拥有执业（助理）医师7.48人；全科医生3610人，每千人全科医生数3.31人。注册护士7974人，每千人注册护士7.32人。区卫健局加强医疗安全管理，在精麻药品使用、口腔纠纷调解、院感、急诊急救培训方面提供支撑。规范感控管理，组织参加省、市院感上岗证、消毒上岗证培训，提升医疗质量，减少投诉纠纷举报。落实优化生育政策，聚焦三孩及多孩生育家庭的信息复核，做好全员人口信息库相关信息统计指标修改，保障三孩购房政策落实。开展婚育新风倡导、计生条例知识竞赛、健康养生讲座、生殖保健咨询等活动，张贴倡议海报700余份，组织主题活动205场，参与8.6万人次。做好疾病防控，免疫规划疫苗接种率90%以上。全区无本地原发疟疾、血吸虫病病例报告。饮用水水质监测实现镇街覆盖。“健康浙江”“健康杭州”建设考核获省市考核优秀等次，“健康杭州”考核全市第一，被评为“健康浙江”建设先进区县。1人被授予杭州市劳动模范，留下街道社区卫生服务中心被评为“市劳模集体”，1人被评为“西湖工匠”。

【城市医联体建设】2022年，区卫健局与市中医院、西溪医院强化“城市医联体”合作，与市级医院开展“双循环”合作，与浙江医院、省立同德医院、杭州市一医院、杭州市妇产科医院等加强合作。发挥省市专业学科优势及基层社区卫生服务近社区、广布点的特点，形成分级诊疗体系，为居民提供优质医疗卫生服务。开展社区卫生服务急救能力培训，1013名医护人员完成培训并考核合格。

【健康西湖建设】2022年，西湖区保障涉亚场所卫生健康，由区卫健局组建第一批医疗卫生保障团队并实体化运行，医疗卫生主任牵头联合医政、爱卫、疾控、卫生监督及其他亚运会医疗保障人员，对接辖区4个亚运场馆、6个接待饭店，编制“一馆一方案”。打造健康浙江行动示范试点“西湖模式”，创办省内首个区域公共卫生研究院，推进辖区传染病及地方病防控行动。西湖区“推进合理膳食行动”“全民共享智慧养老”2个案例入选首批健康浙江行动示范样板和优秀案例。推进爱国卫生B级街道建设，面向基层单位定期组织病媒生物防治保障技能培训，全年开展培训25次，受益5700人次。

## 疫情防控与转段保障

【概况】2022年，区卫健局织密疫情防控网底，组建“三快”督促专班、“核酸快运、快检”专班等特色工作组，为杭州市“五个一小时工作机制”建立提供实践基础。建立混管追阳队伍22支，社区网格追阳队伍220支，处置本土疫情77起。完成接种新冠疫苗313.63万剂次，其中加强针接种75.42万剂次，接种覆盖率92.7%。强化核酸检测，设置采样点位839个，投入医务人员3万余人次，完成核酸采样8143万人次。提升发热诊室诊疗能力，开设诊室25个，发热门诊量4.81万人次。至年末，全区疫情实现平稳转段，由防到治衔接顺畅。

2022年1月30日，转塘中心采样组进入大岭封控区采样

（区卫健局　供稿）

【免疫屏障构建】2022年，西湖区按照“政府找人、行业发动、卫健打苗”原则，推进新冠疫苗加强针和60岁以上老年人接种工作。通过增设社区疫苗接种点、养老机构和单位接种点等方式，采用“固定接种点+临时接种点”相结合的措施，提供就近便民的接种服务。推进加强针和老年人疫苗接种，争取省市医疗机构和上级部门支持，确保每个镇街每周开放6天以上接种。全年全区完成接种新冠疫苗313.56万剂次，加强针接种覆盖率90.9%。

【核酸采样监测】2022年，区卫健局优化“1520核酸采样服务圈”，因地制宜分时段提供核酸采样服务；提升核酸采样服务保障水平，科学、有序组织常态化核酸检测；动态调整核酸检测频次和范围，实现风险人员全覆盖；落实专人专车，鼓励聘用快递员等形式，加快样本转运，按时完成数据检报；

开展采样现场督查巡查，确保采样准确规范。全区设置采样点位839个，完成核酸采样8441.77万人。加强医疗卫生机构和药店管理，排查风险人员，确保早发现、快处置。

【无疫单元创建】2022年，区卫健局落实疫情防控基本单元建设，将11个镇街202个村社的585个网格，细化成15812个疫情“小格”，每个“小格”平均服务管理70人，整合1183名专职网格员、1.58万兼职网格员，协同推进疫情管控服务保障。全区社区管控入境人员7669人、境内人员29.88万人。推进无疫社区（村）、无疫街道（镇）建设工作，对无疫社区（村）建设目标、建设标准、时间节点和示范无疫社区（村）建设工作提出要求。分级分类推进“无疫社区（村）”“无疫街道（乡镇）”“无疫区、县（市）”建设工作，实现全区11个镇街、202个村社“无疫单元”全覆盖。

【大型活动保障】2022年，区卫健局对全区大型活动做好防控指导及保障工作，严把疫情防控关。今年共保障大型活动及考试等社会活动87场，共出动1149人次，均安全平稳。二是全力保障云栖大会。为保障云栖大会顺利召开，制定了《2022年“杭州·云栖大会”西湖区卫生防疫总体方案》，成立“一部八组一专班”，设立云栖大会新冠肺炎疫情防控指挥部，下设8个工作组，设置一个白名单专班，分块推进落实各项疫情措施。截至11月6日，共出动防疫人员726人次，保障3.23万人顺利参会。其中2022年云栖大会疫情防控保障中，制定的相关工作方案和有关机制，得到了上级领导和专家的一致肯定，并作为工作模板全市推广。

【疫情转段诊疗救治】2022年国家疫情防控政策优化调整后，西湖区12家发热诊室全面运行，满足群众就医需求，稳定社会焦虑情绪。12月累计接诊发热病人4.83万人次，提供CT检查2.12万人次，单日峰值3000人。缓解省市医疗机构发热门诊压力，通过移动诊疗车进社区、核酸采样小屋开设发热诊室、上门治疗服务和公开便民电话等方式，为1300多位发热患者提供诊疗，帮助4位患者转诊至上级医院，接听来电咨询近5万人次。

## 基层卫生

【基层中医药事业发展】2022年，区卫健局从人才、设备、经费等方面重点扶植中医类特色学科建设，推进基层中医化、中医基层化。融合亚运文化氛围，举办中医药文化创意产品设计制作比赛，征集中医药文创作品12件。开展中医药文化宣传、中医药进社区义诊等活动，1046人参与。推荐12名中医师参加杭州市青年中医骨干和“新苗”中医骨干培训。通过人才引进、公开招聘、内部流动、中医师承等措施，克服人才结构性矛盾。全区社区卫生服务中心配备中医专业人才192人，占执业医师总数的28.6%，其中中级以上职称占 45.8%。年内，中医传统医学师承人员 176 人，完成线上师承备案 142 人，4 人通过传统医学师承出师考试。

【人才培养和学科建设】2022 年，区卫健局加强基层卫技人员教育培训工作，组织 499 名全科医师参加杭州市全科培训，组织 725 名护理、公共卫生、检验、医学影像等医技人员参加区级远程培训。建设医学重点学科，全区有杭州市首批基层医疗机构中医特色专科 3 个，区级“重点学科”项目 3 个。加强病原卫生物实验室生物安全备案管理，开展实验室生物安全检查，全区 65 个单位 164 个实验室完成自查，自查率 100%，组织卫生监督员及专家对 19 家单位 72 个实验室开展现场检查，问题整改率 100%。

## 公共卫生

【基本医疗服务】2022 年，区卫健局强化医疗质控，开展院感、药剂技能比武，提升医技人员医疗技术水平，组织参加省市院感上岗证、消毒上岗证培训，提高感控能力。接入医疗综合监管平台，督促 620 家医疗机构开展服务资源模块信息录入工作，逾 95% 的医疗机构完成录入及定期维护工作。组织辖区 28 家民营医院整理病案并上传系统。督促新开业医疗机构使用抗菌药物前备案抗菌药物，组织医生药师参加杭州市抗菌药物处方权（调剂权）考试，严格抗菌药物抗肿瘤药物备案审核，14 家新开业机构完成抗菌药物备案。9 月，浙江求是心血管病医院审批成为区管首家按照三级乙等管理的医院，辖区医疗救治水平提升。制定医疗机构校验管理工作方案，提升机构校验、监管水平，逐步启动医疗机构线上申请校验。加强医疗技术临床应用事中事后监管，保障医疗质量和医疗安全。

【基层公共卫生服务】2022 年，区卫健局推动由基层全科医生、市属医院专科医生、护士等共同组成的“1+1+X”全科和专科联合团队建设，完善全科和专科联合诊室，向签约居民提供药物治疗、生活方式干预和健康宣教、随访管理、转诊等服务，对以“两慢病”为主的重点人群提供全方位全周期健康管理。全年家庭医生签约 32.39 万人，重点人群签约服务覆盖率 86.9%，其中老年人签约率 84.5%，家庭病床建床 975 张。西溪街道社区卫生服务中心求智站点被评为省四星级智慧健康站。

## 健康促进

【心理服务建设】2022 年，区卫健局对全区 4772 名严重精神障碍患者落实患者关爱帮扶小组服务管理。加强社会心理服务，通过社区排查、诊断复核、建档立卡、随访管理、分类管控等工作细分患者需求，提升服务质量。全区有 12 家社区卫生服务中心设置精神心理门诊，提供心理咨询、用药指导等服务，利用辖区各镇街的免费服药政策，为患者提供免费服药一站式服务。开展严重精神障碍患者随访服务 1.57 万人次，排查涉稳患者 803 人次。

聚焦“一老一小”提供心理服务，整合辖区民生综合体，开设心理健康咨询服务专区和心理科特色门诊。推进社会心理服务进社区、进单位、进学校等活动，推进辖区产妇心理评估访视，提供免费产后心理评估干预。全年辖区心理援助热线电话接听1678人次。

【老龄健康服务】2022年，区卫健局对11个镇街1.1万名60周岁以上老年人开展社区失智筛查及干预服务，借助西湖区“医康养护”一体化平台，经专业筛查后开展社区干预服务。优化“西湖评估”和数字平台信息数据，形成社区、社区卫生服务中心、专业医疗机构三级闭环健康数字管理模式。巩固三墩镇社区卫生服务中心试点安宁疗护服务成果，扩大安宁疗护服务范围，制定安宁疗护工作实施方案。在古荡街道嘉荷社区试点开展国家老年心理关爱项目，重点对经济困难、空巢、独居、孤寡、失能失智等特殊老年人群体，通过项目推进开展老年人心理健康调查和评估，实施心理干预策略和社区活动。

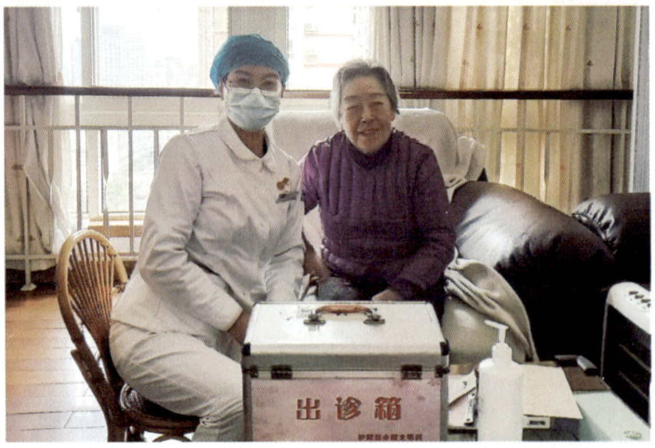


2022月2月4日，西溪街道社区卫生服务中心护士为辖区居民上门服务

（区卫健局　供稿）

## 妇幼保健

【妇女保健管理】2022年，区卫健局推进浙江大学紫金港校区体育馆（篮球）等6处亚运会场馆母婴室建设。借助全省母婴室平台功能，实现全区母婴室“云管理”，提供“云服务”。完成城乡适龄妇女“两癌”检查、优生“两免”、增补叶酸、产前筛查和诊断等工作。全区孕前优生健康检查率112%，叶酸增补知晓率99%，按时服用率99%，产前筛查率90%，高危转诊率100%。推进更年期保健规范化建设，建成2家更年期保健规范化专科门诊，申请创建2个基层医疗卫生服务机构。深化出生一件事“互联网+”健康服务模式，推广“掌上申请、刷脸认证”和证件快递送达等“出生一件事”服务，全区出生医学证明当年签发率高于95%，废证率低于1%，“出生一件事”联办率51.5%。

【儿童健康管理】2022年，区卫健局加强高危儿童及营养性疾病儿童管理，落实消除艾梅乙母婴传播项目，随访乙肝阳性孕妇所生儿童312人，完成效果评价280人，未发现有儿童感染。辖区11个社区卫生服务中心开通入托体检网上预约功能，体检报告实现电子化，儿童健康数据与居民电子健康档案互联互通。加大婴幼儿照护，全年新增婴幼儿照护服务托位500个，其中新增普惠性托位300个，新增婴幼儿照护服务成长驿站10个。公建民营托育机构完成选址8个、备案 2 个。扩大普及优生优育和婴幼儿照护知识，倡导科学育儿理念，开展活动 14 场，服务 3 岁以下幼儿及家长 150 余人次。指导留下街道人口家庭协会承接市计生协会婴幼儿成长驿站建设项目，完成场地建设并有序开展服务。充实婴幼儿照护师资力量，发掘培育 3 名志愿者骨干成为市“育儿帮帮团”首期成员。吸收省市区优质育儿、医养专家，组建婴幼儿照护服务专家库，开展科普讲座和活动。提升婴幼儿照护服务品质，以婴幼儿成长驿站、婴幼儿照护服务实训基地、家庭医生签约、精准培训课程为载体，为婴幼儿家庭提供专业服务指导。

## 卫生监督

【卫生监督执法】2022 年，区卫健局加强数字卫监建设，创新执法方式，对 600 多个医疗机构进行管理，实现注册成立开始到日常管理、监督执法、质控校验及注销管理全生命周期管理，完成 6969 名医生、7423 名护士由注册执业到多点执业备案的全要素实时查验。4 月，上线运行“西湖区人工智能医废监管系统”，将智能抓拍扩展到对人、物、环境的整体监测。试点“医美机构阳光手术室”数字监管平台，通过平台与医疗管理机构、公检法司等监管部门连接，实现数字监管全过程和监管链条闭环。

【行政审批服务】2022 年，区卫健局按照“两集中、两到位”的工作原则，对公共场所卫生许可、放射诊疗许可、医疗机构执业注册及变更登记、母婴保健技术服务许可等多个服务事项紧抓服务不松懈，完善内部管理机制，明确各岗位工作职责，形成分工科学、运转流畅、管理有序的内部管理体系。全年接受群众来电和窗口咨询 3800 人次，实现现场预约服务和现场审查 300 余家次，办理许可和非许可事项 4647 件，均在承诺时限内办结。

## 疾病预防控制

【疾病预防监测】2022 年，区卫健局重点加强传染病和地方病防控，全区传染病防控形势总体平稳。加强预防接种门诊建设，投入 60.85 万元，用于全区产科接种单位疫苗和预防接种综合管理系统升级。做好艾滋病、性病、麻风病、丙肝随访报告管理，性病患者 HIV、梅毒筛查率大幅度提升。地方病、寄生虫病防控成效巩固，全年无本地原发疟疾、血吸虫病病例报告。饮用水水质监测实现镇街全覆盖，开展公共场所健康危害因素监测，对辖区托幼机构、养老机构、宾馆、商场和医疗机构等重点场所日常消毒开展质量监测和调查，对食源性疾病社区、食品污染物、食源性疾病哨点医院等开展主动监测。

【健康教育】2022 年，区卫健局指导健康促进学校 110 次、健康单位创建 102 次。组织省、市级金牌讲师巡讲 49 场次，受益 2730 人次。开展全民健康生活方式行动，组织“减盐减油”专项活动，卫生主题宣传日活动受益23万人次。开展健康教育，印制《西湖区突发疫情处置指南》系列绘本，该绘本获国家卫健委组织的新时代中国健康科普大赛手册类优秀及入围作品奖。全年完成信息稿件报送17篇，微信推送177篇，抖音小视频推送12条，自制健康教育宣传海报12套，自制《公民防疫基本行为准则》系列动漫10集。

## 人口监测与家庭发展

【生育促进服务】2022年，区卫健局聚焦三孩及多孩生育家庭信息复核，做好全员人口信息库信息统计指标修改，保障三孩购房政策落实。以“喜迎二十大、树婚育新风、促健康和谐”为主题，开展婚育新风倡导、计生条例知识竞赛、健康养生讲座、生殖保健咨询等活动，开展主题活动205场。融入健康西湖行动，常态化开展以“茶灸体验+健康科普+隔代养育课堂”为主要形式的“健康茶会”活动。

【家庭健康促进】2022年，区卫健局促进全区人口长期均衡发展与家庭和谐幸福。开发“浙里青春健康”揭榜挂帅项目——“你好，青春期”青春健康数字应用场景，推动青春健康工作流程再造、制度重塑、多跨协同。联合启动“西湖区青春健康教育示范课程项目”，打造青春健康全年龄段、体系化、高质量专业课程。开展成长之道青少年培训300余场，惠及青少年3万余人次。开展沟通之道家长系列培训100余场，惠及家长1万余人次。

（区卫健局）

# 文化·体育

## 群众文化

【群众文化活动】2022年，西湖区开设公共免费“西湖文艺大课堂”，线上培训20个科目120课次，线下培训16个科目192课次。组织群众文艺团队演出、文艺骨干辅导培训等活动336场次。举办线上美术展览8期、线下美术展览3期，举办常山县—西湖区少儿美育作品展、西溪书画研究会会员作品展、少儿书画美术展等。推进文化惠民工程，区文化馆开展下基层活动26场次；以“西湖区群众文化艺术节”为载体，围绕主题开展线上展览、直播等活动34场次、线下活动44场次。开展“我们的村（春）晚”展演、元宵节戏曲专场“云直播”、西湖区第三届音诗会、青年戏曲演唱会沉浸式“云直播”、西湖区第十一届乡村诗歌（故事）大赛等活动。

【文艺创作与比赛】2022年，西湖区结合文化惠民活动组织辅导创作文艺作品300余件，其中少儿书画作品150余件、摄影作品100余件、诗歌故事文学作品100余件、亚运与共同富裕主题音乐作品3件、舞蹈作品1件。丰富文化生活，组织参加省、市文化活动赛事4次，参加杭州亚运倒计时200天展演、“魅力亚运·展望未来”2022杭州市少儿书画摄影大赛等活动，获市级金奖1枚、银奖2枚、铜奖1枚，获优秀奖15个、优秀组织奖1个、贡献奖1个。

## 公共文化

【公共文化事业】2022年，西湖区做好文化基因解码成果转化利用和总结展示，完成文化基因解码报告修改，摄制《解码西湖龙井》《解码铜鉴湖》2个短视频参加浙江省文化基因解码短视频大赛。实施文化实事项目，年内省级民生实事项目工作涉及全区点位53个，其中50个“15分钟品质文化生活圈”、2个城市书房（古荡嘉禾书房、古墩书房）、1个文化驿站（区非遗馆）。营造传统节日氛围，举办“品宋韵，迎亚运”元宵节系列文化活动。“4·23”世界读书日期间举办“迎亚运，品书香”系列阅读活动，1万余人次参与活动。

【非遗保护传承】2022年，西湖区完成

国家级传承人黄小建、嵇锡贵评估。完善非遗保护体系，加强传承人梯队建设，开展第六批省级非遗项目、第七批市级非遗项目申报，推荐杭州玉石微刻、西子女红技艺2项申报省级非遗项目，上泗土烧制作技艺等9项申报市级项目。完成区第七批非遗项目、第三批传承人推荐申报。设计推出“自在西湖·草木行茶”之旅串联绿茶制作技艺（西湖龙井）、越窑青瓷烧制技艺等非遗技艺6项；开展文化和自然遗产日活动，以“茶”为主题，融合茶学讲座、炒茶展示、茶艺体验、红茶品鉴、宋代文物赏鉴等。通过市集带动、讲座互动、非遗联动、商圈驱动的方式，将传统文化链接现代生活，探索文化共富新路径。借助村文化礼堂、社区文化家园等基层文化设施为非遗传承的新支点，开展非遗“点单”工作，全年点单41场，覆盖全区各文化礼堂。

## 图书阅读

【图书借阅与书房建设】2022年，西湖区推广全民阅读，策划开展人文主题公益阅读和展览等活动330多场。推进数字“云阅读”，通过微信平台为读者提供3.8万册电子书、3000种期刊、7万集有声读物等，推出电子书阅读92期。微信端“微服务大厅”和微信端线上向市民提供免费在线转借服务。开通长三角一体化第三代市民卡的使用服务。西湖区申报的省图书馆细颗粒数据库项目通过验收。助力书香建设，区图书馆通过提升改造，启用读者自助设备，方便到馆读者。全年到馆读者86.6万人次，馆内借阅册次130.54万册次，实体新书推荐49期，微信公众号及网站同步新书推荐49期，《西湖报》悦读专版11期，推出新书2800多本。微信公众号电子图书推荐320期，推出好书500多本，馆际借阅配送服务377册，图书点购服务近9000册。推进借阅网点建设，全年镇街、村社借还量73.54万册次，下基层培训辅导300人次，累计配运图书20.41万册次，送文化展览12次。18个村社图书室提升改建完成，蒋村街道府苑新村、翠苑街道保亭社区、西溪街道提升为西湖书房，古荡街道古墩社区和嘉禾社区通过省城市书房验收，双浦镇麦岭沙书店通过杭州书房验收。

【西湖人文大讲堂】2022年，区图书馆通过培训、比赛、放映公益电影及其他阅读推广等方式办好西湖人文大讲堂。未成年人读书节“我眼中的亚运会”主题读书沙龙送到辖区内小学，举办系列绘画、书法、阅读培训。“4·23”世界阅读日活动，把“西湖人文大讲堂”送到必胜客悦读食光餐厅及古荡街道古北社区、古东社区、古南社区、古荡西湖书房。围绕科技亚运、吉祥亚运、美好亚运等主题，开展亚运故事宣讲。合作举办“云上直播，诗意西湖”——“宋之风·湖之韵”第三届音诗会，通过“云直播”的方式让读者感受西湖文化的人文情怀和美好生活。举办少年儿童百个音频征集活动，参与共富主题朗诵大赛。推进“馆校联动悦读助学”

活动，在杭州市弘益中学设立第一个学校分馆，配送图书约1万册。举办“冠军进校园”讲座，弘扬中华民族优秀文化，营造全民阅读氛围，助力精神共富。

## 文物保护

【文物保护修缮】2022年，西湖区加强文物常态化检查，进行5次集中联合督查，整改或修缮部分点位安全隐患。实施文物平安工程，加强文物消防、安防、防雷等设施建设，忠义桥、卫匡国墓安装监控设备。8处建筑类文保单位有7处安装监控设备并通过验收。与4个部门、9个镇街签订文物安全责任书。更新制作34处文物保护单位（点）的安全直接责任人公告公示牌，文保单位（点）覆盖率100%。“西湖秘密会谈柏庐旧址”被认定为省第一批不可移动革命文物，并推荐“国民革命军陆军第八十八师淞沪抗日阵亡将士纪念坊”“凌家桥烈士墓”“浙江省团校历史建筑”申报省第二批不可移动革命文物认定。对市级以上文保单位开展“四有”档案测绘编制，推进文物资源信息登记工作常态化，完成柏庐等4处文保点测绘编制。

【8处建筑列入市历史建筑保护名单】2022年11月18日，由杭州市规划和自然资源局组织编制的《杭州市第八批历史建筑保护图则》（以下简称《图则》）经杭州市人民政府批准公布。内容包含有历史建筑的基本信息、保护本体、价值等；划定保护范围和建设控制地带，并提出相应保护利用管理要求。《图则》涉及西湖区（含西湖风景名胜区）历史建筑8处，其中民国时期建筑2处、中华人民共和国成立后建筑6处。建筑现状类型涉及居住建筑、商业建筑、工业建筑及公共建筑等类型，大部分建筑仍在使用，部分工业建筑结合产业更新暂时作为快递物流营运等场所，同时一些民居建筑、商业建筑、公共建筑延续其原有使用功能。

## 文化市场管理

【概况】2022年，西湖区深化文化旅游市场数字化执法改革，实现“互联网+监管”平台、浙江政务服务网、省OA系统共享共通，克服市场监管“信息瓶颈”，推进网上内容监管与网下实体监管有机结合，实现审批、监管、执法之间信息公开、资源共享，提高执法数字化水平和执法效能，实现及时率100%、事项覆盖率84%、掌上执法覆盖率100%。开展文旅体市场专项整治，出动执法人员6331人次，检查文旅场所3164家次；立案查处案件6起，2个场所被警告，罚款1.05万元，没收非法所得1989元、违法物品3件。重点检查场所安全生产落实情况，与文化经营场所签订安全责任书，严格落实安全责任制度。与网吧、歌舞娱乐场所、电子游艺场所等签订安全生产责任书，累计签订250份，通过微信管理群向经营户推送提醒信息2000多次。整治非法安装卫星电视接收设施，出动执法人员239人次，开展联合执法检查36次，发放整改通知书12份，收缴非法接收设施17套、非法卫星接收天线5座，强制拆除非法接收设施3套。

【文化市场审批服务】2022年，西湖区完善“互联网+”政务服务体系建设，借助“网上办、掌上办”、共享大数据、优化推进承诺时限压缩比、即办件、电子证照替代工作，完成行政审批事项的证照分离改革。优化营商环境，推进文化类、体育类非学科类企业审批。修好内功打造“最多跑一次”标兵团队。加强学习研究，提升“最多跑一次”服务专业度，群众满意度和获得感提升。全年行政服务中心窗口办结审批事项3464件，其中行政许可事项778项，涉及营业性演出、文艺表演团体、娱乐、网吧、广播电视节目制作经营、高危险性体育项目经营、演出场所、三级运动员、个体演员、社团等17个市场类别，学科类转非学科类46件、其他1675件，咨询件965件，政务服务2.0事项实现全部覆盖。完成浙江政务网事项权利库关于文化艺术类校外培训机构认领及配置，颁发非学科类校外培训机构审核意见书。

【文化市场监管】2022年，西湖区探索以网络为主战场，强化监管和打击力度，督促互联网企业和平台落实主体责任，对辖区登记在册的229个网络文化经营单位、5家网络视听企业开展网络巡查，严厉打击相关违法行为，净化网络空间。查处杭州乐真网络科技有限公司擅自上网出版网络游戏一案。组织文化市场安全生产培训、文化市场消防演习、文化市场“安全生产月”检查，开展校园周边文化市场、未成年人保护、旅游包车、网络市场监管等整治行动，保障全区文旅市场安全有序。

（区文广旅体局）

## 档案事业

【概况】2019年，区档案局（区档案馆）行政职能划转至区委办公室管理，对外保留区档案局牌子。区委办设立档案科，区档案局局长由区委办公室主任兼任，区委办副主任分管具体档案工作。区档案馆为区委办所属事业单位，挂区电子文件和数字档案登记备份中心牌子。全年区档案馆接受查档1294人次，利用档案2174件。开展全区档案工作调查摸底和档案安全执法检查，检查立档单位机构和人员、基础设施、档案整理与归档等10个大类39项具体工作情况。全区有省级规范化数字档案室33个、省级示范化数字档案室19个。

【档案场馆建设】2022年，区档案局根据《绿色档案馆建筑评价标准》《档案馆建筑设计规范》《数字档案馆系统测试指标表》等标准和规范，联合新馆设计及建设单位对设计方案进行优化调整，并督促建设单位加快建设。对照新馆建设进度，督促施工单位按期交付。按照绿色档案馆建设标准，做好馆内装修及机房库房设施设备采购工作，推动绿色发展节能降碳。走访省市档案馆和周边城区档案馆，将新馆建设成智慧化、数字化、现代化、便民化的综合档案馆，确保新馆投入使用即领先、后续升级有空间。

【档案宣传展览】2022年，区档案局开展“十年不断奋进、百年不忘初心”主题宣传活动，通过实地展览、门户网站、公众号等平台进行宣传，举办展览活动，反映西湖区的发展变迁；对接区委宣传部，在西湖区门户网站开通红色档案专题展厅板块，首期推出“朱德在杭州”专题。加强阵地建设，“巾帼文明岗”创建验收完成。

（区档案局）

## 群众体育

【体育设施建设】2022年，西湖区构建布局公共体育场馆，加快之江文体中心、西湖体育馆建设。全年完成市政府民生实事体育场地建设项目20个，分别为2个社区多功能运动场、6个百姓健身房、2个健身广场、2个笼式足球场、8个金角银边工程。推进“嵌入式体育场地”建设，实施《嵌入式体育场地设施建设三年行动计划（2022—2024年）》，推动在居住区、公园绿地、滨水绿道、桥下空间、屋顶等城市闲置区域建设公共体育设施。全年建设嵌入式体育设施140处，总建筑面积7.8万平方米。体育设施实行免费和低收费开放，梳理核查全区低免开放的公共体育健身场地设施，整合符合低免开放条件的社会健身场所（场地）资源889片。开展健身苑点器材专项检查，下拨维修补助经费50余万元。

【全民健身事业发展】2022年，西湖区实施全民健身战略，落地省、市、区民生实事体育场地建设项目23个，发布年度体育赛事活动计划，组织国家体育锻炼标准达标比赛、业余网球巡回赛等赛事活动865场。举办全民健身共享亚运活动，组织区级体育赛事活动10场。提高全民健身的普惠性，开展科学健身指导200多场，组织举办柔力球、广场舞、健身气功等公益培训班100多场。组队参加市第十七届桥牌联赛、市业余网球巡回赛、市第五届市民体质大赛、杭州市老年人柔力球（套路）交流活动、市老年人钓鱼交流活动、市老年人木球交流活动等。

【体育产业与亚运筹办】2022年，西湖区推进体育产业发展，兑现省扶持体育发展专项资金和《西湖区促进体育产业和健身休闲产业高质量发展扶持办法》资金145万元。推进亚运筹办工作，安排12名干部参与亚运筹办专班，统筹推进亚运高尔夫竞赛综合事务、竞赛技术运行、体育展示与颁奖及反兴奋剂工作，联动其他领域共同做好高尔夫赛事筹办。筹划“宋韵亚运”和“全民健身迎亚运”两大主题活动，凸显亚运元素和西湖韵味。

【校园智慧健身系统建设】2022年，西湖区启动体育数字化改革项目“校园智慧健身一件事”2.0版建设，开放16所学校室内体育场馆。贯通学校室内室外体育场地系统，试点开放部分学校室内体育场馆。利用区内校园健身设备，实现学校室内场馆实时预订信息下发、验证及核销。借助地图定位技术，将全区提供校园健身服务的学校以地图的形式展现在“浙里办”。用户通过定位显示周边的健身学校，提供查看学校情况、健身数据分析、导航和注册等服务。西湖区被评为首批浙江省体育现代化区、2021年度现代化城市创建突出贡献单位、2021年度数字体育建设突出贡献单位。

## 竞技体育

【竞技体育发展】2022年，西湖区完成省青少年运动员信息审核220人，市青少年运动员注册系统信息录入240人，注册项目16项。深化“体教融合”模式，举办第四届中小学生击剑锦标赛（阳光杯选拔赛）、第五届跆拳道邀请赛等青少年体育赛事，直接参加比赛2000多人次。参加市青少年运动会实现“四个第一”，分别是人数第一、总分第一、奖牌总数第一、金牌数第一，获男子1500米跑步项目第一、第二名。

【体育赛事参与】2022年，西湖区积极备战市第二十届市运会。参与四年一届的市青少年运动会，以总分681分获杭州市第一名，并获金牌29枚、银牌30枚、铜牌14枚，奖牌总数和金牌数均获第一。保俶塔实验学校学生陈江鸿、沈溢冰在中学男子1500米项目中分别获该项目冠军、亚军，并双双打破杭州市纪录。杭州保俶塔申花实验学校学生姜琳获女子100米和200米跑步项目冠军，达到国家一级运动员水平。

（区文广旅体局）

# 人力资源与劳动保障

## 综　述

【大学生创业扶持】2022年，区人力社保局做好人才发展全周期服务，积极扶持大学生创业，迭代升级大学生创业创新“启明星”计划，打造青年人才创业创新生态圈。构建青年人才引育留用全链条，全年资助大学生创业企业412家，完成目标任务2.1倍；指导艺创小镇获批设立杭州市大学生创业园（西湖·之江创意园）；发放创业担保贷款4.2亿元，完成目标任务4.2倍。

2022年11月15日，西湖区大学生创业创新“启明星”计划“星创”主题赛在浙江财经大学金融科创园举行

（区人力社保局　供稿）

【高层次人才引育】2022年，区人力社保局会同区委人才办做好杭州国际人才交流大会参会企业组织和西湖分会场活动筹办等工作，实施“西湖英才”引智工程，聚力国际人才港建设。宣传高层次人才认定、人才落户、大学生创业等人才政策。组织人才计划申报培训、答辩辅导及创业沙龙、创业实训营等活动。2名人才入选人力社保部中国留学人员回国创业启动支持计划，1名人才入选人力社保部高层次留学人才回国资助计划，13名人才入选省市人才计划项目。新认定E类以上人才4317人、备案认定1637人，审核兑现150多人申领100万元以上的购房补贴及部分人才奖励。

【技能人才培育】2022年，区人力社保局推行“自主认定＋学徒制”“专项能力＋创业”“项目制＋以赛代训”培训模式，带动实用复合型技工队伍梯次发展。全年全区参加职业技能培训2.49万人次，新增技能人才9348人、高技能人才4180人，发放技能提升补贴1710.6万元。实施“技能大师工作室引领计划”，新认定“铣工”“电气维修”“燃气储运”等8个西湖区技能大师工作室；新增杭州市级技能大师工作室3个，2人入选“浙江工匠”，11人入选“浙江青年工匠”。规范职业技能竞赛，举办职业指导员、茶艺师、中式烹调师、劳动关系协调员等职业技能竞赛12场，2640名选手参赛，理论实操均通过1667人次，西湖区获杭州市第五届职业指导人员技能竞赛优秀组织奖。

## 人才引进

【概况】2022年，区人力社保局贯彻落实区委区政府“人才强区”战略，加大创新创业团队及国内外高层次人才引进工作力度，分两批次征集高层次人才创业项目178个。其中首批“西湖英才计划”经评审建议46个项目为拟资助项目，含5个A类项目、11个B类项目、15个C类项目和15个D类项目，有10个项目入选西湖大学产学研项目。指导8家企业设立省级博士后工作试点站，培育1家省级试点站升格为国家级博士后工作站，1家工作站被评为市级“十佳”博士后工作站。新招引博士后151名，全区各博士后站点在站人数357人，兑现博士后补贴7762万元，博士后工作站招收人数全市第一。组织全区专业技术人员职称评定，助推专技人才向更高层级提升。全年开展20批次9000多人次职称评定评审，全区专业技术人才队伍占比提高。招聘事业人员612人，其中教育系统561人、卫健系统17人、区属其他部分事业单位34人。接收（转出）人事档案1.02万份，办件量增长13.7%。完成3670名事业人员岗位聘用（晋升）和49名事业单位科级领导干部任职备案，调整17个事业单位岗位设置方案。推进事业单位工作人员职业生涯全周期管理“一件事”改革，完成“一件事”改革事项6990件。

【人才服务保障】2022年，区人力社保局完善“杭帮彩”人才服务工作机制，打通各项人才服务关键节点，迎合企业和人才发展需求，落实人才落户、证照办理、政策咨询等事项专人受理，全年办理2.06万件次。审核留学回国人员工作证458件，办结人力资源服务许可、备案141件。与猎聘网合作举办“青春潮创·杭向未来”西湖区数字经济专场招聘会，联合“前程无忧51job网”面向全国200所高校举办“西湖云聘会”，收到应届毕业生及社会人才简历4.18万份。

【大学生创业扶持】2022年，区人力社保局联合浙江大学、中国美术学院、浙江工业大学等8所高校，成立西湖区大学生就业创业联盟，畅通大学生就业创业信息共享渠道。依托中国美术学院、浙江音乐学院的双创资源，指导艺创小镇创建成为西湖区第二个市级大学生创业园（西湖·之江创意园），依托“浙大智诚”创业创新生态社区建设运营品牌，巩固杭州市大学生创业园（西湖·浙大科技园）的双创成果。搭建北部、中部、南部三大“双创”集聚地，北部联动浙江大学、紫金港科技城等创新平台载体，中部以浙江工业大学（屏峰校区）、浙江科技学院为核心，南部依托夏家桥与埔塘社区近2000平方米园区。承办杭州市“创客天下”大赛现代服务业组决赛，12个海外创业项目参与线上路演，开展云上对接交流；开设“星耀”实训营，为青年创业人才定制创业实训体系。邀请创投金融机构为青年创业团队牵线搭桥，现场对接资源，促进项目融资；发掘高校优质创业项目，为大学生创业者对接资本资源，搭建成长通道，全年举办“双创”活动64场，新增大学生创业企业815家、创业学生917人，带动就业2194人。落实人才补贴政策，为9411人次本科及以上学历毕业生发放生活补贴8166万元；为1.18万名全日制大专及以上人才每人发放价值300元的青荷礼包；兑现大创企业项目资助和房租补贴3029.46万元，吸引4.2万名大学毕业生落户西湖。

## 就业管理服务

【概况】2022年，区人力社保局围绕建设“共富西湖”目标，实施“稳就业惠民生”攻坚行动和重点群体精准帮扶计划，新增就业3.67万人，认定国家级充分就业社区1个、市级高质量就业社区11个、区级高质量就业社区22个，双浦镇下杨村、转塘街道桐坞村被省人力社保厅评定为2022年度返乡入乡合作创业村考核优秀单位。归集就创政策、高频事项65项，编制政策清单电子书，实现政策一键获取，惠及1.72万人次，向企业发送信息2.21万条，引导群众使用就创数字化应用1.33万人次。推广“免申即享”模式，助力企业降本减负，兑现就创补贴资金5.43亿元。推广“浙里就业创业”应用场景，健全公共就业服务网络体系，开展招聘活动122场，提供就业岗位6.65万个，新增就业3.67万人，失业登记3个月以上人员再就业率97.6%，重点群体帮扶就业率97.7%。推进企业职业技能等级认定，参加职业技能培训2.49万人，新增技能人才9348人、高技能人才4180人。

【“数智就业”体系构建】2022年，区人力社保局着力构建扶持政策智达、就创服务智享、劳资纠纷智理的“数智就业”体系，全力推动就业创业工作取得新成效，“数智就业”做法获省市领导批示肯定。推广“就近就业”应用场景，推进村社就业服务中心试点建设，优化岗位智能推送、简历定向匹配等服务，打造“15分钟就业圈”，全年发布邻家岗位、零工兼职、实习岗位3.74万个。

【技能人才评价】2022年，区人力社保局围绕职业技能等级认定制度化、规范化，组织全区技能人才评价工作专项整治，以工作体系、评价内容、监管职责为切入点，全面规范社会培训评价机构和职业技能等级认定试点企业考务流程和题库管理，推动职业技能等级自主认定增点扩面。全区有社会评价组织10个，全年自主认定企业31家，累计认定41场次，技能等级认定1293人次。

## 劳动保障

【概况】2022年，区人力社保局审批企业特殊工时制635件，审批发放劳务派遣经营许可证44家，劳务派遣证变更地址、法人等42家，劳务派遣企业许可证续证38家、许可证注销30家。做好劳务派遣企业行政许可年审，审核劳务派遣经营行为合法性，用好劳务派遣企业QQ群。全年完成劳务派遣单位年检146个。实施“和谐同行”三年行动计划，开展企业用工体检服务，帮助企业查找劳动用工薄弱环节和制度漏洞。加强劳动用工规范管理，开展用工体检企业666家。建好劳动关系保障督导员、劳动关系保障专员、劳动关系协调员3支队伍，举办劳动关系协调员、工资集体协商职业技能大赛，累计培育劳动关系协调员3000多人。推广“杭云签”网签平台应用，网签劳动合同49.07万份，网签率103.9%。聚焦打造和谐劳动关系，开展“根治欠薪”冬季攻坚行动，实施重大工程建设项目劳资纠纷专项治理，开展《保障农民工工资支付条例》专题宣传，全年处理劳动纠纷1.57万件、劳动争议案件4417件。

【薪酬抽样调查】2022年，区人力社保局加强对企业工资分配指导和服务，完成355家企业薪酬情况抽样调查，其中部选企业127家、省选企业228家。组建专职调查队伍，召开工作布置和培训会议，研究抽样办法，确定覆盖全区主要产业结构和经济类型的企业；明确专人负责数据采集、质量审核，确保调查进度和数据采集质量；成立督导服务组，深入企业进行跟踪指导。

【劳动监察与仲裁】2022年，区人力社保局依托镇街中队、村社网格体系开展劳动保障书面审查、“杭云签”合同签署等工作，规范企业劳动用工行为。全年书面审查企业2.21万家，办结“12345”及平台信访4602件、“110”联动信息5195件，国家欠薪线索平台欠薪线索件3470件，市预警平台预警件1374件。全年立案1089件，对28家用人单位实施行政处罚，对144家企业做出行政处理，4个用人单位被列入失信“黑名单”。加大劳动法律法规宣传力度，举办专题培训、讲座5场，发放宣传资料1万余份，参训400多人，走访指导企业200多家，解答用工问题800多个，联合住建等部门开展专项检查行动2次。编发《根治欠薪周报》并上报区委区政府，全年报送周报35期。筛选全区用工人数前500名的企业，分析监测用工情况。升级“劳资E智理”应用平台，实现劳资纠纷智治闭环，该平台累计处理欠薪线索2352件，平均处置时间由20天降至5天。平台入选全省数字社会案例集（第十批）和全省人社系统数字化改革“最佳应用”。做好劳动人事争议仲裁，全年区劳动人事争议仲裁院处理案件4417件，其中专职仲裁员平均办案量超过300件/年，书记员办案量超过600件/年。加强兼职仲裁员队伍建设，选录律师、企业人力资源干部、大学法学教师等担任兼职仲裁员、调解员，并进驻诉前调解室，聘用兼职仲裁员17人、专职调解员2人。区劳动争议共享法庭相关做法被《杭州日报》专题刊登，编写的劳动争议案例入选市中级人民法院共享法庭示范案例。西湖区劳动人事争议仲裁院被省人力社保厅评为2022年度劳动人事争议案件处理工作成绩突出单位。

（区人力社保局　陈云洁）

# 社会事务

## 民政事务

【概况】2022年，区民政局“以民生综合体打造社区服务体系建设新样本”应用案例被民政部评为“全国基层治理创新典型案例”；“西湖善粮公社让‘余粮’发挥余热，实现精准救助帮扶”实践案例被市委社会建设委员会评为“杭州市争当高质量发展建设共同富裕示范区城市范例最佳实践”。区养老服务工作、党建统领五社联动工作在全省做交流发言；全省基本养老服务体系建设现场会在西湖区召开，区养老服务工作获副省长王文序等领导批示肯定。区民政工作在杭州市2022年度民政工作考核中获综合考核第一名，获民政新闻奖、突出贡献奖等荣誉。

（区民政局　俞芹　袁芳）

2022年11月23日，全省基本养老服务体系建设现场会在西湖区召开

（区民政局　供稿）

【老年人优待服务】2022年，区民政局落实老年人优待政策，为2.7万名高龄老人发放高龄津贴2014.79万元，为7.74万名老年人发放养老服务“电子津贴”3605万余份，发放养老机构护理补贴103.68万元，惠及160多名老年人，为老年人订阅老年报刊2.5万份。制发老年优待证9657张。发放养老智慧终端2500多台，累计发放3万台，响应老人服务请求和主动服务15.11万人次。会同区卫生健康局为1263名困难老年人提供免费体检，开

展老年人自理能力初筛14.87万人，完成老年人专业评估12126人。

2022年8月24日，西湖区获“杭州市养老护理员职业技能竞赛”团体二等奖

（区民政局　供稿）

【养老设施建设】2022年，区民政局实施省市民生实事项目5个，新增认知障碍照护专区床位136张，建成智慧公办养老院1个，12个示范型居家养老服务中心配备智能终端，新增康养联合体3个。新建居家养老服务照料中心3个、老年食堂4个，累计建成居家养老服务照料中心146个、老年食堂（助餐点）98个。创建五星级居家养老服务机构2个、四星级5个。建成住宅小区居家养老服务用房配建面积11.2万平方米，社区（村）居家养老服务配套用房均配建到位。出台《西湖区城镇居家养老服务保障专项治理工作实施方案》，完善养老服务制度，规范工作流程与操作。开展省民政厅康复辅具租赁和服务应用场景建设试点。开展杭州市数字赋能“一老一小”试点工作。出台《关于进一步优化老年助餐服务的工作方案》，统一优惠政策和服务流程，优化老年助餐应用场景。出台《西湖区建立“养老一张床”服务机制的实施方案（试行）》，加强养老服务机构和公办医疗机构合作，为老人提供生活照料、康复护理、医疗类等专业服务。新增家庭养老照护床位100张。全年开展养老服务机构安全检查489个次，督促完成隐患整改37处。投保养老设施综合保险165个。加强养老机构疫情防控，发放医用口罩、抗原试剂等防疫物资8万余份。为民办养老机构发放疫情防控纾困补助26.5万元。

（区民政局　蒋小燕　张恬珂）

2022年11月7日，西湖区开展助联体“爱心满屋”社会救助系列活动

（区民政局　供稿）

【殡葬改革】2022年，区民政局落实节地生态奖补政策，发放2021年度节地生态安葬奖补16人（3.1万元）；骨灰撒江奖补贴49人（9.8万元）及基本殡葬免费经费95万元。开展迎亚运“两路两侧”专项整治，完成裸露白化坟的摸排，指导镇街加强动态管理。做好清明冬至集中祭扫期间安全服务保障工作，全区接待35万人次祭扫，2家经营

性公墓实行先预约再祭扫，移风易俗成效明显。推动区殡葬规划项目纳入《杭州市殡葬设施专项规划（2022—2035）》中间成果稿，三墩骨灰堂进入施工阶段。指导钱江陵园综合节地生态苑和留下“爱叶园”生态墓建设，建成生态葬穴位200多个、公益性公墓6处、集中埋葬点84处。深化殡葬数字化改革，提升“身后一件事”办件率和联办率。借助省“浙里逝安”平台，做好杭州第二公墓、钱江陵园信息维护。加强日常监管，执法检查殡葬服务单位2个，规范收费公示，指导公墓单位开展“安全生产月”活动。开展“活人墓”等突出问题整治，完成5个寿穴和9个豪华墓整改。

（区民政局　杨为民　王　凡）

【婚姻登记】2022年，区民政局办理结婚登记9171对、离婚登记2347对，补领婚姻登记证书5993件，结婚生育户口“一件事”联办7589件，出具（无）婚姻登记记录证明13份，受理婚姻档案查询897件，办理收养登记18件，解除收养登记1件。驻点蒋村街道、双浦镇、北山街道、西溪街道、灵隐街道，开展巡回集中补领婚姻登记证。开展婚姻家庭辅导服务，举办七夕线下活动、集体颁证仪式，推进婚俗改革。全年区婚姻登记处被省民政厅评为AAAAA级婚姻登记机关。区婚登窗口被评为2022年度西湖区“最美办事窗口”。

（区民政局　梅　佳）

【区划地名管理】2022年，区民政局加强地名管理，办理门牌证1.16万本、地名情况说明44件、地名命名57件，处理不规范地名4个，新设门牌391块，完成亚运场馆周边门牌整治7021块。对全区7个镇街14个村（社）开展城郊接合部门牌专项整治，整治门牌3723块。完成国家地名信息库西湖区地名数据完善，全年校对、补录相关信息3128条；开展地名地址数据治理、归集、上图工作，归集门牌数据3.91万条、地名数据3832条，上图率100%。规范区划管理，组织开展区域界线“上城西湖线”联合检查，实地勘界11.03千米。完成双浦镇驻地迁移、古荡街道驻地地址调整等行政区划历史遗留问题清理，并形成驻地地址变更情况报告上报市政府。开展行政区划调整勘界成果转换，编制完成2021版《西湖区行政区划图》及AR地图。推进地名文化工作，推出亚运地名文创产品，宣传地名文化。

（区民政局袁桂玲）

2022年10月13日，西湖区迎亚运地名文化巡回宣讲首站在留下社区举行

（区民政局　供稿）

【民生综合体建设】2022年末，西湖区建成并启用民生综合体41个，面积14.5万平方米，实现镇街全覆盖。民生综合体服务空间按照“7+X”的形式进行统筹设计，服务内容涵盖助老、健康、活力、教育、治理、生活、至善7大空间和X项个性化、特色化服务项目，累计开展服务活动3400多场次，服务居民170万余人次。完善15分钟基本公共服务优质共享圈，完善“一老一小”服务功能配备，开展省现代社区“金名片”建设试点。11月26日，中央电视台新闻频道《焦点访谈》栏目以《新征程上：从“有”到“优”品质生活》为题，聚焦西湖民生综合体进行专题报道。

（区民政局　何　滢）

【民政数字化改革】2022年，区民政局迭代升级“一键养老”应用场景，优化“享优待”“智守护”“约服务”3个模块，新增“我要家床”“能力自评”“安全智护”等服务功能。开展市级数字赋能“一老一小”试点，优化老年助餐应用场景。印发《西湖区建立“养老一张床”服务机制的实施方案（试行）》，新增家庭养老照护床位100张，为辖区老人提供生活照料、康复护理、医疗类等专业服务。完成省级康复辅具租赁和服务应用场景建设试点和省级“救急难”应用场景试点。

（区民政局　俞　芹　张恬珂）

【门牌证办理】2022年，区民政局办理门牌证1.16万本，新设门牌391块，办理地名情况说明44件、地名命名57件，不规范地名清理整治4次，亚运门牌整治7021块。对全区7个镇街14个村（社）推进城郊接合部门牌专项整治，整治门牌3723块。

（区民政局　袁桂玲）

## 村社民生

【民生综合保障】2022年，西湖区加强村社建设，建成“幸福西湖”民生综合体22个。聚焦养老服务，建成智慧公办养老院1个，12家示范性居家养老服务中心配备智能终端，新增康养联合体3家；新建居家养老服务照料中心3家、老年食堂4家。保障困难家庭，全区认定最低生活保障家庭2966户3500人、最低生活保障边缘家庭235户534人、特困人员25人，低保救助每人每月1216元，低边生活补贴每人每月74元，特困救助标准每人每月2027元，全年全区最低生活保障支出4880万元。

【社区建设】2022年，区民政局创建省级引领型农村社区3个、市国际化社区2个、撤村建居示范社区2个、田园社区示范点3个，获省级品牌社会组织1个、市级十佳百强社会工作站（室）13个。6个镇街社会组织服务中心被评为AAAA级及以上等级，1人被评为省级社区工作领军人才，6人被评为市级“最美社工”。建齐配强社区服务力量，完成超大规模社区优化调整。强化融合型大社区大单元服务力量保障，全年招聘专职社工262人，实现每万社区常住人口配备25名专职社工。组织开展新进社工、后备干部等培训，全年培训社工、后备干部4000多人次。

（区民政局　何　滢　高　斌　戴佳莹）

## 社会保险

【概况】2022年，区人力社保局推行社会保险扩面计划，深化“社银合作”“医银合作”模式，开展企业“一件事办理”等业务，推广社保卡“一卡通”应用。年末西湖区参保企业5.7万家，城镇职工养老保险参保58.93万人，比上年增加1.67万人，工伤保险参保人数69.9万人；办理职工退休6000件，工伤认定1869件。全区参保机关事业单位407个，参保人员1.31万人，退休人员4929人。城乡居民参保人数1.59万人，全民参保登记率99.6%。全年辖区户籍居民参加基本医疗保险79.75万人，参保率99.6%。全区商业补充医疗保险“西湖益联保”参保人数45.12万人，参保率45.7%。全年享受区级医疗救助314人次，支付医疗救助金112.68万元。受理医保定点医药机构82个，其中医疗机构45个、零售药店37个。全年办结生育待遇核准支付8737人次，支付生育津贴2.37亿元。办理医疗费用零星报销12936人次，支付报销款2705.69万元。

【社会救助】2022年，西湖区开展“春风行动”，募得善款1337.57万元，发放慈善救助资金1286万元。为3898户困难群众及困难党员发放春节慰问款、慰问品等价值1063万元，春风行动反哺救助69人，价值62万元。春节期间筹措191万元物资，走访慰问全区34个集中隔离点及奋战在抗疫一线的工作人员4409人。开展流浪乞讨人员“寒冬送温暖”“夏季送清凉”及疫情防控专项行动。新建成儿童之家20个，提供建设补助12.4万元。开展困境儿童帮扶，发放生活补贴275.25万元。全区发放困难残疾人生活补贴、重度残疾人护理补贴“残疾人两项补贴”6700多人。落实市民政局“民生共富”第一共建团队结对淳安县三年行动计划，认领2个结对项目，出资30万元。优化慈善信托的规范化设立，筹措363.86万元与中建投信托公司设立1单资金信托和3单慈善信托。实施困难群众探访关爱制度，全年探访关爱困难群众1.27万人次。

【低保低边家庭生活保障】2022年，区民政局实施低保、低边一年渐退期制度，推进临时救助机制，低保渐退25户、54人，低边渐退19户、49人，认定最低生活保障家庭2966户、3500人，最低生活保障边缘家庭235户、534人，特困人员25人，全年扶贫补贴支出4880万元。打造区级助联体1个、镇街级助联体7个，实现困难群体共帮众扶。为2994户低保家庭、252户低边家庭、24户特困家庭开展资金救助类、救助服务类、公益慈善类、技能培训类、心理辅导类等活动803次。对低保低边家庭给予政策性扶贫，为

4834 位低保、低边人员购买“益联保”支出 71 万元。实施“西湖善粮公社”项目，发放兑换幸福币 18.08 万枚。开展省级“救急难”应用场景试点。

【企退人员管理】2022 年，区人力社保局围绕完善日常管理、开展助老服务、加强队伍建设、组织文娱活动等重点，以推进亚运攻坚和共富示范为目标，做好全区 11.97 万名企业退休人员服务管理工作。聚焦“老有所养”，深化服务实践，全年发放节日慰问费 3.82 亿元；看望住院病人 8091 人次，支出看望费 80.94 万元；帮扶困难人员 455 人，支出帮扶经费 45.5 万元。开展夏季送清凉及冬季送温暖活动，惠及 3550 人，受惠金额 61.5 万元。开展数字智慧全域就近健康体检工作，参检 8.35 万人。规范专项经费使用程序，开展 2021 年度专项资金审计和 2019—2021 年专项资金清理。开展企退“红袖章”志愿者迎亚运活动，参加平安巡防 415 人次、防疫防控 377 人次、文明劝导 1291 人次，困难帮扶 189 人次。至年末，全区有自管小组 1632 个、志愿者服务队 211 个、企退志愿者 1932 人。

（区人力社保局）

## 退役军人事务

【概况】2022 年，区退役军人事务局从夯实基层基础、促进就业创业、推进拥军褒扬、落实抚恤优待、加强权益维护等方面做好退役军人事务工作。全年退役军人建档立卡完成率 92.7%，优待证发放通过率 86.8%。落实军转干部安置政策，完成军队转业干部和符合政府安排工作条件退役士兵接收，并帮助解决子女入学、随军家属就业、随迁入户、社保接续等实际困难。做好自主就业退役士兵接收，开展退役士兵返乡接站活动，举行退役士兵欢迎仪式。开展退役士兵适应性培训、职业技能培训和学历教育等教育培训，帮助自主就业退役士兵提升职业技能；发挥退役军人就业创业平台作用，组织退役军人就业创业培训、退役军人专场招聘会等活动 20 多次，联合企业提供招聘岗位 703 个。发挥转塘街道区人大代表、新乡贤、社区退役军人服务站轮值站长的作用，筹资近 350 万元对转塘凌家桥烈士墓进行提升改造，建设泗乡红色基地，该基地主体工程基本完工。设立关爱基金资金 90 万元，对困难退役军人进行帮扶。对在册困难退役军人开展走访帮扶慰问，为低保低边家庭提供防癌抗癌保险。

【双拥工作】2022 年，区退役军人事务局赓续“双拥”传统，代表杭州市通过全国“双拥”模范城届中检查。完成全国军休管理保障工作军休大厦、第六干休所翠苑 4 区现场会参观点保障。春节、八一期间，区领导带队慰问驻区部队，慰问退（现）役军人家庭等 7 类代表。与西湖文旅集团等签署社会化拥军结对共建协议，推动优待升级。组织庆祝中国人民解放军建立 95 周年驻区部队返营欢迎仪式。联合工商银行向驻区部队捐赠价值 300

多万元的户外大屏。协调126名军人子女入学入托。

【退役军人权益维护】2022年，区退役军人事务局落实领导接访、约访制度，将信访工作纳入平安西湖创建内容，推进“互联网+退役军人信访”。完成“中国人民解放军建立95周年”和“党的二十大”、“两会”、国庆等重要时段的平安护航任务。全年受理信访事项95件，主动约访15人，领导接访22人次。党的二十大期间，全区无进京访和群体访事件发生。

【退役军人示范引领】2022年，区退役军人事务局选树先进典型，评选2022年西湖区“最美退役军人”10名、“最美拥军人物”8名，1人获市“最美退役军人”提名奖、1人被评为市“最美拥军人物”。发挥基层建设中坚作用，村社中有30名退役军人担任党支书记，经济合作社中有22名退役军人担任董事长。发挥志愿先锋引领作用，全区有以“军嫂帮帮团”为代表的退役军人志愿服务队伍200多支，退役军人志愿者在应急救援、平安建设、乡村振兴、服务民生等领域开展帮救活动。聚龙救援队生命安全科普宣传活动被中央电视台新闻频道《焦点访谈》栏目、“人民论坛”等媒体报道。

2022年8月1日，西湖区庆祝建军95周年暨欢迎驻训部队返营仪式

（区退役军人事务局　供稿）

## 残疾人事务

【残疾人保障补助】2022年，全区有持证残疾人1.33万人，其中视力残疾1191人、听力残疾2571人、言语残疾133人、肢体残疾5161人、智力残疾1858人、精神残疾1891人、多重残疾455人。西湖区持证残疾人免费乘坐市域公共交通实现全覆盖，新购残疾人机动轮椅车25辆，为540人发放残疾车燃油补贴，实施临时性救助19户，发放华数卡1938户，发放康复医疗费2613人，发放订报费1898户，纳入居家服务3302户，办理家电统筹保修服务4169户。与区教育局协同开展资源教室创建，保障残疾学生随班就读。全区有合格资源教室28个、九年制义务教育阶段残疾学生211人，其中特教学校就读残疾学生116人、随班就读80人、送教上门15人，残疾学生就学率100%。为900多名残疾人家庭子女提供助学补助。

【残疾人服务提升】2022年，区残联提升改造“残疾人之家”1个，建成市级残疾人康复之家1个、儿童康复机构2个、示范型康复站10个，为全区符合要求的康复站下拨场地维护经费94.3万元，对全区190名康复协调员开展轮训；落实结对帮扶资金50万元。便捷残疾人个人办理事项，全年新增残疾人239人，为200多名生活不能自理的残疾人提供上门服务，为388名残疾人提供体检服务，为1.1万名残疾人提供签约服务。三墩镇兰里社区创建成为省级无障碍社区，该社区完成重要公共服务场所无障碍改造10个，改造家庭无障碍设施63户，对残疾人家庭地面、墙面、入户通道、卧室、厨房、阳台和门窗等进行无障碍改造。

【残疾人就业帮扶】2022年，区残联落实就业创业补贴政策，为4名自主创业残疾人提供开办费补助，为4名残疾人提供贷款贴息补助，支出补助资金10万元。拓展残疾人就业渠道，开辟残疾人烘焙就业岗位，举办中式面点、插花艺术等技能培训，参加培训112人。通过三级联动为残疾人提供24小时联动就业帮扶服务，为73名残疾人提供就业岗位，就业年龄段残疾人中就业率保持在98%左右。实施超比例安置残疾人奖励和新安置残疾人就业补助等鼓励性政策，引导企业安置残疾人就业。将超比例安置奖励和新安置残疾人补助纳入亲清在线平台，企业获得补助更加快捷。全年核定安置残疾人企业978家，核定残疾人2351人。通过亲清在线平台为114家企业提供超比例安置补助，发放补助51.74万元，为107家企业提供岗位安置补贴，发放补助128.64万元。

【残联“最多跑一次”改革】2022年，区残联梳理服务事项，为长期住院的重度肢体残疾人提供上门评定、上门办证服务，设置基层统一代办点，实现“群众零跑，残联代跑”。开展残疾人证“跨省通办”，受理“跨省通办”68人、“全省通办”106人，接待咨询100多次。申请办证1200多人次，其中新办证800多人，类别等级变更370多人，全区年度净增残疾人239人，总持证人1.33万人。全年上门评定22次，为316名残疾人提供服务。

【文化助残体验】2022年，区残联开展文化助残系列活动，为辖区村社放映红色电影28场。开展“声纳”无障碍观影活动，惠及残疾人250人次。创建文体示范点2个，分别为古荡街道文体示范点和双浦镇文体示范点。西湖区组织参加市十一届残疾人运动会，获2枚金牌、8枚银牌、7枚铜牌，西湖区代表队获“体育道德风尚奖”。全年各类文化、体育活动惠及辖区残疾人9000多人次。

2022 年 6 月 28 日，区残联组织灵隐街道残疾人参观杭州奥体中心

（区残联　供稿）

【助残志愿服务】2022 年，区残联开展“喜迎亚（残）运”文化读物进家庭活动，为 428 名残疾学生、150 户残疾家庭赠送书籍。开展“喜迎亚（残）运”残疾人文化素养体验，组织残疾人参观杭州奥体中心、亚运主题公园，参与人数 330 人。营造扶残助残氛围，与省残疾人艺术团联合演出欧阳胜作词、曾广海作曲的冬残奥会公益歌曲《冰雪至爱》，助推浙江冰雪运动。

（区残联　欧阳胜）

2022 年 3 月，区残联与省残疾人艺术团联合演出冬残奥会公益歌曲《冰雪至爱》

（区残联　供稿）

## 红十字救助

【概况】2022 年，区红十字会募捐款物价值 743.68 万元，其中捐款 56.74 万元，捐物价值 686.94 万元；支出 692.74 万元，救助困难群众 513 人次，救助金额 23.6 万元；培训应急救护持证人员 1.27 万人，普及培训 9.01 万人次；造血干细胞登记入库 145 人，成功捐献 4 人；遗体、器官（组织）捐献登记 1581 人，实施捐献 23 人。推进应急救护设施建设，全年新建标准化应急救护实训基地 2 个、应急救护考点 1 个、实操体验点 6 个、应急救护培训点 14 个，培训应急救护持证人员 1.27 万人。

【“三救三献”体系建设】2022 年，区红十字会与区委直属机关工委等部门联合出台文件，推进机关干部职工、重点行业持证培训工作，开展培训 409 场次。组建西湖区“救在身边”教学研究委员会，举办师资复训班。提升应急救援能力，红十字飞龙救援队和红十字阳光救援队参与防范台风“梅花”备勤值班，累计出动执勤 183 人次。配合区应急管理局、区消防救援大队、属地镇街，完成世界急救日主题宣传、防灾减灾日逃生演练、重大赛事保障等活动 35 场。增强人道救助实力，组织公益日网络募捐活动。联合区工商联等部门，成立“西商共富基金”，创新“互联网 + 慈善”“慈善 + 金融”公益模式。全年开展博爱送万家、困难群众上门求助、小天使救助、小桔灯助学等项目，发放救助金

23.6万元。提升“三献”工作，造血干细胞入库和捐献人数均创新高，慰问造干捐献者、遗体器官捐献者家属31户，发放慰问金6.8万元。举办清明追思会，组织镇街红十字会工作人员走访遗体器官捐献者家属。

2022年9月30日，“救在身边，志愿同行”应用场景代表西湖区参加市文化系统第二批重点应用场景演示

（区红十字会　供稿）

2022年12月16日，西湖区红十字飞龙救援队参加市红十字会技术交流赛并获三等奖

（区红十字会　供稿）

【红十字影响力增强】2022年，区红十字会加大工作宣传，在国家级媒体刊登稿件11篇、省市级媒体19篇、区级媒体12篇，获全国红十字系统2022年度报刊宣传先进集体三等奖。浙大学生胡双捐献造血干细胞事迹被《人民日报》和新华社录用刊登，范盛凯老人捐献遗体事迹在《中国红十字报》刊登。志愿者夏振辉被中央宣传部、中央文明办评为“最美志愿者”，并代表红十字领域“最美人物”接受时任省委书记袁家军接见，区红十字会作为代表在省红十字会宣传传播骨干培训班做交流。

（区红十字会）

## 民族宗教事务

【城市少数民族工作】2022年6月16日，全国民族团结进步创建工作经验交流视频会议在北京召开，西湖区以《打造“浙里石榴红”工作矩阵创设民族团结进步“西湖模式”》为题做交流发言。7月25日—30日，西湖区承办浙江省“藏浙情”各族青少年交流夏令营活动，50名西藏各族青少年在杭州开展交往交流交融活动。9月16日，区委统战部和临安区太阳镇枫树岭村开展“共富石榴红，结对枫树岭村”助力民族乡村共同富裕结对活动。9月27日，西湖区民族团结促进会成立大会召开。西湖区委常委、统战部部长柴闻乐出席会议，区委统战部班子成员、各镇街统战委员、统战干部及区民族团结促进会会员代表参加会议。10月28日，西湖区民族团结促进会开展“聚力石榴红，开启新征程”党的二十大精神专题学习活动，区民族团结促进会班子成员及各镇街统战干部参加。

2022年9月16日，区委统战部和临安区太阳镇枫树岭村开展“共富石榴红，结对枫树岭村”助力民族乡村共同富裕结对活动

（区委统战部　供稿）

2022年7月25日—30日，西湖区承办“藏浙情”各族青少年交流夏令营活动

（区委统战部　供稿）

【民族宗教工作调研】2022年5月11日，市委常委、统战部长朱建明调研西湖区民族工作，实地走访西湖区“转塘·石榴籽家园”。7月23日，国家民委副主任赵勇赴西湖区调研城市民族工作，走访西湖区“转塘·石榴籽家园”，浙江省委常委、统战部部长邱启文，浙江省民宗委主任鲍秀英等参加。9月29日，西湖区委常委、统战部部长柴闻乐督导检查宗教领域“除险保安”工作，实地走访古荡和文新街道辖区宗教活动场所，检查场所安全管理工作落实情况，并就“除险保安”工作提出明确要求。10月10日，西湖区人大常委会调研宗教事务管理工作座谈会在古荡人大工作站召开，区人大常委会副主任钱志清参加。

【民族宗教工作会议】2022年6月14日，西湖区召开全区民族宗教工作领导小组会议，传达学习全国、省、市宗教工作会议精神。区民宗工作领导小组成员单位分管负责人，各镇街党（工）委副书记、民宗干部参加会议。7月15日，区民宗局主要负责人到区佛教协会宣讲省第十五次党代会精神，区佛协全体班子成员及各寺院负责人参加。8月8日，全区宗教工作会议召开，传达学习上级会议精神，部署全区宗教领域安全管理工作。区委常委、统战部部长柴闻乐出席并讲话。区政府相关职能部门负责人，各镇街统战委员、民宗干部，各宗教活动场所负责人参加。

【宗教事务管理】2022年，西湖区常态化开展“五进”宗教活动场所活动，组织宗教界开展升国旗迎国庆、重温“红船”精神爱国主义教育实践和集中收看中国共产党第二十次全国代表大会开幕式。加强宗教领域疫情防控常态化管理，落实整改“浙江掌上宗教”App登录使用、“三人驻堂”成员信息录入、财务上线做账等问题短板，提升宗教网格化管理水平。开展全区宗教领域“除险保安”工作，组织宗教领域消防安全演练8次，下发工作函件6份，形成问题整改闭环管理，推动落实场所主体责任和属地管理责任。全区排查涉宗场所供奉牌位4240个，联合办理非法传教行政案件1起。

（区民宗局）

## 收入与消费

【低收入农户收入快速增长】2022年，西湖区锚定高质量发展共同富裕首善之区目标，加快农民增收步伐，拓宽低收入农户增收渠道，收入实现稳定增长。全区低收入农户人均可支配收入为2.96万元，比上年增长10.6%。四大类收入中工资性收入增长12.5%，拉动可支配收入增长6.7个百分点，对总体收入的增长贡献明显；经营净收入增长4.1%；财产净收入增长6%；转移净收入增长9%。全区低收入农户人均可支配收入增幅已连续4年在10%以上。

【城镇居民收入与消费】2022年，全区城镇居民人均可支配收入8.27万元，比上年增长3%。其中四大类收入中，工资性收入增长0.3%；经营净收入增长7.6%；财产净收入增长5.8%；转移性收入增长6.2%。全区人均消费支出6.1万元，增长3.4%。八大类消费支出中，食品烟酒、居住、生活用品及服务和教育文化娱乐支出有增长，衣着、交通通信、医疗保健和其他用品和服务支出均为下降。

（区统计局）

# 街道·镇

## 北山街道

【概况】北山街道区域面积2.49平方千米，辖宝石、友谊、松木场、上保、金祝、曲院、沿山河7个社区。2022年，有户籍1.04万户，户籍人口3.49万人，常住人口2.57万人。加大招商引资，全年街道引进1亿元以上产业项目5个，注册资金20亿元的省自然资源集团有限公司落户街道，重点签约项目杭实产投控股（杭州）集团有限公司增资4亿元，杭州旭映科技有限公司落户白沙泉并购金融街区。申报“西湖英才计划”项目7个，落地项目1个。引进海内外硕士及副高职称以上人才90人、海内外高层次人才创新创业团队4个。“光载毫米波关键器件及模块技术”项目入选D类英才项目。街道并购交易市场白沙泉并购金融街区财政总收入2.64亿元，比上年增长66%；一般公共预算收入1.21亿元，增长65.7%。新增注册企业156家，累计注册企业938家，基金管理规模超过2000亿元。举办第四届全球并购白沙泉线上峰会暨“凤凰行动1.0”成果展。推进基层全域智治，完善110联动处置，健全每日会商、岗前训示、报备点名、值班值守、定期例会、考核考评、以奖代补7项机制。全年处理“西湖码”上报事件4700多件，群众满意度99%。执行初信初访首办责任制，接待来访群众220批次350多人，省投诉平台浙里访投诉总数2800多件。开展迎亚运百日集中攻坚行动，处置百日攻坚案卷2052件、数字城管2321件。被评为市级“优胜街道”3次，全区通报第一名4次，获全市年度“洁美杯”单位称号。开展集中巡河70次，解决涉水涉岸问题330个。加强垃圾源头分类减量宣传，开展宣传培训活动20场，参与群众3000多人次。坚持“最多跑一次”改革，全年办理业务量2.09万件，自助机器办件量超过2万件，街道服务中心创建成为区级“五星级便民服务中心”。举办高校毕业生专场、失业人员专场等线上招聘会5次，办理留工补助45件、稳岗返还申领150件、高校毕业生社保补贴705件，完成失业人员创业培训及零就业家庭动态清零。举办防范电信网络诈骗专题讲座100多场，发放宣传资料1.85万份，制作展板760块，发布公众号推送反诈宣传内容21次、视频8个，推广App应用软件1万余个。查处辖区电信网络诈骗114起，涉及止损金额640万元，止损率33.8%。成立10个督查小组，对辖区人员密集场所、在建工地等重点区域集中安全检查，检查重点单位160多个，整改安全隐患35个；检查出租房392户，整改隐患36处。安装“智慧三件套”设备1632件，其中气感117件、电感319件、烟感1196件。接种新冠疫苗2.87万剂，60周岁以上居民全程接种覆盖率85.1%。核酸检测采样131.8万人次。

【老幼民生服务】2022年，北山街道聚力民生服务，用好“幸福荟”民生综合体活动阵地，依托线上平台开展群众活动72场。绿城暖君居家养老服务中心组织活动350多场，老年食堂月均助餐360多次。推广“一键养老”应用，实际注册5935人，发放老年手机，指导并注册使用3100余人。联合华数组建“邻里学”社区学习平台。补齐辖区托育短板，与新东方学校合作共建满天星托育园，园区拓展托位60个，提供全日托、半日托、临时托及周末托等个性化服务。

【上保未来社区创建】2022年，北山街道完成上保未来社区83幢房屋立面整治，拆除附房6541平方米、围墙696米，拆除保笼4000多个，加装电梯53台，河东10幢2单元电梯加装入选杭州市最美加梯项目。改善路面交通，完成老体育场路、弥陀寺路、流水桥弄、上保巷4条道路整治提升。建成老体育场路停车库、流水桥弄立体停车场库并交付使用，杭州保俶塔实验学校地下停车库桩基施工完成，新增车位500多个。整合未来社区场景用房4000多平方米，分别用于服务治理、场景展示和创业孵化，为九大场景落地拓展空间。打造“养老、文化、教育”三大特色场景，“一键养老”应用场景落地上保社区，3个社区养老模块和“家头条”社区邻里应用上线“浙里办”App。

【亚运氛围营造】2022年，北山街道完成省府路等6条亚运通勤保障道路沿线130多处立面整治修复、省总工会等沿街35幢建筑6万平方米立面清洗。按照“整体协调、美观大方、实用耐看”的原则，完成宝石山下四弄等3个重点小区氛围营造，增设光影效果景观小品4处、吉祥物景观小品6处、亚运墙绘8处，北山街道在美丽西湖迎亚运环境品质提升比学赶超活动中获一等奖。保俶路、省府路道路改造项目在杭州市“美丽杭州迎亚运”城市环境品质提升第二期“赛马”活动中被评为优秀项目。

【无物业管理小区“清零”】2022年，北山街道深入实施无专业化物业管理小区“清零”工作，将7个社区划分为22个物管区域，新组建16个物管会，党员占50%以上。引进杭州绿居物业服务有限公司、杭州西湖乐居物业服务有限公司，与各社区签订物业服务框架协议，开展卫生保洁、秩序维护、绿化养护、保安巡防及维修服务等“四保一服务”，辖区无物业管理小区实现“清零”。

2022 年 9 月 21 日，北山街道举行无专业化物业管理小区清零签约仪式

（北山街道　供稿）

【文化强镇建设】2022 年，北山街道挖掘省级文化强镇资源，联合区文广旅体局对非遗匠人馆进行改造升级，组织晓风书屋、红旗出版社开展明远书院运营一周年活动。全年开展文化活动 180 场、体育健身活动 100 场。北山人文幸福讲堂开设春、秋季班 22 个课程，惠及居民 8000 多人次。省公共文化场馆服务功能拓展先行试点验收完成。

（北山街道）

## 西溪街道

【概况】西溪街道区域面积 3.02 平方千米，辖 12 个社区、1 个股份经济合作社，户籍人口 6.06 万人（不含集体户），常住人口 7.17 万人。2022 年，街道完成财政总收入 17.42 亿元，一般公共预算收入 8.53 亿元，分别比上年增长 12.4% 和 10.9%；社会消费品零售总额 54.2 亿元，增长 6.5%；固定资产投资 4.92 亿元；实际利用外资 3079 万美元；有税收亿元楼宇 4 幢、千万元楼宇 12 幢。开展招商引资与招才引智，引进企业 735 家，其中优质企业 23 家，1 亿元以上企业 7 家、5000 万元以上企业 6 家，总注册资本 19 亿元，浙江省产业大数据有限公司等企业落户街道。引进海内外硕士及副高职称以上人才 76 人、海内外高层次人才创新创业团队 6 个，认定 D 类层次以上人才 9 人，申报“西湖英才”计划项目 8 个、市级海外高层次人才计划 2 个。联合西湖城投集团、西湖文旅集团完成文三路机动车道、非机动车道 1.1 千米的提升整治，完成沿线 74 家店招店牌、41 幢沿街楼宇立面、8 幢住宅楼、4 幢写字楼外立面灯光整治。完成电梯加装 6 台。优化道路环境，29 间商铺及 4 户住宅签约。将 12 个社区 365 幢老旧小区划分为 37 个物业管理区域，各区域均组建物管会并引入市场化专业物业管理，无物业小区实现“清零”。西溪河沿线杭州学军中学等 7 个公建单位和保俶花园等 4 个生活小区污水零直排改造完成，西溪河水质提升。优化民生设施，完成南片幸福荟民生综合体建设。新建公建民营普惠型托育中心 1 个、婴幼儿成长驿站 2 个。开展适老化改造，优化智慧养老呼叫服务，辖区安装红外线探测器 388 户。试点探索将家庭养老照护床位与卫健部门家庭病床进行“两床”合一，共建床位 10 张，提供常规医疗服务62次、额外护理服务11次，提供生活照护服务741小时。落实数字就业，开展就业援助培训等服务，动态消除零就业家庭。开设“人文西溪”课堂，联合共建单位举办课堂活动80多场。

推进平安建设。全年受理群众来信来访来电2149件，调处矛盾纠纷164起，受理电信网络诈骗案件86起，破案12起，平稳处理劳动纠纷投诉案件326件，追回金额405万余元。推进大综合一体化行政执法改革，出动执法人员678人次，排查整改隐患419处。建设运行街道、社区两级“共享法庭”13个，调解矛盾、纠纷20多起，涉及金额120多万元。完善应急管理体系，建成2个区域性微型消防救援站建设、新德雅等6个高层住宅小区智慧电梯阻控，复核历年库内危房整治现状15处，排查城乡自建房10处，腾空解危C级危房1处。

加强党建引领。街道实行“1+3+N”组团模式，调整划分治理单元网格75个、微网格525个，组建网格党组织74个，1200多名在职党员活跃在基层一线。与8所高校、35个机关单位、63家企业开展党建联建，街道针对老旧小区提升改造、亚运氛围营造、基础设施改善等发布项目35个，均被共建单位认领。常态化开展核酸检测，检测484.69万人次，处理健康码解码7000多件。推进疫苗接种，完成加强针和60周岁以上第一针接种覆盖率任务。

提升社区服务。街道入选第二批浙江省数字生活新服务特色镇，完成2个省重点工程“15分钟品质文化生活圈”认定、1项市级非遗参加省级非遗项目认定。街道残疾人之家通过市残联五星级评定，心汇西溪社会公益事业发展中心创建成为AAAAA级社会组织。溪畔社区被评为国家级充分就业社区。求智社区侨胞之家被评为浙江省侨联系统“五星级侨胞之家”等。街道纪工委“从严监督执纪”“办好‘家门口’的社区教育助力全民终身学习”案例被中央电视台采用；“两新”党员服务保障亚运会的基地——“亚运红益站”的成立等做法被《光明日报》《浙江日报》等主流媒体报道。

【高校经济拓展】2022年，西溪街道推动高校园区空间拓展，浙商大创业园东区7000平方米数创大厦改造完成并启动招商，杭电实验楼、食堂楼拓展空间5000平方米，浙江师范大学三期2.7万平方米特教楼项目启动外立面装修。扩大浙江工商大学创业园辐射效应，推进杭电二期和浙师大二期建设，引进高校经济项目25个，区认定优质项目8个，杭电戴国俊教授中首健康项目、白国华教授普基美科技项目等产学研项目转化落地。融昊数字、省产业大数据、中衡工程设计、海洋通讯研究所等优质项目入驻。深挖知名校友和知名校友企业资源，引进拜特沃克等校友企业5家。

【文三街区改建开街】2022年，西溪街

道坚持空间拓展、街区建设、项目招引、底商转型多管齐下，推进文三数字生活街区建设。打造立元商务楼、24小时无人书房、求智会客厅、东软玻璃房等重要点位，引进数字化项目32个，推动街区底商数字化转型7家。沃土数字教育、硬核体育、红跑车、AI主题小酒馆 & 窑炉披萨等项目落地开业。

东软玻璃房（摄于2022年）

（西溪街道　供稿）

【求智未来社区验收完成】2022年，西溪街道提升求智未来社区人居环境，完成求智下宁巷南片17幢住宅改造项目，拆除围墙300米、自行车库105个，改造立面3万平方米，扩容小区公共空间750平方米，完成电力“上改下”4664米和雨污水、燃气等管网改造1.59万米，提升绿化1010平方米，新增停车泊位198个，新建休闲亭、游步道、健身运动点等公共设施。开发“乐居求智”小程序，建设完成5个篇章、42个应用端，同步通过华数电视端完成“求智电视频道”开发。求智社区创建成为省级未来社区，成为“浙里未来社区在线”应用贯通首批优秀案例，下宁巷1号为全市第三批城市环境品质提升赛马行动入围项目。

【“小哥学院”党建品牌打造】2022年，西溪街道联合浙江开放大学实施“3个100”免费助学计划，首批32名“小哥”学员入学。缓解新就业群体子女暑期无人照料情况，开设“骑士小候鸟公益夏令营”，接收小学员40人。研发“小哥学院”数字化平台，实现与“学分银行”“西湖薪火”平台对接，记录小哥教育培训、社会实践经历，形成职业晋升、积分落户、党员发展等方面社会公认的数字学习档案。成立“小哥学院”党支部，为党员提供“一站式”服务，鼓励快递小哥到社区报到，融入基层治理。引导优秀快递小哥向组织靠拢，支部纳管辖区新就业群体党员3人、流动党员3人，收到辖区外卖站点、学历提升班成员等10人提交的入党申请。

【高质量就业街道建设】2022年，西溪街道创新数字就业，利用“就近就业”小程序丰富就业形式和就业选择，扩展辖区企业、个体商户和失业人员间信息对接渠道，通过开展“直播带岗”“围炉话就业”等形式，打造15分钟就业圈。通过线上“云招聘”“云岗位”和“云创业”等数字化形式，举办线上招聘会4场，参加单位99个，提供岗位313个，达成就业意向219人次。开展技能、创业培训3场，66人通过考试获得技能证书。溪畔社区被评为西湖区首个国家级充分就业社区。

（西溪街道）

2022年6月25日，西溪街道召开七一研讨会

（西溪街道　供稿）

## 灵隐街道

【概况】灵隐街道区域面积6.62平方千米，辖7个社区、3个股份经济合作社，户籍人口3.67万人，流动人口9541人。2022年，街道完成财政收入19.84亿元，其中一般公共预算收入9.62亿元，固定资产投资额12.46亿元，税收1亿元以上楼宇4幢、1000万元以上楼宇7幢。引进1亿元以上产业项目7个，新增拟上市企业3家，申报国家高新企业9家、西湖英才项目8个，引进创新创业团队12个。石虎山机器人创新基地、现代国际玉泉人工智能产业园、五鑫·黄龙未来中心三大高校经济园区布局完善、品牌推广和项目招引等工作深入展开，投入运营园区总面积2.6万平方米，入驻企业总投资超过10亿元。推进玉泉兰家湾留用地项目和庆丰紫金港项目开发建设、西溪金谷招商和产业培育工作。协助黄龙亚运场馆开展改造及产业招商。通过"双千"服务、"黄龙汇客厅"等主题活动，助力现代服务企业健康发展。全年走访企业1000余家次，兑现扶持资金2000多万元。落实减税降费等惠企政策，缓解青芝坞街区民宿经营困难。

加快实施民生项目，推进一一七社区星月式民生综合体建设、庆丰社区睦邻中心（二期）建设、家庭养老床位建设、少儿成长驿站建设、"灵颐管家"2.0升级，街道级普惠性托育机构开园，完成老年人自理能力筛查评估、专项服务增设医疗设备等民生实事项目。优化"养老管家＋云平台"服务体系，实现服务需求精准匹配、服务数据互联共享，灵隐街道在全国第七届信息技术与健康养老融合发展高峰论坛上做主题发言。街道助联体被评为西湖区首批星级助联体服务站。街道社会组织服务中心被评为AAAAA级社会组织。开展帮扶关爱活动52场，服务群众1445人次。深化"无欠薪"行动，全年劳资纠纷案件调解成功率99%。街道获2022年全国智慧康养示范街道称号。

推进小区党组织和小区党群驿站建设，打造杭州市"睦邻"小区党建示范点1个。党建统领网格智治，形成辖区35个网格、1.45万户、601个企事业单位管理导图和"1+3+N"体系。创建"党员好邻居"等"一社一品"特色党建服务品牌7个，其中浙大求是党委"党建引领·求是有约"品牌成为"微服务""微治理"样板。推出"共富新时代，宋韵美西湖"区域文化联动暨"诗文朗诵会"。举办"五艺迎亚运"等文体活动。打造全市首个亚运蓝色运动角。街道统战服务品牌黄龙“同心荟”成为市创新“同心荟”。

做好重要节点、重要时段维稳安保工作，推进综合治理“小脑+手脚”建设，强化源头治理和协同处置。落实“162”“141”体系贯通任务。推动“云舍”动态视频监控系统建设。全年处置“西湖码”事件2830件；警网联动1236次，贯通任务36件。推进大综合行政执法改革，完成综合行政执法队组建，执法队实行集中实体化办公。开展常态化平安检查，检查点位1600多处，发现并整改问题488处。开展平安、反诈宣传，提升“平安三率”。排查整治安全隐患，安装“智慧三件套”1509件，处置警报3380次。落实消防安全排查整治，开展“安全生产月”“护航二十大安全生产执法”等活动。街道食安办被评为省级“五星级食安办”。

**【环境面貌提升】** 2022年，灵隐街道着力城市环境品质提升，完成玉古路139号、外东山弄68号院综合改造，完成石虎山机器人创新基地周边配套设施建设及园区道路提升，完成玉泉社区8户C级危房整治。启动东山弄未来社区建设项目，一体化设计方案入选第五批省级未来社区创建名单。配合推动东山弄社区学校、财神殿区块幼儿园建设。协调完成加装电梯22台，改造建筑外立面32处，青芝坞兰家湾被评为“美丽杭州迎亚运”城市环境品质提升第四期赛马优秀项目。对地铁3号线、10号线站口实行序化管理。开展“找查寻挖”治水行动，灵隐街道通过“浙江省治水工作标杆街道”创建验收。开展环境整治攻坚，整改抄告件4900多件。3个省级、1个市级垃圾分类示范小区验收通过。完成庆丰社区、杭州陈经纶体育学校和玉泉老旧小区物业区域划分、物业委员会组建和物管引进。重点协调中田大厦、世贸饭店等32处地铁借地、征地工作和玉古路、西溪路沿线房屋质量安全确认。开展防汛应急、“无违建”维护、燃气安全排查、城市大脑开发、亮灯工程等工作。街道被评为浙江省治水先进街道。

**【庆丰社区睦邻中心建设】** 2022年9月，庆丰社区睦邻中心二期项目建成。该社区将原供出租的400平方米集体房产停租，改造装修成为睦邻中心二期主体用房，与一期联片。二期项目主要区块空间包括健身房、书画室和多功能厅等。健身房配置体育健身设备16台，专设“健康角”，提供心理测试仪、心理沙盘套具、血压血氧仪等健康测试仪器；书画室聘请专业书画老师为书画爱好居民授课；多功能厅举办会议、讲座、文艺表演，并组织居民学习瑜伽、太极拳，聘请专业瑜伽、太极拳老师为兴趣小组做定期辅导。社区利用周边银行、保险公司、中医馆、食品药品安全服务中心、国学交流馆、浙大学生茶艺队等单位及社团资源优势，满足居民生活知识需求和文化兴趣。

**【家庭养老服务】** 2022年，灵隐街道创新尝试社会养老模式，建立家庭养老床位，满足独居高龄老人特定需求，完成10户“家庭养老床位”建设。对用户居住环境和生活空间进行适老化改造，引进杭州在水一方养老服务集团对目标客户开展起居照料、紧急援助等服务，让老人获得与机构养老同等生活质量和健康维护。工作团队为老人提供助医、助餐、助行、助浴、保洁、巡访等上门服务，通过生命检测仪、活动检测仪、智能药盒等智慧养老设备，进行动态远程监护、视频查房、用药提醒等线上服务。优化“养老管家+云平台”智慧康养服务体系，对服务内容和服务质量全流程监管，提升工作团队专业化、规范化服务水平，实现需求和服务精准匹配。

【东山弄社区“亚运运动角”投用】2022年9月21日，由杭州亚组委指导、浙江蚂蚁公益基金会捐赠的首个“亚运蓝色运动角”在灵隐街道东山弄社区投用。利用社区空地、居民楼顶等空间，因地制宜建设运动场地，将亚运元素带进社区，灵隐街道和东山弄社区选择社区办公点所在建筑楼顶作为项目建设用地。“运动角”总面积250平方米，分为6个区块，以户外羽毛球场为主，乒乓球场、太极区、健康步道、儿童活动区和休闲区为辅。“运动角”启用当天，杭州籍羽毛球世界冠军王琳为居民进行羽毛球基础技能指导和实战演示。同日，东山弄社区羽毛球社团成立。

【亚运服务保障】2022年，灵隐街道综合行政执法队围绕街道建设亚运“最后一公里”环境体验区的总体任务，服务保障黄龙体育中心杭州亚运会筹备工作。开展黄龙体育中心周边环境治理与安全维护，针对周边共享单车管理难点痛点，对接单车经营企业，通过对周边地铁站、写字楼不同时间段单车过剩或不足情况的把握，动态增减单车数量。联合举办“迎亚运文明出行宣传周”活动，倡导规范停放共享单车。加强对中心电子屏等户外广告设施安全巡查，节假日及重要时间节点做好安全提醒。对周边新进驻企业上门宣传指导，帮助企业了解环境治理相关规定，担负环保共建责任。做好安全防范，重点监督周边施工场地安全、环保落实情况。

（灵隐街道）

## 翠苑街道

【概况】翠苑街道区域面积3.9平方千米，辖12个社区，户籍人口5.4万人，流动人口2.23万人。2022年，街道实现财政总收入30.57亿元，一般公共预算收入14.49亿元，固定资产投资15.9亿元，税收1亿元楼6幢、1000万元楼29幢。加强助企纾困，线上开通“翠企码”助企平台，注册用户3592户，发布助企资讯和产业政策275项，闭环处置问题127件，全年兑付助企资金3200万元。年内，转入异地纳税企业559家，挽留拟外迁企业295家，新增国家高新技术企业24家、省科技型中小企业95家、拟上市企5家。

开展迎亚运环境整治和文明城市创建迎

检工作，整改环境问题6793个，组织序化攻坚行动11次，对辖区73处沿街立面进行美化，拆除违章建筑73处、面积2248平方米，被评为杭州迎亚运城市环境品质提升赛马优秀项目。改善市政路网，翠柏路、学院路地铁站点实现通车，文二路、文三路实现单向行驶改为双向行驶，翠柏路、宋苑路等5条支小路建设提升完成。古荡湾河一期综合整治、11个生活小区雨污水分流工程完工。

推进民生综合体项目建设，翠苑一区、保亭社区、翠苑四区民生综合体投入运营，二区及三区、宋江苑、九莲、翠苑五区民生综合体启动规划和建设，黄姑山、花园社区、塘苗社区办公环境更新。加强老龄服务工作，新建社区老年食堂3个。探索医养深度融合养老新模式，与辖区省立同德医院等医疗机构共建康养联合体，为2923户孤寡独居老人安装智能监护设备，新增认知障碍专区床位20张、家庭养老床位9张，老旧小区住宅加装电梯8台，开发“为老服务一件事”数字应用，平台注册用户5134人，访问量1.6万人次。聚焦普惠托幼，建成第一家公建民营普惠型托育园，建成2个成长驿站，翠苑四区婴幼儿成长驿站被评为区五星级成长驿站。

化解矛盾纠纷，依托街社两级矛调中心受理纠纷294起，受理群众来电、来访等信访件2004件，处置“西湖码”事件7138件，12件国家省级重复信访积案清零。深入推进安全生产。明确应急消防管理体系，与重点单位签订安全责任书4251份，安装智慧烟感探测器、可燃气体探测器、智慧用电探测器5809件。坚持疫情动态调整，全年核查重点数据8万余条，常态化核酸采样保持日均1万人以上，接种疫苗2157剂。

**【社区治理数字化应用】**2022年，街道驾驶舱基本建成。依托平台数据、算法及物联感知，以“大综合执法、安全生产、疫情防控、为企服务、为老服务”5个重点一件事为中心的“数智翠苑”驾驶舱初步成型；人房数据库常住人口准确率95%，流动人口准确率80%。围绕九大场景将居民需求细化成26个“一件事”应用，其中首批停车引导、为老监护、智慧用餐、孝心车位等一件事应用投入使用，微脑指挥室完成安装调试并实现24小时运行，小程序注册业主2656人，使用居民4018人。推进大综合执法改革，成立1个指挥中心，组建“综合查一次、综合罚一次、综合访一次”3支队伍，整合网格、物业联防等力量组成协同队伍，体系试运行后处置事件1.1万件，闭环处置率98.5%，办结执法赋权一般程序案件335件、简易程序案件302件，罚款80万元。探索检察行政双重监督、首违不罚柔性执法、“区属街用”队伍考核激励等特色举措，“大综合一体化改革”工作在全市交流会上介绍。

**【翠苑一区未来社区建设】**2022年3月，翠苑一区未来社区建设进场施工，7月改造工作基本完成。社区着力破解“房老、人老；管理难、停车难；服务空间不够、服务资源不够”等难题，召开居民座谈会25次，举办“金点子”征集活动5次，发放社区居民问卷调查卷3200份，吸纳意见320条。全年完成69幢房屋立面整治和线路改造，屋顶漏水、墙面渗水、线路乱拉等现象得到根治，人居环境明显改善。小区单元楼安装电梯8台，更换晾衣架3200个，清除凸保笼420只，更新雨棚3000多个，建成3000平方米的“珠链式”民生综合体。

翠苑一区未来社区建设后东门外观图（摄于2022年）

（翠苑街道　供稿）

【文三数字生活街区升级】2022年，翠苑街道文三数字生活街区推进2.0版更迭升级，打造成为西湖区展现数字经济实力和元宇宙产业成果的重要窗口，成为“数智杭州”引领示范点。年内，文三数字街0101PARK、华东最大裸眼3D母子屏全新升级，网易MR、梦幻西游等头部娱乐综合体，移动未来生活体验店等45个数字体验项目和元宇宙产业创新中心入驻落地。以“前店后厂”模式招引数字产业项目47个，“气味王国”数字气味展厅、网易游戏MR综合娱乐馆、AR智能眼镜等数智产业龙头企业首店、旗舰店、概念店、体验店集聚文三数字生活街区。入驻街区的颐高广场AB座腾退空间1.2万平方米，腾退商户450多户，新建体验店面积3000多平方米。街区入选全省数字生活新服务高质量发展项目和杭州市十大夜经济示范街区。

【社区“3341”大物业改革】2022年，翠苑街道践行“民呼我为”理念，推进大物业改革，引入绿城物业服务集团有限公司进行统管，通过创新“3341”大物业统管模式（物业运营“三位一体”、物业管理“三个转变”、物业服务“四个增效”、物业收支“一个平衡”），推进现代社区治理体系重塑，22个无物业小区管理实现全面清零，26个准物业管理小区实现专业化物业管理，30个物业服务标准较低的小区实现物业服务提质增效，财政投入减少50%，实现“政府少投入、群众得实惠、企业增效益”可持续发展。

（翠苑街道　余文杰）

## 文新街道

【概况】文新街道区域面积5.05平方千米，辖15个社区，常住户2.38万户，户籍人口7.56万人，流动人口6.63万人。2022年，街道财政总收入13.23亿元，一般公共预算收入6.66亿元，分别比上年增长10.1%和13.0%；社会消费品零售总额50.8亿元，增长1.2%。引进高校经济项目2个、产学研合作项目2个；引进1亿元以上企业5家，培育准上市企业1家、“准独角兽”企业2家；引进海内外人才106人、D类人才3人、国内外创新创业团队4个。推进共同富裕，完成年度民生实事项目5个，街道残疾人之家被评为杭州亚残运会残疾人事业展示点。布局文化设施，五联民生综合体、街道综合文化站、西城广场建成。保障社会就业，组织招聘会11场，提供岗位3098个，签订就业（意向）协议1005人。规范村集体经济运行，推动共同富裕和现代社区建设。提升街区面貌，完成“标志点、示范路、样板区”建设，紫荆雅苑、欣苑外部特色手工墙绘受到好评。重点推进康乐新村等小区顶楼拆改，开展“美好家园”等专项整治，处理小区矛盾纠纷70多起。巩固“污水零直排区”创建成果，街道入围市对区“斩污攻坚”大比拼红榜。创建省级垃圾分类示范小区2个。筑实安全防线，推进一体化智治平台建设，“西湖码”处置满意率99.5%。健全矛盾纠纷调处化解综合机制，化解重点信访积案2件，矛盾纠纷317起，共享法庭被评为全市首批示范“共享法庭”。开展安全生产专项整治，出动检查3700多人次，排查整改安全隐患573起。深化“无疫单元”创建，建立平战一体指挥体系。

【党建统领网格智治】2022年，文新街道以“争星晋位”和“现代社区建设”为契机，推动党建统领工作具象化、可量化、可评价。经过5轮调整优化，重塑83个网格484个微网格，推进网格党组织同步优化，制定服务指引，发放智治服务卡，1268名网格力量参与网格治理，党员责任区与治理网格深度融合，增强网格联动能力。建强网格双楼道长，开展未来社区建设和“老旧小”改造调研，完成3个小区2000多户家庭的“敲门问情”，2个小区“老旧小”改造实现零信访，被评为“杭州市老旧小改造经典案例”；建强83支351人暖心配送服务小分队，开展宣传引导、送医送药、代购代办、陪护疏导等暖心服务，重点人群直接服务覆盖率99.3%。

2022年10月4日，文新街道暖心配送小分队为老人送上代购生活用品

（文新街道　供稿）

【为企服务深化】2022年，文新街道发挥为企服务专班作用，深化“双千”“双百”服务，走访企业896家次，协调解决问题215个，挽留企业54家，发放政策奖励补助1400多万元。成立全区首个律师党代表法律服务站，帮助解决企业法律诉求。搭建校企互动平台，邀请浙江大学、浙江工业大学教授对话辖区重点企业家，引进高校经济项目2个、

产学研合作项目2个。坚持“精准招商、以企聚企”相结合，形成招引产业链，引进1亿元以上企业5家，培育准上市企业1家、“准独角兽”企业2家。挖掘楼宇平台资源，培育1000万元楼宇6幢，其中1亿元楼宇2幢。推进数字经济集聚区和高端人才集聚区建设，新认定市级以上企业研发中心5个，街道被评为杭州市侨界创新创业基地、467创意联盟打造文创产业示范区特色楼宇。

【社会民生服务】2022年，文新街道完善基本公共服务和保障体系，营造共同富裕民生发展格局。完成养老中心建设，打造医养、康养深度融合的养老服务体系。社区卫生服务中心喜迁新址，空间拓展2倍，软硬件双向升级。建成街道残疾人之家，被评为全省首家数字管理试点单位、杭州亚残运会残疾人事业展示点。建成五联民生综合体。推进文化阵地建设，街道文化设施布局基本成型。打响为老为小服务品牌，阳光老年食堂被列为全市首批“全城通”智能助餐老年食堂试点之一，竞舟社区“红舟少年”公益暑托班活动获得好评。

【社区治理】2022年，文新街道用足用好“西湖码”等数字化改革工具，加快基层“141”平台融合贯通，打造条块高效协同的基层综合治理模式。全年通过“西湖码”承办事项8945件。制定《文新街道社会矛盾纠纷调处化解中心规范化管理办法（试行）》，街道“共享法庭”被列为全市首批示范“共享法庭”，年度化解重点积案2件，接待群众146起、285人次，办理信访投诉2697件。深化警网协同，常态化开展“除险保安”排查整治，出动检查3700多人次，整改安全隐患573处。开展火情防控行动，对60岁以上老人进行智慧“三件套”扩面安装，全区首批标准化建成骆家庄24小时区域性微型消防站。消防安全、平安创建、防范电信网络诈骗等宣传工作成效明显。

## 古荡街道

【概况】古荡街道行政区域面积4.64平方千米，辖10个城市社区、2个楼宇社区，常住人口5.6万人，总人口13万余人。2022年，街道财政总收入159.31亿元，比上年增长44.1%；一般公共预算收入73.12亿元、增长43.4%；实际利用外资完成1.14亿美元；引进项目367个，其中1亿元以上产业项目8个。全年走访服务企业3200多家次，解决诉求200多件，兑付涉企政策资金4834万元；有10亿元总部楼宇1幢、1亿元楼宇7幢、1000万元楼宇14幢；上市企业8家、拟上市企业10家。构建“五创”现代产业体系，壮大高校经济“生态圈”，落地高校经济项目17个，产学研项目11个；加速培育创新主体，建立市级研发企业研发中心8个，新增国家高新技术企业34家、市“雏鹰计划”企业14家。申报创建垃圾分类市级示范小区2个、省级示范小区3个；创建市级美好家园1个；

推进益乐新村自建房安全排查和危房治理攻坚行动，入选全国自建房整治正面典型案例。街道聚焦“中兴”强街建设，参与西溪谷打造“金扁担”工程，坚持数字经济与金融科技双轮驱动。拓展城西科创大走廊两翼，实施“一厅两圈三园”空间布局，城市会客厅开工建设，云州国际中心、浙财金融产业园开展招商，浙大科技园良性运营，华商地块进入建设窗口期。

加强疫情防控，为1.4万名老人发放抗疫礼包，落实疫情保障、服务、应急和救助资金2000多万元。强化民生保障，金秋家园民生综合体建成全区首个以“医康养”为主题的综合服务设施，辐射古东、古南、古北3个社区。建设婴幼儿照护服务点，街道成长驿站被评为示范型五星级驿站，古墩社区婴幼儿成长驿站被评为四星级驿站，社会组织服务中心被评为全省引领型社会组织服务中心。关注退役军人事务，为辖区退役军人申领优待证。为60岁以上老年人开展自理能力专业评估，涉及老年人3350人，新增家庭护理员17个、家庭病床6张。组织5场招聘会，审核发放创业就业补贴149万元，解决欠薪事件和纠纷32起。建成“15分钟品质文化生活圈”4个、城市书房2个，更新健身苑点7处，招募亚运城市志愿者1万余人。

2022年7月8日，全国自建房安全专项整治现场会在西湖区益乐南村举行

（古荡街道　供稿）

【基层治理】2022年，古荡街道探索建立“五级塔防”基层社会治理模式，建成“1个指挥中心+2个防范圈+4个应急圈+7个执法圈+105个网格圈”的五级塔防体系；推动数字化改革，研发“网格通”“执法通”等数字化应用场景，累计下发网格任务1.56万条，完成率90.5%，完成6.35万条人口数据、3.62万条房屋数据梳理工作；处置非警务类警情3488件、“西湖码”事件1.8万件、“平安通”事件3.04万件，“智慧三件套”（智慧烟感探测器、可燃气体探测器、智慧用电探测器）告警3.15万起；累计处理信访网电3639件，接访172批、395人次，完成3件省级信访积案、2件区级积案的销号化解；调处矛盾纠纷570起，调解标的480多万元；排查场所3000多家次，发现安全问题隐患500多处，开具整改通知书26份，关停单位7个；安装“智慧三件套”5921套；秋水苑、山水人家2个消防设施小区整改完成；3家企业标准化建设完成；丰潭路民生实事项目改造完成，沿线事故下降21.6%。

**【涂鸦智能公司挂牌上市】**2022 年 7 月 5 日，杭州涂鸦信息技术有限公司（简称涂鸦智能公司）在香港联交所挂牌交易，发行 730 万股，募资总额 1.4 亿港元。以发行价计算，涂鸦智能市值 111.66 亿港元。该公司 2021 年在纽交所上市，为双重上市公司。涂鸦智能公司在香港按照当地市场规则发行上市后，纽约、香港两地市场均为第一上市地。上市为公司扩大市场规模、服务全球更多客户提供支撑，并为投资者提供一个新的资本市场选择。年末，涂雅智能公司实现财政收入 6263 万元，其中地方财政收入 3064 万元。

**【街道产业会客厅投用】**2022 年，古荡街道产业会客厅投入使用。该会客厅位于文一西路 83 号浙财大金融科创园，为古荡街道集对外展示、招商洽谈、项目路演、会聚人才、为企服务等功能于一体的多功能服务基地，可为企业提供全生命周期服务。会客厅注重高校合作与人才引流，为企业提供物理空间和成长空间，成为企业发展的“加速器”。

古荡街道产业会客厅一角（摄于 2022 年）

（古荡街道　供稿）

**【嘉荷社区被评为市级国际化社区】**2022 年，古荡街道嘉荷社区被评为杭州市国际化示范社区。该社区依托“幸福荟”民生综合体，构建“悦享”“悦动”“悦养”主题服务阵地，涵盖活动空间 29 个，链接服务资源 21 项，常态化开展服务事项 50 多个。社区以党群“和声”、组织“和趣”、资源“和力”、家庭“和睦”、家园“和谐”“五和”为基石，探索国际化社区管理服务新模式，助推打造一流国际化社区。

**【康养联合体建设试点】**2022 年 10 月，古荡街道居家养老服务中心启用。该中心位于西湖区益乐路 19 号，面积 2000 平方米，有助老空间、健康空间、活力空间、教育空间、治理空间等“7+X”服务内容，空间内涵盖助残、托老、辅助、医疗、康复、文体娱乐、志愿等 22 项服务内容及老年食堂，提升居民幸福感、获得感。中心建有全区首个国家级残联人康复之家，制定全市首个照护服务规范标准。中心将“医康养”融入其中，通过街道、卫生服务中心、甲级以上综合性医院、第三方专业机构、养老顾问团“五方联动”，为辖区老年人提供“医康养”一条龙服务体系。

（古荡街道）

## 转塘街道

**【概况】**转塘街道区域行政总面积 78 平方千米，辖 38 个社区、8 个行政村，总户数 2.34 万户，常住人口 12.72 万人，流动人口 8.56 万人。2022年，街道完成财政总收入44亿元，比上年增长90.4%；一般公共预算收入26.5亿元，增长107.8%。招大引强成效显著，召开项目专题推进会25次，走访接待企业630余家次，招引1亿元以上产业项目18个、优质产业项目30个。迁移企业数量和税收实现“双顺差”，留企成功率排名全区前列。推进重大项目建设，省之江文化中心等重点项目有序开展。开发村社留用地项目，全年推进在建项目13个、做地项目11个，完成凤凰谷单元等地块交地0.53公顷。推进杭州茶叶博览会会议会展中心项目建设，完成19.98公顷项目土地征用。发展茶旅产业，全年茶叶产量254.12吨，实现产值1.85亿元。龙坞茶镇茶乡精品线入选2022年“浙里田园”百条休闲农业与乡村旅游精品线路，接待游客407.54万人次，实现旅游收入3.19亿元，带动农产品销售2.32亿元。

助力共同富裕，谋划未来社区、未来乡村、城乡风貌样板区三大板块，启动之江家园未来社区创建；配合做好龙坞片乡村控制性详细规划修编，长埭成为省级首批未来乡村，桐坞入选省级第二批未来乡村，长埭、桐坞通过市级数字乡村样板村验收；启动外桐坞、上城埭未来乡村建设，龙坞片全域未来图景初见雏形，并入围市级共富名单。织密民生保障网络，开展线上下招聘会11次，群体就业率提高至57.1%，排名全区第一。加强劳资关系协调，受理案件1623件，涉案金额980多万元；成立西湖区首个派出庭，独立收办案件58件。

【城乡融合发展加快】2022年，转塘街道实施联心路整体提升改造，种植向日葵幼苗450万株、面积4.67公顷，昔日荒地变身网红打卡点。完成科海路提升改造，科海路通过验收成为省级示范街，在市“赛马”活动评比中被评为优秀。营造浓厚亚运氛围，完成18个点位1.31万平方米外立面整治，布置道旗、文化墙绘、公共艺术装置。推进治水、治气、治土、治废、治违“五治”行动，处置市区两级督办问题2943个，团结浦河道黑臭水体明显改善，龙尾巴水库创建成为美丽山塘。全年拆除违建87处、面积7316平方米，核实区级“无人机”遥感图斑1398宗，整改25处。推进老旧小区提升改造，累计投资3亿元，完成转塘家园、珊瑚沙家园、之江家园提升改造工程，惠及群众2万余人。推进垃圾分类规范化，完成2个省级示范小区、1个省级示范村、4个市级示范小区创建。升级物业服务，成立西湖区物业管理协会之江分会，完成无物业小区清零工作，创建市“美好家园”小区3个。

【社会民生服务提升】2022年，转塘街道居家养老服务中心数智升级，实现老人人脸识别、自助就餐、刷卡结算。新建老年食堂1个，创新推出“孝心车位”52个。聚焦托幼服务，完成1个普惠型幼托机构建设，新增托位40个；新建村社成长驿站2个。落实“双减”政策，摸排培训机构183个。深化“护校安园”行动，协调解决校园周边交通秩序、环境卫生等问题35个。推进民生实事项目，新建5个民生综合体。加快回迁安置，定山家园东区、葛衖庄公寓完成交房，1.33万套房屋具备办证条件。开展地质灾害防治和危旧房治理，龙门坎村杨家外里地质灾害风险防范区完成搬迁，排查鉴定龙坞片自建房6654处。完善区域公交服务，优化原有线路，提高交通出行效率。推进社会保险工作，参保率99.4%。优化企业退休人员服务，完成体检1.13万人，发放节日慰问费4588万元。调整配齐班子力量，新招录社工30名。便捷办事服务，便民服务中心受理业务3.04万件。丰富文化供给，开展“转塘文艺一小时”系列活动54期，组织培训162场，开展迎亚运体育活动16场，举办科学健身大讲堂9期，参与2.54万人次。

【实事项目完成】2022年，转塘街道完成“幸福西湖民生综合体”“1+X”项目。整合公共服务设施，新建街道文化站、五云社区、紫霞社区、尚德社区、长埭村等民生综合体5个。完成精品村路网（大清隧道加固）保障建设项目。对有安全隐患的大清隧道进行修复，通过锚杆支护、注浆、衬砌支护、回填土石方、路面修复等施工治理，该隧道完成竣工验收并投入使用。对村社（小区）微型消防站实施提档升级，由小区物业公司落实固定用房，由街道统一标识、统一装备配置、统一日常管理规范，全年完成11个回迁安置农居小区微型消防站点建设。实施龙坞现代农业园区“茶旅共富”提升改造，对长埭村、上城埭村、桐坞村等8个村基础设施进行改造提升，内容包括主次干道、游步道、茶园蓄水池、茶园水渠挡墙、拨坎、观光亭、景墙和茶园整体景观提升改造。优化“迎亚运”周边环境，西湖国际高尔夫球场“最后一公里”体验区以周边公交站台、地铁站台、公共停车换乘站到场馆的区域为重点，通过协调建筑风貌、整洁建筑立面、美化建筑环境、序化建筑屋顶，环境品质得到提升。推进“美丽山塘”建设。长埭村龙尾巴水库通过加固整治、环境美化，整体面貌明显提升。

【基层社会智治】2022年，转塘街道推进基层“智”治应用，迭代升级数智转塘2.0版本。深化云舍系统建设，发动村社开展扫楼摸底，完成15.28万人、7.6万个地址的核对。完成19个回迁安置小区、农居点智安小区建设，智安小区实现全域覆盖。开展平安转塘宣传，制作宣传资料10万份，推送短信20万条；入户宣传2.37万户、入企宣传1598家；开展消防实战演练和培训82场。开展反诈宣传，推出原创反诈小品《陷阱与馅饼》；推广并安装“国家反诈中心”App8万余人，挽回经济损失416万余元。大平安格局全面建成。领导包干、专班推进，化解信访积案39件。受理信访件4579件，办结“西湖码”事件9221件，满意率96.9%。推进安全生产，排查生产经营单位1.61万个次、高层建筑和农民自建房772幢，督促整改隐患1135处。完善应急体系建设，推进之江家园二区市级社区应急体系改革。开展老集镇集中整治，市级首批重点部位实现摘牌。安装“智慧三件套”1.3万件，升级社区微型消防站11个，火灾起数下降5%。交通事故起数和亡人事故起数实现“双下降”。街道被评为市平安创建先进集体、区平安街道。

（转塘街道）

## 留下街道

【概况】留下街道行政区域面积36.1平方千米，辖14个社区和1个行政村，总人口21.28万人。2022年，街道实现财政总收入41.46亿元，一般公共预算收入22亿元。实际利用外资8446万美元，落地1亿元以上产业项目10个，固定资产投资55亿元，规上工业增加值17.57亿元，社会消费品零售总额103.7亿元，数字经济产业增加值11.7亿元，新增上市企业1家。围绕打造“小和山科学城”目标，新培育国家高新技术企业30家、省科技型中小企业69家、“雏鹰计划”企业6家，引进硕士及以上高层次人才125人，申报“英才计划”项目14个，落地高校经济项目21个。全年税收亿元楼宇6幢、1000万元楼宇4幢，有总部楼宇2幢、特色产业园3幢。优化营商环境，新设企业主体2694家，走访服务企业1663家次，迁入异地纳税企业565家，发放扶持资金、房租补贴3378万元，联合投资金融机构对接企业贷款授信需求9.3亿元。建立基层党组织“第一议题”制度，加强村社领头雁队伍建设，建立“日晒月评季测”机制，开展村社书记“亮绩打擂”大比武6次，举办“星青年计划”村社后备干部培训班。建成1100平方米小和山科教产教园党群服务中心，实现高校联建，推出党群活动品牌和暖蜂驿站便民品牌，推动党建优势转为治理效能。

【环境品质提升】2022年，留下街道结合亚运环境整治，完成天目山快速路、地铁3号线、留下互通等重大交通项目建设，建成6.4千米双向六车道留和快速路及周边8条支小路，地面通行效率整体提升24%。对留和路沿线21处建筑外立面进行整治、亮化，完成留和路景观提升面积24万平方米，打造两侧休闲绿道6千米、雕塑小品15个。开展杨家牌楼环境整治提升、小和山区域美丽家园建设等专项行动，创建垃圾分类2个省级和市级示范小区3个。拓展未来发展空间，完成做地10宗，面积27.67公顷；出地5宗，面积12.33公顷。

【民生事业改善】2022年，留下街道建设屏峰、小和山、石马3个民生综合体，同步建设婴幼儿成长驿站、百姓健身公园、网球中心、街道级助联体等民生服务场所，构筑“15分钟幸福便民圈”。拓展优质医教资源，建设小和山九年一贯制学校、西溪医院二期。实施留和家苑、西湖家园等老旧小区改造提升。推动回迁安置，街道建成全省最美安置房金鱼井小区。

【数智赋能基层治理】2022年，留下街道完成镇街大脑系统“1612”体系迭代升级，对接省“1612体系”及IRS系统数据，服务“留下智脑”实现全域智治。建设标准化基层数据底座，海量数据实时更新，借“网格果果”“居民果果”等客户端，提升基层治理效能。打造“僵尸车监管一件事”大综改精品示范成果，被国家、省、市媒体报道。依托“城市大脑”杨梅山路治理系统，加强道路管理，实现道路平均拥堵指数1.48，比上年下降44.15%。创新开发“一键直达办事管理系统”，实现社区出租房源情况精密智控。

（留下街道）

## 蒋村街道

【概况】蒋村街道行政区域面积13.84平方千米，辖社区8个，常住人口4.3万人，总人口10万人。2022年，街道实现财政总收入19.61亿元，一般公共预算收入10.99亿元。发展产业经济，推进项目招引，全年落地沃德事全国研发中心、阿里拍卖等优质项目572个，落地1亿元及以上项目8个，重大签约项目6个。北交所浙江基地落户蒋村并投入运营。对接高等院校资源，落地校友创业项目5个、产学研项目6个、揭榜挂帅项目4个。投入规上企业研发费用11.3亿元，比上年增长14.4%；新培育省级“专精特新”企业5家，认定国家高新技术企业38家、省科技型中小企业97家、创新型中小企业29家。11家企业入围年度“准独角兽”企业榜单。认定国家级孵化器1个、市级众创空间4个、市级以上企业研发中心10个。新认定D类以上杭州市高层次人才19人，引进海内外硕士及副高以上人才130人。立足34个投产园区开发为企服务数智管理系统，挖潜拥有软件著作权企业73家。常态化开展助企纾困，走访企业1018家次，为企业解决困难和问题379个。推进惠企政策集成落地，兑现助企资金2476万元，减免街道商铺租金113.28万元。西溪首座生态园区登上中央电视台《朝闻天下》栏目，鳌溪亿合大厦、公元里、三深国际等园区完成提升改造。

聚焦“争创首善现代社区”目标，推进“争星晋位、全域建强”行动。针对融合型大社区大单元，组建物业管理委员会，全年分类实施13项培训计划和专门考核办法，建立“业主联络日”等民意反映渠道，推进社区、物管会、物业三方协同管理。三深国际园区试点打造街道首个楼宇商圈党群服务中心，组建园区网格党总支，建立“访—商—帮—送—跟”常态化工作机制；依托智慧园区物联设备、数字平台，创新升级“园区码”系统，提升“两新”流动党员管理质效。释放党群服务阵地活力，在十字港、蒋村港、云起中心“两港一中心”打造独具“水乡记忆”的党群服务阵地；改造升级商圈1·9集聚区党群服务中心，建设启用“红驿站”3个。

街道创建府苑省级未来社区，被评为市

级平安创建先进集体、全市政务信息工作先进单位。街道“枫桥式”退役军人服务站通过省级验收；街道残疾人之家被评为省五星级和杭州市综合性示范性残疾人之家；助联体服务站被评为杭州市首批星级助联体服务站；城市环境大整治、城市面貌大提升专项行动获杭州市集体嘉奖。西溪传说、传统旗袍制作技艺被列入市级非遗名录；西溪水浒文化展示馆被评为“杭州市乡村博物馆”；庐境西溪酒店被评为首批杭州市非物质文化遗产特色酒店。府苑社区侨海家园被评为浙江省“星级侨胞之家”三星级；仕林社区被评为“市级高质量就业社区”；府苑社区图书馆被评为“杭州书房”。

【街区面貌提升】2022 年，蒋村街道立足“三横三纵”营造亚运氛围，创建“标志点、示范路、样板区”。打造蒋村港、朝天莫港 2 个亚运主题公园，获《人民日报》等媒体报道。沿区文体中心周边提升“两港一中心”，延续水乡文化记忆。开展全域环境综合整治，完成 5000 平方米重点地块综合整治，翻修路面 1.5 万平方米；清理并复绿 12 处，面积 280 平方米。拆除违规设施 47 处，设置亚运宣传广告牌 200 多块。借助“大综合一体化”行政执法改革，联动处置城市管理案件 258 件。城市管理工作 3 次获市级领导批示肯定。巩固“全域美丽河湖”创建成果，完成中海华府雨污分流项目。破解餐盒处置难题，深化可回收物循环利用系统，65 个回收点位日均减量 100 桶。承办市区环保现场会 2 次，连续 2 年在全市专题会上做交流发言。组建 8 个回迁安置小区物业管理委员会，实现专业化物业和业主组织“双覆盖”。

【6 件民生实事完成】2022 年，蒋村街道坚持用心用情惠民生，完成年度 6 件街道级民生实事，建立长效运行机制。聚焦“一老一小”完善服务配套，2 个养老服务中心安装无感服务智能终端，为 20 户特殊老人配备“智慧四件套”。推进“一键式养老”，全年注册 1646 人，访问数量 8400 多次。居家养老中心椿龄荟试点设置认知障碍照护专区，被列入全省基本养老服务体系建设现场会考察点。完成府苑珠链式民生综合体建设，开展民生服务活动 137 场，服务居民 2 万余人次。创建街道五星级便民服务中心，全年办理“最多跑一次”业务 6.7 万件，“就近办”平台受理 5.5 万件。推进就近就业数智就业试点，以“数智”赋能就业创业服务。落实稳就业保障政策，“零就业家庭”动态清零。举办线上线下招聘会 7 场，推动 478 人达成就业意向。

【平安蒋村建设】2022 年，蒋村街道构建“1516”基层治理体系，优化网格组团，联动部门协同治理，提升基层治理效能。建成街道级“共享法庭”，融合“专业型 + 服务型”力量化解群众矛盾，全年调解案件、纠纷 507 件，普法宣传覆盖 1800 多人次。完成街道行政执法综合改革工作，开展“监管一件事”巡查 9 次，实现政府多领域综合监管、市场主体迎检成本下降的“双赢”目标。健全安全责任体系，全年组织执法人员2800多人次，开展覆盖沿街商铺、工业企业等12大领域安全巡检954次，检查单位9035个次，发现并整改隐患1169个，处罚单位38个。依托街道数字化指挥中心，承接四个平台、智慧巡检、巡安卫士等数字应用。提升消防应急救援能力，建成1个区域型、8个社区和36个园区（住宅）微型消防站。发挥“智慧三件套”前置预警作用，接收并处置告警14261件，处置率95.5%，火警比上年下降21.9%。构建食品安全包保责任体系，创建浙江省“四星”级乡镇（街道）食安办。攻坚小组每日会商、多方联动，化解国家、省、市三级信访积案24件。全年街道接收投诉3229件，办理“西湖码”事件7826件，电网诈发案率、刑事警情、治安警情均下降。

【街道文联成立】2022年12月15日，蒋村街道文联成立暨第一次代表大会召开，参加代表41人。街道文联第一届委员会第一次会议选举产生委员15人；组织召开第一次主席团会议，决定街道文联秘书长、副秘书长、顾问名单。街道调动基层文艺团体、文化企业、文艺工作者和爱好者的积极性，建立上下联动机制，形成精干管用的组织网络体系和科学高效的运行机制。依托文联为载体，开展亲子阅读、读书分享会、摄影活动等。街道文联在加强思想政治引领、推进艺术相见、培育基层文艺人才、繁荣基层文化、服务共同富裕等方面发挥作用。

【芯型应急改革试点】2022年，蒋村街道完成省市社区应急体系改革试点任务，竞渡社区在全市专题会上做经验交流。街道创新构建竞渡社区“芯型应急体系安护网”，将快递员、外卖员等群体纳入社会应急志愿服务队，将24小时便利店发展为应急物资中转站。“应急侠”“仓储站”等新的社会应急配送网络逐步形成。全年快递小哥等社会应急力量协同参与突发事件救援任务3968次，上报有效线索411条。《蒋村街道发动“快递小哥”力量 “闪电侠”变身“应急侠”》专报被市委办公厅《杭州信息》刊登报道。

2022年6月27日，蒋村街道举行“芯型未来社区应急安护网”启动仪式

（蒋村街道　供稿）

【府苑未来社区建设】2022年，蒋村街道府苑社区省级未来社区创建通过验收。府苑未来社区完成珠链式民生综合体建设，开展民生服务活动137场，服务居民2万余人次；挖掘吸纳社区达人力量组建社区达人库，形

2022年10月17日，西湖区蒋村街道红五星帮帮团举行助力山区26县好货出山活动

（蒋村街道　供稿）

成达人团队13支、260多人。召开“文化挖掘金点子会”“360圆桌会”等会议，赋能社区治理；打造“友邻先锋”党建品牌，引入第三方长效运营团队，依托“时间银行”特色数字应用，组建“红五星”团队，通过城乡党建携手，开展系列助邻助农行动。

（蒋村街道　赵健霏）

## 三墩镇

【概况】三墩镇行政区域面积38平方千米，辖2个行政村、17个撤村建居社区、24个成建制社区，总人口38万人。2022年，街道深化招大引强，到广东、四川、安徽等地招商引资6次，走访“六张清单”企业533家次，引入重点产业项目20多个。依托开物创新大厦、浙谷深蓝等新建留用地楼宇，做好业态规划和产业引导，锁定生物医药、人工智能、数字经济、文化创意类产业链龙头企业，吸引更多上下游企业落户入驻。激发创新活力，实施科技企业“双倍增”行动，全年新增上市企业1家、“专精特新”企业3家、市级研发机构5个、高新技术企业33家。建设启用浙大药学院鑫药创制园、华为新工业赋能中心，引进“沁奕科技”等优质项目10个。发挥科创孵化平台作用，全年招引高校经济项目48个，新引进海内外硕士及以上高层次人才121人，新增市D类以上高层次人才6人；申报“西湖英才”项目13个，其中落地3个。护航杭州亚运，打造以紫荆花北路、古墩路为重点道路的景观节点9处；完成亚运文化特色墙绘4处；设置特色文化围挡、河道护栏8200多米；完成政苑社区4个小区亚运元素设置，建筑立面整治4项，面积25万余平方米。绕城村被评为省未来乡村，绕城村、华联村被评为市首批数字乡村样板村，吉鸿社区被评为首批未来社区。村社治理有亮点，三墩镇被评为省乡镇（街道）法治化综合改革试点最佳实践案例、省美丽乡村示范乡镇、省疫情防控执行力指数评价优秀乡镇（镇街）等省、市、区荣誉。

绕城村印糕版艺术馆实景图（摄于2022年）

（三墩镇　供稿）

【项目保障与单元控规】2022年，三墩镇服务保障西湖大学三期、双桥云谷及紫金港科技城各类配套基础设施建设、人才客厅、湖杭铁路施工收官和保开通等重点项目建设，年度做地出地攻坚行动任务中涉及三墩的17处清表交地完成。加快推进区域人工智能创新发展区建设，配合做好双桥云谷城市开发边界调整和双桥云谷单元新一轮控规编制，双桥单元开发边界获批，杭长高速公路以北大部分土地纳入“三区三线”。拓展城市建设空间，完成卸紫桥及庙西街217户、面积1.1万平方米国有土地房屋收购。

【社会治理】2022年，三墩镇深化“西湖码”呼应为一体化应用机制，办理群众上报事件1.81万件。加强站内公共法律服务供给和标准化建设，将12个基层平安综合站与法治建设有效融合。统筹管理“七张清单”“三张清单”“渣土一件事”“疫情一件事”“争先创优”等工作，拓展智治场景。9月，三墩镇作为推进基层治理工作体系建设示范乡镇（街道），获市委政法委通报表扬。做好除险保安、安全生产和消防整治等工作，开展平安巡防6000多次。挂牌成立综合行政执法队，开展“体验式执法”94次，查处案件88件。三墩镇安全指数考核获杭州市五星等级。

【民生综合体建设】2022年，三墩镇新建五幸、文鼎苑、吉鸿3个社区级民生综合体。其中五幸社区民生综合体建筑面积3200平方米，上下4层。文鼎苑民生综合体总面积1200平方米，设居民文化家园、居民活动中心、社区居家养老照料服务中心等。吉鸿社区民生综合体，占地面积3000平方米，主要建设吉鸿社区党群服务中心（文化家园）、居家养老服务中心和幸福荟幸福餐厅。年内，全镇7个民生综合体承接社会组织服务、未来社区养老场景、亚运氛围营造、老年大学、省级康养联合体示范项目等方面的考察活动，副省长王文序3次到三墩镇考察吉鸿、政苑、文鼎苑民生综合体，对相关工作给予肯定，经验做法被中央电视台《焦点访谈》栏目和浙江卫视《浙江新闻联播》等媒体报道。

【小区物业服务】2022年，三墩镇开展物业服务提升和无专业化物业管理小区清零行动，完成15个无专业化物业管理小区的物业区域划分，监督指导政苑、乾成园、龙湖春森俪湾、望月公寓等26个小区、农居点组建物业管理委员会，年内老集镇范围内振华、庙前、新星、兰里4个社区组建专业物管队伍，物业服务实现全覆盖。整合空间资源，规划建设停车场9处，提供停车泊位2000多个。庙前街社区紫蝶苑小区中旅物业被评为省级“红色物业”。

（三墩镇　胡思远）

## 双浦镇

【概况】双浦镇行政区域面积81.81平方千米，辖社区9个、行政村21个和筹备社区1个，户籍数1.75万户，户籍人口6.9万人，暂住人口2.9万人。2022年，全镇实现财政总收入6.75亿元，比上年下降26%；一般公共预算3.5亿元，下降22.4%；规模以上工业增加值4.15亿元，下降22.7%；社会消费品零售额5.3亿元，增长17.9%；固定资产投资62.98亿元，增长71.7%；农村经济总收入141.58亿元；村级集体可分配收入8243万元、农民人均收入4.96万元，分别增长9.6%和8.2%。统筹疫情防控与经济社会发展，完成3处隔离点管控、76个核酸采样点常态化核酸检测，连续9个月保障杭州南卡口运行。累计完成60岁以上人员疫苗接种13967人，接种覆盖率98.7%，发放“防疫包”1.8万份，布置重点老人结对85人。

加强规划引领，布局实施18平方千米双浦单元控规编制，完成灵山区块村庄规划、铜鉴湖及周边区块产业发展规划编制，双浦单元4个留用地地块4.83公顷指标预支完成。项目牵引成效明显，养生堂有限公司、中国船舶重工集团有限公司等重点投资项目稳步推进，浙江悠然谷农旅发展有限公司、杭州文创新经济产业园落户双浦。招引10亿元以上项目1个、1亿元以上项目3个，引进海内外硕士及副高职称以上人才81人，认定E类人才6人。提升城乡风貌，完成城乡风貌“房整整”专项整治，全域284处屋顶突兀建筑全面清零。完成4处大型亚运景观装置建设，全域布置亚运宣传标识。云浦新语、彩虹府被评为市级美好家园住宅示范小区。铜鉴湖完成省级美丽河湖创建，双浦镇创建成为文旅融合型美丽城镇省市级样板。

优化民生服务，完成袁五路、袁六路、良浮路交地并启动建设，水韵枫桦公寓首次安置，分配房源553套。双浦社区卫生服务中心启用。建设“浦韵”复兴少年宫，引入国家级非遗杭州小热昏传承人周志华大师工作室、浙江省新四军“革命传统教育基地”，成立杭州市“浦韵”书香特色书房、铜鉴湖文化研究院。建成白滬村、新浦沿村2处村级民生综合体，新建体育健身场所20处，白滬村、麦岭沙社区成长驿站被评为五星级成长驿站。

创新基层治理，推进“大综合一体化”行政执法改革，双浦镇被评为西湖区“大综合一体化”行政执法改革优胜单位。用好“浙里调”“解纷码”等数字治理平台和“宿心浦和”退休村干部调解工作室，调处矛盾纠纷173件，解决信访积案5件。双浦镇应急消防管理站创建为杭州市第一批达标应急消防管理站。推进28个村社微型消防站建设，桑园地村成功创建省级应急体系改革示范点。开展安全生产排查整治，推进工业企业、危险化学品使用单位、出租房等重点领域消防安全综合整治，检查单位4591家次，整改隐患1576处。

【农业农村现代化建设】2022年，双浦镇加快推进农业农村现代化，生产小麦、水稻等890万千克；九曲红梅茶年产量26吨，实现产值2000万元。在大坞盆地实施“恢复茶产业种植”项目，建成长安沙333.33公顷粮食功能区。成立农民合作经济组织联合分会，罗来农村产业融合发展示范园入选第四批省级农村产业融合发展示范园创建名单，杭州灵山数字茶园、杭州浦丰生态农业有限公司、杭州百盛精准农业有限公司入选省级“双强”项目。21个行政村完成数字乡村建设，桑园地被评为省级未来乡村。东江嘴村、双灵村创建第五批省级引领型农村社区。外张村、桑园地创建成为杭州市田园社区示范点。

【湖埠村污水“零直排村”创建】2022年9月，湖埠村通过市建委专家组评定，成为杭州市首个农村生活污水“零直排村”。该村提升后的污水终端处理系统按照污水全收集、雨污全分流、处理全达标、资源全利用、监管全智慧“五全”要求，将原有5个设施合并整合成1个设施终端，采用曝气膜生物反应器（MABR）新型工艺技术，日处理污水300立方米，出水水质达到省级一级出水标准。设施终端地表设计融入生态园林和庭院景观理念，成为该村美丽乡村风景。

2022年建成的双浦镇湖埠村生活污水处理终端（摄于2022年）

（双浦镇　供稿）

【水韵枫桦公寓安置房完工】2022年11月，水韵枫桦公寓安置房项目建设完成。该项目位于双浦镇之江片区，毗邻浙大一院之江院区、西投银泰城，周边有紫之隧道、彩虹快速路和地铁6号等交通配套。项目总用地面积6.41万平方米，建筑面积24.89万平方米，新建住宅14幢、安置房源1460套。

【铜鉴湖入选省美丽河湖】2022年12月，双浦镇铜鉴湖入选省水利厅发布的美丽河湖名单。铜鉴湖防洪排涝调蓄工程完成铜鉴湖调蓄区、配水泵站、铜鉴湖隧洞等建设，新增湖面1.35平方千米。开展水域生态净化，湖泊中心水域经治理达到水质Ⅲ类标准。建设高品质滨水空间。铜鉴湖绿道分为云栖公园、里湖公园、主湖区、花山、公馆山五大板块，长度31.5千米。主干绿道宽5米，次干绿道宽3米，园路宽1.8—2.5米，水上栈道宽3米。绿道沿线分布驿站6座、大小亭廊48座、停车场3处，并设有平面图、导览图、景点介绍、安全提示等标识系统。该湖连接花海掬香、云杉映波、海棠融春、九曲梅轩、昙山访石等景点。提高交通通达性和便利性，配有观光车站点7个、观光车23辆，设游船码头6个、配置游船8艘。

（双浦镇　方琳嬿）

# 人 物

## 杭州市劳动模范

【傅蓉萍】女，1967年5月出生，中共党员，西湖区教育发展研究院教师。从事幼教37年，是杭州市第十二届党代会党代表。担任幼儿园党支部书记、园长10年，筹办幼儿园6所。2019年、2021年分别出版专著《发现儿童：旨在儿童观重塑的区域研修新样态》《发现课程：基于园本课程建设的孵化行动》。曾获杭州市优秀教师、杭州首届“幼教工匠”等称号。2022年4月，被授予“杭州市劳动模范”称号。

【姜琪】男，1984年10月出生，中共党员，西湖区人民检察院一级检察官。办理案件800多件1000余人，均无错案，被评为西湖区检察院“办案能手”，立三等功2次。参与开发“三远一网”“审查示证辅助系统”“区块链取证设备”“非羁码”等技术创新项目并获上级肯定。2021年1月入选“全省检察机关专业人才库”，6月入选最高人民检察院“全国网络犯罪检察人才”，2021年被评为杭州市检察院“最美检察人”提名奖。2022年4月，被授予“杭州市劳动模范”称号。

【王华】男，1984年4月出生，中共党员，西湖区疾病预防控制中心传染病防控科副科长。从事卫生监测、传染病防控、艾滋病性病防治等工作，勇于承担区里急难险重任务，在公共卫生专项领域尽职守责。曾被评为“2019年度区卫健系统工会工作先进个人”、“2021年度西湖区最美西湖健康卫士”、2021年市卫生健康系统“最美抗疫卫士”。2022年4月，被授予“杭州市劳动模范”称号。

【李兵】女，1971年3月出生，中共党员，西湖区税务局二级主办。从事税收工作27年，坚守办税服务大厅纳税咨询服务岗位，为纳税人提供优质服务。2017年、2018年被评为税务系统优秀公务员，在“最美浙江人2021浙江骄傲”网络投票中进入前50名，2021年获“浙江省税务系统先进工作者”“西湖区优秀共产党员”等称号。2022年4月，被授予“杭州市劳动模范”称号。

【张庭建】男，1979年11月出生，中共党员，杭州市西湖区蒋村街道办事处区域发展与治理中心专技九级职员。2019—2021年，承接街道约20个项目工作任务，完成蒋村花园、西溪花园东区、府苑新村未来社区提升改造。获国家、省级、市级“测量放线优秀教师”、杭州市老旧小区改造先进个人、“最美西湖建设者”等荣誉。2022年4月，被授予“杭州市劳动模范”称号。

【朱建刚】男，1989年11月出生，浙江鹏盛建设集团有限公司项目经理。公司职工技术骨干，编写《建筑工程施工管理手册》并推广实施，研究多个新课题获杭州市建筑工程质量控制小组活动三等奖、优秀成果二等奖等。管理项目获“G20峰会保障优秀工地”“安全生产文明施工标准化样板工地”“浙江省建设工程优秀质量管理项目”等荣誉。2020年杭州市“五一劳动奖章”获得者。2022年4月，被授予“杭州市劳动模范”称号。

【张红缨】女，1975年4月出生，民革党员，杭州三杭蒙特费罗电梯部件有限公司工程师。在企业一线从事技术管理，因表现突出被评为先进生产者。提出“单位人均产量和人均产值评价法”评价模式等，为提高工作效率、产品质量和降低生产成本做出贡献。2016年起担任民革杭州市代表。2022年4月，被授予“杭州市劳动模范”称号。

【吕小荣】男，1974年1月出生，中共党员，浙江绩丰岩土技术股份有限公司技术部经理。探索非公企业党建新路，曾创造全省建成最深地下连续墙工程的纪录。参与杭州迎亚运大建设，投身杭州奥体中心体育馆项目桩机工程、亚运会配套项目杭州西站工程等。获“杭州市优秀工会工作者”“西湖区最美劳动者”“西湖区优秀工会干部”等称号。2022年4月，被授予“杭州市劳动模范”称号。

【李世良】男，1974年7月出生，杭州之江度假区世良茶叶经营部制茶师、高级评茶员。炒制西湖龙井38年，熟悉茶叶采摘、摊青、杀青、回潮、辉锅、挺长头等整个制茶过程，掌握龙井全手工制茶技艺。普及手工炒茶技艺，成为西湖区龙坞中心小学、杭州四季青中学等学校青少年校外学习西湖龙井茶手工炒制技艺的良师益友。2021年参加西湖区西湖龙井茶炒茶王大赛获“炒茶王”称号。2022年4月，被授予“杭州市劳动模范”称号。

【陈林华】男，1981年10月出生，中共党员，西湖区公安分局刑侦大队副大队长。2021年，牵头办理“袁某某等人有组织犯罪团伙”案件；针对黑恶犯罪向网络延伸出现的“裸聊敲诈勒索”等新型犯罪情况，通过情报导侦机制，开展线索研判，打掉10多个涉网黑恶犯罪团伙，被省公安厅授予个人二等功。2022年4月，被授予“杭州市劳动模范”称号。

【郑雯月】女，1976年11月出生，浙江天煌科技实业有限公司副总经理。负责公司销售工作，每年为国家缴纳利税6000多万元，产品在教育装备行业全国市场平均占有率65%以上，连续9年居国内市场销量第一位。企业获“中国驰名商标”“国家重点高新技术企业”“浙江省著名商标”等称号。2022年4月，被授予“杭州市劳动模范”称号。

【李水琳】女，1979年4月出生，中共党员，杭州市西湖区灵隐街道东山弄社区党委书记、居委会主任。创新社区治理和服务模式，开展“抓强小区党建、夯实小区治理、零距服务群众”三大专项行动，推行居委会、业委会、物业“三位一体”共建共治模式。获“浙江省万名好党员”“杭州市优秀党务工作者”“杭州市最美社区工作者”等称号。2022年4月，被授予“杭州市劳动模范”称号。

【陈越孟】男，1969年3月出生，民建会员，浙商创投股份有限公司董事长、总裁。管理基金近40支，成功投资优秀企业200多家，投资企业中上市企业50多家，管理资产规模567亿元，所投企业累计市值超过8000亿元，带动就业人口20万人。获“中国顶级风险投资人”、“改革开放40周年浙江民建优秀企业家”、第四届杭商大会优秀杭商等称号。2022年4月，被授予“杭州市劳动模范”称号。

【郑育高】男，1970年6月出生，民盟盟员，理想连线集团有限公司董事长。1996年初在西湖区创立第一家企业，至2021年末拥有建设工程技术领域设计咨询与管理服务全产业链条、全系列资质，年业务承接量逾10亿元。曾获“杭州市优秀中小企业家”，浙江省“杰出知联之星”“最具影响力统战人物”等称号。2022年4月，被授予“杭州市劳动模范”称号。

【贾炳校】男，1963年10月出生，中共党员，杭州贾氏茶叶有限公司高级制茶师、高级评茶师。钻研九曲红梅茶制作技艺，探索运用石灰窑制的特殊技艺，开辟花茶九曲红梅系列茶品，为杭州市首个将花与九曲红梅茶结合的制作技艺人。参与九曲红梅茶文化的挖掘与传播推广，公益推广九曲红梅茶文化。2018年2月被评为首批西湖区非物质文化遗产代表性项目“九曲红梅茶制作技艺”代表性传承人。2022年4月，被授予“杭州市劳动模范”称号。

【高政】男，1982年8月出生，中共党员，西湖区三墩镇华联村村民委员会党委委员、村委会副主任。负责开展农村生活污水治理、劣五类河道整治及美丽乡村、精品村、未来乡村创建等工作。协调保障企业经营效益与村民合法权益，推动农耕文化与乡村旅游深度融合。2022年4月，被授予“杭州市劳动模范”称号。

（区总工会）

## 浙江工匠

【唐莹】女，1982年10月出生，杭州西湖安保服务集团有限公司保安三部经理，安吉和舟山两个分公司负责人。2001年起，从事省委、省政府、省人民大会堂每年“两会”期间安全保障，为省高级人民法院、省廉政教育中心、杭州市廉政教育中心、中央纪委浙江培训中心等单位安保工作负责人，带领高级保安员和初级、中级消防员110多人，公司员工多次获省、市公安厅一、二、三等功，其本人获省、市多项奖励。借助唐莹保安大师工作室，开展各类交流会和安保类比赛。2022年8月，被评为“浙江工匠”。

## 杭州工匠

【董霖】男，1983年12月出生，每日互动股份有限公司首席数据官。从事移动应用研发、大规模分布式系统研发、大数据分析和研发等方面的技术研发和管理。担任杭州市重大科技创新专项“‘个推’面向移动终端的应景信息推送平台软件”项目负责人。参与公司数据中台产品“每日治数平台”技术研发，为数字化转型贡献力量。参与科技公益事业，与中国地震台网中心合作研发的“地震速报”App通过毫秒级的推送速率为社会大众实时推送地震消息；在“地震预警新技术研究与示范应用”国家重点研发计划项目中，担任“海量用户高并发广播和高频高并发信息拉取技术研究”专题负责人。疫情期间，参与杭州“健康码”项目开发。为《信息安全技术移动互联网应用程序（App）软件开发工具包（SDK）安全指南》国家标准第一起草人，并参与各类行业标准、团体标准的制定工作。2022年9月，被评为“杭州工匠”。

## 浙江省特级教师

【杨封友】男，1973年9月出生，浙江仙居人，杭州市保俶塔实验学校教导处主任，正高级教师，杭州市初中科学教研大组成员、省市区级工作室主持人、浙江省教育学会中学科学教学分会理事，曾获浙江省“春蚕奖”、浙江省教育科研先进个人、台州市名教师、台州市青少年英才奖等荣誉。从教31年，获省、市级教学科研成果奖8项，承担省市区级公开课、讲座40多次，发表教学论文17篇，参编教学指导、教辅用书13本，出版专著1本。2022年9月，被评为第十三批浙江省特级教师。

【邬淑颖】女，1973年1月出生，浙江岱山人，中共党员，杭州市保俶塔实验学校副校长，曾获浙江省“春蚕奖”、浙江省教科研先进个人等荣誉。主持教育部课题1个、省级课题2个，课题研究成果获省市一等奖、二等奖，被评为浙江省基础教育成果一等奖，出版书籍《创感课堂：儿童音乐能力发展的课堂变革》。2022年9月，被评为第十三批浙江省特级教师。

【王丽兵】男，1979年11月出生，浙江嘉兴人，中共党员，杭州市竞舟小学副校长，曾获浙江省教育科研先进个人等荣誉，为浙江省网络名师学科带头人、杭州市“131”中青年人才培养对象、杭州市高层次人才、杭州市名师乡村工作室导师、西湖区第一层次学科带头人。曾参加全国第十二届小学数学优质课评比并获一等奖，所执教的录像课《年、月、日》被人民教育电子音像出版社作为“教师用书”配套光盘课例在全国发行。参加省内及全国各地讲学近200场次，主持参与省、市、区课题研究10多项，发表论文50多篇。2022年9月，被评为第十三批浙江省特级教师。

【马珏】女，1977年11月出生，浙江杭州人，中共党员，杭州市和家园小学党支部书记、校长，从教25年，出版专著1本，主持省级课题研究4个，市级课题研究7个，课题成果全国获奖4项、省级获奖5项、市级获奖17项，在省级刊物发表被收录文章30篇，曾获国家级课堂教学评比一等奖3次、省级教学评比一等奖2次、市级教学评比一等奖1次，执教全国级公开课5节、省级公开课24节、市级公开课6节，开设省级讲座4个、市级讲座3个，主持市级名师工作室1个、区级工作室1个，从教先进事迹被浙江少儿频道《可爱教师》栏目报道。2022年9月，被评为第十三批浙江省特级教师。

【姚国娟】女，1976年10月出生，浙江杭州人，中共党员，杭州市学军小学教育集团教师发展中心主任，正高级教师，浙江省教育科研先进个人。从教26年，执教省、市级公开课70多次，曾获教育部“一师一优课”、全国现代教育技术辅助教学评比活动一等奖等荣誉，主持省市规划课题研究6项，发表论文40多篇。2022年9月，被评为第十三批浙江省特级教师。

【应旭萍】女，1976年1月出生，浙江淳安人，杭州市西湖职业高级中学教务主任，正高级教师。从教24年，曾获浙江省黄炎培杰出教师奖、杭州市优秀教师、杭州市“教育工匠”、淳安县“学生最喜爱老师”等荣誉，参与全国教育规划课题1项、省教育规划课题4项，科研成果获国家级教学成果评比二等奖2项、省政府成果一等奖1项，参与修订国家级、省级教学标准3项，发表论文9篇，主编教材7本，获全国职业院校信息化大赛一等奖2项，主持微课程开发获浙江省一等奖，主持中央文化企业国有资本数字资源库建设项目1项，取得实用新型专利4项。2022年9月，被评为第十三批浙江省特级教师。

【何黎明】女，1971年11月生，浙江余姚人，中共党员，浙江大学幼儿园总园副园长、浙江大学幼教中心党总支副书记兼纪委委员、浙江大学幼教中心副主任兼教科室主任，浙江省教科研先进个人，浙江大学先进个人、优秀党员，浙江省教育系统家庭、事业兼顾型先进个人，曾参与教育部内地优秀教师赴港澳交流，在澳门工作2年，两次获教育部、港澳办颁发的“优秀指导教师”称号，为杭州市教坛新秀、中国家庭教育学会幼儿园家庭教育专委会专家、浙江省家庭教育讲师团成员。从教32年，曾在杂志上开设专栏1年，翻译、发表并获奖论文100多篇，主编教材、出版专著等13本。2022年9月，被评为第十三批浙江省特级教师。

（区教育局）

## 杭州市优秀教育工作者

【贾清泉】男，1987年8月出生，浙江临安人，中共党员，杭州市公益中学副校长。

2022年9月，被评为杭州市优秀教育工作者。

【徐敏】男，1985年7月出生，浙江淳安人，中共党员，杭州市第十五中学教育集团副总校长。2022年9月，被评为杭州市优秀教育工作者。

【沈健】男，1979年3月出生，浙江杭州人，中共党员，西湖区教育装备保障服务中心副主任。2022年9月，被评为杭州市优秀教育工作者。

【傅超楠】女，1983年5月出生，浙江杭州人，中共党员，杭州市学军小学教育集团副校长。2022年9月，被评为杭州市优秀教育工作者。

【陈跃】男，1978年10月出生，浙江杭州人，中共党员，杭州市文理小学副校长。2022年9月，被评为杭州市优秀教育工作者。

【朱亚萍】女，1980年11月出生，浙江杭州人，中共党员，西湖区青少年宫副主任。2022年9月，被评为杭州市优秀教育工作者。

【盛明忠】男，1970年7月出生，浙江杭州人，中共党员，浙江工业大学附属实验学校副校长。2022年9月，被评为杭州市优秀教育工作者。

【黄兰程】女，1979年7月出生，浙江兰溪人，杭州市西湖区紫荆幼儿园副园长。2022年9月，被评为杭州市优秀教育工作者。

【姚芳美】女，1989年7月出生，浙江湖州人，中共党员，杭州市西湖区政苑幼儿园副园长。2022年9月，被评为杭州市优秀教育工作者。

【陈玲玲】女，1986年10月出生，浙江杭州人，杭州市西湖区龙坞幼儿园办公室副主任。2022年9月，被评为杭州市优秀教育工作者。

【石英】女，1973年1月出生，天津人，中共党员，西湖区紫金港幼儿园党支部书记、副园长。2022年9月，被评为杭州市优秀教育工作者。

【徐瑾】女，1989年3月出生，浙江杭州人，杭州市西子湖幼儿园三台山园区教研组长。2022年9月，被评为杭州市优秀教育工作者。

（区教育局）

# 附　录

## 西湖区主要机构及负责人名录

（截至2022年12月31日）

### 中共西湖区委员会

书　记：高国飞（至2022年12月）、
董毓民（2022年12月始）
副书记：董毓民（至2022年12月）、
周扬（女）（2022年12月始）、
陆志敏
常　委：宣寅（女）、李军、
陈白磊（女）（至2022年4月）、
高卫星、柴闻乐、邵小军、
黄光荣、
施科琦（2022年4月始）、
周明（2022年6月始）、

### 中共西湖区纪律检查委员会

书　记：黄光荣
副书记：缪全法、计玉妹（女）

### 西湖区监察委员会

主　任：黄光荣
副主任：缪全法、计玉妹（女）

### 区委工作部门

办公室主任：沈瑜维
组织部部长：李军
常务副部长：徐峻
宣传部部长：宣寅（女）
常务副部长：陈敏（至2022年3月）、
韦隽（女）（2022年3月始）
统一战线工作部部长：柴闻乐
常务副部长：陈智伟
书　记：陆志敏
常务副书记：应国校
全面深化改革委员会办公室主任：
沈瑜维（至2022年3月）、
赵民（2022年3月始）
主　任：张文新
直属机关工委书记：李军
常务副书记：过平（至2022年12月）、
高峻（女）（2022年12月始）
信访局局长：许航（女）
老干部局局长：周红莉（女）

## 西湖区十六届人大常委会

主　任：叶伟平

副主任：干新卫（至2022年2月）、
张利群（至2022年2月）、
丁庆怀（2022年2月始）、
郑国梅（女）（2022年2月开始）
马聪（至2022年2月）、
章岳定（至2022年2月）、
谢作珍（至2022年2月）、
吴向前（2022年2月始）、
毛文峰（女）（2022年2月始）、
柴国庆（2022年2月始）、
钱志清（2022年2月始）、

党组书记：叶伟平

党组副书记：干新卫（至2022年2月）、
丁庆怀（2022年2月始）

## 区人大常委会工作部门

办公室主任：赵梨萍（女）

监察和法制司法工作委员会主任：
唐建瑛（女）

财经工作委员会主任：章文琴（女）

城建环保工作委员会主任：袁海宏（女）

教科文卫和民宗侨工作委员会主任：
江捷

农业和农村工作委员会主任：徐隽

代表工作委员会主任：夏冰

社会建设工作委员会主任：周志明

## 西湖区人民政府

区　长：董毓民

副区长：陈白磊（女）（至2022年5月）、
高卫星（2022年2月始）、
柴闻乐（至2022年2月）、
邵小军（至2022年2月）、
施科琦（2022年5月始）、
荆慰、钱志清（至2022年2月）
缪凌蓉（女）（至2022年2月）
陆夏峰、李扬章、
韩斌（女）（2022年2月始）、
陈学明（2022年2月始）、

党组书记：董毓民

党组副书记：陈白磊（女）（至2022年5月）、
高卫星（2022年5月始）

## 区政府工作部门

办公室党组书记、主任：王盛

发展改革和经济信息化局党委书记、局长：
余世刚

教育局党委书记、局长：汪培新

科学技术局党组书记：阮跃

局　长：杜昊（女）

市公安局西湖区分局党委书记、局长：
荆慰

民政局党委书记、局长：李建群（女）

司法局党委书记、局长：陈建华

财政局党委书记、局长：罗元

人力资源和社会保障局党委书记、局长：
唐锐
住房和城乡建设局党委书记、局长：
杨杭生（2023 年 12 月，杭州市西湖区纪委做出开除党籍处分，杭州市西湖区监委做出开除处分决定）
农业农村局党委书记、局长：姜宁
商务局党委书记、局长：王欣玮（女）
文化和广电旅游体育局党组书记、局长：
裘国英（至 2022 年 3 月）、
陈敏（2022 年 3 月始）
卫生健康局党委书记、局长：熊俊
退役军人事务局党组书记、局长：
汪立民（2022 年 3 月始）
应急管理局党委书记、局长：丁新兵
审计局党组书记、局长：阮劲松
市场监督管理局党委书记、局长：杨国荣
统计局党组书记、局长：黄晓玲（女）
综合行政执法局党委书记、局长：屠立衡
数据资源管理局党组书记、局长：陈宏
投资促进局党组书记：高扬
局　长：单敏（至 2022 年 11 月）

## 政协西湖区第六届委员会

主　席：叶泽
副主席：丁庆怀（至 2022 年 2 月）、
胡志荣（至 2022 年 2 月）、
陈星豪（2023 年 8 月，中共杭州市纪律检查委员会做出开除党籍处分，杭州市监察委员会做出开除处分决定）
方鸿卿、陈凯（2022 年 2 月始）、
缪凌蓉（女）（2022 年 2 月始）、
何加新（2022 年 2 月始）、
马冬娟（女）
党组书记：叶泽
党组副书记：丁庆怀（至 2022 年 2 月）、
方鸿卿（2022 年 2 月始）
秘书长：胡为

## 区政协工作部门

办公室主任：胡为
提案委员会主任：李文辉
经济科技委员会主任：蒋潮
城建和人口资源环境委员会主任：梁法明
社会法制和港澳台侨委员会主任：张荣贵
文史和教文卫体委员会主任：林张帆（女）
委员学习和工作联络委员会主任：
沈佳音（女）

## 中共杭州之江国家旅游度假区工作委员会（管委会）

党工委书记：高国飞（至 2022 年 12 月）、
董毓民（2022 年 12 月始）
管委会主任：董毓民
管委会副主任：董清源、马定忠、俞晖

## 区人民检察院

党组书记、检察长：王晓光

## 区人民法院

党组书记、院长：毛志军

## 区人民武装部

政　委：周明

部　长：杨强（至 2022 年 3 月）、
王辉（2022 年 10 月始）

## 各群众团体

区总工会主席：章岳定（至 2022 年 8 月）、
郑国梅（女）（2022 年 8 月始）

党组书记、常务副主席：丁元洪

共青团西湖区委员会书记：徐钊君

区妇女联合会党组书记：
孙明霞（女）（至 2022 年 12 月）、
杨崎（女）（2022 年 12 月始）

主　席：孙明霞（女）

区科学技术协会党组书记、主席：姚育书

区工商业联合会主席：陈越孟

党组书记、常务副主席：李昊飞

区归国华侨联合会主席：陈智伟

区残疾人联合会主席：柴闻乐

党组书记：葛高强

副主席、理事会理事长：
李林（女）（至 2022 年 12 月）

## 其他机构

区行政审批服务管理办公室党组书记：
陈白磊（女）（至 2022 年 5 月）、
李扬章（2022 年 5 月始）

党组副书记、主任：许犇

区供销合作社联合社党委书记、主任：
王建平

杭州西溪谷建设发展管理委员会党委书记、主任：刘劲卉（女）

杭州云栖小镇管理委员会党委书记、主任：
徐浩哲

中共杭州紫金港科技城工作委员会（管委会）党工委书记：邵小军（2022 年 8 月始）

党工委副书记、管委会主任：潘相宇（2023 年 7 月，杭州市西湖区纪委对其做出开除党籍处分，杭州市西湖区监委对其做出开除处分决定）

中国湿地博物馆党组书记、馆长：
赵民（至 2022 年 3 月）、
章丹红（女）（2022 年 9 月始）

区艺创小镇发展服务中心党委书记、主任：
何里扬（2022 年 9 月始）

区企业发展服务中心党组书记：
俞鸿（女）

主　任：胡晓升

杭州云谷发展中心主任：
陈朗廷（2022 年 3 月始）

区社会治理中心主任：
龚一（2022 年 12 月始）

杭州西湖投资集团有限公司党委书记、董事长、总经理：金华

杭州西湖城市建设投资集团有限公司党委书记、董事长、总经理：汪国华

杭州之江城市建设投资集团有限公司党委书记、董事长：张文炬

总经理：张文炬（至2022年3月）、
南北鸣（2022年3月始）

杭州之江经营管理集团有限公司党委书记、董事长、总经理：朱军

杭州西湖文化旅游投资集团有限公司党委书记、董事长、总经理：陈建（女）

区科创股权投资有限公司董事长、总经理：
沈丽芬（女）

## 市直驻区机构

国家税务总局杭州市西湖区税务局党委书记、局长：张之伟

杭州市交警支队西湖交警大队大队长：
蒋定军

杭州市消防救援支队西湖消防大队大队长：
邢鲁宁（至2022年7月）、
姜洪尔（2022年7月始）

杭州市规划和自然资源局西湖分局党组书记、局长：王皑（女）

杭州市生态环境局西湖分局党组书记、局长：高亦良

## 街道、镇

**北山街道**

党工委书记：陈晔（2022年9月始）

主　任：陈晔（至2022年9月）、
陈国柱（2022年9月始）

**西溪街道**

党工委书记：徐震宇

主　任：齐剑伟

**灵隐街道**

党工委书记：胡志刚

主　任：周建华

**翠苑街道**

党工委书记：翁建强

主　任：楼颖平（女）

**文新街道**

党工委书记：周桂珍（女）

主　任：高剑飞

**古荡街道**

党工委书记：陶立

主　任：徐东旭

**转塘街道**

党工委书记：沈剑

主　任：陈立平

**留下街道**

党工委书记：王喆

主　任：袁骏

**蒋村街道**

党工委书记：严超

主任：徐冠群（女）

**三墩镇**

党委书记：董威

镇　长：楼卓鑫

**双浦镇**

党委书记：姚骏

镇　长：沈亮

# 2022 年西湖区国民经济和社会发展公报

（2023 年 3 月）

2022 年，面对国内外形势深刻复杂变化和突如其来的疫情，全区上下在区委、区政府的坚强领导下，认真落实习近平总书记“疫情要防住、经济要稳住、发展要安全”重要指示，统筹疫情防控和经济工作，奋力推进“两个先行”，全力以赴开新局、应变局、稳大局，较好地完成了全年各项目标任务。全区经济稳步提升，社会各项事业协调发展，人民生活品质进一步提高。

## 一、综合

**经济总量**　2022 年，全区实现地区生产总值（GDP）1970.1 亿元，按可比价格计算，比上年增长 0.1%。其中实现第一产业增加值 3.2 亿元，增长 4.3%，实现第二产业增加值 153.9 亿元，下降 0.2%，实现第三产业增加值 1813.0 亿元，增长 0.1%。三次产业比重调整为 0.16%、7.81%、92.03%。全区实现数字经济核心产业增加值 664.0 亿元，占 GDP 比重 33.7%，均排名全市第三。按常住人口计算，全区人均地区生产总值为 17.24 万元。

**财政收支**　全年完成财政总收入 463.4 亿元，比上年增长 34.1%，其中一般公共预算收入 233.5 亿元，增长 32.9%。全年一般公共预算支出 149.8 亿元，增长 18.0%。其中教育支出 35.7 亿元，下降 21.4%；社会保障和就业支出 14.9 亿元，下降 2.0%；医疗卫生与计划生育支出 12.1 亿元，增长 68.1%。

## 二、人口、人民生活、社会保障和城乡建设

**人口**　2022 年末，全区共有户籍人口 80.5 万人，比上年末增长 0.9 万人；全区户籍数 22.5 万户，比上年末增长 0.2 万户；全区常住人口 116.7 万人，比上年末增长 4.9 万人。

**人民生活**　根据抽样调查，城镇居民人均可支配收入 82716 元，比上年增长 3.0%。

**社会保障**　新增城镇就业 3.7 万人，全民参保登记率达 100%，全民参保率达 99.65%，户籍居民基本医疗保险参保率 99.61%。积极构建和谐劳动关系，“劳资 E 智理”入选全省数字社会案例集。新建省级无障碍社区 1 个、示范型“残疾人康复之家”1 家、康复站点 10 个。

**城乡建设**　全年累计做地 63 宗（2683 亩），出地 30 宗（1323 亩）。有序推进 2 个省市县长“152”工程、95 个区级以上重点项目。天堂镓谷芯片研究中心（“杭州镓谷”射频集成电路产业园项目）、养生堂西湖产业基地、蘑菇街总部大楼等一批重点项目顺利投入使用。2 个省重点实施项目完成投资 21.15

亿元，40个市重点实施项目完成投资73.8亿元。“152”省市县长项目落地率达100%。持续推进投资项目“最多80天”改革，已受理审批业务154件，累计赋码项目436个。基本建设完成三阶段“最多50天”项目80个，完成四阶段“最多80天”技改项目14个，实现率均达100%。推行“标准地+区域评估”改革，明确新增工业用地全部按“标准地”方式供地。纵深推进“北强、南启、中兴”，做大做强“三城一谷六小镇”。紫金科创小镇被正式命名为第六批省级特色小镇。蚂蚁小镇、云栖小镇被评为特色小镇“亩均效益”领跑者并荣获省级特色小镇优秀等次。

## 三、农业

全区完成农业总产值4.83亿元，其中农业种植业实现产值3.19亿元，渔业实现产值1.44亿元。经济作物播种面积1.18万亩，龙井茶、无公害蔬菜、水产养殖及花卉苗木等优势产业实现产值4.29亿元，占全部农业总产值比重88.8%。全年实现淡水产品产量5915吨。

## 四、工业和建筑业

**工业** 全区完成规上工业总产值387.3亿元，规上工业销售产值375.3亿元，比上年分别增长6.8%和6.9%；实现规上工业增加值111.3亿元，增长0.1%。完成规上新产品产值135.5亿元，增长3.9%，新产品产值率达到35.0%；实现规上工业高新技术产业增加值97.7亿元，增长2.2%，占规上工业增加值比重87.8%。

**建筑业** 全区资质内施工总承包和专业承包建筑业企业共141家，完成建筑业产值1007.0亿元，其中省内完成产值794.7亿元，在外省完成产值212.4亿元；建筑工程完成产值925.9亿元，安装工程产值46.6亿元，其他建筑业产值34.5亿元。竣工产值697.7亿元。房屋建筑施工面积8066.5万平方米，其中新开工面积1359.5万平方米。

## 五、固定资产投资和房地产开发

**固定资产投资** 全区固定资产投资保持平稳发展，较上年增长2.5%，结构指标中，生态公共投资、高新技术产业投资、工业投资和制造业投资分别增长137.1%、60.8%、1.7%和41.6%，交通投资和民间投资分别下降24.6%和3.7%。

**房地产开发** 全区房地产新开工面积129.3万平方米，竣工面积58.3万平方米，销售面积67.6万平方米，销售金额217.4亿元。

## 六、服务业

全区实现服务业增加值1813.0亿元，按可比价格计算，比上年增长0.1%。服务业完成一般公共预算收入200.8亿元，对地方财政贡献率达到86.0%。

**文化产业** 全区实现文化产业增加值204.7亿元，比上年下降3.1%，占GDP比重为10.4%。之江文化产业带核心区加快建设，省之江文化中心主体基本完工，浙江电影科技城顺利竣工，之江编剧村佳作迭出。《我们这十年》入选迎接党的二十大优秀电视剧展播活动重点剧目。《问天》等3部作品荣获全国“五个一工程”奖，2部作品获得电视剧“飞天奖”。落地追光动画、阿里影业等优质文化产业项目10个。修订出台新一轮区文创产业扶持政策，并积极向上争取，再次获得3000万省文化产业专项基金；建立完善西湖区文化产业工作联席机制；打造“西湖文化沙龙”等服务载体，扎实开展规上文化企业一对一联络员走访服务，助力文化产业高质量发展。

**楼宇经济**　新增税收亿元楼12幢，总量达44幢。新增税收千万元楼6幢，总量达138幢。

**国内贸易**　全区实现社会消费品零售总额845.7亿元，比上年增长5.8%。其中，限上单位中，粮油食品实现零售额50.1亿元，增长15.3%；服装鞋帽类实现零售额28.3亿元，下降0.3%；石油及制品类实现零售额191.9亿元，增长11.6%；汽车类实现零售额100.8亿元，增长10.8%。限额以上批发和零售业单位通过公共网络实现的零售额152.4亿元，增长30.8%。

**旅游休闲业**　顺利通过2022年省级文旅产业融合试验区验收。天目里成功创建第二批省级夜间文化和旅游消费聚集区；“龙坞茶镇”成功创建省级2022年创建级文旅融合IP；华策影视获省级文化产业示范基地；宋城获首批省级旅游演艺集聚区和旅游演艺精品项目及浙江省文化和旅游企业梯度培育计划领军企业。咪咕数字、微拍堂、水秀获浙江省文化和旅游企业梯度培育计划骨干企业，游侠客获浙江省文化和旅游企业梯度培育计划新锐企业。全区共有A级景区9家，其中国家5A级景区一家、4A三家、3A五家。浙江省3A级景区村庄达到22家。星级饭店10家，其中五星级、四星级、三星级和二星级分别为3家、2家、4家和1家；等级民宿18家，其中金宿2家，银宿16家。特色文化主题酒店7家，其中金鼎级4家，银鼎级3家；旅行社148家，其中省五星级、四星级、三星级旅行社分别达到6家、6家和5家。

## 七、对外经济

**对外贸易**　全区累计完成进出口总额316.41亿元，较上年增长5.1%；其中完成自营外贸出口260.86亿元，增长5.4%。累计实现服务贸易出口额21.42亿美元，增长3.66%。

**招商引资**　全区完成实际利用外资7.01亿美元，完成率100.08%。全区共招引亿元以上产业项目128个，总投资457.4亿元，完成率387.88%。其中亿元以上制造业项目14个，总投资77.24亿元，亿元以上服务业项目17个，总投资152.32亿元。共招引10亿元以上省外内资项目2个，完成率100%。

**跨境电商**　全区实现跨境电商出口额54.68亿元，较上年增长26.8%；跨境电商进口额21.34亿元，较上年增长15.8%。

## 八、教育和科技

**教育** 全区学前儿童入园率达100%（按户籍人口统计），小学生、初中生入学率均达100%。全区中小学及幼儿园（含民办）总计146所，在校生总计146370人，普通高中、职业高中、初中、小学、特殊学校和幼儿园分别有6所、1所、22所、29所、1所和87所；在校学生分别有4828人、1772人、26906人、75565人、123人和37176人。其中，民办性质：高中、初中、小学、幼儿园以及部门办幼儿园分别有4所、3所、4所、30所和14所，在校学生分别有3685人、828人、2601人、3026人和3974人。全区教职工总数14303人（含民办），其中在职在编教师7513人。2022年，西湖区被授予全国普法工作先进单位、浙江省规范民办义务教育发展专项工作成绩突出集体等综合荣誉，高质量推进全国首创集团化办学、全国首批青少年近视防控试点、全国首批青少年校园足球试点、浙江省数字化改革创新试点、浙江省深化新时代教育评价改革试点项目、浙江省小学生综合评价改革试点等试点工作。

**科技** 全区全社会研究与试验发展经费（R&D）支出81亿元，占GDP比重4.25%，总量和占比居全省前列。全区30个项目入选省“尖兵”“领雁”研发攻关计划，18项科技成果获省科学技术进步奖，市2022年度人工智能领域重大科研攻关项目获认定16个。全年新认定国家高新技术企业272家，新培育市“雏鹰计划”企业96家，新增省科技型中小企业858家，培育独角兽、准独角兽企业52家。各类人才申报量创历年新高，“115引智计划”26个项目（高端项目10个）通过市级审查，挖掘44人申报国家万人计划、27人申报国家海外优青，海外高层次人才（工程师）项目7个；5个团队申报省领军型创新创业团队，18人申报省领军人才项目。举办科技小巨人、国高企资质等各类科技政策及项目申报培训19场次，参与企业1000余家次；出台《西湖区深化高校经济若干政策措施》等助企政策，兑现首批“飞天、准飞天”企业政策6287万元，在全区落实国高企奖励、雏鹰奖励、创新载体奖励等科技项目政策资金超5.8亿元，惠及企业1300余家。累计引进高质量高校经济项目146个，促成产学研项目151个，实现技术交易额192亿元，组织各类高校经济活动70余场。举办机器人专场、脑机智能专场、浙工大项目专场等6场不同主题“科技八点半”活动，72家企业现场路演。

## 九、文化、体育和卫生

**文化和体育** 建成“15分钟品质文化服务圈”50个，完成18家图书室提升改造、2家城市书房建设。出台《西湖区关于高质量建设公共文化服务现代化先行区的实施意见》。《龙井问茶诗》《铜鉴湖基因解码》获浙江省文化基因解码工程短视频大赛一等奖、优秀奖。《茶香四溢》《稻子花开》等45个文艺作品获得全国、省市级奖项。西湖区正式成为首批“浙江省体育现代化区”，制定《杭州市西湖区嵌入式体育场地设施建设三年行动计划（2022—2024年）》，建设嵌入式体育设施140处，共7.8万平方米。“智馆家”数字应用入选省数字文化改革第二批试点应用名单。在全市发放首张文化艺术类（体育类）培训机构准入“证书”，监管账户合格率、支付机构开通率、平台授课完成率率先达到100%。开展喜迎二十大、喜迎亚运会文化下基层、文化三堂、三送三到、全民健身等群众性文体活动1700余场次。

**卫生**　全区合计各类医疗机构572家，床位11731张。社区卫生服务中心13家，社区卫生服务站（含卫生站）80家。拥有卫生技术人员17835人，其中执业医师（助理）6624人，注册护士8116人。全年门诊人数达1486万人次。

注释：本报告数据采用2022年快报数据为主的初步核算数，最终数据以2022年统计年报数据为准；部分数据收集自区级有关部门资料；2021年城镇居民人均可支配收入为全市平均数据，2022年城镇居民人均可支配收入为西湖区数据。

# 杭州市西湖区部分机关、企事业单位、人民团体简称、全称对照表

| 全 称 | 简 称 |
| --- | --- |
| 中共杭州市西湖区委员会 | 区委 |
| 中共杭州市西湖区委员会办公室 | 区委办公室 |
| 杭州市西湖区人民代表大会常务委员会 | 区人大 |
| 杭州市西湖区人民政府 | 区政府 |
| 政协杭州市西湖区委员会 | 区政协 |
| 中共杭州市西湖区纪律检查委员会 | 区纪委 |
| 中共杭州市西湖区监察委员会 | 区监委 |
| 杭州市西湖区关心下一代工作委员会 | 区关工委 |
| 中共杭州市西湖区委统一战线工作部 | 区委统战部 |
| 中共杭州市西湖区委政法委员会 | 区委政法委 |
| 中共杭州市西湖区委直属机关工作委员会 | 区委直属机关工委 |
| 中共杭州市西湖区委机构编制委员会办公室 | 区委编办 |
| 杭州市西湖区行政审批服务管理办公室 | 区审管办 |
| 杭州市西湖区人力资源和社会保障局 | 区人力社保局 |
| 杭州市西湖区发展改革和经济信息化局 | 区发改经信局 |
| 杭州市西湖区住房和城乡建设局 | 区住建局 |
| 杭州市西湖区文化和广电旅游体育局 | 区文广旅体局 |
| 杭州市西湖区卫生健康局 | 区卫生健康局 |
| 杭州市西湖区市场监督管理局 | 区市场监管局 |
| 杭州市西湖区应急管理局 | 区应急管理局 |
| 杭州西溪谷建设发展管理委员会 | 西溪谷管委会 |
| 杭州市西湖区综合行政执法局 | 区综合行政执法局 |
| 中国湿地博物馆 | 湿地博物馆 |
| 杭州云栖小镇管理委员会 | 云栖小镇管委会 |
| 杭州紫金港科技城管理委员会 | 紫金港科技城管委会 |
| 杭州西湖投资集团有限公司 | 西湖投资集团 |
| 杭州西湖城市建设投资集团有限公司 | 西湖城投集团 |
| 杭州之江城市建设投资集团有限公司 | 之江城投集团 |
| 杭州之江经营管理集团有限公司 | 之江经营集团 |
| 杭州艺创小镇管理委员会 | 艺创小镇管委会 |
| 杭州市西湖区人民武装部 | 区人武部 |
| 杭州市西湖区人民检察院 | 区人民检察院 |
| 杭州市西湖区人民法院 | 区人民法院 |
| 共青团杭州市西湖区委员会 | 团区委 |
| 杭州市西湖区妇女联合会 | 区妇联 |

续表

| 全 称 | 简 称 |
| --- | --- |
| 杭州市西湖区科学技术协会 | 区科协 |
| 杭州市西湖区工商业联合会 | 区工商联 |
| 杭州市西湖区残疾人联合会 | 区残联 |
| 杭州市西湖区归国华侨联合会 | 区侨联 |
| 杭州市规划和自然资源局西湖分局 | 市规划资源局西湖分局 |
| 杭州市生态环境局西湖分局 | 西湖生态环境分局 |

## 2022 年中央和省级主要媒体报道西湖区题录选编一览表

| 媒体名称 | 报道题目 | 刊播日期 |
| --- | --- | --- |
| 《浙江日报》 | 《西湖区：智慧赋能 构筑城市安全防护网》 | 1 月 4 日 |
| 《人民日报》 | 《礼赞百年风华 谱写时代新篇》 | 1 月 5 日 |
| 《新华每日电讯》 | 《礼赞百年风华 谱写时代新篇》 | 1 月 5 日 |
| 《光明日报》 | 《礼赞百年风华 谱写时代新篇》 | 1 月 5 日 |
| 新华社客户端 | 《杭州西湖区：按下博士后引才工作加速键打造人才发展新高地》 | 1 月 5 日 |
| 浙江新闻客户端 | 《西湖转塘 I “外卖小哥”学习热》 | 1 月 8 日 |
| 《浙江日报》 | 《西湖区群众诉求“码”上回应》 | 1 月 10 日 |
| 浙江新闻客户端 | 《群众诉求“码”上回应：西湖区数智赋能基层治理》 | 1 月 10 日 |
| 浙江新闻客户端 | 《蒋村老底子鱼圆一天能卖上万颗团圆的滋味经久绵长》 | 1 月 11 日 |
| 浙江新闻客户端 | 《履职更便捷　杭州“代表在线”履职应用场景在西湖区启动试用》 | 1 月 12 日 |
| 人民日报客户端 | 《聚焦党代会 I 杭州西湖区：“五大战略”跑出高质量发展“加速度”》 | 1 月 13 日 |
| 新华社客户端 | 《杭州：“代表在线”履职应用场景在西湖区试点启用》 | 1 月 13 日 |
| 浙江新闻客户端 | 《杭州西湖区首场“云”上春晚来了 I 西湖灵隐》 | 1 月 13 日 |
| 新华社客户端 | 《全球并购白沙泉峰会举行基金管理规模超 2000 亿元》 | 1 月 18 日 |
| 浙江新闻客户端 | 《景区有折扣运动有特惠西湖区推出文旅新春礼包》 | 1 月 19 日 |
| 人民日报客户端 | 《不亦乐“虎”！西湖西溪丰富年味活动喊您留杭过新年》 | 1 月 20 日 |
| 浙江新闻客户端 | 《党史学习教育 I “幸福荟”综合体里的小确幸》 | 1 月 22 日 |
| 浙江新闻客户端 | 《陪你守岁 I 11 时：除夕 + 生日转塘街道为封控区居民送上双重大礼》 | 1 月 31 日 |
| 浙江新闻客户端 | 《西湖区转塘街道：隔离人员通过“西湖码”平台送来感谢信》 | 2 月 4 日 |
| 《浙江日报》 | 《西湖区：实施五大战略 描画共富新篇》 | 2 月 14 日 |
| 浙江新闻客户端 | 《杭州西湖区实施五大战略描画共富新篇》 | 2 月 14 日 |
| 浙江新闻客户端 | 《聚焦高质量发展　西湖区锚定亚运、共富“加速跑”》 | 2 月 14 日 |
| 新华社客户端 | 《杭州市西湖区：实施“五大战略”　加快提升城市综合能级》 | 2 月 15 日 |
| 人民日报客户端 | 《升级后的黄龙体育中心体育馆重新开放，想去可预约》 | 2 月 18 日 |
| 人民日报客户端 | 《天目 Tech+ 找到关键“配方”　西湖大学水系电池研究取得重要进展》 | 2 月 24 日 |
| 浙江新闻客户端 | 《微融联播 · 西湖灵隐 I 黄龙体育中心多了个“冠军楼”》 | 2 月 25 日 |
| 浙江新闻客户端 | 《杭州西湖区 6 所新学校即将动工　有你家门口的吗？》 | 3 月 1 日 |
| 《经济日报》 | 《绿色发展释放更多红利》 | 3 月 2 日 |
| 浙江新闻客户端 | 《名师名课名校　杭州西湖区打造“三名在线”平台服务家校》 | 3 月 3 日 |
| 新华社客户端 | 《杭州市西湖区：“三维招聘”精准助力企业招才纳士》 | 3 月 4 日 |
| 《光明日报》 | 《坚定文化自信　激荡复兴力量》 | 3 月 8 日 |
| 浙江新闻客户端 | 《微融联播 · 西湖转塘 I 废品变手工艺品　保洁阿姨变身“艺术家”》 | 3 月 9 日 |
| 人民日报客户端 | 《西湖大学今年首次开招本科生 I 3 月 18 日起开放申请通道》 | 3 月 16 日 |
| 人民日报客户端 | 《95 后非遗传承人用剪刀和红纸为杭州亚运会添彩》 | 3 月 23 日 |

续表

| 媒体名称 | 报道题目 | 刊播日期 |
| --- | --- | --- |
| 《浙江日报》 | 《足迹·西湖西溪》 | 3月30日 |
| 《浙江日报》 | 《“双西”新韵》 | 3月30日 |
| 新华社客户端 | 《杭州西湖区启动“我为亚运献项目”活动》 | 4月1日 |
| 浙江新闻客户端 | 《亚运誓师丨西湖区：裸眼3D首秀吉祥物“破屏出圈”》 | 4月1日 |
| 人民日报客户端 | 《浙江杭州：亚运会吉祥物3D形象现身街头》 | 4月2日 |
| 浙江新闻客户端 | 《杭州市西湖区：给平安加“码”为民生护航》 | 4月2日 |
| 人民日报客户端 | 《减免租金11万，饭店老板竖起大拇指！菜场老板娘也说：松一口气》 | 4月3日 |
| 人民日报客户端 | 《杭州市三墩中学：创新分层作业模式，助推学生个性化学习》 | 4月7日 |
| 新华社客户端 | 《助企纾困　杭州西湖区发布免租减租“大礼包”》 | 4月7日 |
| 人民日报客户端 | 《亚运场馆先睹为快　浙江大学“牵手”亚运！来“浙”里感受篮球氛围、看亚运会篮球比赛》 | 4月9日 |
| 浙江新闻客户端 | 《亮点丨党员进社区每周一小时　西湖区构建为民服务“同心圆”》 | 4月9日 |
| 新华社客户端 | 《杭州西湖区：一根网线织就“15分钟就业圈”》 | 4月19日 |
| 浙江新闻客户端 | 《集智聚力　西湖区政协今年首场“请你来协商”聚焦亚运》 | 4月20日 |
| 新华社客户端 | 《杭州西湖区：分层作业促进个性化学习推广》 | 4月24日 |
| 人民日报客户端 | 《亚运面孔丨西湖长埭村的体育公园来了四位懂艺术的年轻人》 | 4月28日 |
| 《新华每日电讯》 | 《稳中求进　“三生”融合》 | 4月29日 |
| 浙江新闻客户端 | 《文三数字生活街区揭开面纱　西湖区首批数字人民币体验点就在这》 | 4月29日 |
| 人民日报客户端 | 《数字经济看得见、摸得着！杭州这条街把数字生活“玩”起来了》 | 4月30日 |
| 人民日报客户端 | 《你好，亚运　当宋韵遇上亚运　杭州这个街道氛围感拉满了》 | 4月30日 |
| 《浙江日报》 | 《“以快制快”防止疫情扩散》 | 5月3日 |
| 《浙江日报》 | 《脑机智能“西湖方案”正式启动》 | 5月5日 |
| 人民日报客户端 | 《杭州小店坚持为外卖小哥打六折　背后是场双向奔赴的温暖》 | 5月8日 |
| 浙江新闻客户端 | 《早读社丨这家小店坚持为外卖小哥打折换来双向奔赴的温暖》 | 5月9日 |
| 新华社客户端 | 《杭州师范大学与西湖区共启校地合作新篇章》 | 5月10日 |
| 人民日报客户端 | 《“落胃”！西湖区这些老底子风味你都吃过吗？》 | 5月17日 |
| 《浙江日报》 | 《企业技改忙 产业转型热》 | 5月17日 |
| 《浙江日报》 | 《描绘高质量发展的“西湖图景”》 | 5月17日 |
| 浙江新闻客户端 | 《西湖科创直投投融资平台2.0版落地　到明年底力争投资超百企》 | 5月19日 |
| 新华社客户端 | 《西湖区科创直投平台再升级　已撬动社会资本23.7亿元》 | 5月21日 |
| 浙江新闻客户端 | 《西湖区丨兑现6.7亿元惠企资金“真金白银”纾困解难》 | 5月24日 |
| 新华社客户端 | 《杭州市西湖区：暖心服务解企业“急愁难盼”》 | 5月28日 |
| 《人民日报》 | 《敷设电缆》 | 5月28日 |
| 新华社客户端 | 《杭州西湖区：“红盟”服务队扎根楼宇　党建引领优质企服》 | 5月30日 |
| 《浙江日报》 | 《体育公开课 来啦》 | 5月30日 |
| 浙江新闻客户端 | 《杭州兰里跑团迎来4周岁生日：努力争创全国十佳跑团》 | 6月2日 |

续表

| 媒体名称 | 报道题目 | 刊播日期 |
|---|---|---|
| 《新华每日电讯》 | 《“努力建设人与自然和谐共生的现代化”》 | 6月5日 |
| 《经济日报》 | 《“努力建设人与自然和谐共生的现代化”》 | 6月5日 |
| 《光明日报》 | 《“努力建设人与自然和谐共生的现代化”》 | 6月5日 |
| 浙江新闻客户端 | 《杭州之江城投集团：扮靓西湖区“最美迎宾大道”》 | 6月7日 |
| 新华社客户端 | 《杭州西湖区：精准纾困解企业融资难题》 | 6月9日 |
| 浙江新闻客户端 | 《刘捷赴西湖大学考察：建设中国特色世界一流的新型研究型大学》 | 6月9日 |
| 新华社客户端 | 《西湖公共卫生红色联盟迭代升级，创办省内首家区域公共卫生研究院》 | 6月13日 |
| 人民日报客户端 | 《浙江省党代会代表章忠萍：强村富民再迎蝶变》 | 6月22日 |
| 人民日报客户端 | 《打卡“浙”里@共富华丽蜕变　探寻社区的共富“密码”》 | 6月28日 |
| 浙江新闻客户端 | 《西湖清廉馆今日开馆，就在弥陀寺文化公园内，有空来打卡》 | 6月30日 |
| 新华社客户端 | 《杭州西湖区：校地合作　共促科创经济高质量发展》 | 7月1日 |
| 新华社客户端 | 《杭州西湖区：大数据赋能精准教学提质增效》 | 7月1日 |
| 新华社客户端 | 《杭州市西湖区26个重点项目集中签约总投资166亿元》 | 7月1日 |
| 浙江新闻客户端 | 《促进经济稳进提质杭州西湖区签约推进46个重点项目》 | 7月1日 |
| 《人民日报》 | 《减租纾困实打实（经济新方位·稳住市场主体）》 | 7月4日 |
| 人民日报客户端 | 《村集体经济的钱怎样“花在刀刃上”　杭州骆家庄在思考》 | 7月4日 |
| 《浙江日报》 | 《村集体经济的钱，怎样“花在刀刃上”》 | 7月4日 |
| 《浙江日报》 | 《“还馆于民”，百姓共享亚运红利》 | 7月4日 |
| 《浙江日报》 | 《助力“浙有善育”，浙江新东方成立其首家未来社区托育中心》 | 7月5日 |
| 《浙江日报》 | 《“一社两网”促清廉村居变新貌》 | 7月6日 |
| 《浙江日报》 | 《凝聚先锋力量 加速提升城市环境品质》 | 7月7日 |
| 浙江新闻客户端 | 《西湖区留下街道凝聚先锋力量　加速提升城市环境品质》 | 7月7日 |
| 新华社客户端 | 《杭州西湖区：加强科创力量激发产业发展活力》 | 7月15日 |
| 新华社客户端 | 《杭州市西湖区启动“栖西聚才”专项行动》 | 7月27日 |
| 浙江新闻客户端 | 《杭州三墩镇全民健身日　荧光健走活动火热开启》 | 8月6日 |
| 《浙江日报》 | 《健身，动起来》 | 8月8日 |
| 新华社客户端 | 《探索“新兴产业协作”新模式　杭州西湖区着力打造特色文化产业集群》 | 8月12日 |
| 《浙江日报》 | 《西湖区高质量发展现代服务业》 | 8月12日 |
| 人民日报客户端 | 《西子湖畔石榴红｜榜样的力量》 | 8月16日 |
| 新华社客户端 | 《新华财经｜杭州西湖区：“科创引领”聚焦高质量发展》 | 8月17日 |
| 《浙江日报》 | 《全方位服务，打造一流营商环境》 | 8月19日 |
| 人民日报客户端 | 《从20岁到43岁　新一级西湖大学博士生开学了》 | 8月22日 |
| 浙江新闻客户端 | 《牵手西湖大学　杭州西湖区打造区校合作“升级版”》 | 8月22日 |
| 新华社客户端 | 《杭州西湖区携手西湖大学　打造区校合作“升级版”》 | 8月23日 |
| 《浙江日报》 | 《翩若惊鸿》 | 8月24日 |

续表

| 媒体名称 | 报道题目 | 刊播日期 |
|---|---|---|
| 《浙江日报》 | 《西湖区古荡街道：乘势而上 数字经济加速“腾飞”》 | 8月25日 |
| 中国新闻网客户端 | 《杭州市西湖区举办高尔夫露营奇妙夜　让运动深入人心》 | 8月29日 |
| 《浙江日报》 | 《西湖区翠苑街道：听民意办实事　共建理想未来社区》 | 8月30日 |
| 《浙江日报》 | 《西湖区翠苑街道“一支队伍管执法”　幸福街区焕发新活力》 | 8月30日 |
| 浙江新闻客户端 | 《你好新学期·西湖北山丨开学第一课　讲讲红色故事》 | 8月30日 |
| 新华社客户端 | 《杭州西湖区举办“高尔夫露营奇妙夜”亚运场馆惠民活动》 | 9月1日 |
| 新华社客户端 | 《2022年杭州市暨西湖区网络安全宣传周启动》 | 9月6日 |
| 人民日报客户端 | 《又一重量级科研机构落地西湖区　首期攻坚脑再生课题》 | 9月9日 |
| 《浙江日报》 | 《西湖区蒋村街道：山水间探寻美好生活》 | 9月9日 |
| 浙江新闻客户端 | 《又一重量级科研机构落户西湖区　首期攻坚脑再生课题》 | 9月9日 |
| 《浙江日报》 | 《西湖区西溪街道：下足“绣花功夫”　把“蛋糕”做大分好》 | 9月13日 |
| 新华社客户端 | 《杭州西湖区与高校合作打造经济高质量发展新引擎》 | 9月16日 |
| 人民日报客户端 | 《亮剑！这些有志西湖青年，即将奔赴军营》 | 9月18日 |
| 中国新闻网客户端 | 《杭州市西湖区：打造共同富裕示范区的首善之区》 | 9月20日 |
| 《光明日报》 | 《【领航中国】坚定文化自信，为新时代新征程凝心聚力》 | 9月21日 |
| 新华社客户端 | 《浙江杭州：老旧小区天台变身亚运健身运动角》 | 9月22日 |
| 《浙江日报》 | 《数字赋能网格治理新模式》 | 9月22日 |
| 人民日报客户端 | 《让西湖好故事走向全国　央媒走进杭州西湖区》 | 9月23日 |
| 新华社客户端 | 《杭州西湖区：网格“智治”　共建幸福美好家园》 | 9月23日 |
| 新华社客户端 | 《杭州：西溪湿地的柿子红了》 | 9月23日 |
| 中国新闻网客户端 | 《亚运倒计时一周年　杭州市西湖区举办主题活动》 | 9月23日 |
| 中国新闻网客户端 | 《杭州西溪火柿节启幕　汉服爱好者共绘百米画卷》 | 9月23日 |
| 中国新闻网客户端 | 《西溪火柿节启幕　7000多棵柿树绘“火柿映波秋西溪”美卷》 | 9月23日 |
| 《浙江日报》 | 《更好凝聚起推动共同富裕的强大力量》 | 9月23日 |
| 浙江新闻客户端 | 《非凡十年西湖答卷丨民意直达“码”上解决》 | 9月26日 |
| 浙江新闻客户端 | 《杭州这十年·西湖丨做探路者绘制“五个新”路线图》 | 9月26日 |
| 新华社客户端 | 《杭州市西湖区加速推进回迁安置工作》 | 9月29日 |
| 《浙江日报》 | 《浙江锻造“枫桥式”执法队伍　保障“大综合一体化”改革》 | 9月30日 |
| 浙江新闻客户端 | 《三届党代表说十年丨张爱民：为什么我对一棵青菜情有独钟？》 | 10月1日 |
| 浙江新闻客户端 | 《十年·我在西溪丨刘想：湿地“请”来696个“新居民”》 | 10月2日 |
| 浙江新闻客户端 | 《十年·我在西湖丨孙坚：种出31.7万方“水下森林”》 | 10月5日 |
| 浙江新闻客户端 | 《十年·我在翠苑丨张爱民：老年食堂幸福升级》 | 10月8日 |
| 《浙江日报》 | 《完善茶产业链，让百姓居家赚钱》 | 10月10日 |
| 《浙江日报》 | 《创新数字应用场景 让劳动者安“薪”无忧》 | 10月11日 |
| 《浙江日报》 | 《互动体验 沉浸学法》 | 10月11日 |
| 浙江新闻客户端 | 《杭州独有的一抹“秋香”　西湖双浦桂花九曲红梅上新》 | 10月14日 |

续表

| 媒体名称 | 报道题目 | 刊播日期 |
| --- | --- | --- |
| 《浙江日报》 | 《难时急时，干在百姓需要时》 | 10月15日 |
| 《浙江日报》 | 《未来美好家园，我们一起创造》 | 10月16日 |
| 浙江新闻客户端 | 《寄语二十大丨杭州西湖区翠苑一区：未来美好家园我们一起创造》 | 10月16日 |
| 人民日报客户端 | 《2023年西湖区民生实事项目征集开始啦！期待您的宝贵建议》 | 10月18日 |
| 浙江新闻客户端 | 《非凡十年西湖答卷丨文化惠民便捷可达》 | 10月19日 |
| 人民日报客户端 | 《西湖区数字文化产业集链成圈》 | 10月20日 |
| 人民日报客户端 | 《这是你的“梦想小院”吗？西湖区这个村被评为“浙江省美丽庭院特色村”》 | 10月20日 |
| 《浙江日报》 | 《西湖区数字文化产业集链成圈》 | 10月20日 |
| 浙江新闻客户端 | 《释放龙头引力　杭州西湖区数字文化产业集链成圈》 | 10月20日 |
| 浙江新闻客户端 | 《杭州市西湖区：“三能”为笔　“六力”为墨　绘出平安景》 | 10月20日 |
| 人民日报客户端 | 《总投资270亿元，杭州西湖区一批重点项目集中签约、推进，全力冲刺四季度》 | 10月21日 |
| 人民日报客户端 | 《小区这笔钱归全体业主所有！你知道用在哪儿、怎么用吗？》 | 10月21日 |
| 中国新闻网客户端 | 《杭州市西湖区举行重大项目推进总投资140亿元》 | 10月21日 |
| 人民日报客户端 | 《云栖大会11月3日开幕：设60多场科技峰会论坛　三大展馆全景式科技展》 | 10月25日 |
| 浙江新闻客户端 | 《11月3日至5日举行今年云栖大会看什么？》 | 10月25日 |
| 浙江新闻客户端 | 《刘捷赴西湖区翠苑一区社区宣讲党的二十大精神》 | 10月26日 |
| 浙江新闻客户端 | 《云栖小镇携手浙大城市学院共建党建与思政教育研学基地》 | 10月26日 |
| 人民日报客户端 | 《看祖国湿地那么美：杭州西溪湿地风景如画》 | 10月29日 |
| 《浙江日报》 | 《赋能企业发展“加速跑”》 | 10月31日 |
| 浙江新闻客户端 | 《芦白柿红西溪湿地将进入赏秋最佳时段》 | 11月2日 |
| 新华社客户端 | 《杭州举办2022云栖大会》 | 11月3日 |
| 新华社客户端 | 《2022云栖大会拉开帷幕　3000平方米数字化中国案例受关注》 | 11月4日 |
| 人民日报客户端 | 《杭州举办2022云栖大会　“数字化”继续受到关注》 | 11月4日 |
| 《浙江日报》 | 《景区跑团 靓丽风景》 | 11月4日 |
| 浙江新闻客户端 | 《2022云栖大会丨数字产业，走进云深处》 | 11月4日 |
| 人民日报客户端 | 《中国湿地之旅第三站——西溪国家湿地公园》 | 11月6日 |
| 人民日报客户端 | 《中国第一个国家级湿地公园西溪湿地：万类霜天竞自由》 | 11月7日 |
| 《光明日报》 | 《【新闻随笔】守护湿地 关乎乡愁》 | 11月9日 |
| 《浙江日报》 | 《奋力打造新时代美丽乡村“西湖样板”》 | 11月9日 |
| 浙江新闻客户端 | 《全省首家西湖区给“独角兽”们组了个“朋友圈”》 | 11月9日 |
| 新华社客户端 | 《杭州西湖区推进为民办实事“一键速达”》 | 11月10日 |
| 《浙江日报》 | 《老旧小区 “逆龄”发展》 | 11月10日 |
| 《浙江日报》 | 《“善粮”余热 爱心帮扶》 | 11月10日 |
| 新华社客户端 | 《杭州西湖区发布产业新政12条　助推元宇宙产业高质量发展》 | 11月11日 |
| 中国新闻网客户端 | 《杭州市西湖区成立独角兽（准独角兽）企业联盟》 | 11月12日 |

续表

| 媒体名称 | 报道题目 | 刊播日期 |
|---|---|---|
| 《浙江日报》 | 《西湖区：聚天下英才 筑科创高地》 | 11 月 13 日 |
| 新华社客户端 | 《杭州市西湖区：实现了数字乡村全覆盖》 | 11 月 14 日 |
| 《浙江日报》 | 《指尖点击 提升获得感》 | 11 月 14 日 |
| 《浙江日报》 | 《政策宣传 搭建连心桥》 | 11 月 14 日 |
| 新华社客户端 | 《2022“栖西聚才”西湖国际人才活动周启幕》 | 11 月 15 日 |
| 中国新闻网客户端 | 《2022 杭州市西湖区大学生“星创”大赛开赛》 | 11 月 15 日 |
| 中国新闻网客户端 | 《同心奋进新征程　“为你歌唱”主题演唱会在杭州西湖区开唱》 | 11 月 15 日 |
| 中国新闻网客户端 | 《杭州西湖区教育局开办中青年校级干部研修班　助力管理人才培养》 | 11 月 15 日 |
| 《浙江日报》 | 《街角荒地变身公园　“口袋公园”成就方寸之景》 | 11 月 15 日 |
| 《浙江日报》 | 《西湖区北山街道：为民惠民 幸福真实可感》 | 11 月 16 日 |
| 《浙江日报》 | 《资金监管 落到实处》 | 11 月 18 日 |
| 浙江新闻客户端 | 《杭州留下街道“科创未来”36C 项目路演西湖科创投对专场活动顺利举行》 | 11 月 21 日 |
| 《浙江日报》 | 《夯实数据底座　提升实战实效》 | 11 月 22 日 |
| 《浙江日报》 | 《圆“安居梦”　筑“幸福家”》 | 11 月 22 日 |
| 《浙江日报》 | 《凝聚力量　服务群众》 | 11 月 22 日 |
| 《浙江日报》 | 《西湖区全力打造脑机智能产业链》 | 11 月 23 日 |
| 《浙江日报》 | 《西湖区文新街道：展和美画卷 书幸福生活》 | 11 月 24 日 |
| 《浙江日报》 | 《西湖区：“家门口”的好去处 之江核心区迎来“绿意空间”》 | 11 月 26 日 |
| 中国新闻网客户端 | 《西溪且留下生物更多样》 | 11 月 28 日 |
| 浙江新闻客户端 | 《从“最强大脑”奇袭者到西湖大学新生　一起听听杨英豪的故事》 | 11 月 30 日 |
| 《浙江日报》 | 《“一湖三镇”描绘发展画卷》 | 12 月 2 日 |
| 《浙江日报》 | 《加强服务 人才安居无忧》 | 12 月 2 日 |
| 新华社客户端 | 《杭州何家村：大食堂让老人乐享“舌尖上的温暖”》 | 12 月 3 日 |
| 《浙江日报》 | 《西湖区双浦镇：绿水青山间　解锁乡村致富密码》 | 12 月 3 日 |
| 人民日报客户端 | 《一片叶子的“共富”情》 | 12 月 5 日 |
| 《浙江日报》 | 《打造老年友好型社区　让老人幸福生活“看得见”》 | 12 月 5 日 |
| 《浙江日报》 | 《打造环浙工大双创集聚区》 | 12 月 6 日 |
| 《浙江日报》 | 《打造人文亚运公共空间》 | 12 月 6 日 |
| 《浙江日报》 | 《筑巢引凤跑出人才集聚“加速度”》 | 12 月 8 日 |
| 浙江新闻客户端 | 《杭州西湖区又一波新校园正式竣工　有你家门口的吗？》 | 12 月 9 日 |
| 《人民日报》 | 《医疗卫生服务向家庭延伸（健康焦点）》 | 12 月 12 日 |
| 浙江新闻客户端 | 《“宪”在行动　与“法”同行　西湖区启动 2022 年宪法宣传月活动》 | 12 月 12 日 |
| 浙江新闻客户端 | 《非凡十年西湖答卷 \| 涓滴服务问需于民》 | 12 月 14 日 |
| 浙江新闻客户端 | 《记者蹲点西湖大学尖端实验室：水变氢这样“扭亏为盈”》 | 12 月 14 日 |
| 新华社客户端 | 《杭州市西湖区：网络普法让法治意识进万家》 | 12 月 19 日 |
| 浙江新闻客户端 | 《移动诊疗车开进杭州小区　居民家门口就能看病配药》 | 12 月 19 日 |
| 新华社客户端 | 《杭州北山街道“暖心小屋”传递网格温度》 | 12 月 23 日 |

# 统计表

## 2022 年中共杭州市西湖区委办公室制发的重要文件目录

| 文　号 | 标　题 |
| --- | --- |
| 西委办发〔2022〕16 号 | 关于印发加强对“一把手”和领导班子监督“五张责任清单”的通知 |
| 西委办发〔2022〕18 号 | 关于印发《西湖区 2022 年“6 张清单”招大引强行动方案》的通知 |
| 西委办发〔2022〕22 号 | 关于印发《西湖区 2022 年度高质量推进乡村全面振兴的实施意见》的通知 |
| 西委办发〔2022〕29 号 | 关于印发《2022 年西湖区推进基层“协商驿站”建设工作方案》的通知 |
| 西委办发〔2022〕30 号 | 关于印发《西湖区稳进提质攻坚行动工作实施方案》的通知 |
| 西委办发〔2022〕32 号 | 关于印发《西湖区“七张问题清单”工作实施方案》的通知 |
| 西委办发〔2022〕41 号 | 关于印发《西湖区新时代美丽乡村示范县创建行动实施方案》的通知 |
| 西委办发〔2022〕43 号 | 关于印发《关于加强推进杭州城西科创大走廊西湖片区高质量发展的实施意见》的通知 |
| 西委办发〔2022〕53 号 | 关于印发《西湖区 2022 年楼宇经济提质增效工作方案》的通知 |
| 西委办发〔2022〕54 号 | 关于印发《西湖区 2022 年安商助企工作实施方案》的通知 |

## 2022年西湖区人民政府办公室制发的重要文件目录

| 文　号 | 标　题 |
| --- | --- |
| 西政发〔2022〕3号 | 关于公布第七批西湖区非物质文化遗产代表性项目名录的通知 |
| 西政发〔2022〕10号 | 杭州市西湖区人民政府关于印发政府工作报告的通知 |
| 西政发〔2022〕13号 | 杭州市西湖区人民政府（之江度假区管委会）关于区政府（之江管委会）领导工作分工的通知 |
| 西政发〔2022〕20号 | 关于杭州市海塘安澜工程（上泗南北塘段）项目相关工作的请示 |
| 西政发〔2022〕24号 | 关于报批西湖区推进“大综合一体化”行政执法改革实施方案的请示 |
| 西政发〔2022〕27号 | 关于西湖区和上城区行政区域界线联合检查工作情况的报告 |
| 西政发〔2022〕36号 | 关于将部分西湖区部门行政处罚权交由北山街道等十镇（街道）行使及动态调整翠苑街道赋权事项清单的公告 |
| 西政发〔2022〕37号 | 关于同意西湖区铜鉴湖管理范围划界成果报告的批复 |
| 西政发〔2022〕39号 | 杭州市西湖区人民政府关于同意调整蒋村街道西溪里社区的批复 |
| 西政发〔2022〕40号 | 关于同意翠苑街道拆分调整古荡湾社区、黄姑山社区和新建塘苗社区的批复 |
| 西政发〔2022〕44号 | 关于同意转塘街道调整相关社区的批复 |
| 西政发〔2022〕47号 | 关于同意双浦镇新建滨之江社区的批复 |
| 西政发〔2022〕48号 | 关于西湖区古荡街道办事处和双浦镇人民政府驻地地址变更的情况报告 |
| 西政发〔2022〕49号 | 关于双浦镇长安沙粮食功能区整治优化暨垦造水田项目立项的批复 |
| 西政发〔2022〕67号 | 关于申报西湖区厚仁路商业特色街为杭州市级商业特色街的请示 |
| 西政发〔2022〕68号 | 关于提请免去单敏同志职务的议案 |
| 西政发〔2022〕69号 | 关于徐峻等同志职务任免的通知 |
| 西政发〔2022〕71号 | 关于开展西湖区建设工地围挡专项整治的通知 |
| 西政发〔2022〕72号 | 关于2022年度西湖区双浦镇长安沙“千亩方”永久基本农田集中连片整治项目立项的批复 |
| 西政发〔2022〕75号 | 关于申请杭州市2022年度计划第59批次建设用地土地征收的请示 |
| 西政发〔2022〕76号 | 关于申请杭州市2022年度计划第60批次城市建设用地土地征收的请示 |
| 西政发〔2022〕78号 | 关于杭州市西湖区城镇社区建设专项规划（2022—2035年）的批复 |
| 西政发〔2022〕79号 | 关于段芙蓉同志任西湖区残联第七届执行理事会副理事长的批复 |
| 西政发〔2022〕81号 | 关于申请杭州市2022年度计划第82批次建设用地土地征收的请示 |
| 西政发〔2022〕82号 | 关于申请杭州市2022年度计划第83批次城市建设用地土地征收的请示 |
| 西政发〔2022〕84号 | 关于申请杭州市2022年度计划第84批次建设用地土地征收的请示 |

## 2022 年西湖区主要经济指标情况表

| 指标名称 | 单 位 | 2022 年 |
|---|---|---|
| 一、地区生产总值 | 亿元 | 1970.1 |
| 第一产业 | 亿元 | 3.2 |
| 第二产业 | 亿元 | 153.9 |
| 第三产业 | 亿元 | 1813.0 |
| 二、财政总收入 | 亿元 | 463.4 |
| 三、工业总产值 | 亿元 | / |
| 四、工业销售产值 | 亿元 | / |
| 五、全社会固定资产投资 | 亿元 | 484.0 |
| 六、社会消费品零售额 | 亿元 | 845.7 |
| 七、市外到位资金 | 亿元 | / |
| 八、合同利用外资 | 万美元 | / |
| 九、实际利用外资 | 万美元 | 70000 |
| 十、接待旅客人数 | 万人次 | 1813.12 |
| 十一、门票收入 | 亿元 | 12.17 |
| 十二、城镇居民人均可支配收入 | 元 | 82716 |
| 十三、农民人均收入 | 元 | 54324 |
| 十四、年末总户数 | 户 | 225733 |
| 十五、年末户籍总人口 | 人 | 805621 |
| 十六、在总人口中：男性 | 人 | 399332 |
| 女性 | 人 | 406289 |
| 十七、在总人口中：街道 | 人 | 569107 |
| 镇 | 人 | 236514 |
| 十八、年末常住人口 | 人 | 1167000 |

# 索　引

## 说明

一、本类目设主题索引、图照索引和表格索引3个分目。本卷年鉴的“卷首彩页”“特载”“大事记”“附录”均未做索引。

二、各索引中文标目按汉语拼音顺序排列，数字开头的标目则按数字0—9顺序排列，标目后的阿拉伯数字表示内容所在页码。

## 主题索引

### 0—9



### A

## B



## C



## D

## E



## F



## G

## J

## K



## L

## M



## N



## P



## Q

## R



## S

## T



## W

## X

## Y



## Z

# 图照索引

## 0—9

## C



## D



## G



## Q



## R



## S



## X

# 表格索引

## 0—9



## H



## X